激情精神

阿尔玛·马勒的一生

Passionate Spirit
The Life of
Alma Mahler

[英]

凯特·黑斯特
Cate Haste

-著-

庄加逊

-译-

广西师范大学出版社
· 桂林 ·

献予我的孙儿亚瑟与埃里克

前　言

阿尔玛·马勒（Alma Mahler）是一位异常复杂、呈现出多重面向的女性。她爱挑衅、执拗、魅力十足、热情四射，为人处事慷慨大度，同时也是个利己者。身为几十年来活跃于维也纳精英社会的元老，阿尔玛备受尊敬也屡遭嘲笑与鄙夷。她的存在激发了民谣情歌创作的灵感，尤其值得一提的是讽刺作家汤姆·莱勒（Tom Lehrer）写于 1964 年的经典之作——《阿尔玛》（Alma），这首歌曲连同另几部戏剧、电影将阿尔玛的声名传递给了新一代的年轻人。然而，事实上，从没有哪一个人真正抓住过非凡独特的"她"。

在《激情精神：阿尔玛·马勒的一生》（Passionate Spirit: The Life of Alma Mahler）一书中，我试图描绘其不朽且充满争议的传奇，并发出这样的疑问：距离阿尔玛的离世已过去半个多世纪，何以她依然能叫学者与普通读者着迷。这是一位强大的女性，堪比摄人魂魄的女妖，成功地用爱定义了自己的一生。太多男性拜倒在阿尔玛的石榴裙下，她赢得了广泛的、近乎被顶礼膜拜的爱意。这些伟大的男人需要"她"成为他们的缪斯。阿尔玛生性慷慨，对创造力源泉的理解有着天然的直觉，所有这一切对伟大的创作而言都是最直接的灵感激发。

它们足以构成引人入胜的叙述图景。与此同时，坊间疯传着另一个充满敌意的版本，称这位诱惑者惯用自己的"爱"来获得凌驾于男性之上的权力：威胁，吞噬，冷酷，精于算计。她总是先迷惑他们，然后无情地拒绝他们。她成为利己的自我主义者，借由过分夸大在这些男性创作生涯所占据的重要性，为自己贴上"天才们的缪斯女神"的标签，打造了属于她自己的传奇。阿尔玛广为人知的音乐天赋及作曲才能被贬低，但凡作品有些许创作价值，要么归功于她的老师——亚历山大·冯·泽姆林斯基（Alexander von Zemlinsky），要么归功于她的丈夫——古斯塔夫·马勒（Gustav Mahler），不被说是"他人代笔"已属不易。阿尔玛历来被指责为"反犹主义者"，然而她的两任丈夫恰恰是犹太人；为躲避纳粹，她追随其中一位过着长久的流亡生活；她另有几位犹太情人。此外，围绕在阿尔玛身边的亦大多是犹太人。

显然，所有这些观点都有其真实的一面。我意图将这些判断呈现出的是非曲直与现有证据相关联，两相权衡，最终描绘出一幅女人肖像，正如我阅读她的文字，聆听她的声音时，发现的那个"她"。通过这种叙事方式，我意在重新评估阿尔玛的生命传奇以及她留给后人的遗念，将她从怀疑论的遮蔽中，从前人品评其生活时所挟带的严厉苛责的口吻中解放出来。

我喜欢阿尔玛·马勒，尤其喜欢那个从早年日记里走出来的青春洋溢的现代女性。我激赏那些写于 18 岁到 22 岁间的文字——不受习俗束缚的瞬间，她决意实现自我、实践才华的时刻，尽管身为一名女性，机会是如此渺茫。当面对年长的阿尔玛时，我发现了同样具有挑战且充满趣味的议题：在富有传奇色彩的沙龙里，她被闪闪发光的维也纳文化精英包围着；同时也被渴望所折磨，受困于可怕的悲剧。即便如此，阿尔玛仍然不断地去突破正统的边界，在追求激情生活的过程中自我充实。

事关阿尔玛的一切论据都是有争议的。她经常被指责篡改事实，只为构建自己的精神遗产。比如，在已公开发表的马勒信件中，她随意删减、编辑丈夫的来信，隐去信中对自己的负面评价。尤其对于专注于马勒研究的学者而言，这无疑等同于篡改历史（毕竟有时候，阿尔玛的文字材料是学者研究马勒的主要来源）。此外，阿尔玛焚烧了所有她写给马勒的信件，这引发了人们对其意图的怀疑，也着实令学者感到沮丧。这些看法被夸大成一种普遍观点，即阿尔玛所写的任何东西都必然是不准确的或自私自利的。在我看来，这大大低估了她关于自我生活的见证，以及她所经历的那段历史。

鉴于这一点，我尽可能地使用第一手资料。我比以往的评论家更深入、详细地挖掘了阿尔玛青春期后期的私人日记，集中于 1898 至 1902 年间的文本，这些日记于 1998 年公开出版[1]。我第一次大量引用了她后期日记中未发表的打字稿，包括从 1902 年 7 月到 1905 年，1911 年，以及从 1913 年到 1914 年的日记。如今这部分日记被收存于美国宾夕法尼亚大学的基斯拉克特别收藏中心（Kislak Center for Special Collections），归于马勒–韦费尔（Mahler-Werfel）收藏部善本与手稿组。据信，这些文本是原始日记的准确副本，阿尔玛以醒目的粗体字于其上所做的改动分明可见。这是叙述阿尔玛生活的宝贵素材，让我得以倾听她的心曲，从字里行间洞悉其千姿百态的个性。

日记记录了她最私密的情感，她的野心，她忐忑不安的自我怀疑，她对周遭的人与事极坦率的评论。由于我主要选用有"时效性"的文本——即阿尔玛对当日发生事件或不久前发生事件的记录，这些文字能更直接地传导出当下的诚实，而非拿回忆重构的、略显缥缈的叙事。由于私人日记提供了发泄和处理情绪的空间，它们是赤裸裸的，那种坦率甚至令人震惊。

阿尔玛未出版的 614 页打字稿回忆录——《闪光之路》（*Der schimmernde*

Weg）同样收存于马勒－韦费尔收藏部，这仅是基于日记编撰而成的临时性自传。该回忆录所涉时间从 1902 年贯穿至 1944 年。阿尔玛于 1944 年开始动笔，随后于 1947 年中断了该部分内容的写作。虽然它算不上那么直接的一手资料，但依然是重要的记录。而她在 79 岁高龄由他人代笔完成的自传《爱是桥梁》［*And the Bridge is Love*，发表于 1958 年（译注：原文如此，文献显示此书出版于 1959 年）］则被我视为远不如《闪光之路》可靠的叙述。晚年出版的这部自传，其原始资料取自阿尔玛先前所写的至少两本传记，展现出一幅更冷酷、更愤世嫉俗的面孔，令人不禁要相信那些充满敌意的"传说"。这些并不准确的叙述，我只在完全没有其他来源的情况下才加以引用。

出版于 1946 年的阿尔玛的《古斯塔夫·马勒：记忆与书信》（*Gustav Mahler: Memories and Letters*）；以及 1995 年发表的，由马勒研究领域备受尊敬的传记作家亨利－路易斯·德·拉·格兰奇（Henry-Louis de la Grange）编撰的《古斯塔夫·马勒：给妻子的信》（*Gustav Mahler: Letters to his Wife*），都是宝贵的资料来源。此外，一些档案机构提供了有力的协助，尤以宾夕法尼亚大学的马勒－韦费尔收藏部为代表，这些收藏包括了大量阿尔玛生前与他人的往来信件。

如今尚存世的第一手资料见证者寥寥无几，我十分感激阿尔玛的外孙女玛丽娜·马勒（Marina Mahler）。我们有过几次漫长且愉快的对谈，她非凡的见解与热情的款待令我难忘。在整个写作过程中，她给予了极大的帮助。

此外，我采纳了阿尔玛的女儿安娜·马勒（Anna Mahler）的有声材料作为叙事依据，这是当年为弗朗茨·韦费尔（Franz Werfel）作传的皮特·斯蒂芬·容克（Peter Stephan Jungk）采访安娜的录音。安娜称自己的母亲为"虎妈"："她简直是某种大型野兽。有时，华贵迷人；有时，又令人憎恶。"这句话巧妙地概括了这位非凡而又富有争议的女性的复杂多面。

致　谢

为一位实实在在曾经激发若干作品诞生的缪斯立传是一大挑战，唯有深入挖掘才能发现新的证据，洞察人物性格的不同面向，为已知的、熟悉的事件注入新的诠释。我很幸运在整个学术研究过程中，能够得到高水平的研究人员以及专家的协助：感谢迈克尔·雷利（Michael Raleigh）出色的调研、翻译，以及他在技术问题方面的敏锐；感谢约翰·波拉克（John Pollack）、大卫·麦克奈特（David McKnight），以及宾夕法尼亚大学基斯拉克特别收藏中心马勒－韦费尔收藏部善本与手稿组所有专业人员的鼎力支持。在马勒－韦费尔收藏部的应允下，我们得以在数周内自由进入并找到大量资料，部分未曾被挖掘的史料存于不对外开放区域，幸而全程皆得到友好的协助与指引。感谢罗斯尔·默丁杰（Rosl Merdinger）于奥地利维也纳调研期间给予的帮助，与我分享了她先前对这个课题的认知。此外，感谢奥地利美景宫美术馆（Belvedere Gallery）、奥地利国家图书馆以及维也纳市立图书馆的支持。我还要感谢德国柏林的包豪斯档案（Bauhaus Archive）授权在著作中使用沃尔特·格罗皮乌斯（Walter Gropius）的信件；感谢苏黎世奥斯卡·科柯施卡基金会（Foundation

Oskar Kokoschka）提供的科柯施卡手稿，以及波恩魏德勒出版社（Weidle Verlag）的斯特凡·魏德勒（Stefan Weidle）所提供的阿尔布雷希特·约瑟夫（Albrecht Joseph）的相关文献。

　　我尤要感谢亲爱的挚友，也是我的经纪人卡罗琳·米歇尔（Caroline Michel），是她将我引向阿尔玛的话题——一个给我带来多年快乐的灵感之举。感谢我在布鲁姆斯伯里出版社（Bloomsbury Publishing）的委托编辑迈克尔·菲什威克（Michael Fishwick）以及另两位同仁莎拉·鲁迪（Sarah Ruddick）、卡蕾·夸里（Kare Quarry），在这个项目进行期间给予的坚定支持。感谢文字编辑理查德·梅森（Richard Mason）与校对凯瑟琳·贝斯特（Catherine Best）对文本的细节与风格精神反复斟酌，将我从各种错误中解救出来。

　　感谢杜尼娅·诺亚克（Dunja Noack）与西娅·罗贝尔（Thea Wrobbel），以及乔·卡利尔（Jo Carlill）出色的图片检索工作，洛朗·卡雷（Laurent Carré）的图片摄影。我尤要感谢卡琳·加兹克（Karin Gartzke）优秀的翻译，努丽娅·勋伯格·诺诺（Nuria Schoenberg Nono）与艾琳·哈泽尔（Irene Hartzell）所回忆的阿尔玛无疑是珍贵的一手资料。与玛丽娜·马勒一起工作是一大乐事，美好的合作叫人感怀。在她的应允下，我得以接触其所有家庭档案，并在书中引用阿尔玛·马勒 – 韦费尔与弗朗茨·韦费尔的著作及档案。

　　写作期间，我与众多好友、同仁有过长时间的交流，大家在这些迷人的谈话中分享了各自专业领域的知识。关于阿尔玛在音乐上的成就，托尼·帕尔默（Tony Palmer）与霍华德·古道尔（Howard Goodall），瓦格纳协会的巴里·米林顿（Barry Millington）与黛博拉·科兰（Deborah Colland）提供了宝贵的建议与背景知识。我还要感谢容克睿智、可靠的建议与热情的合作。感谢海拉·匹克（Hella Pick）和莎莉·多甘尼斯（Sally Doganis）所付出的时间与友谊，他们对手稿的敏锐评论令我获益良多。此外，感谢彼得·伊博森（Peter Ibbotson）贡献了精彩的图片。

非常感恩家人、朋友一直以来所给予我的、溢于言表的友情和爱。他们给了我莫大的支持，适时地建议、逗我开心。在我生命最困难、痛苦的时期，他们鼓励我继续写作这本书，包括：已故的泰莎·乔维尔（Tessa Jowell）、卡洛琳·汤姆森（Caroline Thomson）与罗杰·里德（Roger Liddle）、杰里米·艾萨克斯（Jeremy Isaacs）、吉莉安·威迪库姆（Gillian Widdicombe）、大卫·吉尔摩（David Gilmore）、菲奥娜·莫里森（Fiona Mollison）、尼古拉斯（Nicholas）与凯特·库尔森（Kate Coulson）、黛安娜·莫兰特（Diana Morant）、崔沃·摩尔（Trevor Moore）、桑德拉·赫本（Sandra Hepburn）、苏·豪斯（Sue Howes）、罗丝玛丽·斯夸尔（Rosemary Squire）、维多利亚·格林伍德（Victoria Greenwood）、珍妮·布兰德（Jenny Bland）、迈克尔·普廖尔（Michael Prior）、亨特·戴维斯（Hunter Davies）、大卫·巴泽多（David Bassedow）、玛格丽特·德·葛拉齐亚（Margreta de Grazia）、萨莉·爱默生（Sally Emerson）、彼得·泰勒（Peter Taylor）、艾琳·芭瑞特（Irene Barrett）、波莉·兰斯道恩（Polly Lansdowne）、彼得与苏西·伊博森（Susie Ibbotson）、杰拉尔丁·夏普－纽顿（Geraldine Sharpe-Newton）、特里斯特拉姆（Tristram）与维吉尼娅·鲍威尔（Virginia Powell）、皮尔斯（Piers）与波赫·西姆·普莱怀特（Poh Sim Plowright）、朱利安·库珀（Julian Cooper）、琳达·赖尔（Linda Ryle）、爵士夫人朱迪（Judy）与已故的威廉·麦克艾尔派恩爵士（Sir William McAlpine）、霍华德·雅各布森（Howard Jacobson）与珍妮·德·杨（Jenny de Yong），以及珍娜·戴维斯（Jenna

Davies）。感谢弗朗西丝·黑斯特（Frances Haste）与海伦·黑斯特（Helen Haste），最重要的是，我要感谢我的女儿爱丽丝（Alice），还有我的儿子汤姆（Tom），感谢他们珍贵的爱与支持。我将这本书献给他们各自的孩子——我的两位孙儿亚瑟·布拉格（Arthur Bragg）与埃里克·弗林托夫（Eric Flintoff）。

凯特·黑斯特

2018 年 11 月，伦敦

目 录

辛德勒一家于普兰肯堡庄园，约摄于 1890 年。"我与世隔绝，宛若公主般生活着，身处大自然美景的怀抱中。"（阿尔玛·马勒）
左起：阿尔玛，妹妹格蕾塔，父亲埃米尔，艺术家卡尔·莫尔，以及阿尔玛的母亲安娜（立）。

阿尔玛（左）与母亲安娜以及妹妹格蕾特，约摄于 1895 年。

阿尔玛，摄于 1898 年。"维也纳最美的姑娘。"

阿尔玛在萨尔茨卡默古特骑行，摄于 1899 年夏。

阿尔玛，约摄于 1900 年。"我想做一些真正了不起的事情。"

阿尔玛的作曲老师亚历山大·冯·泽姆林斯基，"亲爱的亚历克斯"。

古斯塔夫·马勒，作曲家、指挥家，阿尔玛第一任丈夫。

马勒与大女儿玛丽亚，约摄于 1904 年夏。

位于迈尔尼希湖边的房屋，阿尔玛与马勒度夏之地。

阿尔玛与女儿安娜，
约摄于 1908 年。

阿尔玛与安娜散步途中，约摄于 1909—1910 年。

阿尔玛，"致命美人"。

帅气的青年建筑师沃尔特·格罗皮乌斯。

阿尔玛，摄于第一次世界大战期间："我们几乎没有任何食物，为了勉强度日而东奔西走。"（阿尔玛·马勒）

阿尔玛，约摄于 1906 年。"她像极了一头美丽的猛兽。"（艺术史学家艾丽卡·蒂策）

阿尔玛·马勒与弗朗茨·韦费尔，摄于1919年。"我们一拍即合。"

阿尔玛，摄于20世纪30年代。

弗朗茨·韦费尔，约摄于1929年。"如果我没有遇到阿尔玛，我会再写几首好诗，然后高高兴兴地玩完儿。"

阿尔玛与卡尔·德雷克塞尔（右）摄于阿尔玛的著名沙龙。

阿尔玛专注地聆听作曲家奥托·克伦佩勒说话。

与韦费尔、阿尔玛的母亲
安娜及其丈夫卡尔·莫尔
于布赖滕斯泰因度夏，摄
于 20 世纪 30 年代初。

阿尔玛与女儿安娜。

安娜·马勒。

阿尔玛与女儿曼侬，以及她的牧师，野心勃勃的约翰内斯·霍尔斯坦纳。

曼侬·格罗皮乌斯，"一个神一般可爱的人，一种创造的能量，我从不曾见过。"（阿尔玛·马勒）

阿尔玛飞离欧洲时
所使用的护照照片。

阿尔玛与韦费尔，摄
于贝弗利山庄。

位于贝弗利山庄北贝德福德大道的房子。

阿尔玛重返维也纳，1947 年。

阿尔玛于纽约公寓，摄于 1956 年新年前夜。"每当有事情需要庆祝时，我就会为我的朋友们准备香槟酒——生活中总有事要庆祝。"

"承载了我一生的房间。"阿尔玛的客厅，纽约。

阿尔玛于卡内基音乐厅聆听马勒的第二交响曲，摄于 1960 年。音乐于她终是救赎。

1. 维也纳童年

1889 年 1 月 31 日。那日，埃米尔·雅各布·辛德勒（Emil Jakob Schindler）正打点行李，为眼下的行程做准备。他即将陪同哈布斯堡王朝的继承人、奥匈帝国未来的统治者鲁道夫王储（Prince Rudolf）一起旅行。9 岁的阿尔玛·辛德勒（Alma Schindler）立于一旁，打眼瞧着自己的父亲。辛德勒是帝国首屈一指的风景画家，近来受托为鲁道夫王储的书《奥地利君主国图文册》（*The Austrian Monarchy in Words and Pictures*）绘制以达尔马提业海岸（Dalmatian coast）为主题的水墨画。他将随同皇室启程前往东方。鲁道夫王储乃年迈的弗朗茨·约瑟夫皇帝的独子，是一个受人欢迎且魅力非凡的人物。他很有天赋，推崇政治自由主义，尤对自然科学与文化感兴趣。

"爸爸对即将看到的新景致感到高兴，"阿尔玛·辛德勒回忆道。但世事总非人愿："有人冲了进来：'出事了——王储死了！'"举座皆惊，稍事平静后，人们才了解了事情的原委——30 岁的王储与他 17 岁的情妇玛利亚·韦塞拉男爵夫人（Baroness Maria Vetsera）于前一晚在位于梅耶林（Mayerling）的狩猎别墅双双自杀。多年来，王储的死一直是个悬而未决的"谜"，但官方给

2 出的结论称这是"精神失常状态下的"自杀行为。他被葬于皇家墓穴，而玛利亚·韦塞拉的遗体则被匆匆移走，葬于当地某教堂的墓地里，没有举行任何仪式。当年的事有一个不太为人所知的细节：鲁道夫王储与比利时公主斯蒂芬妮（Stephanie）联姻失败，王储备感不快，终日借酒浇愁，在一众情妇身上寻求安慰。玛利亚·韦塞拉是奥地利宫廷一位外交官的女儿，王储新纳入怀的情人。无论如何，鲁道夫作为哈布斯堡王朝合理继承人的持久形象将永不受玷污。

对后来的阿尔玛·马勒－韦费尔而言，该事件不啻为其生命的早期隐喻，它揭示出 19 世纪末与 20 世纪那些重大历史时刻是如何直接影响她的一生的。虽然还只是个孩子，自杀事件带给阿尔玛极大的震动，这种情绪席卷了整个帝国。"梦尚未开始就已经结束了，"她后来写道，因为"这位有地位、有希望的人"的死标志着"奥地利哈布斯堡王朝终结大幕的开启，随后的一切唯有平庸"。[1]阿尔玛的一生将见证这个帝国的崩溃和灭亡，她也将亲历 20 世纪持续不断的席卷全欧洲的政治与文化动荡事件。

19 岁的阿尔玛生得娇媚，通透的皮肤、神秘的微笑、富有光泽的头发，还有一双锐利、充满警觉的蓝色眼眸，被称为"维也纳最美的姑娘"。很快，她出落成具有致命诱惑力的美人儿，一切迷恋、崇拜与爱慕必在其面前低头臣服。阿尔玛总有本事在顷刻间叫人神魂颠倒。当她步入房间时，所有人都会扭过头来。传言称，阿尔玛富有磁性的迷魅气场在任何集会中好比"持续发电的电荷"。她天性善变，一时还算是行仪得体的贵妇——威严、尊贵，流露出权威；下一秒钟又变得轻松愉悦，一副好脾气、爱调笑的样子，尽显"维也纳柔
3 美的女性气质，即便是在她生命中最糟糕的时刻，也依然如故，叫人很难真

正讨厌她"。[2] 有人把阿尔玛奉为半神的角色,顶礼供奉;另有些人则对她嗤之以鼻。

无论所处的时代怎样风云变幻,阿尔玛始终是一个活在自己时空里的现代女性。带着独立的意志,阿尔玛对自己的智慧与自我价值有着清晰且强烈的感知。她的抱负与 19 世纪晚期维也纳社会对年轻女性的期望完全不一致。每每向强加于身上的束缚发起挑战,"自由"便成为阿尔玛生命中至为重要的主题。

阿尔玛是个浪漫到骨髓里的人。她需要被热烈地爱着,需要燃烧自己生命的激情去感受爱,但唯有卓越的、富有创造力的天才能激发她的爱意。宛如身陷不可抗拒的漩涡,阿尔玛总是被一众才华横溢的杰出男性所吸引,其中不乏强大性吸引力所带来的情爱色彩,而这些男性无一例外地都将在欧洲文化版图上留下自己的印记。她头一个迷恋对象是著名画家古斯塔夫·克里姆特(Gustav Klimt),尽管他从不曾为她画过一幅金色肖像。作曲家古斯塔夫·马勒则成为阿尔玛的第一任丈夫。马勒于 1911 年去世后,狂野的表现主义画家奥斯卡·科柯施卡(Oskar Kokoschka)成为她公开的情人。她的第二任丈夫沃尔特·格罗皮乌斯是建筑领域现代包豪斯运动的创始人(当年插足阿尔玛与马勒婚姻的第三者正是格罗皮乌斯,阿尔玛与他有过一段婚外情)。而当时广受欢迎的小说家、诗人弗朗茨·韦费尔则成为阿尔玛的第三任丈夫。

其他几位崇拜阿尔玛的作家、作曲家和艺术家也盛赞其"独特的天赋"——正如一位密友所描述的,"对于那些有创造能量的人所要达成的目的,阿尔玛总是能洞察其中要害,深刻地理解创作者的意图;她善于鼓动、说服这些人做他们想做的事情,让他们对自己的能力以及自己所能达到的目标坚信不疑;而正是她,阿尔玛,这样一个女人,了解其中玄机"。[3]

4　　　　年少的阿尔玛尚未预料到这一点。回到18岁那年，音乐是她的激情所在。她强烈地渴望成为一名作曲家，这对一个年轻女性而言是极其雄心勃勃的目标。没有什么比每周去剧院看两次歌剧更叫人动心的了。舞台上的一切令阿尔玛欣喜若狂，她的想象力被歌剧的美与宏大所征服。然而，所谓的女性作曲家在当时几乎不存在。女孩学习钢琴并非为了激发创造力，而是为了炫耀身为优雅且有教养的夫人太太们所取得的成就。女性依然被禁止进入音乐与艺术学院学习。人们认可女性的创造力的确有价值，然而，这种创造力很快就被关进受限的、狭小的框架中，仅限于某个教区或者所谓的"家庭内部"。她们的创造性眼光自然远不如男性。正如发生在阿尔玛身上的故事，但凡有哪部作品显现出非凡的才华，优点便被贬低，或者将功劳归于其他男性作曲家的影响乃至直接干预。

　　负面的环境并没有挫伤阿尔玛的雄心。阿尔玛不得不作曲，因为这种驱动源于灵魂深处的神秘力量，她没得选择。她始终坚信自己的血统继承了天生的优越性，因为父亲埃米尔·雅各布·辛德勒是一名画家，是女儿心中的艺术天才，也令她对自己的价值有了不可动摇的信念。从父亲身上，阿尔玛得到了某种深刻的信念，便是——追求卓越的艺术是唯一真正有价值的人生目标，并且，唯有具备非凡创作才能的人才值得引发她的爱或俘虏她的灵魂。

　　到了21岁，一个进退两难的可怕局面摆在女孩的面前。阿尔玛必须做出选择：一边是对年长自己一倍的天才马勒的爱，一边是她珍视的自我追求，即通过音乐实践自我才华。她最终选择了天才。为什么？阿尔玛说服了自己，认定将自己完全交付给一个更优越的人乃高尚之举，因为此人能帮她提升至他的

5　　高度，"让我的生命有意义"。这实为阿尔玛内心对主流价值观的屈从，当时人们对于"人妻"的定位确乎如此。尽管阿尔玛天性倔强、思想时髦，但爱的力

量势不可当，她终究还是选择了爱情。

"失去自己的音乐"凝固成一道影响持久的伤疤，尽管如此，音乐始终是阿尔玛力量的源泉，贯穿其充满激情与戏剧性的一生。无论是第一任丈夫的早逝，还是四个孩子中先后有三个夭折给她的生活蒙上的阴影，音乐于她皆良药。爱是她生命的核心，从那时起，这个不安分的、无法克制的女人就已学会对那些环绕在旁的人施展自己的力量。

阿尔玛·辛德勒生于 1879 年，自小跟随父母——埃米尔与安娜·辛德勒（Anna Schindler）——在波西米亚艺术圈长大。当她还是少女时，极具影响力的先锋派分离运动正在维也纳轰轰烈烈地上演，维也纳成为当时最繁盛、最具活力的文化中心所在。而阿尔玛的继父卡尔·莫尔（Carl Moll）正是分离派运动的联合创始人之一。宛若一朵面朝太阳的花，这个充满活力和求知欲的年轻女子，带着渴望以及包容一切的心迎向未知的生活与新体验。

她发现自己身处的世纪末维也纳好比一块磁石，将整个奥匈帝国的精英、企业汇集于此，这座城市成为文化、智识以及各个领域创新与新思想的大熔炉。艺术家、作曲家、作家、剧作家、建筑师、心理学家都在力求表达现代男人与女人的精神，他们的不确定、不安与焦虑，他们对僵化的原则的反抗，以及他们又是怎样通过情感、心理的内省来寻找内在的真相。所有这些人的实践定义了 20 世纪的思想潮流。

然而，在这座城市蓬勃的文化活力之下，氤氲着某种不祥的忐忑。奥匈帝国是多民族构成的国家，三百多年来始终稳固地维系着，将遍布中欧大部分地区的各民族凝结一处，而今却要开始分崩离析。少数民族要求更多的自治权以及更自主地掌控本土语言与领土的权利，有如撕开的一道裂痕，日益威胁帝国的安定。面对这些棘手的问题，维也纳时代思潮的建构者逐渐转向艺术与文化领域，试图通过对艺术文化的整合与繁荣寻求慰藉，如此一来，维也纳仍可宣称自己是欧洲的首都。

在这股文化的激荡中，父亲埃米尔是小阿尔玛的指引者、导师，乃至指明方向的北极星。她时常在父亲画室里看他作画，一看就是好几个钟头，"他站在那里，盯着那只握着画笔的手，等待它的启示"，阿尔玛因此对艺术创作的过程与其间的挣扎抉择有了直观的感觉。年轻的想象中孕育出某种守护创作者的热望，她毫无保留地爱着眼前的这位艺术家，并对他投以强烈的关注。"我渴望变得富有，只是为了给富有创造力的人铺平道路。我希望拥有一座很大的意大利花园，里面有许多白色的工作室；我希望邀请许多杰出的人到这里来——只为艺术而活，没有世俗的烦恼——而我则永远躲在暗处。"⁴ 她写道。

阿尔玛对音乐的热爱可以追溯到童年时代，那时"极通音律"的父亲以美妙的嗓音演唱他最喜欢的舒曼艺术歌曲，而母亲安娜——一位训练有素的歌者——随后也应和而歌。埃米尔非常重视自己正在成长的女儿。阿尔玛称，他的谈话"引人入胜，从不平庸"⁵。阿尔玛 8 岁那年，父亲将阿尔玛与她的妹妹格蕾特（Gretl）带进画室，对姐妹俩讲述歌德的《浮士德》的故事。"我俩都掉了眼泪，真不知为何。如痴如醉之时，他把那书递了过来，说：'这是世界上最美的书。好好读一读，珍藏它。'"母亲很愤怒，认为这书并不适合小孩子阅读，径直将它收走。父母因此争吵起来，阿尔玛与格蕾特关起门屏息静听。最终母亲赢得了胜利，阿尔玛事后写道："但在我心里却种下了不可动摇的念头——我必须把《浮士德》弄回来！"⁶

对歌德坚定不移的忠诚激发起阿尔玛对文学的兴趣，继而是哲学问题的探讨。然而，除此之外，她所受的教育很零散。阿尔玛似乎上过一段时间的学，但与其他中产阶级的维也纳姑娘一样，她与格蕾特更多地是在家里接受家庭教师的指导。家庭教师不是叫她厌恶就是半途因这样或那样的原因被解雇，要么是个十足的老好人却也学不到任何东西。自 1868 年起，女孩才被允许进入维也纳的中学就读；但一直到 1892 年，阿尔玛 13 岁时，女孩依然被禁止进入文法学校（Gymnasium）学习，大学毕业更是遥不可及的梦。包括阿尔玛在内的女孩，所受的教育往往侧重于社交技能的培养——法文、缝纫以及钢琴演奏，而非阿尔玛感兴趣的哲学、文学。

阿尔玛称当时的自己是个"神经质的孩子，相当聪明，典型的早熟的大脑常伴随着跳跃性思维……我什么都想不透，也永远记不住日期。除了音乐，我对任何事情都提不起兴趣"[7]。后来，阿尔玛大声谴责对女孩教育的忽视："为什么男孩可以接受教育学会如何动脑，可女孩不行？我很了解自身的现状。大脑没有接受过专业的学术训练，这就是为什么我对每件事都感到艰难，总觉得可怕的困难横亘在眼前难以逾越。有时候我真的很努力，强迫自己去思考，但是想法旋即消失得无影无踪。我真的很想开动脑筋，真的。人们为什么总是要把女孩的生活搞得如此艰难？"[8]

另一方面，她从父亲那里学会了如何鉴赏绘画与艺术，日渐养成洞察深刻的品评眼光。虽然受到柯罗（Corot）、泰奥多尔·卢梭（Théodore Rousseau）以及杜比尼（Daubigny）等"外光派"（plein air）画家的影响，埃米尔却独立发展出自己的风景画风格，被称为"诗意现实主义"（Poetic Realism），即氛围绘画。这些创作被感观或情绪所包裹、浸透，在审美和主观的意象中传达出强烈的转瞬即逝之感。他并没有把注意力放在壮丽的全景景观之上，而是落在了平凡的俗务与日常——种植蔬菜的花园，家附近的磨坊与小溪，杨树大道。埃米尔流畅的笔触在各异的光影中变换身姿，笼罩其上的氛围变成了诗意的真理。虽根植于维也纳的传统，他的风格反映了当时整个欧洲对自然的新理解。在阿尔玛眼中，父亲是奥地利风景真正的先知。

值得注意的是，阿尔玛同样激赏与父亲截然相反的艺术风格，比如埃米尔的朋友兼同事汉斯·马卡特（Hans Makart）——那个时代最时髦的艺术家，其炫彩奢华的大场面点燃了阿尔玛日渐开阔丰厚的想象力。马卡特以富有戏剧性的、华丽的手法再现了讽喻的历史与古典主题，它们装点着维也纳的公共建筑以及新文艺复兴（neo-Renaissance）风格的私人官邸。他的影响主要体现在绘画、时尚、室内设计领域："马卡特帽"与"马卡特红"风靡一时，而以干花、鸵鸟的羽毛以及草制成的"马卡特花束"则是装点中产阶级沙龙宴会必备的时尚要素。阿尔玛有一阵子被马卡特彻底给迷住了，"我可真爱那曳地天鹅绒长裙，我想坐在贡多拉里，划船游河，长长的天鹅绒裙裾于船尾摇曳生姿。"[9] 她如此写道。马卡特的传奇派对叫她陶醉，那些"最可爱迷人的女人身着地道的文艺复兴时期的服装，玫瑰花缠绕成饰带从舞厅的天花板上垂下来，弗朗茨·李斯特整夜地演奏着，上好的葡萄酒源源不断地被递到餐桌上，每张椅子后面都站着一位身着天鹅绒制服的侍从——诸如此类，你所能想象的最华丽的场面"[10]。

对浪漫奢华的向往只是阿尔玛的一个侧面，与之共存的是一个务实的年轻女子，了解生活的艰辛。对于辛德勒一家而言，他们相对舒适的生活是近几年的努力挣来的。

阿尔玛·玛利亚·辛德勒（Alma Maria Schindler）生于 1879 年 8 月 31 日。父亲是一位苦苦挣扎的艺术家，充满内疚与自我怀疑，时常陷入深深的忧郁。当年，他与阿尔玛的母亲安娜·苏菲[Anna Sofie，娘家姓"贝尔根"（Bergen）]住在维也纳贫民区梅尔霍夫斯街（Meyerhofgasse）一间租来的狭小的公寓里。两年前，也就是 1877 年，他们相识于维也纳艺术之家（Künstlerhaus），一起演唱了喜歌剧《莱纳多和布兰丁》（*Lenardo und Blandine*），一场带有玩票性质的半专业表演。安娜刚刚得到了莱比锡城市剧院的合约，但她最终放弃了，两人于 1878 年 12 月宣布订婚。隔年 2 月 2 日正式举行婚礼时，安娜已怀有阿尔玛。

　　辛德勒为金钱所困。尽管在前一年，他的画作《月亮在普拉特河上升起》（*Moonrise in the Prater*）赢得了极有声望的卡尔·路德维格勋章。但欲成为知名艺术家，辛德勒只能是缓慢地、一点一点地积累，他的作品几乎挣不到钱。1879 年 3 月 14 日，他在日记里写下这样的话："要是我赚不到 40 个基尔德该怎么办？"房东下了驱逐令，要求一家人从公寓搬离，他的焦虑变成了绝望："每次门铃一响，我就浑身颤抖……不幸的人啊！"[11] 事后，阿尔玛回忆起母亲因为债务所做的挣扎，"还有父亲，最糟糕的时候，他会整日整夜地躺着睡觉，偶尔翻个身"[12]。没有钱买颜料或画布，埃米尔万念俱灰："死倒是一了百了……我全部生活就只是大写的赤字，缺钱、缺乏满足感与荣誉。"[13] 更糟糕的是，埃米尔担心自己身为艺术家的精神内核已在琐碎中牺牲殆尽——那些曾经拥有过的视野与雄心：他不再憧憬伟大、诚实与不朽。"我的大脑不再思考形式、色彩，一心只思虑着面包。"[14] 妻子安娜是辛德勒的安慰，若没有妻子，"我的存在将只有痛苦，或者，我肯定已经死了"[15]。

　　埃米尔愧疚于自己的贫穷，这为第一个孩子的降临蒙上阴影。"只有那些当天躺下并能够在第二天死去的人才应该结婚，这样他也不会眼见着至亲至爱活活饿死。"他写道。在不断的自我谴责中，他深信自己的婚姻是一种应受谴责的行为。"唯一重要的是家里有没有钱，可这个家一贫如洗，甚至都不够支付自己的葬礼。"[16] 安娜的分娩过程令埃米尔惊恐不已——"不啻为大自然最不

10

体面、最可耻的行为"，他深爱的安娜因此成为受苦受难的殉道者。有一段时间，他对那孩子只是漠不关心，孩子的存在意味着他与妻子的部分分离。他为自己的无能备感苦恼，出于爱，他甚至考虑把她们俩都送走，至少这样她们可以受到很好的照顾。

安娜·苏菲承受了丈夫的全部忧愁。朴素的家庭出身使她能应付逆境。1857年11月20日，安娜生于汉堡，在九个孩子中排行老二。父亲克劳斯·雅各布·贝尔根（Claus Jakob Bergen）拥有一家小啤酒厂。1871年，父亲破产，孩子们不得不依靠自己的才能与朋友们的救济维生。安娜对着阿尔玛回忆起残酷的青春时代："有一个晚上，她（连同整个贝尔根家族）不得不连夜逃离威德尔岛（Veddel）……他们甚至没有足够的钱支付房租……11岁那年，她成为一名芭蕾舞者……演了整整一年的跑龙套的角色，成为一家人的经济支柱……后来她当了保姆，不得不清洗尿布，睡在厨子的房间里……她去当所谓的'互裨'姑娘（译注：指以授课、协助家务等换取膳宿），靠给人做家务以换取住宿；再后来是浴室收银员，最终成为一名歌手。"[17]安娜有副女高音的好嗓，1876年被派往维也纳，跟随备受尊敬的老师阿黛尔·帕西-科尔内（Adele Passy-Cornet）学习声乐。然而，她爱上了埃米尔，事业前途也随之破灭。

1880年2月，埃米尔感染了白喉与败血症，在北海度假胜地博尔库姆（Borkum）待了六个月。回来时，他发现安娜又怀孕了。尽管埃米尔将其视作自己的孩子，但几乎可以肯定这孩子的生父是埃米尔的画家同事朱利尔斯·贝格尔（Julius Berger），贝格尔自埃米尔婚后一直与他们合租公寓。这在当时并不为人所知，玛格丽特［Margarethe，昵称"格蕾特"（Gretl，Greta）］于1880年8月16日出生，埃米尔视若己出。

埃米尔起初对孩子们颇为冷漠，随着境遇的好转，他对女儿们的爱亦逐

11

渐加深。1881年2月，他被授予莱切尔艺术家大奖（Reichel Artist's Prize），1 500 基尔德的奖金足以还清债务，一家人搬进了更大的公寓。一位富有同情心的艺术资助人，维也纳银行家莫里茨·迈耶（Moritz Mayer）委托埃米尔为其新公寓作画，承诺画作完成后支付200基尔德，这在当时可是不同寻常的高报酬。隔年春天，另一位奥地利金融家买下了埃米尔的获奖作品《月亮在普拉特河上升起》。

埃米尔开始教授绘画。由于当时女性被禁止进入艺术学院学习，有条件的年轻女子只能聘请老师做私人辅导。很快，他的周围便聚集起一群才华横溢的女艺术家：玛丽·贝佳斯－帕芒蒂埃（Marie Begas-Parmentier）、蒂娜·布劳（Tina Blau）、玛丽·埃格纳（Marie Egner）以及奥尔加·维辛格－弗洛里安（Olga Wisinger-Florian），皆是日后艺术界响当当的名字。1882年，20岁的卡尔·莫尔以埃米尔助手的身份加入这个圈子，成了辛德勒家里的常客。他在同一街区租了一间公寓，始终与“大师”相伴左右，随辛德勒一家前往萨尔茨卡默古特（Salzkammergut）的巴登格尔森小镇（Bad Goisern）度假，夏天与学生们前往魏斯基兴（Weissenkirchen）与林登贝格（Lundenberg）游学。莫尔的忠诚延伸到安娜身上，两人极为谨慎地发展成一对地下恋人。或许敏感聪慧的小阿尔玛注意到了这一点，但在日记和自传中对此未有提及。她对卡尔·莫尔始终感到厌恶，强烈的厌恶。

阿尔玛5岁那年，埃米尔租下维也纳森林附近的普兰肯堡庄园（Plankenberg Manor）——照莫尔的说法，“他终于实现了自己生命里最隐秘的……愿望”[18]。在阿尔玛眼中，那里“写满了美、传奇与恐惧……据说那里闹鬼，我们这些孩子躺着颤抖了好几个晚上”[19]。楼梯上有一个花坛，坛上立着一尊木雕人像，还有一盏闪闪发光的枝形吊灯，姑娘们每天晚上经过它时都感到惊恐不安。这座15世纪的建筑是列支敦士登王子卡尔（Karl）名下的财产，约两层楼高，顶部是山墙屋顶，建筑物正面饰有巴洛克式的洋葱尖顶钟楼。庄园坐落在几乎无人问津的荒凉公园里，占地面积达三英亩（译注：约 1 万 2 千平方米）。"当年规划的痕迹依稀可见。庄园四周被起伏的群山包围，辽阔的远景，森林与田野，杨树林立的乡间小路，一条安静的小溪蜿蜒而过。"[20]

在这里，阿尔玛"与世隔绝，宛若公主般生活着，身处大自然美景的怀抱中"；而父亲，这位"大自然真正的先知"则在她眼前作画。卡尔·莫尔称埃米尔像一个"一无所有的封建领主那样生活"，埃米尔出身贵族的谣传开始不胫而走，人们皆称"他年轻时曾与叔叔住在利奥波德斯科隆城堡（Schloss Leopoldskron），如今回到了自己的城堡"[21]。阿尔玛乐于接受这样的说法，并将自己描述为"承继艺术传统的女儿"，而父亲"总是负债累累，这似乎是一个天才该有的样子。他出身贵族世家，是我心中耀眼夺目的偶像"[22]。

事实上，辛德勒并非贵族出身。埃米尔的曾祖父是一名铁匠，来自上奥地利（Upper Austria）的斯太尔山谷（Steyr Valley）。他的祖父是一家纺织厂的老板，育有两子。朱利尔斯（Julius）——即埃米尔的父亲——生于 1842 年；另一个儿子亚历山大（Alexander）后来成为一名自由党议员，并以贵族笔名"朱利尔斯·范德特劳恩"（Julius von der Traun）出版小说。住在利奥波德斯科隆城堡的亚历山大生性挥霍无度，负债累累，最终连城堡也抵押了个干净。在债主们的逼迫下，他在某个夜晚可耻地逃离了城堡。只是这场逃跑被演绎成一场盛大的表演："许多仆人簇拥护送着他，游行队伍在火炬的照耀下浩浩荡荡。"[23]

朱利尔斯接管了家族的生意，并迎娶玛利亚·彭茨（Maria Penz）为妻。这位玛利亚是个十足的美人，画像被悬挂于维也纳霍夫堡（Hofburg）的群芳廊（Gallery of Beauties）。但一场大火烧毁了工厂，这家人破了产。埃米尔 4 岁时，父亲朱利尔斯感染了肺结核。眼见着自己命不久矣，朱利尔斯带着妻子乘坐一辆四轮马车，开始了穿越意大利与瑞士的旅行。临终前，他让玛利亚穿上最华美的、最令他感到赏心悦目的晚礼服，坐在床边，直至他死去。[24]

这位美丽的寡妇后改嫁奥地利帝国军队的上尉爱德华·纳帕莱克（Eduard Nepalleck）。1859 年，第二次意大利独立战争期间，她随夫前往意大利参与军事行动，奥地利最终在索尔费里诺战役（Battle of Solferino）中被意大利和法国军队击败。17 岁的埃米尔在意大利遇见了画家阿尔伯特·齐默尔曼（Albert Zimmermann），隔年正式拜入齐默尔曼门下，成为维也纳美术学院的学生。与导师在巴伐利亚阿尔卑斯徒步旅行期间，他被大自然景观的壮丽所折服，"一切美好而富有诗意的东西都可以在大自然中找到"。最后他说："在这个充满苦难的世界上，大自然，这个最美丽也最残忍的女人，以她的迷魅蛊惑着我们。"[25] 从此，对自然的迷恋成为他作画的灵感来源。

14

1886 年，由于受到哈布斯堡王朝继承人——弗朗茨·约瑟夫皇帝的独子鲁道夫王储的赏识，埃米尔的名望迅速蹿升。王储委托埃米尔为自己的书《奥地利君主国图文册》绘制插图。不久，银行家赫尔曼·赫维茨（Herman Herwitz）支付给辛德勒一笔可观的预付款，委约一幅题关"南方"的大型作品。阿尔玛清楚地记得父亲带着家人展开为期数月的旅行，沿着达尔马提亚海岸一路向下。埃米尔在途中为鲁道夫王储的书绘制素描，并顺便为赫维茨的委约作品《希罗科激浪》（*Brandung bei Scirocco*）搜寻素材。与他们同行的还有卡尔·莫尔，以及一位女仆。

1888 年 1 月，全家搬到科孚岛（Corfu），"那里简直就是梦幻的天堂"[26]。阿尔玛坐在一旁，看着父亲作画。他只是愉悦地享受着随性的画笔，不再为委约而思虑。"亲爱的父亲以画家的眼光看待一切……向我们揭示所有的美丽"。他们住在一座没有灯光的、低调的小石屋里，屋子位于山坳处，可以远眺亚得里亚海与爱奥尼亚海（爱琴海）的景致。大量逾百年的空心橄榄树环绕着他们，附近的瀑布旁，紫罗兰与野风信子正在盛放。可怕的风暴降临时，"海面就像一大片硅晶体，月光穿透乌云直射下来，这里一簇，那里一束"，[27] 阿尔玛以一种生动而令人心碎的怀旧情思回忆这段往事。

15

阿尔玛的母亲将房子收拾得宜居，还尝试着教两个女孩乘法表，但并未成功。阿尔玛的心思早就被另一样东西占据。9 岁那年，镇上送来了一架小钢琴，她开始尝试作曲——"写下属于我自己的音乐。作为家里唯一的音乐家，我可以自己找寻自己的路，无须他人强迫"[28]。这是她迈出的试探性的第一步，日后这股子创作的念头将成为吞噬她的野心。

1888 年 5 月，一家人回到了维也纳。如今的埃米尔是帝国最重要的画家之一，诗意现实主义的杰出代表。1888 年，他被任命为维也纳美术学院（Academy of Fine Arts）荣誉成员以及慕尼黑学院（Munich Academy）成员，一举拿下了几个极具声望的奖项。他的作品定期在维也纳艺术之家展出，并在柏林与慕尼黑巡展。一家人仍住在普兰肯堡庄园，周围环绕着如画的田园诗意。埃米尔·雅各布·辛德勒稳定的产出令原本沉重的债务减轻了不少。

1892 年 8 月，在卡尔·莫尔的陪同下，一家人前往北海胜地叙尔特岛（Sylt）度过了长达三周的假期——据阿尔玛回忆，"这是父亲还清债务后，全家人的第一次自费旅行"[29]。彼时，埃米尔一直遭受间歇性腹痛的困扰，经维也纳医生诊断，认为是"神经过敏"引发的问题。前往叙尔特岛途中，安娜、卡尔·莫尔以及孩子们拜访了定居汉堡的安娜的母亲；而埃米尔则与自

己的老友——巴伐利亚的摄政王卢伊特波尔德（Luitpold）待在一处；并着
手慕尼黑画展的布展工作，监督画作的悬挂摆位。摄政王生性爱作弄人。有
一回，宾客正在露台上用餐，他忽然往毫无戒备的宾客身上浇水，以此取
乐。埃米尔瞬间冻僵，胃病加剧，继而引发剧烈的肠道疼痛。当他抵达叙尔
特岛时，卡尔·莫尔称："大师愈发感到不适……他毫无胃口，总在抱怨肚
子疼。"[30]

　　埃米尔日益恶化的病情令家人感到惊慌，安娜先是叫来了当地医生，随后
致电德国基尔（Kiel）著名的外科医生与胃病专家弗里德里希·冯·埃斯马奇
（Friedrich von Esmarch）教授，埃斯马奇教授答应派自己的助手前来。但那人
来晚了。1892 年 8 月 9 日，埃米尔·雅各布·辛德勒死于腹部并发症。

　　当时，阿尔玛与妹妹格蕾特两人独自待在一家餐厅里，信使冲了进来，喊
她们马上过去。"我瞬间明白爸爸走了，"阿尔玛回忆道，"我们在呼啸的风中跑
过沙丘，一路上我都在大声哭泣。莫尔在小屋前等我们，他说：'孩子们，你
们的父亲走了。'"[31]

　　这是一个毁灭性的打击。姑娘们被锁在自己的房间里不许出来，但她们找
机会"溜了出来，发现爸爸躺在隔壁房间地板上的一个木盒子里。他是那么美。
他看起来像一具精致的蜡像，高贵得像希腊雕像。我们一点儿也不害怕。他曾
经是我的父亲，他躺在棺材里，我只是惊讶，原来父亲看上去那么矮小"。[32]

　　一家人带着父亲的棺材返回维也纳安葬，为了躲避汉堡的霍乱检疫，父亲
的棺材被藏在一个钢琴盒里。归途中，阿尔玛越来越强烈地感受到自己的失落
与失去。她的记忆混乱不堪，但关于父亲离世所带来的影响却相当确凿。"眼
下所发生的一切，我并不完全明了，我为爸爸精致、镶金的棺罩感到骄傲。下
葬时，母亲在墓地发出疯狂的尖叫声，令我感到烦闷。但我越来越意识到我失

17　去了生命的向导、我的指引——除了他，别无他人。我所做的一切只是为了让
他高兴，我所有的野心与虚荣心都因他的双眸而满足，它们永远闪着善解人意
的星光。"她写道，"海滨之死，一路颠簸辗转回到维也纳，北欧的灰，叙尔特
岛上风暴般的绝望——对我来说，这一切都是关于父亲不可磨灭的记忆的一部
分。"后来，为了纪念他，人们在维也纳城市公园（Vienna Stadtpark）竖立了
一座"漂亮而浪漫的纪念碑"。在大理石雕像的揭幕仪式上，"那大理石做的父
亲逼真得仿佛就要活过来"，阿尔玛几欲昏厥。[33]

　　埃米尔·雅各布·辛德勒逝世时不过 50 岁，他的早逝对 13 岁的阿尔玛而
言好比爱之抽离，仅留下痛苦的情感真空。这道伤口如影随形，她的生命从此
蒙上了阴影。1899 年，她在日记里感叹道："如果他今天还活着，我确信我的
人生轨迹将完全不同。他是我的唯一，一个如此真诚、无私地爱我的人。如今
的我更知父亲的心，若当时就能懂这些，今天又会是什么样呢？"[34]

　　据阿尔玛本人的说法，她的整个青春期"完全与周遭的一切疏离。我变得
对身边的人漠不关心，完全沉浸在音乐中"。父亲像个魔咒依然抓着阿尔玛的
心，她总是"被神秘的事物所诱惑"，着迷于"某些文字描述"，比如"当父亲望
向叙尔特岛海滩上的游泳者时，他嘴里吐出这样的话：'人类在神的锁中玩耍。'
这是我从他那里学来的，我还从父亲那学会了许多其他漂亮的表达方式"。[35]

　　他们从普兰肯堡庄园搬到维也纳位于泰丽莎街（Theresianumgasse）的一
套公寓。随着卡尔·莫尔逐渐掌控家里大大小小的一切事务，阿尔玛对他的怨
恨与日俱增。他不仅取代了她的父亲，身为敏感的年轻姑娘，阿尔玛很可能已
经有所觉察，甚至是下意识地嗅到莫尔与母亲之间的真实关系。卡尔·莫尔是
18　"我父亲的学生——他永远只是个学徒，一辈子流转于各个老师间，在他们身

上挥霍自己微薄的天赋，然而他与老师绝无可能相提并论"，阿尔玛以轻蔑的口吻写道："他以教导者的身份，利用我来测试他自己的技巧……但仅能从我这里收获敌意。他不该是指引我的人。"[36] 她偷偷地给自己建了一个图书馆。"感谢上帝，母亲并没有多少时间可以陪我"，阿尔玛常常独自出门，在二手书店里把孩童题材的书换成现代文学与哲学，将这些书偷偷地藏在宽大的斗篷下面，溜进自己的屋子。[37]

当时的阿尔玛并不十分同情母亲的境遇，然而从 1898 年阿尔玛 18 岁那年开始记述的早期日记来看，她关于母亲与卡尔·莫尔的描述也并非如后来的自传《爱是桥梁》中所述的那般苛责。她强烈地感觉自己遭到了遗弃，因失去不可替代的父爱而感到空虚，所有这些负面的情绪成为贯穿该时期日记的主题，时而发展为叛逆，时而演变为痛苦与绝望的嚎叫。最重要的是，这些情绪奠定了她与母亲的紧张关系。阿尔玛的内心深处有一种孤独感，她借助阅读与音乐——钢琴演奏、作曲以及聆听音乐，尤其是瓦格纳的音乐——加以克服。她写道，自己"如此向往人间大地上的那片蓝天，并终在音乐中找到它"[38]。随着年龄的增长，她决心追求独立，走自己的路。与此同时，她也越来越渴望找到一个能给予她全部爱与忠诚的人，那人能够理解她，激发她的尊重与奉献精神，填补父亲离去后的空缺。

1895 年 11 月 3 日，父亲逝世后三年，母亲嫁给了卡尔·莫尔，令阿尔玛更感孤立无援。阿尔玛在自传中记录了这一事件，语带讥讽："真是可怜的女人，她就这样嫁给了一个钟摆，我的父亲可是一座钟！"[39] 他看起来像"中世纪的圣约瑟夫木雕，对旧时代的画情有独钟，最令人讨厌的是，他搅扰了我的人生道路"。即便他是阿尔玛的继父，阿尔玛坚称"他无权干涉我"。[40]

19

阿尔玛笔下的继父形象可谓充满痛苦、挣扎且不足道也，然而事实上，卡尔·莫尔在维也纳文化界是一个极突出、重要的人物。他与古斯塔夫·克里姆特共同创立并发起了维也纳分离派运动，这一运动挑战了当时学院派、古典主义者以及历史主义者在维也纳文化舞台上的霸权。1897 年 6 月 21 日，分离派的第一次集会在莫尔家中举行，杰出的画家、雕塑家与建筑师纷纷到场，各路英才相互结交，互通有无，探讨艺术与思想，"长时间地沉浸在我们的思想和情感中" [41] 阿尔玛被青年才俊所包围，兴奋不已。

当时的官方艺术家协会组织——维也纳艺术之家日趋狭隘僵化，不愿接纳更开放的艺术观，来自各个艺术领域的四十多位"叛逃者"公开脱离组织。自19 世纪 50 年代以来，环城大道（Ringstrasse）所传达的气质与精神一直是维也纳文化风格的主导。这一巨型建筑项目于 1857 年由弗朗茨·约瑟夫皇帝发起并主持建设，通过拆除旧墙以重塑城市格局，于市中心周围创造出一条宽阔的林荫大道。环城大道上，150 座富丽堂皇的公共建筑依次排开，包括国会大厦、市政厅、维也纳城堡剧院（Burgtheater）以及为新兴的中产阶级建造的650 套私人公寓和宫殿。巨幅浮雕诠释寓言式主题，华丽的装饰图案塞满了建筑的内部，一切皆仿照历史风格而建——新文艺复兴、新古典主义、新哥特风格、新巴洛克风格等不一而足。报酬可观的委托与赞助为各路艺术家带来了源源不断的财富与名望。这道"环"成为哈布斯堡帝国的象征，昭告富丽堂皇的帝国气派；与此同时，"环"的存在带动了企业家阶层地位的提升，他们也越来越具有影响力。

年轻一代的艺术家、雕塑家、设计师与建筑师在寻找风格时拒绝接受夸饰、模仿的风气，认为新风格理应反映现代生活的真正精神。在他们看来，环城大道所展示的风格不过是一种表象或一张面具，掩盖了维也纳社会的本质。"由于历史决定论与文化传承屏蔽了某种真实,布尔乔亚隐去了他们身份认同中更现代的、更务实的一面。"[42]1898 年,28 岁的建筑师阿道夫·路斯(Adolf Loos)将此等浮夸与当年叶卡捷琳娜大帝的将军波将金为了向女皇掩饰日常生活的贫穷而建造的虚假的、纸做的俄罗斯村庄相提并论。

古斯塔夫·克里姆特是运动的中心人物,也是阿尔玛·辛德勒情感与性觉醒的核心驱动。他是"他们中最有天赋的一位",35 岁就已名声大噪,"长得异常好看",阿尔玛如此写道,他是一个"擅长诠释拜占庭式精致的画家,我从爸爸那里习来的艺术眼光因为他而愈加敏锐,也看得更深入了"[43]。早些年,克里姆特正是靠着接受委约创作、装饰宫殿和公共建筑而出名,如今却追随分离派高举反动的大旗。

克里姆特出身卑微,是某金雕刻师的次子,1862 年 7 月生于维也纳近郊的鲍姆加滕(Baumgarten)。在 1873 年的金融危机中,他父亲的生意无以为继,一家人陷入近乎一贫如洗的境地。14 岁那年,克里姆特进入维也纳艺术学校学习,随后与同为艺术家的兄弟恩斯特(Ernst)以及同学弗朗茨·冯·马奇(Franz von Matsch)建立了合作关系。他们第一个享有盛誉的委约作品是为新城堡剧院——奥地利国家剧院(Austrian National Theatre)设计入口大厅。1881 年,大厅竣工揭幕现场爆发欢呼的掌声,克里姆特听到人群中有人用维也纳方言嘟囔:"是这作品叫我们变蠢了,还是这作品本就是个蠢蛋?"[44]此后,克里姆特的委约任务越来越多。但到了 19 世纪 90 年代初,克里姆特开始反思自己的成就,质疑保守的维也纳精神,并试图探索表达自己观点的新方式。

脱离艺术家协会后,维也纳的分离主义者逐步发展出属于自己的独特风格与艺术创作目标,正如他们高举的座右铭——"还时代以艺术,还艺术以自由(Der Zeit Ihre Kunst, Der Kunst Ihre Freiheit)"。维也纳必须对同时期席卷欧

21

洲的艺术与文化之风保持开放的心态，包括新艺术运动（Art Nouveau）、法国印象主义（French Impressionists）、比利时表现主义（Belgian Expressionists）、英国拉斐尔前派运动（English Pre-Raphaelite movement）以及德国新艺术家（German Jugendstilisten）。他们宣告了一种新语言的诞生——真实、简洁、朴素、纯净的线条与明晰的目的，事关艺术生命之再生的终极目标在名为《圣春》（*Ver Sacrum*）的先锋派杂志上得以呼应。杂志创刊号上刊登了克里姆特的作品《努达·维塔斯》（*Nuda veritas*），努达·维塔斯手中举着一面空镜，正是分离派运动目标的象征，套用建筑师奥托·瓦格纳（Otto Wagner）的话说便是："展现现代人的真面目。"[45] 克里姆特在分离派 1898 年 3 月的首展海报中展示了忒修斯杀死牛头怪的场景，智慧女神雅典娜则立于一旁见证整个过程。当局审查了海报，坚持画家要用树干掩饰忒修斯的男性生殖器，该事件无疑反过来佐证了这群"叛军"的立场与观点。

美学复兴的精神在世纪末的维也纳大行其道，渗透创作与精神生活的方方面面。音乐领域有古斯塔夫·马勒、理查·施特劳斯（Richard Strauss）以及阿诺德·勋伯格（Arnold Schoenberg）；戏剧领域有阿图尔·施尼茨勒（Arthur Schnitzler）、雨果·冯·霍夫曼斯塔尔（Hugo von Hofmannstahl）；写作方面则有现代派作家团体——青年维也纳（Jung-Wien），代表人物包括赫尔曼·巴尔（Hermann Bahr）、皮特·阿尔滕贝格（Peter Altenberg）以及贝尔塔·祖卡坎德尔（Berta Zuckerkandl）；当然，还要算上尼采的哲学观与西格蒙德·弗洛伊德（Sigmund Freud）对于"隐藏自我"的精神分析研究。总之，当时的人们努力寻求一种语言来理解现代人的灵魂。它所关注的焦点是"心理层面的个体"，包括内在的、本能的"焦虑的"自我。这便意味着"我"不仅是理性的，而且是感情和本能的产物，个体在充满痛苦的不确定时代登场——政局不再稳固，社会分崩离析。快速的社会变革，以及日渐式微的道德确信感构成了哈布斯堡帝国暮年的主题。"我们这一代人分明能嗅到……在艺术领域里，有些东西随着旧世纪的终结而消逝。一场革命，或者至少是价值观的改变，即将发生。"作家斯蒂芬·茨威格（Stefan Zweig）言之凿凿，"父辈时代那些出色、扎实的艺术实干大师们与世界上其他国家的人一样，都心怀不安。他们冷静、温和、平稳的步履节奏已不再适用于我们这个不断加速的时代。"[46]

阿尔玛·辛德勒正是在这样的环境中长大。她崇拜父亲的诗意现实主义，如今又被卷入了维也纳最具活力和革命性的艺术运动，这场运动势必进化出一种新的、属于维也纳独有的美学和艺术语言。分离派首展于 1898 年 3 月举行，"简直美轮美奂，"阿尔玛说，"那是艺术，真正的艺术，以及真实的人。"[47] 展览吸引了五万七千名观众到场，阿尔玛与众人一样兴奋不已。首批入场观展的人中甚至有弗朗茨·约瑟夫皇帝；展览共售出 218 件展品，后因大众要求而延期。[48] 现代主义倡导者赫尔曼·巴尔称其为："一场没有一件次品的展览！一场关乎所有现代绘画的回顾！这个展览表明我们在奥地利的人同样可以与最优秀的欧洲人相较，一决高下！一场奇迹！"[49] 阿尔玛参观了由约瑟夫·玛利亚·奥尔布里希（Joseph Maria Olbrich）设计的极富革新色彩的分离派大楼。"一座艺术殿堂……一个安静、优雅的庇护空间。墙壁白而闪耀，神圣而纯洁。"[50] 此外，阿尔玛发现金色、白色与绿色的搭配"珍奇巧妙"，内部装饰也"极为精彩"。[51]

卡尔与安娜·莫尔的住所堪比助燃这场运动的热能中心。正是在如此纷繁嘈杂的背景声中，阿尔玛以开放、好奇的心态吸纳周围各异的潮流，逐渐形成了自己的目标与抱负。除了家中亲友，分离派成员——克里姆特、科洛曼·莫泽（Koloman Moser）、约瑟夫·霍夫曼（Josef Hoffmann）、约瑟夫·奥尔布

23

里希以及其他年轻的文化领袖定期到访，或共进晚餐，或举行热闹的聚会。每每这样的场合，阿尔玛会亲自演奏钢琴助兴，她尽情地跳舞，喝着香槟，加入众人的讨论，一聊便是通宵达旦。

虽被艺术家包围，但音乐仍是阿尔玛心中压倒一切的激情所在。阿尔玛一星期去看两三次歌剧，每个星期天更是雷打不动地出席维也纳爱乐乐团的音乐会现场。她在日记中记录了音乐带给自己的强烈的情感反应。1898年5月7日，瓦格纳的《女武神》（Die Walküre）竟"呈现出如此的激情，如此神奇的声音"；与她最喜欢的歌剧《特里斯坦与伊索尔德》（Tristan und Isolde）截然不同，她"从未感到如此心醉神迷，几乎喘不过气，叫人疯狂"。[52]5月18日的《诸神的黄昏》（Götterdämmerung）"美妙极了……这个世界不配拥有这样的作品"。[53]三日后的《特里斯坦与伊索尔德》"无与伦比，有着非尘世的神秘诡谲——那不是一个人，而是一个神"。[54]"疯狂的激情与无限的渴望……只为追逐未知，为了那些存在着但我们无法认识的东西"[55]，这炽烈叫阿尔玛折服。当聆听备受赞誉的女高音莉莉·莱曼（Lilli Lehmann）演唱贝多芬的《费德里奥》（Fidelio）时，"如此有才华，火一般的激情，天才般的演绎"，她的心"开始怦怦直跳，如此猛烈，我害怕自己的心要整个儿炸开"。[56]

除却欣喜若狂的热情，阿尔玛还逐渐养成一双敏锐挑剔的耳朵。她首次听莫扎特的作品时并未留下什么印象。但她"非常喜欢"1900年4月上演的《费加罗的婚礼》（The Marriage of Figaro），"比起瓦格纳，这种音乐没有什么惊心动魄的元素，没有什么伤脑筋的地方，但很平和，有着罕见的中性与甜蜜"，因此应当这么说，"莫扎特的东西比瓦格纳的来得健康"。她认为，莫扎特对自己的影响之所以不如瓦格纳来得大，是因为"我们所处的时代。我们的世纪，我们的民族，我们的人生观，我们的血液，我们的心——一切都是颓败的！这就是为什么我们更喜欢歌剧，因为歌剧中的音乐能激起我们的各种情感，像旋风般将我们撕裂。我们需要疯狂——而非秀丽的田园，唯有疯狂可以提神醒脑。老实讲，今天我学会了尊重莫扎特……我喜欢他的音乐"。[57] 20 岁的阿尔玛演奏贝多芬时，总觉得"自己的灵魂仿佛在干洗店里，瓦格纳的杂质与神经创伤所造成的黑色污渍被一一涤清"[58]。

自 1894 年起，年 15 岁的阿尔玛开始每周与盲人管风琴手、作曲家约瑟夫·拉博尔（Josef Labor）学习音乐，并师从阿黛尔·拉德尼茨基–曼德里克夫人（Frau Adele Radnitzki–Mandlick）学习钢琴演奏。阿尔玛经常花好几个小时练习，是一位颇有造诣的钢琴家。19 岁时，阿尔玛已经能将瓦格纳歌剧的大部分乐谱熟记于心，常常沉浸于这些音乐里不能自拔。"昨天我一直弹奏《女武神》直到深夜。"在 1898 年 1 月的日记中，她写道，"齐格弗里德充满热情地将齐格林德吸引到他的身边，这个乐段很精彩——火一般的、真正灼热的情欲！还有什么能与之相较吗？今天，我的喉咙痛极了。"[59]

阿尔玛对作曲产生了浓厚的兴趣，每周写作两到三首钢琴小品、变奏曲，并以歌德、勒内·马利亚·里尔克（Rainer Maria Rilke）、海因里希·海涅（Heinrich Heine）、理查德·德默尔（Richard Dehmel）、古斯塔夫·法尔克（Gustav Falke）等人的诗作为歌词蓝本，创作了一系列艺术歌曲。每周上课时，阿尔玛会把自己的作品交由老师拉博尔品评指点。面对老师的肯定，她喜出望外，也谦虚地接受批评。1898 年 11 月，阿尔玛写道："他极严肃认真地教导我不要浪费自己的大好年华，求我更认真地对待。不得不说，他是对的。"[60] 当老师找不出一点错误时，她真是"欣喜若狂"；偶尔老师还会发现她的创作中有特别值得称道的东西，这真叫人感到惊讶。"我当他的面演奏了我的歌曲，以及我写的奏鸣曲中的两个乐章。他称这三首都很好，并指出了一些错处。"[61] 阿尔玛听从了他的劝告，从前，她总是"在有限的乐段内接二连三地塞满各种主题"，如今她注意到自己应当尽量"从一个主题中衍生出各种不同的情绪"。[62]

母亲以自己受过良好训练的美妙嗓音为女儿配唱，有时两人会公开演出，时而是在钢琴老师曼德里克夫人安排的音乐会上，更多的则是在亲朋好友的私人晚会上。阿尔玛在日记中写道："人们普遍认为，这些音乐听起来不像是出自女人之手。"[63] 这些歌曲复杂、浓烈且情绪化，往往是反映她情绪状态的晴雨表。有一回，妹妹格蕾特听完阿尔玛为《我在花丛中漫步》(Ich wandle unter Blumen) 所写的音乐后，说道："可真叫人惊讶，你总是能设法找到一首符合你心境的诗歌。我当然了解你，但事实上，任何听到你的歌曲的人都能感受到你当时的心情。"对此，阿尔玛回应道："的确如此，只有当歌曲符合我的心境时，我才会被情绪推动着提笔写作……我从来没有写过一首情绪欢快的歌曲或一首雀跃的乐器作品。我就是写不来那样的东西！"[64] 阿尔玛不清楚自己的歌曲到底好不好——她"只知道那音乐里倾注了爱的激情"[65]。

18 岁的阿尔玛对自己内心的抱负已有了明确且极为具体的感知，她决意成为一名作曲家。"我想做一些非常了不起的事。我想要创作一部真正意义上的好歌剧——尚没有哪一个女人可以做到。"[66] 她对着日记本吐露心曲。"哦，上帝啊，求你赐予我力量，使我成就心里的想望——一部歌剧……那是我的梦想！……我几近绝望，然而全部的身心、整个的存在都在努力争取着，争取实现这个目标。我向你祈祷，在与自身之软弱以及'女性特质'的斗争中，我不会败下阵来。"[67]

这恰恰是一种默认，阿尔玛不自觉地在心里接受了当时普遍的看法——即女性的创造力是缺乏价值的。她将自己的女性特质视为一种"软弱"，是她成功的障碍。当她在冷漠的氛围中挣扎时，她被毁灭性的自我怀疑所困扰，并因自己的失败而自责："但愿我真的是个人物——一个实实在在的扎实的人，因能做大事、有能力而有所成。可我只是一个无名小卒、一个平庸的年轻女孩。但凡有人提出要求，她的手指便在钢琴的琴键上优雅地来回移动；一切皆遵循'他人所想所需'，她还会对傲慢的问题做出傲慢的回答，她与成千上万的其他女孩一样，喜欢跳舞……总之，我就想要成为一个了不起的人物。但那是不可能的——可为什么不可能？我并不缺乏天资，只是我的态度如此轻浮，根本够不着自己所设的目标，艺术成就更不必提，远远不够。"[68]

阿尔玛敏锐地意识到自己年少时的雄心壮志是多么大胆，几无可以效仿的先例。当她把自己的八首歌曲演奏给老师拉博尔听时，得到的评价是："真是令人尊敬的成就……对一个女孩来说相当好了。"阿尔玛愤愤不已，"做女孩真是诅咒，你根本没办法克服你的局限性"。[69]她非常失望地发现女作曲家塞西尔·夏米纳德（Cécile Chaminade）的作品不过是些"风骚、做作，巴黎腔十足"的东西。阿尔玛曾抱有希望，认为这世上"必可以找出至少一个例外来支持我"，但最终她只能屈从于主流观点，"听了这场音乐会，我明白了一个女人是一事无成的，永无可能有例外"。[70]

即便如此，拉博尔依然鼓励阿尔玛称："你的作品比她（指塞西尔·夏米纳德）的好。你的东西没有模仿的痕迹，很天然，至少，你的写作风格与手法是与生俱来的。"[71]尽管缺乏安全感，阿尔玛还是不能放弃音乐。创作的欲望叫她着迷，沉浸其中无以自拔。一首歌若在创作过程中出现问题，她"便非常沮丧"——"所有的快乐都消失了"，[72]而当她搜肠刮肚遍寻灵感而不得时，又会陷入另一种惶恐。"我害怕失去自己的创作力，失去我对旋律的感觉。亲爱的主啊，这是我所拥有的最好、最纯洁、最美妙的东西。请求你，别将它带走。"[73]

27

进展顺利时，"没有什么比把一首刚完成的作品从头到尾弹奏出来更叫我开心的了。我一遍又一遍地演奏，在声音中我能听到自己的形象。当妈妈演唱我的歌时，那感觉非常特别；如若她在演唱过程中犯错，我的愤怒便无法抑制……就好像我整个人被撕裂"[74]。

　　虽然所受的正规教育十分有限，但她对知识的渴求几近贪婪。读书是一种激情，一种慰藉，读书也是某种防御，抵御内心的遗弃感。她兼收并蓄，涉猎广泛。19 岁的阿尔玛已熟读柏拉图、苏格拉底与尼采的作品，斯宾诺莎（Spinoza）的伦理学以及歌德、里尔克与海涅的诗歌。她曾在 1898 年 5 月仅花三个多星期的时间读完阿尔弗莱·德·缪塞（Alfred de Musset）的法文原作，以及拜伦的《该隐与唐璜》（*Cain and Don Juan*）。阿尔玛的秘密藏书屋里存放着现代德国作家赫尔曼·苏德曼（Hermann Sudermann）、伯莎·冯·苏特纳（Bertha von Suttner）、海因里希·乔克（Heinrich Zschokke）、理查德·沃斯（Richard Voss）等人的著作，此外还有左拉、福楼拜的作品以及亨利·米尔热（Henri Murger）的《波西米亚人的生涯》（*Scènes de la vie de Bohème*）——"一本生动的、令人愉悦的书，尽管它非常不道德……它叫我如此感同身受……妈妈发现我们居然读这样的书，整个人吓呆了！"[75] 阿尔玛还十分喜欢阿尔封斯·都德（Alphonse Daudet）的《小弗里蒙特和老里斯勒》（*Fromont jeune et Risler aînë*，又译作《巴黎姑娘》），这篇小说"演绎出一种恢宏、骇人的真实，叙述精彩绝伦，绝对能打动每一位读者"。[76]

　　接连几晚在剧院看戏的阿尔玛，回到家中在日记里对格哈特·豪普特曼（Gerhart Hauptmann）、阿图尔·施尼茨勒、亨里克·易卜生（Henrik Ibsen）、乔治·希施费尔德（George Hirschfeld）等人的戏剧发表尖锐的评论。当她不弹钢琴、不学法语、不做针线活、不作曲的时候，她会去拜访亲戚和家人的朋友，或者去听日间音乐会。分离派大展持续引发轰动，它是城中最激动人心的热门话题，观展的人络绎不绝。阿尔玛几次前往展览现场会见朋友，身为分离派核心圈的一员，阿尔玛还负责会见、问候赞助商与赞助人，并与艺术家们一起庆祝。

对艺术领域的熟悉和理解始于父亲的教导，阿尔玛因而成为一个有鉴赏力的评论家。尽管十分熟悉现代的分离派精神，并且沉浸其中，她对于父亲所代表的老一辈艺术家精神的欣赏从未有过动摇。在为弗朗茨·约瑟夫皇帝而举办的周年庆典艺术展上，阿尔玛看到了父亲埃米尔·辛德勒的三十幅画作，以及若干"精美"的马卡特作品，更坚定了自己内心的想法。"不管分离派怎样谩骂，怎样轻蔑地耸肩，他们依然没有一人可以与之相较——佩滕科芬（Pettenkofen）、瓦尔德米勒（Waldmüller）、马卡特以及爸爸的时代不会轻易被超越。即便有一千个恩格尔哈特（Engelharts）与克里姆特也不行。只是时代变了。"[77]

阿尔玛稳步成长，逐渐走出属于自己的独立天地，然而父亲的缺位所留下的疼痛并没有因此减轻。1898年8月9日是埃米尔逝世六周年纪念日，似乎所有人都不在意，唯有她一个人记得。不过，她转念一想，"我相信没有人比我更爱爸爸了。尤其是现在，此刻。他是我永远的避难所"[78]。又过了一年，阿尔玛仍然活在这种情愫中。"我的思绪几乎每天、每分、每秒都和他在一起，我希望他在我身边。我比他活着的时候更爱他，也许比任何时候都更哀悼他……我内心始终憋着一股最最疯狂的渴望，我想要在他身边说话、恸哭、寻求安慰。"[79]她与母亲、继父间本就不平衡的关系时常因冲突而陷入僵局，阿尔玛总是会想到自己的父亲，痛苦的、缺失的爱。"要是我有个能说说心里话的人就好了。我和陌生人同住一个屋檐下。如果我亲爱的爸爸在这儿，我相信他会理解我。"[80]

虽然阿尔玛也参与了莫尔的社交圈，但她觉得自己更像是个局外人。时隔多年，她依然很难接受莫尔的个性和他在家中的支配地位。两人的关系紧张，时有冲突。阿尔玛是个性情反复无常、有主见的年轻女子，生来有反骨，表达自己的看法与情感时向来直言不讳。有一回，母亲在一次争吵中打了她，她生气地说："如果妈妈认为可以用暴力来约束我，那她就错了。这只会让我更加目中无人，固执己见。每当这个时候，我希望我能走得远远的，远离这里……离开。"[81]

1899 年 3 月，母亲宣布了一个令她更为震惊的消息，"不久你将会有一个小弟弟或小妹妹"。阿尔玛痛苦地嚎叫起来，"我看着她——眼泪夺眶而出。格蕾特在一旁哈哈大笑。未来仿佛在一瞬间划过我的眼眸。这一边站着莫尔，辛德勒则站在对立面。我们被开除出局了，我们与家人日渐疏远，我们怨恨那个入侵者。我从未经历过这样的事。几欲昏厥"。[82]

她感到被孤立、被排斥且困惑。阿尔玛原本打算为母亲写一首摇篮曲，如今将它弃置一旁，"我突然想到，对我们而言，这个小家伙预示着某种——失去"[83]。当母亲离开夏季休养所前往维也纳分娩时，阿尔玛深感忧虑："谁知道我还能不能再见到她?"她哭喊着。然而，最深的伤害是母亲对婆婆与他人的关注超过了对自己的关心，这引发了又一愤怒的哀号。"在这样一个令人担忧的时刻离开，在一个母亲心中，我们理应比任何其他人都来得重要。我也将自己内心的想法说予母亲。我眼里含着泪水，骑着自行车穿过村庄，当时克里斯汀·盖林格尔（Christine Geiringer）和古斯塔夫·盖林格尔（Gustav Geiringer）跟在后面。他们邀请我去家里做客，言语温柔友善。可是，亲爱的上帝啊，他根本不知道我当时处于何种状态! 我们再也没有属于自己的家了!

如果一切进展顺利，这个孩子会使我们失去母亲的爱——如今，可以说，这已是部分事实。但凡这中间有半点差池，后果将是灾难性的。放眼望去，除了结婚，我毫无获救的希望……亲爱的主，如果我有一个可以倾诉的对象该多好，一个拥抱我的人，一颗爱我的心，一个理解我的灵魂。可，永远不会有！"[84]

什么都不能减轻阿尔玛的绝望："周遭的氛围并没有改变，我们的晴雨表依然指向风暴。"[85]阿尔玛从一个家庭朋友而非母亲口中偶然得知了新生儿的天主教受洗安排，她几乎发了狂。"所有外人都知道发生了什么，可我们却被蒙在鼓里……我哭得都快站不住了……我找到一张长凳，坐下来，痛苦，仿佛我从来没有如此哭过。都结束了。就在妈妈告诉我们她怀孕的那天，就在那天……就在那一刻，我已经预见了今天的一切。'孩子们，我如今得了一个新玩具，你们应该结婚去了。你们当然可以有自己的想法，但这事与你们无关。你们现在是陌生人了，住在我屋子里的陌生人！'……我的眼睛痛得几乎看不见！在我心里，自己仿佛被强行撕裂。我的母亲为了另一个孩子抛弃了我们，我怎么能爱她呢？我们现在对她毫无意义——我们只是挡了她的路。"[86]

阿尔玛思索着自己的选择，感到万分沮丧。她可以向父母讨要足够的钱搬出去独居，尽管曾无数次梦想过逃离维也纳，她始终觉得自己不适合如此激进的挑战。当陷入僵局时，命运给了她另一个选择，那就是结婚，阿尔玛刚过20岁生日，这不啻为一个出口。但到目前为止，她并不急于结婚。更重要的是，身边并没有一个值得深爱且合适的结婚对象。

2. 觉醒 1898—1899

　　彼时，少女阿尔玛已在家族之外的维也纳社交圈引发不小的轰动。浓密的头发，犀利的蓝眼睛，性感的嘴唇，富有辨识度的、强烈的风格气质令她成为众人口中"维也纳最美的姑娘"。她活泼、机敏且富有音乐天赋，既能与一众亲友探讨深奥的歌德、柏拉图，也能就艺术展览以及经常观看的歌剧、戏剧、音乐会发表富有智识的见解。

　　盛大的社交场是属于阿尔玛的舞台，年轻男子与她攀谈、调情、跳舞，簇拥着向莫尔迷人的继女献殷勤。阿尔玛很乐意参加圈内的各种热闹派对。有一回，她在日记中写道："那桌子看起来棒极了，我们准备了装饰烛台，中间摆放着鲜花环绕的水果盘——还有花环，后来他们将花环戴在了我的头上……我与（分离派建筑师约瑟夫·玛利亚）奥尔布里希交谈甚欢……我们像孩子一样玩闹……后来古斯塔夫［·盖林格尔（Gustav Geiringer）］弹起了钢琴，每个人都尽情地翩翩起舞。"晚些时候，"（西奥博尔德·）波拉克（Theobald Pollack）一个客人接着一个地敬酒，后来，（费利克斯·）菲舍尔［Felix Fischer，化学家，兼德意志人民剧院（Deutsches Volkstheater）的联合创始人］向我与格蕾特敬酒。可真是愉快啊"。[1]

她学着周旋，学着用眼神、魅力与敏捷的思维来迷惑男人，并发现自己 32
可以控制他们。有一回，阿尔玛参加聚会一直待到凌晨三点半，一位年轻男子
"对我说，我是个疯狂的调情高手，我先是吸引了他的注意力，待他将头转过
来，我却又将他抛于一旁"。她随即在日记中承认道："他说得很对，我非常粗
俗、肤浅、贪财、霸道且自私！"阿尔玛责备自己的虚荣、轻佻、不严肃的态
度，"再没有什么比对我说——你很与众不同——更叫我高兴的了"。而当别人
真的如此夸赞时，她又自我苛责，认为自己"不过是众多凡俗中的一个，净喜
欢这种肤浅的恭维"！[2]

借由家族庞大的人脉，阿尔玛对艺术圈的两大势力——艺文才俊与工商
企业——皆十分熟悉，两者共构了世纪末维也纳充满活力的艺术场。在莫尔的
会客厅里，分离派艺术家、建筑师、歌手、演员、音乐家及作曲家、杰出的
记者，乃至作家如"青年维也纳"的创始人赫尔曼·巴尔、分离派的忠实拥趸
贝尔塔·祖卡坎德尔济济一堂，此外还有她父亲生前的老友——艾达·康拉特
（Ida Conrat）与维也纳艺术家协会（Tonkünstlerverein）的投资人兼名誉司库
胡戈·康拉特（Hugo Conrat），任职于铁路部门的高级公务员西奥博尔德·波
拉克，摄影师兼化学家胡戈·亨内贝格（Hugo Henneberg）及其妻子玛丽
（Marie）。这位玛丽正是阿尔玛口中的"米姨"（Aunt Mie），曾作为模特出现在
克里姆特的肖像画中。另有商人银行家威廉·齐雷尔（Wilhelm Zierer）与实
业家爱德华·兰纳（Eduard Lanner），以及黑尔曼一家（Hellmanns），他们的
女儿格蕾特（Gretl）早在童年时就与阿尔玛熟识。

触手可及的多元融合传达了某种"艺术至上"的骄傲，而这种态度在当时
维也纳社会各阶层可谓一种共识。据作家茨威格所说，"一般维也纳人看晨报

时，第一眼看到的不是议会要闻，也不是世界大事，而是剧院当日的演出剧

33 目，剧院在公众生活中扮演着如此重要的角色"[3]。加之大量歌剧与音乐会节目的上演，艺术领域各项事业蓬勃兴盛。自 19 世纪 60 年代起，弗朗茨·约瑟夫皇帝对这座城市进行了改造，帝国与贵族阶层逐渐放开对文化的垄断。处于上升的中产阶级精英为环城大道辉煌的建筑注入资金，成为文化的主要赞助人和捐助者。艺术家与企业家之间的文化交流有助于消除社会和阶级障碍。"唯有在艺术面前，所有人才感到平等，因为在维也纳，热爱艺术是一种公共责任。"[4]茨威格如是说。随着帝国的凝聚力开始削弱，优秀文化承担起统一的责任，拥有了强大的地位。

　　无论是在欣欣向荣的文化圈，还是在阿尔玛的社交圈，犹太人都是有影响力的存在。自19世纪60年代起，弗朗茨·约瑟夫皇帝的法令解除了对居住地、拥有财产权及公民活动的阶层限制，中产阶级精英中有相当一部分人员，包括一些被同化的犹太裔，逐步得以解禁。尽管他们仍然被禁止进入公务员与军队的高级阶层，但随着贸易、工业、金融及专业领域的放开，机遇随之而来。到19世纪90年代，大量犹太人从帝国各处涌入维也纳；在这里，自由宽容的精神帮助那些效忠君主与帝国的犹太人有效地融入社会各个层面。

　　正如茨威格所观察到的，在阿尔玛所处的文化圈，犹太裔中产阶级已成为艺术的主要捐助者、赞助人；他们是歌剧、音乐会和戏剧演出的常客，他们流连于各大艺术展览，委托艺术家作画，是"一切新事物的倡导者与拥护者"。犹

34 太人才推动了整个维也纳文化圈的发展，为学者、画家、剧院导演、建筑师、记者、科学家及其他革新者卓绝的创造力与智力活动提供了源源不断的动力。"由于他们对这座城市充满了热爱，他们渴望被这座城市接纳同化，他们已经完全适应了这里，并且很高兴为维也纳的辉煌服务。"[5]茨威格如此写道。

　　然而，与此同时，一股潜流正在渗透这个有教养的维也纳，日益高涨的反犹主义潮流逐渐浮出水面。它如鬼魅般闪烁于不经意的私语中，反映出根深蒂固的偏见。1895 年，基督教社会党（Christian Social Party）领导人卡尔·鲁伊格（Karl Lueger）在激进的反犹呼声中当选维也纳市长。鲁伊格本人是激进反犹阵营中的代表，反犹主义因此获得了强大的政治筹码。弗朗茨·约瑟夫皇帝曾接连四次拒绝批准此任命。"在我的帝国版图内，我对任何反犹、迫害犹太人（Judenhetze）的行径绝对零容忍。我完全相信以色列人的真诚与忠诚，他们可以永远依靠我的保护。"但当鲁伊格在 1897 年再次获胜时，他让步了。鲁伊格指出，"反犹是一种极好的宣传策略，可以在政治上领先于人"。无疑，这预示着反犹主义的公开合法化。尽管没有任何法律条款公开限制犹太人的公民活动，鲁伊格似乎也对某些问题持开放通融的态度，然而一句"谁是犹太人是我决定的"透露出鲁伊格的虚情假意。如今，无论是在公开场合还是私下里，鹦鹉学舌般重复反犹言论变成一种可被接受的现实。

　　尽管从未参与政治——事实上，直到 1902 年，在阿尔玛的日记中几乎不曾提到政治——且所结识的人中很大一部分是犹太人，但她依然沾染上了那个时代的偏见。一些令人吃惊的、毫无品位的反犹旁白就这么从日记中蹦出来。阿尔玛的言论前后矛盾，事实上她从未形成前后一致的观点，更谈不上有什么政治纲领的指引；它们往往更多地是反映了阶级偏见与种族偏见。她可能会这样描述她喜欢的一个朋友："他是一个犹太人。但说真的，这又有什么区别呢……？"[6] 不久，她与"非常明智、非常聪颖……非常甜美"的施皮尔夫人（Spier）兴致勃勃地探讨起现代文学，两人聊了整整一个晚上。之后，她在日记中评论道："真是可惜啊，这样一个人物却是个显而易见的犹太人。"[7] 反犹偏见成了阿尔玛生命中擦不去的污点。

35

观察阿尔玛所处的社会环境，可以发现环绕其周围的大多是男性。她有几个女友，通常是家人朋友的女儿，还有一个务实的妹妹格蕾特，尽管与格蕾特并没有什么共同之处，但两人相处得很好。身为一名令人中意的适龄年轻女子，阿尔玛在封闭的、充斥着流言蜚语的维也纳社交圈极受瞩目，任何动静皆"被观看"。当坊间传言称她欲与分离派建筑师朱利叶斯·梅雷德（Julius Mayreder）订婚时，她吓坏了。朱利叶斯·梅雷德只是当时莫尔会客厅里的常客，阿尔玛感到震惊。"没有比这更蠢的了，真的——与梅雷德订婚……啊，天啊啊啊啊啊！"人们"喜欢嚼舌根的样子还真是作呕"，阿尔玛表示抗议。[8]

真正引起阿尔玛兴趣的那个人是古斯塔夫·克里姆特。时年 35 岁的克里姆特比许多同代翘楚要年长些，英俊、富有魅力，是分离派运动举足轻重的领袖。克里姆特单身，但由于兄弟恩斯特的早逝，他对自己的家庭负有责任，此外还要照看嫂子海伦妮（Helene）及其妹妹艾蜜莉·弗洛格（Emilie Flöge）。克里姆特被认为与包括自己的模特在内的多个女人有染；他因另类的生活方式而出名，包括其特异的穿着打扮，不穿礼服外套时，他总是身着一件飘逸的长罩衫。在分离派初创期，克里姆特与卡尔·莫尔合作密切，是莫尔家里的常客。

阿尔玛越来越喜欢有克里姆特相伴的时光，1898 年 3 月某次聚会后，阿尔玛在日记中如此写道："克里姆特真是个可爱的家伙，他很讨人喜欢，聊了会儿他的画作，随后我们说起了《浮士德》，一本我与他皆爱之深切的书。——噢，不，他可真是惹人爱的家伙。那么自然，那么谦虚——一位真正的艺术家！"[9] 两人的交往渐渐生出些许挑逗、玩乐、轻浮的意味。某日，两人乘坐出租车从普拉特公园返回住所，途中阿尔玛拒绝与克里姆特说话，因为他说她"被过分的关注、自负与肤浅宠坏了"。[10] 克里姆特见状开始对阿尔玛做各种鬼脸，引得她大笑起来。"真不明白为什么人们认为克里姆特是装腔作势的伪君

36

子，我觉得他真的很可爱，很特别。"[11] 几周后，两人又在一次晚餐上相聚，调情不可避免，"克里姆特提议我把眼前的面包摆成心形。我摆好后，他又用牙签做成箭刺进了那颗心脏"。[12]

从那时起，阿尔玛在日记本上尽情书写"爱的告白"，详细记录着"自己的初恋发展到了哪个阶段"——罗曼蒂克地称之为"初恋的驿站"——连同她混乱的情绪波动也一并留存于纸面。由于母亲怀孕而备感遭受遗弃的阿尔玛，渴望有人"能本能地、彻底地了解自己，而我也同样能本能地、彻底地理解他，我们的灵魂可以肩并肩地流动，它们像一个和弦发出美妙的和声"。[13]

当亲戚朋友开始拿克里姆特的事取笑她时，她不予理睬。"我真不懂大家都怎么了。只要你与一个人说话的时间比其他人稍长些，每个人都会立刻认为你恋爱了。"[14] 克里姆特则向阿尔玛发出了含蓄的警告，"……他昨日提醒我要'三思而后行！你绝对不能相信一个艺术家——画家更是其中最不可靠的。他们浸泡在血液里，精神亢奋且轻浮。今日还在，明日便不知所踪'"[15]。阿尔玛并没有被唬住，反而有些兴奋，她的母亲却开始担忧起来。1898 年 8 月，在弗兰岑巴德水疗中心（Franzenbad Spa）度假时，安娜再次就克里姆特一事向女儿发出警醒。"这个人与自己的嫂子纠缠不清（事实上，与克里姆特关系暧昧的是嫂子的妹妹艾蜜莉·弗洛格），即便他真的很喜欢你（表面看来如此），他也无权这样做——这是不道德的，叫人厌恶。"她回应母亲称："真的么，那又与我何干？""别否认，他真的喜欢你，但你条件那么好，不可能只充当他的玩物。"安娜说。[16] 回到维也纳，阿尔玛几经打听，证实了克里姆特对艾蜜莉·弗洛格的迷恋与感情。阿尔玛深感震惊，起初也不愿相信这是真的；由于自己的母亲十分坚持，她最终决定与克里姆特决裂，但在内心她仍然盲目地认为，"即便他真的给他的嫂子（原文如此）迷住了，我也是那个他爱的人。"[17]

　　然而，每当克里姆特出现在眼前，阿尔玛坚定的决心便开始摇摆不定。尽管她在 1898 年 11 月的第二次分离派展览开幕式上对他表现冷淡，可第二天，她就心软了。"事实上，我和克里姆特聊过。我开心极了……我觉得他英俊且才华横溢。"[18] 她对克里姆特的迷恋越来越深，不自觉地寻找自己的情感会有所回报的迹象。1 月中旬，在与亲朋好友共进晚餐后，她说："如今我明白他的感受了，我很高兴……他是我曾经爱过并将永远爱下去的唯一。我俩之间是如此美妙的琴瑟和鸣。"[19]

　　即便如此，阿尔玛并非对克里姆特的缺点视而不见，且总是非常坦诚。当她直截了当地询问克里姆特关于"另一个女人"的传言是否属实时，"他断然否定，显然他在撒谎"。[20] 在一次与阿尔玛母亲的偶然会面中，克里姆特解释了为什么他没有去看望她们，因为当时有消息称安娜身体不适，阿尔玛在一旁观察入微，"这人的举止是多么优雅啊！当他谈及母亲敏感易怒的个性时……竟直视着我的眼睛。我知道他不真诚，但他也是个懦夫，这让我很吃惊。生活充满了惊喜……尤其是面对这样的人"。[21]

38　　1899 年 2 月，晚餐过后，克里姆特突然转向阿尔玛问道："A.S.，你有没有想过到我的画室来看看……就你，一个人来？"阿尔玛旋即陷入了混乱。"我全身一阵颤抖。我不记得我当时是怎么回答的。他要我为他写首歌，我称，'我所写的歌都是献给你的'。"[22] 当时，立于一旁目睹了这一切的母亲朝阿尔玛怒目圆睁。阿尔玛心里暗下决定："今后，我的座右铭将是'把握机会'。"[23] 是日，阿尔玛一夜未眠。她"兴奋得发狂……能与克里姆特在一起，我究竟是真的快乐，还是，其实真的非常不快乐？我自己也搞不清自己的想法，但我想可能是后者吧"。[24]

　　几天后，阿尔玛又陷入疑虑。"他对我说的，从来只有虚情假意……他领着我沿花园小径而行，有时表达爱意，有时却恰恰相反。必须马上结束这一切。"[25] 但当克里姆特把一杯杜松子酒洒在她的白裙上时，她体验到了一种新的感官刺激。"他将我的裙子铺在他的膝盖上，亲自洗去我衬裙上的污迹。他的腿与我的腿都躲在裙子底下，不可避免地碰触。虽然我一直退缩，毕竟这种行为很粗鄙，可内心并不情愿躲闪，我被一种奇怪的、甜蜜的感官所征服。"行笔至此，年轻的阿尔玛感到吃惊，"我的天啊，这些文字是多么疯狂的感官刺激，叫我血脉偾张，两颊绯红"。但与此同时，她仍保持距离地立于一旁，审视并反思着这一切。"天哪！我为什么一定要这么喜欢这个家伙呢？……一个人能爱上这样一个肆无忌惮的男人吗？是的，很不幸，这是无法逃脱的。艺术家鲜有正人君子。"[26]

对阿尔玛而言，婚姻始终是潜藏于表面之下的、悬而未决的重要议题，虽然她从未挑明这一点。3月里，某个日场舞会上，克里姆特向阿尔玛明示，"……永远不可能与我结婚——但他依然喜欢我。我们在翩翩起舞的人群中交谈，却是从未有过的幽静与孤寂。当那支华尔兹响起，我们身处舞池的中心，我感到前所未有的悲伤。前所未有"。[27]

1899年4月，日场舞会后的一个月，阿尔玛全家启程前往意大利各地旅行。这个来之不易的悠长假期是艺术品收藏家、分离派运动赞助人卡尔·赖因豪斯（Carl Reininghaus）送给莫尔的厚礼。身处罗马的阿尔玛下定决心斩断与克里姆特不清不楚的关系：她坚信，这个男人，"至少同时与三个不同的女人玩暧昧"，他"宣称自己的爱是天上的飞虹，各色皆是爱——他只是想试探我、考验我"。[28] 当他们到达比萨时，阿尔玛再次对上了他的眼睛，听到他的声音；"一切重又混乱如麻！"[29] 她不禁痛哭起来。

卡尔·莫尔事先安排克里姆特在佛罗伦萨与他们会和。他以为此时阿尔玛的感情已经冷却下来，便只是"非常温柔地"提醒她与克里姆特保持距离。克里姆特于 4 月 24 日抵达，俩人的日常接触复又引发了新一轮的甜蜜刺激——肩并肩地乘坐出租车——"可不是像一对夫妻吗，"克里姆特称道——他们相互偎依，贴得更紧了，彼此的膝盖触碰着，肉体接触引发的兴奋令阿尔玛彻夜难眠，"那纯粹的身体上的欢愉啊"。安娜敦促女儿将散乱的头发收拾好，克里姆特便将发夹一个接着一个地从阿尔玛的头发上取下来，直到长发披散在肩上。"KL 后退一步，仿佛怀着神圣的敬畏。之后，他朝我走了过来，用手轻抚过我的头，极其虔诚地抚摸着我的头发，如此温柔，如此柔软，却又如此坚定。"他承认自己那一刻很想把手伸进她的头发时，她反问道："为什么不？"他只是看着她，"他的眼神暗示着克制，否则一旦失控就会做出愚蠢的事来"。[30]

在热那亚（Genoa），阿尔玛经历了初吻。克里姆特走进她的房间，尚未晃过神来，"已被他拥入怀中，他吻了我。那不过十分之一秒的长度，我们听到隔壁房间里有动静……这种感觉真是难以形容：生命中头一次被人亲吻，被这个世界上我唯一爱的人亲吻"。[31]几周后，她回想起此事，便在自己的日记本上添油加醋起来——这种夸大的记述方式日渐成为一种习惯，"我们沉浸在黑暗的寂静中，他的亲吻充满力量，令人颤抖。我们几欲落泪，如此地悲伤，几乎就是一个祝福之吻。他用这个吻求我不要再爱别的男人，我也用这个吻向他许下了诺言——永不间断、永不变节的承诺。我们如此欢喜"。[32]

随后，在维罗纳（Verona）有了第二个吻。那日，阿尔玛把克里姆特的衬衫送到他的房间。"他抱着我，再次吻了我，我们俩人都非常激动。他立于我身后，说道：'唯有一个办法——真正的、完全的肉体结合。'我一个趔趄，不得不在栏杆上稳住自己。"当日稍晚时，……他又旧事重提，称："两人肉体合一，他们的幸福便得到了确信，一种确定无疑的感情。即便是上帝也不会反对。"我决定给他一个答复。那日晚上，我站在楼梯上问他讨要一本《浮士德》，对他说："我从这本书中找到了自己的行为准则——'指上若无环戒，就永远不要办事'。除了你，再无更叫我喜欢的人了，但现在还不是时候。"[33]

同月晚些时候，阿尔玛又在日记本中极尽浪漫之能事，描绘了第二个吻所带来的喜悦：

……比初吻还要沉醉：更悠长，长到叫我明白什么是一个吻，我那时才明白……我觉得我生来就是为了体验那个瞬间的。为了那一刻，我期盼了两年，我的余生都将渴求这样一个吻。神啊，那是天堂！那是性灵相交的刹那。我们彼此相拥，紧紧地抱着，可心里明白，这是最后一次了，庄严与悲伤复又将我们笼罩……一旦一个男人吻了你，你就永远属于他。[34]

然而，阿尔玛现在开始对他"粗鄙行事的作风"产生了怀疑。当她站在桥上，凝视着叹息桥附近的黑色运河时，突然感觉到克里姆特的手指，"拉着，撕扯着我的衣领。当我身体倚靠在石头上时，领口收紧了。我尚未意识到他的意图，周围的人都散开了，径直往前走……像往常一样，他捏了捏我的胳膊，低语道：'阿尔玛，你这个傻姑娘，我本可以把手放在你的心上——轻易地。'我浑身一阵冷战，心脏停止了跳动。他竟想触碰我的乳房！又或者，他想听听我的心跳有多快？前者是一个无耻的好色之徒，后者是爱——不幸的是，我确定是前者"。[35]

她再次退缩了，一整个下午都把克里姆特晾在一旁，不予搭理。卡尔·莫尔走进房间时，正好瞧见怒不可遏的克里姆特在耍性子，欲将阿尔玛的照片归还给她。那日晚上，莫尔质问阿尔玛究竟怎么一回事。他告诉阿尔玛自己完全能了解她现在与克里姆特的关系。阿尔玛后来愤怒地声称母亲"翻看了日记，从中捕风捉影地偷窥我恋爱的状况，以及与那人发展到了什么阶段"。[36]她躺了一夜，"什么也不愿想，或许我该轻轻地推开窗，纵身跳进礁湖"。[37]

莫尔警告说，即便克里姆特放弃其他绯闻对象，他依然改不了"野蛮无情"的性格，那是他的第二天性；而阿尔玛"生性敏感，之后的相处将会很难，遗憾是注定的"。出人意料的是，阿尔玛对此泰然处之。她向莫尔保证自己会明确告知克里姆特"两人的关系必须有个了断，周围的人已经传开，言之凿凿，必须让人明白这事不会有任何结果"。就在这时，她内心的疑虑再一次蹦了出来。"我原本以为他会嫉妒得发狂。对我而言，怀着自由精神的我……渴望有自由的意志……！"[38]

这场戏远未终结。阿尔玛也许下定决心结束这段感情，但无法否认，克里姆特依然牢牢地掌控着自己浪漫的想象与狂热的情感。当他们绕着礁湖航行时，克里姆特坐在她对面，"眼睛祈求着宽恕。我感觉糟透了"。随后，"KL偷偷地走到我面前，'阿尔玛，请在你心里为我留一个位置，哪怕是一个很小的位置'"。我对他说："克里姆特，这事必须立即结束。每个人都在议论我们，必须结束。""是啊，"他说，"胎死腹中。"她向他保证："即便我不再跟你说话，你依然可以信任我，因为你知道，我只爱你。"他说："但不要只是现在，阿尔玛。我要你一直爱我，永远爱着。""永远。"[39]我答道。

当克里姆特离开威尼斯时，阿尔玛心烦意乱。最后的午餐上，他表现得"很是得体"，但"我们的眼神一次又一次地相遇，天堂的大门在彼此的凝望中开启"。当克里姆特说出再见时，"我感到大地在脚下颤抖，整个世界在眼前遁入黑暗。突然间，我感到失去了什么……对我来说，一切都变得空虚、苍白与荒凉"。[40]卡尔·莫尔举杯祝贺她的谨慎与明智。阿尔玛心里晓得莫尔的怜惜与同情，便也热泪盈眶起来。她陷入了深深的、无以告慰自我的绝望中。"太阳啊，你为什么要叫醒我？为什么？这是我昨天的感受，是我今天的感受，从今以后，这将是我永远的感受。我生命中的浪漫终结了，所有的精神能量都已耗尽……两日前的下午两点，我悄悄地死去。一场告别——告别生活，永远地别了……"[41]

过了好几个月，阿尔玛内心的悲伤才稍稍平复。一周后，回到维也纳的她以一种奇妙的戏剧感，为自己的情感危机添加了些许元素。一场风暴正在酝酿——"我的四肢像铅一样沉重，灾难步步紧逼。窗外的风可真大啊，核桃树的树冠来来回回地摇摆，树枝轻轻地吱吱作响。草坪上的草叶摇摆着散开——空气被一把看不见的梳子来回摆弄着——将呼啸之音传到我的耳朵里。"在这寓意天启的氛围中，她下决心这辈子永不结婚，"那将会是一种'不道德'，我曾经将双手交付给了那个人——而今却要背叛他，背叛我的心，背叛我整个儿的人。我已不再是我自己"。[42] 43

她向克里姆特起誓，"'我属于你，我对自己不再拥有权利'，一想到这儿，我便'整个人高兴起来，拥有高拔的能量'"。[43]她从这次经历中吸取的教训——爱需要自我牺牲——带给她的情感激荡以及对罗曼蒂克的向往远超过那些她直接可感的混乱与不安。

终于有一天，当克里姆特向莫尔自证清白时，阿尔玛的忍耐到了极限——那日她在日记本上画了一个黑色的叉。"他懦弱地退却了，背叛了我，他称自己的行为毫无预谋，证明了自己是个懦夫。现在我终于知道了什么叫郁郁寡欢。他背叛了我。我怎可以为泪水书写……"

为了修复与同事的关系，克里姆特给莫尔写了一封冗长的道歉信，解释他自己的行为，信往往缺乏诚意，他在信中称自己"是一个难以名状的不快乐的人"，"像饥饿的流浪狗急于咬住一口食物般的"抓住幸福，他只是"被真挚的友谊"所吸引，但他也明白自己的行为给对方带来了伤害。他进一步解释道：作为一个画家，他的眼睛敏锐地捕捉到了阿尔玛的美，内心充满喜爱。但是"从来没有真正地追求过她"，也从来没有想过要在这个"美丽的、如花般绽放的孩子"身上引发初恋的萌动。他自我安慰地说，对这个女孩而言，"一定只是一场轻松愉快的游戏，一种转瞬即逝的情绪"。随后，他又云淡风轻地补充了一句，"我相信她很快就会把这一切忘掉的"。与此同时，他请求继续保有莫尔的友谊，并希望他可以再次访问莫尔的家而"不引起麻烦"。[44]

阿尔玛感到痛苦且困惑，母亲的关怀与莫尔笨拙的安慰并没能使她平静下来。"阿尔玛啊，这事当真对你影响这么深吗？这不仅仅是个转移注意力的好机会，还能带给你更多可能，不是吗？试着忘了他。你依然可以快乐。"[45]阿尔玛心里只有一个声音，那就是克里姆特背叛了她，他没有丝毫挣扎地抛弃了她。"要是我能跑得远远的就好了……我没有什么好羞愧的，因为我所做的一切都是为了爱。我想逃走，把这些虚伪的坏人从我的视线中赶走。我谁也不相信。"[46]

由于克里姆特的背叛，阿尔玛完全不能继续创作或演奏音乐，"血液在血管里凝固了，我悸动的激情已经耗尽"，她痛哭流涕。"感性让位给可悲的乏味。旋律何处发声？难道从一个死火山口能喷射出东西吗？"[47]等她能再次开口说话时，她用这些诗行谱写了一首幻想曲，"我生而孤独，孤独是我的宿命，因为我只能从自己的思想中汲取养分"。[48]

雪上加霜的是，阿尔玛担心怀孕的母亲终会将她抛弃，"我立在这里，双手紧紧地拧搅在一起……禁不住地哭泣"。她悲叹道："我已经失去了一切：我的父亲，我的克里姆特——现在，我将失去我的母亲。他们三人曾经是我的全部……我感到如此沮丧……如此孤独，被遗弃一旁……一个星期来我连一个音符都不曾记下……我既找不到内在的安宁，也找不到外在的安定。"[49] 每当感到这个世界与她为敌时，她就求助于父亲的形象来寻求安慰。皎洁的月光下，她站在阳台上祈祷，不知道是为了谁，为了什么。"我只知道自己紧握着双手，哭泣着，不停地重复着那句话，'爸爸，我爱你'。我这辈子从来没有像此刻这般虔诚地祈祷过。我难过极了。要是我有一个可以倾诉的人就好了……我渴望爱——渴望无私的爱。"[50]

接下来的九个月里，尽管阿尔玛表面上镇定自若地继续作曲，沉浸于生活与音乐中，内心却依然为强烈的情感所困，她仍迷恋着克里姆特，同时又竭力想从他身上解脱出来。她没有为所发生的事责备他，"我爱他胜过世界上的任何人，难道这是他的错吗？他同样很软弱无力……但我肯定是更软弱的那一个……因为他从没有欺骗过我，他明确说过不会娶我，从未叫我有过任何疑惑……当时我们彼此是有默契的：只为当下而活。终究他爱上了我……而我也爱上了他……（我）心里清楚，我永远不会再爱上哪一个人更甚于他"。

苦挨到 6 月，她终于不再渴望他。晚餐时，只因母亲同情地看了她一眼，她便又嚎啕大哭。"没有什么比怜悯更可怕的了。虽然我不快乐，而且将永远不快乐，但我不需要任何人的同情。"阿尔玛挑衅地写道。[51] 她在下定决心了断与重新屈服于自己的浪漫感情间摇摆不定。6 月 9 日，她将自己的爱形容为"不必要的压箱货，既浪费时间又叫人心烦。是该为这种愚蠢行为付出代价的时候了"[52]。可到了 6 月 30 日，阿尔玛复又"伤心起来，非常难过。我想着自己所失去的——那些永不再回来的幸福"[53]。

当克里姆特提出"身心合一"的大胆想法时，阿尔玛选择从危险的悬崖边全身而退，她很清楚，"做出这个选择并说出那些话是多么艰难，唯有上帝能明白：我对他的爱无穷无尽，毫无保留地全身心投入。我唯一的愿望就是成为他的一部分，无论身与灵，永远归属于他"[54]。她笃信当时的自己，"是世界上最幸福的女人，如今却是最不幸的。可真是全靠了自己这坚毅的性格！……事情逐渐好转，但我永远不可能完全快乐起来"[55]。尽管后来她责怪母亲与所谓的"教养"破坏了她"非凡的初恋之爱"，但在当时，她感恩上帝拯救了她，感谢母亲教会了她"分辨善恶"。"我内心的声音，我的本能，不再害怕惩罚，坚定的心与灵魂告诉我：'这是禁忌。'……然而我爱你，依然如此爱你——我的克里姆特！"[56]

后来，当听闻克里姆特另结新欢时，她找到了新的出口。"愿他被埋葬——永远地。就将他列在我的死亡名单上吧，我爱的人死了。我永远不会想到，哪怕说一句关于他的坏话。我必须重申：对我而言，他是神圣的。"1900年 1 月，阿尔玛在日记里令人信服地宣布：

> 到这里告一段落了，我们结束了一场持续三年的罗曼史。多美妙的结局啊，哈！我失去了三年的生命。但我不该绝望，尽管经历了那段残忍的时光，但 K 让我比任何人都更快乐。
> 这是我第一次伟大而美丽的爱情。阿门！[57]

3. 爱与音乐　1899—1901

阿尔玛转而在音乐中寻求安慰。"音乐，我的希望，我的力量，请不要像　　47
他们那般将我丢弃。"[1]她在日记中恳求道。1899年5月，阿尔玛照例随家人前
往萨尔茨卡默古特的巴登格尔森小镇度暑假。动身前，她一直在奋力创作。险
峻的山峦与绵延的湖泊于四周环绕，眼前是令人叹为观止的自然风光，阿尔玛
远离嘈杂的社交圈，享受着静谧时光。她写了几首钢琴小品与艺术歌曲，阅
读了埃米尔·左拉（Emile Zola）、赫尔曼·巴尔、理查德·沃斯与彼得·南
森（Peter Nansen）等人的书。此外，她时常会在钢琴上弹奏《帕西法尔》
（*Parsifal*）和《特里斯坦与伊索尔德》，款待前来拜访的邻居朋友。

1899年7月，马克斯·布尔克哈德（Max Burckhard）前来拜访。此人是
一名律师，曾任维也纳城堡剧院的导演，经由他的引荐，维也纳观众得以认识
了当代剧作大家亨里克·易卜生、格哈特·豪普特曼、阿图尔·施尼茨勒、雨
果·冯·霍夫曼斯塔尔等人。如今，他年过四十，是分离派运动杂志《圣春》
的创办者。他似乎待阿尔玛格外认真，就像从前的父亲，与她谈起《浮士德》，
探讨歌德与瓦格纳的作品。"对我来说，与这样的智者进行严肃的探讨实在是

人生之真乐趣，"[2] 阿尔玛于日记中写道。在母亲与妹妹的陪伴下，他们骑车穿
48　过树林与湖畔，并在山间漫步。阿尔玛惊叹于大自然的美丽。布尔克哈德是个
好享乐的人，野餐时总要带上最精致最奢侈的美味珍馐，有时还有一大碗桃
子，陈年葡萄酒和两瓶海德西克·莫诺波勒（Heidsieck Monopole）香槟。"我
们把酒喝得一滴不剩，快乐得飘飘欲仙……简直是飞回家中的。要知道，一两
杯酒精下肚后，这会子再没有比骑自行车更叫人快乐的事了。"[3]

　　阿尔玛于 8 月第一次亲历拜罗伊特音乐节。她激动极了，《帕西法尔》的现
场简直叫人不知所措。随后她还观看了《纽伦堡的名歌手》（*Die Meistersinger
von Nürnberg*）——这部歌剧"如此丰厚，堪称神品"——她终于"再一次感受
到了生活的美好"。[4] 音乐拯救了阿尔玛。然而，当母亲于 8 月 9 日顺利诞下继
妹的消息传来，她又陷入了混乱与不安。这一天正好是父亲七年前去世的日
子，"噢，多么大的喜悦！又是一个女孩！只是，这神之大地上又添了一个可
怜的、不幸的家伙……她的降临带着灰色与隐喻。我如此难过，我不能自已地
哭泣"。[5] 她尽了最大的努力，却对继妹说不出任何温存之语。相反，极度痛苦
的她通过强调自己与格蕾特"更高一级的优越血统"来发泄对莫尔的蔑视。"我
们的血管里流淌着一位天才的血液"，而这位"能干且勤奋"的卡尔将"永远不
可能跻身真正的艺术家行列"。[6] 此时的阿尔玛已经开始依照天才等级来给人排
序了。

　　阿尔玛将自己浸泡在音乐里。9 月，她在维也纳待了五天，接连听了
《女武神》、《齐格弗里德》（*Siegfried*）、《诸神的黄昏》，一周后又听了《罗恩
格林》（*Lohengrin*），同时也沉溺于作曲的狂热中。阿尔玛将自己新近的作品
演奏给音乐老师约瑟夫·拉博尔听，得到的回馈褒贬不一："《孤身的人啊》
（Einsammer Gang）里有'很精彩的想法'，《到外面去》（Hinaus）过于冗长，

《清晨》(Der Morgen)很'不错'。奏鸣曲乐章写得很大胆且'相当精彩',而练
习曲则'十分枯燥乏味'。"你有相当不错的天分,"拉博尔对她说,"我们或许
能使你有所作为。"然而,他警告阿尔玛,指出她所处的环境并不利于个人发
展——"你安逸的、奢侈的生活方式",以及分离派"那些年轻、不成熟的艺术
家对你的有害影响"皆是负面因素。阿尔玛本人完全赞同这个判断,然而她依
然坚持每天创作,决心要"为自己争点声誉"。[7]

　　随着克里姆特影响力的减弱,阿尔玛开始更多地注意其他年轻人。某日,
分离派建筑师约瑟夫·奥尔布里希与她同游普拉特公园,他的魅力令阿尔玛
头一回有了心动的感觉。"他真是可爱、感性的家伙……眼神总是深情的、坦
率的。"[8]她越是欣赏他的才能,对他的感情就越强烈。奥尔布里希的伟大成
就——分离派大楼,曾给阿尔玛留下深刻的印象——"不同寻常的、出挑的"
外观,"罕见却十分巧妙的配色"以及"简约漂亮的"室内设计。[9]的确精彩,但
阿尔玛当时未曾料到奥尔布里希"如此有天赋",直到她参观了由他设计的别
墅。"那建筑从头到脚都是一件精美的珠宝……所有一切都散发着同一种艺术
精神……这是一个配得上盛名的大写的人。"[10]她认定,在所有分离派艺术家中,
"只有这一位是自给自足的,唯有他拥有真正的艺术家才有的自信"。[11]此外,
他还让她想起了瓦格纳,"身为一个男人兼艺术家的瓦格纳"。她对他说:"他
无比骄傲、无比虚荣、无比自信,与此同时,他也多才多艺并精通艺术的技
艺——总是能撩动他人的神经。"虽然她认为瓦格纳是最有才华的艺术家,但
也憎恨他那"近乎任性的虚荣心"。[12]对此,阿尔玛毫不留情地大加斥责。

　　奥尔布里希对阿尔玛的创作十分感兴趣。他与阿尔玛一样喜欢音乐,两人
结伴去听音乐会、听歌剧,在社交聚会上一起弹琴。阿尔玛知道自己对他的感
情并没有得到相应的回报,但她很高兴重新找回了爱的能力,她曾经害怕自己

的爱已随着先前的感情枯萎死去。"半年过去了。我拿出全新的热情爱着另一个人，仿佛怀揣着某种神圣而纯洁的热诚。这是一种不公吗？只是，一想到曾经的'身心合一'；我曾经在内心如此认定与克里姆特的结合。如今，我愿能与奥尔布里希灵肉相交，一辈子在一起。"[13] 一时流言四起，大家都说他们彼此"欢喜"。

隔年一月，阿尔玛怀疑奥尔布里希爱上了另一个女人，于是她尖刻地形容此女"身形袖珍，十足地肤浅，总爱说些她不懂的事——我才不会在意这样的人"。当想到自己可能永不再被爱时，她陷入了绝望。"竟然会有人喜欢一个无足轻重的小娃娃——而不喜欢我！"她愤怒极了，暴跳如雷。[14] 后来，奥尔布里希搬到德国达姆斯塔特的一个艺术家聚居地工作；9 月里，阿尔玛听闻他已与一位女演员订婚，瞬间将自己从这段关系中抽离而出，恢复得出奇地快。"好吧——我得给这事画个句号了……反正这一行也不是特别醒目或突出：充其量只不过是一段精致的小华彩罢了。"[15]

阿尔玛需要爱，也需要被爱，以此填补内心的空虚，因为这空虚很容易把她拖入忧郁与自我克制之中。无论哪一方面的创造才能都能鼓舞她的精神，赋予她生命意义。歌剧演员令她赞叹，并感到敬畏。维也纳歌剧院的首席女高音莉莉·莱曼是莫尔一家的朋友，在阿尔玛的笔下，她"拥有一种独特的美，甜美且和蔼……无意中，我看见她的侧脸，她简直令我疯狂——她的眼睛如此黝黑，她的鼻子如此精致，还有她的嘴，她的牙，是的，她的美与众不同"。[16] 她的表演"激动人心""光彩夺目""精彩至极"，她自己又是如此"特别"。

与维也纳歌剧院的首席英雄男高音埃里克·施梅德斯（Erik Schmedes）调情则是另一番愉悦的消遣。当他演绎瓦格纳创作的英雄人物时，出色的表演惹得阿尔玛心生情愫，"简直是炫目的精彩……日耳曼人才有的神韵啊"。他 31

岁，英俊，体格强壮，身体充满能量，但也很自负，极有吸引力。虽然阿尔玛认为这人"愚笨但也有趣"，充满男性魅力的肉体"令她血液直往头上蹿"，但"丝毫没有爱的意味。为此，我对他不够尊敬，只不过是贪欲罢了"。[17]她同样清楚地发现，"如果一个人说话很平静，毫无顾虑，对自己的才能毫不犹豫，并且厚颜无耻地认为自己与自己的声音是世界上最重要的东西"，那么这样的自负"便是一种可爱"。[18]

他们约定每周在环形大道碰头，施梅德斯陪阿尔玛走回家中，路上两人互相闲聊、开玩笑。在一次演出中，施梅德斯在观众席里找到阿尔玛，阿尔玛先是表现出高兴，但很快便又退缩了。"天哪，我是如此肤浅、自负。"[19]后来，在一次化装舞会上，阿尔玛不顾某位女士的激烈反对，令施梅德斯与自己共舞。阿尔玛刻薄地称那个女人为施梅德斯的"小小"老婆，并声称施梅德斯与她一直处于离婚的边缘。对此，施梅德斯解释道："齐格弗里德可以对付较大的龙，但不擅长对付较小的龙。"[20]阿尔玛的出现正好迎合了此人的虚荣心。为了确定自己在阿尔玛心中是独特的、与众不同的，他问道："所有朋友都警告我说，'你自己行事谨慎些，她可是个要人命的调情高手'……快告诉我：你是对每一个人都那么好，还是仅对我一人展现甜美？"[21]

阿尔玛发现自己可以控制别人的注意力，这令她感到陶醉。虽然阿尔玛很理性，不会因这些事得意忘形。但当她意识到自己美丽的力量时，就会变得自负起来。有一回，阿尔玛与格蕾特参加维也纳艺术之家的展览，事后她写道："我必须承认自己引起了不小的轰动，但我并不自鸣得意……五个年轻院士追着我们满画廊跑。"[22]当她穿着一件漂亮的白色绉绸长裙参加一个家庭朋友的聚会时，男人们"围着我转来转去，像是绕着灯转的小蝇。我觉得自己像是个女皇，骄傲又难以接近，轮番与他们说上几句冷冰冰的话……真正的胜利"。[23]阿尔玛记下了科洛曼·莫泽对自己的称赞——"一个独一无二的人",具有"不可抑制的、不可战胜的特质"。当她手法娴熟地把艺术家费尔南德·赫诺普夫（Fernand Khnopff）的一首诗谱成曲时,朋友贝尔塔·祖卡坎德尔含蓄而深情的赞美令阿尔玛很受用:"她长得漂亮——这已经够糟的了;她是个才华横溢的钢琴家——可真叫人生气;此外,她还会作曲——太讨厌了!"[24]

阿尔玛认为自己是一个有思想的、不落俗套的、独立的女性,不怕引起争议,也敢放胆挑衅,有时甚至会在古板的维也纳社交圈引发震惊。她宣称:"我不在乎所谓的道德,我生性热爱自然。道德是非自然的。自由——那正是我所向往的,却总是得不到。"[25]在与亲朋好友艾达·康拉特和胡戈·康拉特共进午餐时,她表示可以"尊重品行不检点的人,只要那人有才气"。紧接着补充道:"只有少数艺术家是诚实的。"他们的才能更接近于"为了拯救人类而将自己的灵魂奉上,保护世界不受暴行的侵害"。[26]

虽然阿尔玛在公开场合表现出一副勇敢的样子,但私底下却深受自我怀疑的折磨。她在"渴望成就一番抱负"与"深感欠缺不足"间左右为难,面对普遍存在的对女性能力的预设,她很容易屈服于失败。"像我这样蠢笨的女人能做什么呢?——什么都不行!我缺乏投入,我的脑子里塞满了别的东西,净是愚蠢的想法。"[27]

任何挫折都会令她更深地陷入绝望。阿尔玛将一切自我怀疑放大,演变成一种恐惧:恐惧自己永远不会被爱,永远无法体验激情,永远得不到充分的爱。克里姆特的阴影不时萦绕在心头,曾经拥有过的激情无以替代。"如果我有一个人可以拥抱,可以亲吻——可以亲吻至死——让我再爱一次——享受生活——然后死去,该多好啊,"在1900年3月的日记中,她如此悲叹道,"我处于一种紧张不安的状态。我不得不停止作曲……我不能再行尸走肉地活下去了。我必须体验生活。我必须这么做！我的内心有一股强烈的欲望，想拜倒在别人的脚下，把自己的身体和灵魂都献给他。过多的热情在我的身体里燃烧。"[28] 看着阿尔玛"日渐消瘦、脸色苍白，平日里变得沉默寡言"，母亲很是担忧，于是去找贝尔塔·祖卡坎德尔打探虚实。医生诊断称是贫血造成的，可安娜更担心的是阿尔玛的精神状态，"她几乎每天晚上都去看歌剧，然后泪流满面地回到家中，坐在钢琴前一弹就是好几个小时"。[29]

1900 年 2 月 25 日，在康拉特家的晚宴上，阿尔玛遇到了年轻的作曲家亚历山大·冯·泽姆林斯基，生活从此有了新的方向。就在几日前，她曾在一场音乐会上看过泽姆林斯基的指挥。"他真是滑稽极了，你所能想到的最滑稽可笑的样子。一个没有下颚的漫画人物，身材矮小，眼睛鼓起，指挥风格非常疯狂。"但阿尔玛认为他的作品"很有独创性，非常接近瓦格纳的风格"，"略显生涩"，但是管弦乐配器部分很是"宏伟"。[30]

晚餐时，阿尔玛坐在泽姆林斯基旁边，"相处甚欢"。"他的长相真是丑得可怕，几乎没有下巴颏儿，可是我发现他还挺迷人的。"当发现两人都很钦佩马勒时，他们欢喜得举杯相庆，"我告诉他自己是多么崇拜马勒，多么渴望见到他"。泽姆林斯基询问了她对瓦格纳的看法。"'有史以来最伟大的天才。'我随口答道。'那么你最喜欢他的哪部作品？''《特里斯坦与伊索尔德》。'他看起来高兴极了，模样也发生了变化。他长得可真帅。如今我们彼此理解。我觉得他很了不起。我将再次邀请他来访。"[31]

阿尔玛把自己写的歌曲《沉默之爱》（Stumme Liebe）送给了他。3 月 10 日，两人在康拉特家的聚会上再次相遇。当男人们成群结队聚集在阿尔玛周围时，泽姆林斯基半开玩笑地奚落道："小姐，您真是个爱卖弄风情的人……若非我是个理智之人，可怎么好啊——您真是分分钟都会叫男人转过头来。"[32] 泽姆林斯基认为阿尔玛的歌曲"很有天赋",为了讨好她,他希望能为阿尔玛献上一卷自己所写的歌曲。阿尔玛欣喜若狂,请他务必到访。接连几次,泽姆林斯基因故没有露面。3月29日,阿尔玛观看了他的歌剧《从前》(Es war einmal),"很是喜欢",其中一幕"极富戏剧张力,整体建构均衡",然而第一场戏"无论是舞台视觉还是语言对白都过于花哨",令她感觉无趣。[33]

泽姆林斯基是一众正在维也纳音乐版图中建立声誉的年轻音乐家中的领军人物。母亲是犹太-穆斯林教教徒,父亲是斯洛伐克天主教教徒,后改信犹太教。泽姆林斯基曾在维也纳音乐学院学习音乐,师从罗伯特·富克斯(Robert Fuchs)与安东·布鲁克纳(Anton Bruckner),并得到了前辈大师约翰内斯·勃拉姆斯(Johannes Brahms)的支持。1899年,28岁的他被认为是当时最有前途的作曲家之一。不久前,他被任命为维也纳卡尔剧院(Vienna Carltheater)的指挥,亦是作曲家阿诺德·勋伯格与安东·冯·韦伯恩(Anton von Webern)的老师和朋友。

泽姆林斯基终于在4月拜访了阿尔玛,她为他演奏自己的歌曲。泽姆林斯基发现阿尔玛"很有天赋但缺乏足够的能力",他指出了其中的一些小错误,语气"和蔼"、说法"风趣"。其中一句评语很是精彩,"这个乐句好极了,几乎就是我亲手写下的",但他认为"我有满肚子的想法却没有严肃对待,没有认真地学习,真是大大的可惜"。[34]泽姆林斯基认可阿尔玛的才气,尽管她缺乏技术层面的能力。

他尖锐的评论对阿尔玛而言是个挑战。1900年5月,阿尔玛下定决心,自己亟需一个有力的导师以实现她的才能,约束自己桀骜不驯的头脑,而泽姆林斯基是不二人选。由于女性被禁止进入音乐学院学习,阿尔玛永远不可能接受正规的学院派教育,她别无选择。当两人在康拉特家的钢琴上四手联弹演奏

《齐格弗里德》时，泽姆林斯基终于同意在那年冬天开始给她上课。他向她索要照片，这在当时的社会礼仪中意味着女方业已向男方表示过好感。他们经常在聚会和晚宴上相遇，一起唱歌、表演二重奏，一起去听音乐会。

　　两人的关系从一开始就颇为颠簸。泽姆林斯基生性敏感、高傲、易怒，面对这个活泼的女人很是谨慎，她的轻浮举止时常令他困惑。他言语诙谐，但这也很容易变成尖酸的讽刺。两人时而异常亲密，时而又陷入冰冷。当阿尔玛发现他的生活中有一个女人——梅兰妮·古特曼（Melanie Guttmann）时，她妒火中烧，有好一段时间对他不理不睬。有一回，阿尔玛开玩笑地让泽姆林斯基摘下帽子，他脸色铁青，"我不会服从任何人的管束，更何况是个女人"，[35]他咬牙切齿地说着，并威胁再也不来了。对此极富攻击性的言论，阿尔玛的反应出奇地平静。泽姆林斯基大发脾气后不久，两人又有一次"肆无忌惮"的对话，最终他发出更尖锐的怒吼。"他告诉我，说我缺乏激情，做任何事情都半途而废——我只能成为半吊子音乐家，对事物只感到一半的快乐——恐怕连结婚都是半心半意，也就是说，嫁给自己不喜欢的男人。对任何事情，我永远不会有真正深入的感受。"唉，是啊，阿尔玛承认，"他是多么正确，多么正确！我对自己的半心半意深感焦虑"。[36]看来她已经准备好接受这位受人尊敬的老师的严厉批评，她选择泽姆林斯基来进行自我提升，她需要他帮自己将天赋转化为实实在在的成果。她接受了他的批评，因为这些批评反映了自己的不足，似乎也表明了他对阿尔玛性格的深刻洞察。最重要的是，阿尔玛承认，"他的责备激励着我"。[37]

　　7月，随母亲、格蕾特前往萨尔茨卡默古特的阿尔玛几乎每天都在作曲，

56

并以里尔克的诗作为文本创作了一组声乐套曲。其间，她阅读了尼采的《悲剧的诞生》，另有几部当代小说。马克斯·布尔克哈德来访，抵达当日就给阿尔玛和格蕾特作了关于康德与斯宾诺莎的演讲。[38] 他给阿尔玛留下"和蔼、机敏的印象……无论精神还是身体都显出健壮"，[39] 他在"艺术上的坦诚、他的直率、他令人愉悦的个性"，都令阿尔玛感到钦佩。[40] 他既是富有同情心的倾听者，又扮演着睿智的导师的角色。阿尔玛与他谈及家里的紧张局势，他建议阿尔玛要耐心等待，不要违抗父母的权威，而是"要学习一些东西，取得一些成就——随后，你会在某个时刻猛然意识到自己找到了立足点"。这些话正中下怀，正是阿尔玛想听到的："我要学习，努力工作，这是有所成的唯一途径。"[41]

他们一起驾着单车在山间漫游，时而来场精力充沛的徒步旅行，时而泛舟河上探险一番；野餐时阿尔玛总要大快朵颐，喝香槟喝到"微醺"。他们拜访来自维也纳的邻居：贝尔塔与埃米尔·祖卡坎德尔、分离派赞助人卡尔·赖因豪斯和女高音莉莉·莱曼。莉莉正好在附近有一栋房子，她答应明年冬天带阿尔玛去看马勒——"我一定要去，这是毫无疑问的"，阿尔玛打定主意。[42]

阿尔玛的妹妹格蕾特于 9 月在巴登伊施尔（Bad Ischl）与威廉·莱格勒（Wilhelm Legler）完婚，生活自此发生了变化。格蕾特在婚礼前整整哭了一夜，阿尔玛知道她的行李箱里有一把上了膛的手枪，由于情绪低落，格蕾特近来有过使用这把枪的念头。当她在车站向他们挥手告别时，阿尔玛为格蕾特"感到非常难过……我很担心她，我可怜的、亲爱的格蕾特"。[43] 如今，阿尔玛成了那个孤独的、未出嫁的女儿，与母亲和继父同在一个屋檐下，心里终究有些不自在。

整个夏天，泽姆林斯基几乎杳无音讯。卡尔·莫尔正在为阿尔玛的 21 岁生日准备礼物，他挑选了阿尔玛的三首歌曲印刷成册，并交代科洛曼·莫泽为歌曲小集设计了封面。阿尔玛将打印好的歌曲集清样寄给泽姆林斯基，请他查漏补缺，但不巧泽姆林斯基正经历丧父之痛，整个人处于极其糟糕的状态。等到他终于收拾好心情查阅阿尔玛寄来的所谓的"试刷样"时，发现里面"满是错误，有的是作曲者本人的手稿笔误，有的则是复刻时出的问题……它们令我头疼欲裂"。[44] 阿尔玛对莫尔在出版上的"业余"早有担忧，如今被一一证实，内心愈发焦灼不安。

一直等到 10 月，泽姆林斯基才再次拜访阿尔玛。鉴于自己数次爽约，泽姆林斯基温文尔雅地向阿尔玛表示歉意。阿尔玛曾认定他"反复无常、难以捉摸"，[45] 并扬言要彻底放弃这个人。然而，她后来提醒自己是多么需要他的教导，便也原谅了他。10 月 18 日，当泽姆林斯基出现在阿尔玛家中时，"足足晚到半个小时"，他的出现引起了"众人的唏嘘"。阿尔玛替他打圆场。她坚称，他"既不丑恶也不怪诞。眼睛总是闪烁着智慧的光芒——这样的人永远不可能变丑"[46]。

阿尔玛从 11 月开始正式与泽姆林斯基上课，第一节课上，泽姆林斯基指出了她的不足：有天赋，但缺乏技巧和才能；虽然阿尔玛与拉博尔学习音乐长达六年之久，但和声与对位是她的"弱项——甚至可以说在这两方面的能力几乎为零"。起初，阿尔玛因为抛弃老师拉博尔而心有愧疚；仍然继续与拉博尔上课，并未告知自己寻了新的老师。显然，泽姆林斯基是更为严格的导师，这正是阿尔玛需要的。"他是个多么好的人啊！他总是能激发人心中无法描述的能量。"她宣称，"我的整个身心，全部的精神都高昂振奋。"[47] 12 月的那堂课简直就像是"洗了个痛快的热水澡。叫人充满活力、代谢加速、身心得到舒缓。好一张利嘴啊。真是个可爱的家伙。我想继续保持现在这种努力的状态"[48]。

58

与此同时，阿尔玛陷入了另一种意想不到的性冲动。某日，她接到马克斯·布尔克哈德寄来的问候卡，竟"高兴得几乎说不出话来，情不自禁地吻了那张卡片，我如此渴望拥有他"。[49] 当在歌剧院里瞥见布尔克哈德时，她"瞬间变得亢奋……浑身上下既热又冷"，她难以抑制地思念着他，"那双可爱的眼睛……布尔克哈德，我的布尔克哈德"！[50] 很快，关于两人的流言蜚语便传开了。家里的朋友都警告阿尔玛，称布尔克哈德之前有过几次不愉快的婚外情，强烈反对她与布尔克哈德交往。阿尔玛不耐烦地将这些唠叨甩在脑后。每每读到布尔克哈德的来信，她就"满脸通红……从头到脚都激动不已，我亲吻着信纸。我梦想着将自己的身心一并奉予他，一次就好，哪怕只是一个吻。"[51]

三日后，如日记里所说，阿尔玛"彻底崩溃了"。布尔克哈德来家中拜访，无意中用手拂了她的脸颊，

> 我克制着，抗拒着。但他并没有停止，越靠越近，最后，他吻了我——最最糟糕的是——他用舌头碰了碰我的嘴——任何激情的幻想在瞬间破灭。我曾多么渴望这一刻的到来，可真相却如此可怕。我永远不会忘记那种幻灭感……克里姆特的吻与布尔克哈德的吻——前者宛若身处天堂——今天则是地狱——至暗的深渊在我眼前展开……

当天夜晚，她故意喝得"酩酊大醉"，浑身不停地发抖——"我真的很爱这个男人，但是他暗地里阴险的行事方式叫我作呕"。[52]

翌日，阿尔玛依然感到困惑、震惊，她终于直面现实。"我对他的感情称不上温柔——只是肉体引发的兴奋而已。"她决计让布尔克哈德明白，"我不是，

也永远不会是你的玩物"。[53] 到了圣诞节,一切又回归昔日的样子,布尔克哈德重拾导师的角色,送予她三十卷书,其中包括莎士比亚和叔本华的著作,这令阿尔玛"异常高兴"。[54] 尽管知道布尔克哈德此举的意图"并非全然清白",她也下定决心"永远不屈服于他的求爱。我发誓。一个吻都不行"![55] 然而,只要布尔克哈德在场时,令人不安的性感便叫阿尔玛无法保持全然的冷静,在接下来的六个月里,她也无法完全抗拒布尔克哈德偶尔为之的求爱。

当时,住在几条街开外的西格蒙德·弗洛伊德正在发展他的心理学理论。弗洛伊德发现由于存在着所谓的社会的"体面",女性的性欲受到压抑,并且,在他所诊断的维也纳中产年轻患者身上时常伴随有歇斯底里、神经症等症状,他试图探讨两者之间的关联。面对自己的性觉醒,阿尔玛总是坦诚至极,叫人吃惊,她也并不在此方面刻意为自己设限。在此之前,与男性的交往经历激起了她强烈的浪漫情愫,但当被欲念所困时,她毫无准备,对肉体之爱的本质更是一无所知。

她曾观察过交配的狗,对"雄狗的旋转动作"感到厌恶,但她自信地认为,这件事在人类身上是决然不同的——"它必定是平静而高贵的"。女友的说法"剥夺了她最后的幻想"——女友宣称人与狗在这方面并没有什么不同,阿尔玛整个人吓坏了。"那就是克里姆特口中的'肉体合一',像那样震动?"她哭着说,"这太恶心了。人类会像狗一样摆出愚蠢的表情吗?啊啊啊啊啊啊啊!现在,每每有一个男人自我介绍的时候,我便会想象他压在我身上上下摇晃的样子——这下连跟他握手的气力都没有了。"[56]

阿尔玛一头栽进音乐里,借此逃脱那些可怖的厌恶,唯有音乐,"它能补偿一切,一切"。[57] 1900 年秋天,阿尔玛定期与泽姆林斯基上课,她对泽姆林

60

斯基的感情逐渐从尊敬、喜爱转变为更深切的渴望。1901 年 1 月，她参观了泽姆林斯基的工作室，整个房间"散发着令人难以置信的诗意"[58]，办公桌上摆着阿尔玛的照片，那一刻，她随即从心底升腾出对这个男人"无限的爱意"。"彼此间的细语流淌着蜜意……我们无话不谈。"[59]一个月后，阿尔玛在日记中如此写道："他的眼眸如天鹅绒般柔软。他可真贴心。当他对着我说话时，我感到一种从未有过的奇妙喜悦。"[60]一次音乐会上，"他朝我转过头来，刹那间，我的身体因过度紧张、焦虑而感到疼痛，他点燃了我最纯粹的感官反应"[61]。

　　泽姆林斯基同样被她迷住了，但自尊心与谨慎告诉他必须克制。此二位同为性格上反复无常、缺乏自信的人，误解时有发生。泽姆林斯基习惯于通过对他人尖酸刻薄的嘲讽来为自己寻求辩护，"你真是个感情用事的家伙！……听听你对自己圈子里那些人漫无止境的批评吧，我要是真信你说的，怕是要以为你只和神仙交朋友吧，还有谁可入你的眼"，[62]他讥讽她道。当阿尔玛违背他的意愿，意欲演奏他的歌剧选段时，泽姆林斯基勃然大怒："小姐，您可知道，您真是越来越让人讨厌了。您或许能把别的年轻人管得服服帖帖，可是对我，那可不管用。"阿尔玛承认他是对的，但也注意到这个人"是多么无礼、多么粗鲁"。[63]一回，泽姆林斯基上课迟到，当晚阿尔玛恰好有晚宴的安排，眼看着被泽姆林斯基耽误而朝他大发雷霆。泽姆林斯基回敬以冷嘲热讽："你要么创作，要么社交——只能选一样。我要是你啊，就还是坚持你最擅长的社交吧。"阿尔玛最终还是去赴约了，但心有落寞，"我们之间友好、愉快的语气消失不见了，好似清漆被刮了个干净"。[64]

　　泽姆林斯基在音乐会上对阿尔玛不理不睬，阿尔玛很生气，偏也装出漠不关心的样子。他退缩了，愤愤然地抱怨她对自己的作品不感兴趣。情绪反复无常的阿尔玛不久又懊悔起来，担心永远地失去了他，抱怨自己"愚蠢得令人难以置信，考虑不周"。[65] 3月里，泽姆林斯基再一次以尖刻的言辞指责她难以捉摸的个性："你根本就是古怪的代名词……上一秒钟还有礼有节，如此迷人，下一秒钟就又换上一副厌烦了的冷漠表情！你知道吗，如果真有人愿意有兴趣观察你的话，会发现你的态度就像你的作品一样：开头温暖、女性化、情感细腻，但接下来就是一团杂乱、跳跃、没有风格的鬼画符！"[66] 尽管冲突不断，但课程总在继续。就在同一个月，泽姆林斯基对"我的功课表示满意。他很遗憾地表示可惜，因为我不是一个男孩，注定我的天赋有所损伤"。"作为女孩，如果你想有所成就，你会经历无数的挫折。"[67] 泽姆林斯基坦言。阿尔玛并没有因此被吓倒。

某日，分离派建筑师费利克斯·穆尔（Felix Muhr）毫无预兆地给阿尔玛递来一封求婚信，阿尔玛的生活被搅得愈发凌乱。就在第二天，分离派常务董事弗朗茨·汉克（Franz Hancke）也递来了一封求婚信——"这周已经是第二封了！何以变得如此廉价"！[68] 阿尔玛深感震惊，因为与此二人并无深交，也从未鼓动或暗示过他们。她当晚便断然拒绝了汉克，但是对于穆尔，即便内心很清楚自己的感觉，她还是犹豫了一番：这是个"令人愉悦的、受过良好教育"且富有的人，可是自己对他毫无感觉。选择他将是某种随大流的举动，那与嫁给友谊又有何分别。一想到要把自己的身体交给一个她不爱的男人，她就浑身发抖——"永不成熟，永不满足。不彻底的权宜之计……总是不彻底，总是半途而废，太可怕了"。[69] 突如其来的求婚进一步强化了她的近期目标。"我要在这世上留下我的印记。对我而言，穆尔离得太远了。我甚至不会考虑结婚的可能性。我只想学习——向上攀爬，到达从未有过的高度！成为一个了不起的人！"[70]

到了4月，泽姆林斯基终于克服了谨慎，坦言阿尔玛的来信对他而言是"必不可少的，每次收到你的来信，看到你的笔记，我都开心极了"[71]，这叫阿

62

尔玛又惊又喜。一个明媚的春日，上完课后，两人坐在一起，盛放的花儿与满屋的花香轻拢着他们。"他说我在玩弄他，但他感谢上帝赐予他理智。一刹那，我们的目光相遇了，没有丝毫踌躇。"他亲吻她的手，将它们拉向自己低垂的头。"我把头靠在他的脸上，我们亲吻着彼此的脸颊，相拥着仿佛那一刻已是永恒。我双手捧起他的头，我们亲吻着彼此的唇，如此用力以至于牙都疼了起来。"他说，他整个冬天都在与对她的爱做斗争。[72] 第二日，阿尔玛几乎时时刻刻都在思念着他，"我渴望着他，……所有一切在我的眼中都焕发出新姿。树更绿了，天更蓝了"。[73]

泽姆林斯基接下来的一封信流露出前所未有的爱意，同时也掺杂着强烈的焦虑。他处于"一种巨大的、无望的激情之中，随着时间的推移，我对你的崇拜变得如此强烈，但也如此坚定和彻底"，他在信中作此告白。但泽姆林斯基的生活早就被颤颤巍巍的焦虑给破坏了，以至于他认定"巨大的失望是不可避免的"，最终，他必会失去她的爱以及他们的友谊。他唯一感到幸福的是，音乐的纽带仍然把他们联系在一起。[74]

泽姆林斯基爱的表白令阿尔玛喜出望外，她把信揣在口袋里，白天时不时地亲亲它，并注意到这样的字眼："顺便一提，我的性器官诡异地骚动不安。"[75] 下一封信里尽是阿尔玛熟悉的"亲密爱人"间才有的蜜语，泽姆林斯基第一次在信中吟咏自己对爱的狂想："我爱慕着你……今天的我是如此快乐，我对着自己重复你对我说过的每一个字，我不停地望着你的双眸，你可爱的，可爱的眼睛。我不停地重复着——为什么是我——为什么独独是我？"[76]

然而，由于早前曾遭到拒绝，阿尔玛心存戒心。怀疑——以一种不断重复的姿态——浮出水面：激情澎湃过后，情愫退缩成空虚，几日后又重新投入新一轮的炽烈，如此循环往复。这并非是算计：她与另一个人都被这事给搞糊涂了。她"热切地期待着他们的下一次见面，但已不那么热切了"；她担心"这段感情不会持续太久"。关键是，她开始怀疑自己是否有能力去爱，以一种对自己有意义的方式去爱，"穿透一切，触及真实的、强烈激情的深刻本质。毕竟狂喜是如此转瞬即逝的东西"。虽然阿尔玛拼命地渴望着泽姆林斯基，但这种渴望"已不如头一个星期那般疯狂"。[77]

她责怪自己，但是他那彬彬有礼的犹豫、恭敬与羞怯"使她的热情之火冷却下来"。虽然她渴望着他，渴望"他能把我紧紧抱在怀里，大声喊道'阿尔玛，我的阿尔玛'——就像克里姆特曾经做过的那样"，可泽姆林斯基仍然称呼她为"尊敬的小姐"，并对她说："我不敢。""我恨那些没有勇气的人"，她怒火中烧[78]，陷入绝望的深渊。无论她怎样努力，都无法唤醒对他的爱意。"我很想爱他，可是我想……一切都已经结束了。"阿尔玛从一个朋友的婚礼上回来，她残酷地想象着自己同泽姆林斯基站在圣坛前的情景——"那看上去是多么荒谬……他如此丑陋、矮小——而我，如此美丽、高挑"。同时，她陷入另一番沉思："自从爱离开了我的心，我的音乐就在我的身体里死去了。我觉得自己毫无灵感，毫无创造力。多么可怜的感觉。"[79]

泽姆林斯基觉察到了阿尔玛的冷淡，便也开始退缩，以惯有的尖酸刻薄意图撇清自己与阿尔玛的干系，抱怨她的不认真、不真诚，"太过肤浅而无法回报他的爱"。阿尔玛陷入了更深的绝望。"没有什么能真正打动我。我真的只是个半吊子。我深感痛心——不，我根本不可能有深沉的感受力。不温不火的半吊子——不温不火！我为真心爱我的人感到难过。我对自己的行为感到厌恶。"[80]她自怨自艾，第二天一直在琢磨"如何才是最好的方式，好自我了结。割腕吗？今晚，明天早上之前，我将死去。那该多好啊"。泽姆林斯基的奚落在她的脑海里回荡："我永远不会从生活中得到任何东西，拥有任何成就。我

64

生来就只是个半吊子。我只有半个灵魂，他只有半个身躯。我们中的一个应当是完整的。[此句下方分明画了两道下划线]我边写边哭。"[81]

就在这时，身处风暴中的阿尔玛预备与家人一起搬到维也纳郊区的上瓦特山区（Hohe Warte），卡尔·莫尔委托他人在那里建的别墅不久前刚刚落成。该建筑由住在施泰因菲尔德街（Steinfeldgasse）8号的建筑师约瑟夫·霍夫曼操刀。极简的直线形状彰显了分离派的风格，无论是装饰还是搭配的制作工艺都与建筑本身的流动感相得益彰，外立面与内部装饰浑然一体。阿尔玛于1900年2月看过这栋别墅的建筑图纸，大为震惊："地处偏远的郊区……但愿我不会活着看到我们搬到那里的一天，永远不要……"[82]

5月1日向老房子告别时，她内心感到平静。暴风雨过去了，第二天泽姆林斯基前来拜访，两人又拥抱在了一起。"我们亲吻着彼此，那些叫人魂飞魄散的吻啊……我瘫倒下来，他的身子从上方轻压下来，我猛地一惊，下意识把他推开了。他问：为什么？他明明很清楚是为什么。"[83]两个星期后，她内心变得笃定。"我要为他而活。那是我唯一的愿望。昨天的他简直是颗蜜糖——格外地温柔。我们相拥而坐，我的膝盖夹在他的膝盖之间。他紧紧地搂着我——紧紧地——亲吻着我的大腿。"[84]

隔日，5月18日，阿尔玛随家人前往萨尔茨卡默古特河畔的圣吉尔根（St Gilgen）过暑假。"我的全部生活一直是围绕着他，整个身心皆为他的存在而活——如今，我开始感到空虚。"言语间写满失落。[85]很快，阿尔玛便被周围的美景迷住了。"山顶上的白雪，山谷里的花儿……我觉得自己配不上这么多的美……大自然的纯净。在这里，没有陌生人，没有入侵者。"[86]

不久，阿尔玛在圣吉尔根收到了来自泽姆林斯基的信——一封充满愤怒的控诉信，归于平静的生活瞬间被撕了个粉碎。泽姆林斯基在信中指责她对待他的方式："我内心的骄傲终于让我忍不住要反抗了！"他怒不可遏，理由是：她从不放过任何一个机会"强调我是多么可笑地渺小，我的分量是多么无足轻重，我是多么配不上你……我如此丑陋，我没有钱，或许连天分都没有，我还蠢得可怕！我一无所有，我不漂亮，我想，我是一个乞丐，感激您爱我——只爱一点点，也得感恩戴德"。他在信中坚决地表示自己不愿"受到诋毁"。他毕竟"确实有些地位，甚至可以说，和你恭敬地结交的那整个艺术家团体——那些装模作样的、一本正经的人——一样重要"。[87]

她总是"心存喜悦地"等待着他的来信，这一封却令她心里生出"说不出的难过"。[88]与米姨散步时，她缄默不语。隔天，阿尔玛与布尔克哈德出海游玩，她的悲伤变为蔑视。"我再也不想亚历克斯（译注：对泽姆林斯基的昵称）了，哪怕一秒钟都没有。如果他不喜欢我现在这个样子，不喜欢我所有的缺点，他不需要我也行……"[89]阿尔玛直截了当的回复似乎只是为了更进一步激怒这个男人，两日后，她收到了又一番谴责。"只要稍加认真地分辨，任何人都可以发现，所有这些看上去甜蜜的东西都不是你发自内心的情感。"他爱她，"这份爱远比我所能向你展示的要热情得多"，但他坚持自己的条件，"我必须做主人，而不是奴隶！我只能是主人！在自己的爱面前，我可以使自己谦卑，但如果有人用命令的方式要求我，我断不能接受。最让我无法忍受的是，你似乎认为自己是那个可以给予我更多的人！这不是真的！！我总是付出更多，因为我的内心更富有"。[90]

关于他们的关系的传闻引起了阿尔玛的家人及朋友的一连串反对。当阿尔玛的母亲意识到泽姆林斯基对阿尔玛的爱时，或许回想起自己当年婚姻的贫困，她警告阿尔玛说："你不该是做出牺牲的人，他也不该……只以面包和水为食，即使最强大的爱情也会死亡。我并没有反对他的意思——至少他兜里得

66

有几枚金币。"[91] 布尔克哈德听闻此事，暴跳如雷："看在上帝的份上，别嫁给Z。不要败坏了优良的种族血统……"阿尔玛自己也有些想法："泽姆林斯基倒是提醒我了，他说得一点没错——我的长相比他要美上十倍。"然而她接着说："可他的灵魂比我美丽百倍——我从未有如此幸运拥有那样的灵魂。"[92]

米姨（即玛丽·亨内贝尔格）就住在附近，总是带着包容、善解人意的心关注着阿尔玛的成长。她对阿尔玛建议道："哦，亲爱的，你可不能嫁给他。他可是个波西米亚人，你唯有与他结婚后，才会发现彼此间不可跨越的裂痕。他只是个无名小卒，这种状况再过几年也不会有质的改变，原因很简单，因为这个人生性固执……不，不要，阿尔玛。他不适合你。"[93] 阿尔玛陷入了沉思："没完没了的争吵让这个男人变得酸腐……我的脑子里整天都是这些东西。"然而，"他爱我，我也爱他……他会教导我，提升我，让我与他有同样水平的智识——而我一样会指导他，提升他，让他赶上我的水平"。[94] 当她的母亲威胁称将阻止泽姆林斯基再来他们家时，她顽强地反抗道："要么让他来，要么谁也别来！我依然沉浸在深情中，我的眼里全是泪水——整个晚上都在哭泣。"[95]

与此同时，追求者费利克斯·穆尔一直在催促着阿尔玛做出决定。她权衡着自己的选择：要么与泽姆林斯基过着节衣缩食的日子，要么选择当穆尔太太，"过一种奢侈的、受人尊敬的、愉悦的、被宠爱着的、被照顾着的生活"。可那样便再也无法继续创作，于是，她"粗暴地一把推开宁静、安稳的道路"，她暗暗在心里认定穆尔"的确是个完美的结婚对象，可我爱的是泽姆林斯基！我对他的爱没有去年春天那么强烈——但依然炽热……对我而言，泽姆林斯基总是能引发莫大的兴奋感。可穆尔，丝毫不能引起我的兴趣"，再说，金钱与舒适到底有何用处，"在没有任何刺激的情况下，它们只会让你昏昏欲睡、头脑迟钝，不是吗？这次的问题可真棘手，我以前从来无须面对如此问题，做如此激烈的内心搏斗"。[96]

阿尔玛宣称不信任婚姻，这使她愈发陷入两难。她坚称自己是个独立的生命，她选择了"生活"，渴望拥有自由。"我将自己塑造我的命运，只有我自己一个人"，之后，她又带着些许自我意识补充道："我很想知道居于我体内的两个灵魂究竟谁会获胜。是我爱的灵魂——还是那精于算计的灵魂。"[97]

马克斯·布尔克哈德的到来加剧了阿尔玛的混乱——"在此人面前你必须十分警惕"[98]。他仍然能挑动她的情欲，搅得她心绪不宁。与布尔克哈德饱食一顿丰盛的午餐——鱼子酱、鹅肝、菠萝配以阿斯蒂气泡酒——之后，她发现自己很难与他保持距离。两人独处时，阿尔玛心烦意乱，内心被强烈的矛盾撕扯着。他亲吻她，抚摸她的手，抚摸她的膝盖，抚摸她的脸，又抚摸她裙子下的双腿。"那感觉如此温柔、愉悦"——就在一瞬间，她忽然感觉这已经够了。她将他的手移开，但她"愿意付出一切，只要他能吻我……我充满了欲望。"[99]

没过多久，几乎差不多同一个瞬间，后悔与厌恶又一次占了上风。"B——就为人而言——除了带给我欲望，丝毫不能燃起其他的热情，只有全然的冰冷。我那被诅咒的、时常被翻搅的欲望，始终在蠢蠢欲动，如沸水般四溢……这个可恶的勾引者，他只对我甜美的脸蛋和丰满的曲线感兴趣，老实讲，我有给过他我的身体吗？哪怕是一瞬间。我真为自己感到羞耻，我对自己感到恶心……"阿尔玛觉得自己背叛了泽姆林斯基，背叛了两人的爱，也背叛了自己。阿尔玛的理由很简单，基于一种比较，当泽姆林斯基抚摸她的身体，亲吻她的大腿时，她并没有感觉到"任何的不光彩。相反，它唤醒了我……唤起了我炙热的欲火，然而我并不因此感到肮脏，我依然清白无瑕……我的灵魂，连同着我的肉体向他伸出手去……可现在，就在今天，我被毁得支离破碎，这是对 B 的诅咒，一并受到诅咒的还有他的眼睛（当时他的眼睛如野兽般闪闪发光）

68

和摸索中的手。这是对我以及我的肉欲的诅咒，对这一段毫无体面可言的情事的咒骂"。[100] 当布尔克哈德再度来访时，她目不转睛地盯着 B 先生鼓鼓囊囊的裤裆，"我的淫欲当真毫无廉耻，不知边界，我必须结婚才是"。[101] 令人迷惑的强大的肉欲紧紧擒住阿尔玛，叫她无计可施，她哀号道："为什么我如此大胆放肆？我渴望自己的肉体被征服！——管他是谁。"[102] 在阿尔玛一系列因对性的渴望所产生的化学反应中，支配与顺从是其一生反复出现的两大主题。

于巴登伊施尔秘密会面的计划失败，阿尔玛一直未能见到泽姆林斯基，直到随家人回到上瓦特山区的住所。如今，阿尔玛的母亲已经放宽了对她与泽姆林斯基见面的限制，只要求阿尔玛表现出"理智，行事得宜"。10 月 5 日，两人久别重逢，爱情喷发而出，"我们的亲吻不像春天时那般狂野，却比那时更加温柔……我渴望着他——渴望他的拥抱——卸下所有的防备，无限的渴望"。[103] 她想"永远归属于他……当他亲吻我的时候，他扭曲着我的脊椎，使劲将自己的身体紧贴着我，尽管如此，我的内心依然升腾出一种神圣。一种强有力的、灼热的仪式，正如上帝所赐予的……一滴永恒。为他，我甘心受孕，甘心生子。他的血液与我的交融：我的美貌与他的智慧合体"。[104]

她渴望他成为"我的主人……是的，他必命令我——直到永永远远。让我臣属于他吧。让他占有我吧"。[105] 随后，阿尔玛在日记中写道：

> 我想，若我归属于他，他将俯身亲吻我走过的大地。可是，不——我居然会这么想！我从来没有想到我会这样羞辱自己，主动亲吻一个男人的手！——可是我这么做了，也乐意这么做。我仿佛从高高的基座上爬了下来。可我越往下沉，眼前的地平线便越往高处攀升。终于，我来到了他的脚边，发现自己站在一个比我当初落脚时高得多的基座上。[106]

她复又开始认真提笔创作；音乐课继续着，间或被两人的缠绵悱恻所打断，阿尔玛在日记本中记下了所有叫人窒息的细节。她与泽姆林斯基

……工作着——亲吻着——又接着工作——又亲吻起来——循环不止。一度，我们彼此纠缠无法分开。他将我的右手置于他双腿间，而我，爱他肉体的每一个部分，有一种前所未有的幸福感。我下定决心要嫁给他……我只盼着一件事——婚姻，结合。我想感受他在我体内的时刻，我腹内的子宫将如绽放的花儿般迎接他的到来……我从来没有想到自己会如此爱着一个人。亚历克斯，我金色的太阳。[107]

她想把自己完全交给他，但又对后果心有余悸。

　　我疯狂地渴望着他的拥抱，我永远无法忘记他的手触摸我最私密处的瞬间。一把火，如此快乐的电流击穿我的身体，是的，原来人可以全身心地感到快乐，这是完美的快乐……倘若再多一点，多一点精微玄妙，我便可化身为神。再一次地，凡属他的，在我眼中皆为圣洁。我想跪在他面前，亲吻他的私处——亲吻他的一切，一切。[108]

　　就在提笔写下这些文字的前两日，阿尔玛在朋友埃米尔和贝尔塔·祖卡坎德尔举办的一次晚餐聚会上遇见了古斯塔夫·马勒。他们的相遇彻底改变了阿尔玛的生活轨迹，改变了她的爱情与抱负。

4. 神圣的渴望　1901—1902

71　　作家兼记者贝尔塔·祖卡坎德尔是维也纳先锋派的狂热支持者，所主持的沙龙是全维也纳最负盛名的几大沙龙之一。她的父亲是加利西亚自由派报纸出版商莫里茨·赛普斯（Moritz Szeps），丈夫则是解剖学家埃米尔·祖卡坎德尔（Emil Zuckerkandl）。据阿尔玛的说法，埃米尔·祖卡坎德尔是一个"非常聪明且富有幽默感的人"。1901 年 10 月底，祖卡坎德尔夫妇二人在环形大道遇见阿尔玛，埃米尔邀请她共进晚餐，称马勒是当晚的座上宾。阿尔玛婉言谢绝了："我并不想见马勒。"事后，她解释了缘由："周围的人给我讲了许多关于他的故事，出于某种强大的自尊，一整个夏天我都在刻意躲避与马勒会面。我能在脑中清晰地勾勒出马勒的样子。他是个性情急躁的小个子男人，但头脑聪慧。关于他与渴望在歌剧中担当角色的年轻女子的那些丑闻，我也算耳熟能详……此外，身为指挥的马勒在我心里分量很重。我感知到了他的神秘以及强大的魅力。"[1]

近些年，马勒在维也纳爱乐乐团担任指挥，并以创新的思维引领着维也纳宫廷歌剧院的艺术创造，其作为可圈可点，一直是阿尔玛的仰慕对象。1898
年12月，马勒为弦乐团所改编的海顿作品令阿尔玛欣喜，于是有了这则追星
日记："说到马勒，事实上，我已经爱上了他。"[2]1899年2月，她又去看他指挥
维也纳爱乐乐团演绎理查·施特劳斯的《贡特拉姆》(*Guntram*)，阿尔玛认定，
"人人都渴望在舞台上看到一名真正的指挥。马勒是个彻头彻尾的天才，音乐
从未像今天这样渗入我的内心"。[3]

然而，若要说"作曲家马勒"，阿尔玛的印象便没那么深刻了。1900年11
月，马勒的第一交响乐由维也纳爱乐乐团首演，阿尔玛认为"这是一部很有天
赋的作品，但也显得极天真且过分精细。当然，所谓的天真与精细都是取其贬
义。难以置信的风格混乱，连同震耳欲聋、叫人精神崩溃的喧嚣。我从来没有
听过这样的东西，这的确令人兴奋，但也同样叫人恼火。我全程脉搏狂跳——
几乎说不出话来"。[4]直到很久以后，她才开始欣赏他的音乐。

阿尔玛家在巴登格尔森租的别墅与阿特湖同属一个地区，马勒每年夏季
都会在来这里进行创作。因缘际会，她曾瞥见在萨尔茨卡默古特度假的马勒。
回想起来，那是1899年，阿尔玛与盖林格尔一家骑行出游，中途与马勒相
遇。马勒向他们问路，阿尔玛的朋友停了下来与马勒交谈，阿尔玛却蹬着自行
车径直朝前走。此后，马勒便紧跟在他们车队后面，"他很快就赶上我们，我
们前前后后碰到过四五回。每一次，他都与我们攀谈起来。距离哈尔施塔特
(Hallstatt)尚有一小段路程时，马勒下了车。当时，我们正推着自行车走着，
他走了过来与我们聊天，目不转睛地盯着我。我跳上自行车，向远处驰去"。
阿尔玛认为自己"根本没有想要见他的冲动。作为一名艺术家，我爱他，尊敬
他；可是作为一个男人，我对他一点儿也不感兴趣。我并不想因此破坏脑子里
的美妙幻想"。[5]

彼时的马勒绯闻缠身。1899 年 3 月，男高音施梅德斯告诉阿尔玛说：

73　"简直可怕……那可怜的男人爱上了歌手［玛格丽特·米夏勒克（Margarethe Michalek）］……他一直捏着她脸颊，整个排练期间不停地亲吻她。每一个亲吻都真真叫人恶心。"[6] 在一次晚宴上，阿尔玛的另一位客人汉斯·富克斯博士（Dr. Hans Fuchs），即宫廷歌剧院指挥约翰·内波穆克·富克斯（Johann Nepomuk Fuchs）的儿子，指责马勒是一个"恶棍"，夺走了他父亲的生命。阿尔玛认为汉斯的说法无非是出于嫉妒，因为马勒被任命为维也纳宫廷歌剧院的总监，地位压过了汉斯的父亲。[7] 马勒先后与若干一线女歌手传出绯闻，但始终未有结果，也不见有哪一位与他步入婚姻，马勒因此惹上了"臭流氓""堕落者"的名声。当然，所谓的"堕落者"或许更有可能出于反犹主义对于任命犹太人担任宫廷歌剧院总监的敌意。这一切都无损阿尔玛对他的钦佩。阿尔玛与女友演员克里斯汀·盖林格尔曾在环形大道上遇见过马勒。当时马勒朝克里斯汀打招呼，"眼睛始终盯着阿尔玛"，阿尔玛"被他深深吸引住了"。[8] 朋友莉莉·莱曼曾许诺带阿尔玛去见马勒，阿尔玛当即回复道："毫无疑问，我一定去。你必须抓住机会。"[9]

马勒于 1860 年生于卡里斯特（Kaliště），地处波西米亚的一个村庄。家中十四个孩子唯有六位熬了过来，其余皆在早年夭折，马勒排行老二。他的父亲伯恩哈德·马勒（Bernhard Mahler）是一名酿酒商和酒馆老板，母亲玛丽［Marie，娘家姓赫尔曼（Hermann）］来自莱德奇（Letetsch），是一名煮皂工的女儿。两人的结合更多是为了方便，毫无爱情可言，彼此间"好比火与水并不般配"，据古斯塔夫的回忆："他很死板，而她生性温柔。"[10] 在他们朴素的两间卧室的房子里，没有一扇窗户是有玻璃的，但坚信自我完善的伯恩哈德却拥有一个玻璃书柜，里面收藏了现代与古典文学著作。19世纪60年代，限制犹太人自由迁徙的禁令逐渐解除，马勒一家搬到了伊格劳（Iglau）。

古斯塔夫的音乐才能很早就被双亲所认可；他6岁开始上课，9岁第一次公开表演。尽管在残暴的、时常恶言相向的丈夫面前，他的母亲显得胆怯、顺从，但她还是给了古斯塔夫情感上的支持。古斯塔夫先是在布拉格的一所文法学校读书。1875年，15岁的古斯塔夫考入维也纳音乐学院，师从著名钢琴家朱利叶斯·爱泼斯坦（Julius Epstein）和作曲家罗伯特·富克斯。

1878年，他继续在维也纳大学学习哲学，仅修完一年的课程，便得到巴德霍尔温泉镇轻歌剧团指挥的职位，后又在莱巴赫［Laibach，即卢布尔雅那（Llubljana），今斯洛文尼亚首都］担任歌剧指挥。马勒在维也纳卡尔剧院短暂逗留后，又先后在奥尔穆茨（Olmutz）、卡塞尔（Kassell）履职。1886年8月，他拿到了莱比锡市立剧院的合约。马勒的声誉与日俱增，很大程度上要归功于其手法的创新以及独特、严谨、趋于专制的指挥风格。这势必导致同事间的摩擦，但也叫同行钦佩。1888年初，马勒写下了自己的第一交响曲。他先是在布达佩斯的皇家匈牙利歌剧院（Royal Hungarian Opera）担任总监。两年后，也就是1891年，马勒搬到汉堡，成为汉堡歌剧院的首席指挥。在那里，他凭借瓦格纳的歌剧以及《尤金·奥涅金》（*Eugene Onegin*）的一版制作取得了一系列的成功。在场见证了演出的作曲家柴可夫斯基笃定地说，他是"绝对的天才"。

1889年，父亲伯恩哈德逝世，紧接着在同一年稍晚些时候，母亲与妹妹莱奥波尔迪娜（Leopoldine）相继离世。古斯塔夫成为家里的主心骨，负责照顾剩下的四个兄弟姐妹。他在维也纳租了公寓，将他们安置其中，并在经济上给予支持。妹妹贾斯汀（Justine）负责打理家务并与他同住。1893年，古斯塔夫在斯坦巴赫小村庄的阿特湖畔购买了一处休养所。此后的每年夏天，他都

75　要去那里，在湖边的创作小屋里工作。1894 年，马勒完成了他的第二交响曲，并于 1895 年 12 月在柏林首演。

　　在汉堡工作期间，马勒与年轻的女高音安娜·冯·弥尔登堡（Anna von Mildenburg）陷入一场混乱且称得上"绝对公开"的恋情。在与歌剧院总监发生摩擦后，马勒毅然离开了汉堡，某种程度上也是意在从弥尔登堡身边逃脱。他一心想谋得维也纳宫廷歌剧院的职位，基于当时的政治形势，尽管弗朗茨·约瑟夫皇帝对反犹主义进行了批判，将宫廷歌剧院的最高职位委任给一名犹太人仍然是不可能的，马勒终于 1897 年转而皈依天主教。

　　在宫廷歌剧院担任指挥六个月后，年仅 37 岁的马勒接替已退休的威廉·扬（Wilhelm Jahn），于 1897 年 10 月成为歌剧院的掌舵人。任命如此年轻的犹太人担任要职，引发了众人的惊讶——当然，还有更多的争议。"维也纳分成两大阵营，直到今天，人们还无法理解当时力挺马勒的人与反对马勒的人的争斗有多狂热。"据贝尔塔·祖卡坎德尔回忆，"十年来，马勒一直在与循规蹈矩、任人唯亲、懒惰、阴谋诡计和愚蠢行为做斗争。那些年，他改造了这个歌剧院"。[11] 马勒能量惊人，从 1898 年到 1901 年他还兼任维也纳爱乐乐团的团长，严苛的排练以及对一些重要作品的改写使他又一次引发争议。

　　1901 年 11 月 7 日，马勒与阿尔玛双双接受了贝尔塔·祖卡坎德尔的第二次晚餐邀约。由于"马勒是出了名的爱挑衅，常常引发不快"，且只喜欢清淡的食物，贝尔塔不得不仔细地、谨慎地拣选宾客名单。她邀请了自己的姐姐索菲

76　（Sophine），法国政治家乔治·克列孟梭（Georges Clemenceau）的嫂子。苏菲与马勒是旧识，两人于一年前在巴黎结交。在马勒眼中，苏菲是个讨人喜欢的女士。贝尔塔向阿尔玛保证她会被安排与相熟的朋友在一起，并让她坐在古

斯塔夫·克里姆特和马克斯·布尔克哈德之间——"一位是她的过去，一位是她的现在［当时布尔克哈德正爱慕着阿尔玛］，还有一位是她的未来，"[12]贝尔塔如此形容道。打从一开始，阿尔玛便注意到，"马勒仔细地观察我的一举一动，不仅是因为我的脸——或许在那个时代这是一张美丽的脸——还因为我调皮的举止"。晚餐时，当她与克里姆特、布尔克哈德正上演"欢快三重奏"齐声大笑时，马勒先是在一旁默不作声地瞧着，随后公然凑过身来聆听，最后终于忍不住"带着醋意喊道：'能让我们也听一听这个笑话吗？'"[13]

圆桌上的讨论很是热烈，除了阿尔玛，每个人都在思考赞助对艺术的腐化影响。最后，她开口了。"为什么，"她质问道，"为什么公众会允许这样的事情发生？"在此之前，几乎没怎么注意她的马勒仔细端详着这个女子，评论道："只有对懦弱和妥协一无所知的年轻人才会问这样的问题。"[14]

随后，大家各自散去，贝尔塔目睹隔壁房间里"愤怒的阿尔玛情绪激昂。马勒同样显得很生气。他神经紧张的时候，总是激动得跳来跳去"。[15]当时，他们正在就"美的主体性"问题展开争论。马勒称赞了苏格拉底的半身塑像，认为那是美的；阿尔玛则声称亚历山大·冯·泽姆林斯基也很美，马勒认为如此作比实在过分。气头上的阿尔玛质问马勒为什么不排演泽姆林斯基的芭蕾《时代的胜利》(*Triumph der Zeit*)，口无遮拦地说："你没有权利把自己理应完成的工作丢给别人——更何况作品出自泽姆林斯基之手，他是个真正的音乐家——长达一年多的时间，始终将人胃口吊着。你可以拒绝排演他的东西，但你必须对此做个回应。"[16]贝尔塔在一旁看两人你来我往互不相让，马勒反驳道："因为我根本看不懂这个作品。"阿尔玛随即提出要概述一番情节，马勒笑着说："我洗耳恭听。"阿尔玛回应道："不过，在那之前，你得先给我解释解释《朝鲜新娘》(*Die Braut von Korea*)究竟是怎么一回事。"（众所周知，这是一部常演的

77

芭蕾剧目，被视作"混乱与愚蠢"的典型。）马勒听后，放声大笑，露出闪亮洁白的牙齿。[17] 他询问起阿尔玛在泽姆林斯基指导下的学习情况，并请阿尔玛带一首自己的作品给他听听——"他甚至想知道我什么时候会去拜访他，催促着定下确切的时间。我答应他一有值得听的东西就带去"。[18] 第二日，马勒邀请阿尔玛与贝尔塔、索菲·克列孟梭一起去宫廷歌剧院听他排演奥芬巴赫（Offenbach）的《霍夫曼的故事》(*The Tales of Hoffmann*)。

见到马勒的阿尔玛心生愉快，"必须承认，我非常喜欢他——尽管他老是心神不宁。他像个野蛮人般在房间里暴跳如雷。这个家伙完全是由氧气构成的。一旦靠近他，你必会被灼伤"[19]。事后，马勒对贝尔塔说："那日晚宴是自己人生头一遭在公开社交场合感到自在。"[20] 贝尔塔私下里认为阿尔玛理应"对自己喜怒无常的脾气感到震惊，她怎么敢这样对自己的偶像说话？"。[21] 阿尔玛在日记中坦言，对"自己的言行举止很是不满。我有一种直觉，又一次将自己置于错误的境地。由于那可怜的羞赧天性，身处人群中的我与人第一次见面总是不自然，永远都做不了真实的自己。要么拿一些心不在焉的回答打破我那顽固的沉默，要么像今晚一样，厚颜无耻，口无遮拦"[22]。

阿尔玛拒绝了马勒送她回家的提议，马勒便与布尔克哈德走在一起。途中，布尔克哈德试探着问起马勒对阿尔玛的看法。"辛德勒小姐真是个理智且有趣的姑娘，你不觉得吗？"马勒答道："我起先对她并不在意。我原以为她也只是个漂亮的洋娃娃。不过，我后来意识到她的确洞察力非凡。我之所以有如此第一印象，或许是因为人们通常不指望长得这么漂亮的女孩会认真对待任何事情。"[23] 后来马勒向阿尔玛告白，称："那一刻，是上帝的旨意要我们结合在一起。你可能并没有意识到这一点，但在我的内心已经经历了火的洗礼。"[24]

第二天，马勒在歌剧排练现场"热情地欢迎"一众贵宾。当他把客人们迎进自己的办公室时，十分无礼地仅帮阿尔玛一人取下外套。阿尔玛径直走向钢琴，一边听着周围的谈话，一边翻看乐谱。"马勒偷偷地看了我几眼。但我当时心情不佳，不愿搭理他，"阿尔玛回忆道，"我是个随心所欲的年轻小姐，尽享自由的快乐，不在乎名声或地位。"马勒问道："辛德勒小姐，你昨晚睡得可好？""好极了。"她说。"我可是一整晚都没阖眼呐。"他说。[25]

隔天早晨，一首匿名诗送到了阿尔玛府上。尽管母亲想都不曾想过这会是马勒的手笔，但阿尔玛内心很笃定，必是出自马勒之手，他并非在开玩笑。她"沿着街道走着，仿佛梦游般"。[26]阿尔玛再次遇见马勒是在 11 月 18 日格鲁克（Gluck）歌剧《奥菲欧》（*Orfeo*）的演出现场。当阿尔玛抬眼朝剧院总监包厢望去时，发现马勒正盯着自己。中场休息时，阿尔玛与母亲在大堂突然撞上了马勒，他"仿佛突然从地板上冒出来一般"，就立在她们身旁。他请阿尔玛将自己引荐给她的母亲，并邀请两位移步办公室小憩。"我们无所不谈——他很迷人，和蔼可亲。母亲邀请他来家中做客——他一口答应了。但愿他真的会来拜访。我们用力地握手……我们彼此凝视着，盯着，死死盯着。"[27]离开时，阿尔玛对马勒说她很想被聘为歌剧院的指挥。"他一本正经地答应让我试试手，表示那对他而言无疑是莫大的快乐。我回答称那远远不够：我心知肚明，他关于我的那些看似权威的评判绝非公允。对此，他回答道：'世上从没有公正的裁决。'我们欢欢喜喜地告别，感受到一些伟大而美丽的东西钻进了彼此的生活。"[28]

当卡尔·莫尔听闻他们的"偶遇"时，怒不可遏，责备妻子竟然"把纯真少女带进一个浪荡子的私人房间"。马克斯·布尔克哈德当时恰好在场，眼下的情形他看得再清楚不过了，他问阿尔玛："如果他向你求婚，你打算怎么办？""'接受。'我平静地回答道。"布尔克哈德给吓坏了，试图劝阻她。

"这将是一宗罪恶，"他宣称，"像你这样的好姑娘，拥有如此的血统。不要嫁给堕落的老家伙，不要破坏它。为你的孩子们想想——这可是罪过啊！况且，火与水或许可以走到一起。但是火与火，错得离谱！他会扼杀你，你却不可能扼杀他，那将是对你才能的严重浪费。"总之，布尔克哈德尽力阻止这桩婚事。[29]

阿尔玛渐渐被吸引住了；尽管她努力让泽姆林斯基成为自己思想的重心所在，但他的光芒已经开始变得暗淡。"这太可怕了，我应该为自己感到羞耻……但马勒的样子铭刻在我心中，"十天后，阿尔玛在日记中写道，"我要亲手拔掉这棵毒草——为另一个腾出点地方——我可怜的亚历克斯。要是那首诗是他写来的就好了，如果是这样该多好！我恨我自己！"[30]两天后，泽姆林斯基打来电话，态度十分冷淡。"他没有任何爱的表达……我们吻了对方一次，就一次。我对他的思念、对他的渴望又一次弥漫开来。"[31]

接下来的星期四，那日楼下一片混乱，一名女佣冲进房间，大叫着，宣告不速之客的到来。"古斯塔夫·马勒来了！"当时，阿尔玛正在与作曲家罗伯特·高德（Robert Gound）上课，学习对位法。由于刚搬进来不久，阿尔玛的一堆书尚未有时间整理，堆满了整个房间。马勒查看了一番，显然很赞同她的品位，直到发现了尼采作品全集。马勒相当蛮横地建议阿尔玛把这些书扔进火里，遭到阿尔玛的拒绝。随后，马勒提议出去走走，两人下楼时遇见了安娜·莫尔，她邀请马勒留下来共进晚餐。"晚餐有红椒鸡，布尔克哈德也来，千万不要拒绝。""老实说，这两样我都没什么特别的兴趣，"马勒回应道，"但我还是会留下来。"[32]

他们在雪中漫步，拐道前往德布灵（Döbling）邮局，马勒需要给同住的妹妹贾斯汀去电告知自己晚上不回家吃饭。"灯柱一根根从我们身边后退,我看见雪中闪烁的光芒,"阿尔玛事后写道,"我俩无声无语,唯有这童话般的美丽。"[33]当时,作为陪伴者的卡尔·莫尔就跟在她的身后,他记得"他们肩并肩,靠得很近,没有丝毫犹豫。然而,彼此间还算不上认识"[34]。据阿尔玛的回忆:"他的鞋带每隔一分钟就松开一次,然后他就挑一个最高的位置将脚踩在上面,把鞋带系起来。他那孩子气的无助深深地钻进了我的心。"当他们到达邮局时,他不知道自己的电话号码,只好又先打电话到歌剧院询问。归途中,两人沉默不语,

> 突然,他冒出一句:"嫁给我这样的人可没那么简单。我自由惯了,也必须保有自由。我不能被束缚,也不能被捆绑在一个地方。我在歌剧院的工作就是日复一日地重复。"忽然,一阵窒息直压着我喘不过气。他丝毫不曾考虑我的感受,便已立下了律法。短暂的沉默后,我说:"当然,可别忘了我是艺术家的孩子,我的生活中充斥着艺术家,我自己也是一名艺术家。你所说的,我当然懂。"[35]

81

回到阿尔玛家中,"我们心照不宣地径直走进我的房间。他亲吻了我,紧接着提出尽快完婚,仿佛那是不言自明的。在他看来,路上的几句话就把一切都解决了。那么,为什么还要等呢?而我——我只能缄默不语。他只是自顾自地打定了主意"[36]。阿尔玛在日记中写道,当他们重新回到人群中时,马勒"施展出全部的魅力,以及他脑中广博的智识"。他们讨论起席勒来,

> 他站起来为那人辩护的样子如此迷人,以至于我——在莫名其妙被他亲吻过后,事实上,那并非我的意愿——开始迅速在脑中盘算起筹备婚礼的事

来，这一切快得叫我都没有意识到其中的古怪。这一刻，我明白了，他是对的，没有他，我将活不下去。我觉得唯有他能塑造我的生活。我感觉到他真正的价值和重要性，他在我所遇到的所有男人中遥遥领先。[37]

又过了一日，马勒把自己所写的歌曲通通寄给阿尔玛。"一切可爱美丽的东西仍在我心中回荡——它们持续不断地在我的梦里振荡，发出声响。"[38] 上面赫然留着他的笔记。阿尔玛热情地回应这份礼物，这是"一段美妙的经历，一切都散发出独特的美"。[39] 但事后，那些歌曲叫阿尔玛感到失望。"我觉得它们并不真诚……"[40] "的确，这些东西与他的个性没有任何关系。它们天真、简单，可他生性复杂。我很想对他和盘托出，可又担心他会觉得这是个侮辱。"[41] 第二天，阿尔玛在钢琴上将这些曲子弹了个遍，总的说来，它们都"相当乏味"[42]，但她开始对其中一些曲子产生了好感。不过，若说起 12 月 8 日他所指挥的莫扎特的《魔笛》(*The Magic Flute*)，那真是"宛若天堂"的演绎。他总是在每一幕的结尾，"给我传递一个动人的微笑……仿佛在空中抛出一道弧，落在我身上"。[43]

阿尔玛的内心正在上演一场格斗："亚历克斯对战马勒"。有一回，马勒来访，两人在微醺中互相亲吻，马勒告诉她自己有多爱她，她遭遇了前所未有的

……可怕的两难。"我的爱人，"我不停地咀嚼着这个短语，并在它后面添上"亚历克斯"的名字。我真的能爱马勒吗，他配得上我的爱吗，我真的能够爱吗？我有能力理解他的艺术，以及他的自我吗？与亚历克斯，一切都是共振，是彼此的感同身受。他爱我的每一个音符。

但是面对马勒，她自问："我真的爱他吗?——我不知道。有时候我觉得并不爱。这真叫我生气。"她问道：

……我是爱着歌剧院的总监，一位才华横溢的指挥——还是爱着一个男人……若我将其中一个划去，另一个是否还会存在。

她心中尚有另一个困惑：

……他的艺术令我感到冷血，冰冷得可怕。简单说，我并不欣赏他的创作。现在，我却要将自己的一生绑在这个男人身上……不寒而栗……我该怎么办？

困扰接踵而至：

……马勒是否会激发我的创作——他是否会支持我的艺术事业——他是否会像亚历克斯那样爱我。亚历克斯爱我至深。[44]

马勒每天都会给阿尔玛写来亲昵的信件，总是些浸满说服力的、热情十足的文字，时而温柔，时而劝诫，时而说教。"我只听一个声音，就这一个，除此之外我什么也听不见，它比其他声音都要强大……它只包含那一个字、那一个音：我爱你，我的阿尔玛！"[45] 他警告她说，他有个野心，"我将用神圣的愿景取代你那些'陶制的神灵们'，哪怕你现在觉得这只是我在耍弄口舌"[46]。与此同时，马勒也对她的进步给予了一些说教式的赞扬："昨天的你真让我高兴!……你给人的印象完全变了，看起来也更成熟。我分明感受到过去的五天你变得更开放了，更愿意展示自我了。"[47]

阿尔玛进退两难，陷入混乱的感情泥沼。"我的生命中从未出现过这般'异类'，那么地陌生，又如此地亲近！"她说，"但他应当让我保持原样。"她备感焦虑，不知道自己是否能够"不辜负他的爱"，她"坚定不移"地渴望着他，尽管他的强大的、灼热的感情令她感到害怕，但她能从他身上看到一条成长与重生之路。"我已经意识到自己因他而发生的变化。他从我身上拿走了许多，但也给予了许多回报。如此继续下去，他会使我变成一个全新的人。是否是一个更好的人？我不知道。我毫无思绪。"[48]

1901 年 12 月 9 日，马勒取道德累斯顿前往柏林演出他的第四交响曲。"我的新生活从这里开始……从现在开始，只有想到你，我才能活着，呼吸，生存。"马勒从柏林来信称："我的阿尔玛，如果你接受我……你将拥有洞察爱的神力，你与我一样无所不知，我与你一样无所不知。"[49]但事实上，一切并不像他热情洋溢的信中所暗示的那样明确。他在给妹妹贾斯汀的信中坦言："没有必要急着做决定。我还有很多试探需要完成。——这位可爱的姑娘必定很是难受，她发现自己处在一个完全陌生的环境中，我必须让她和我都擦亮眼睛。正如我最近意识到的，在考虑做出如此重大的决定之前，她必须变得相当成熟才行。"马勒拜托贾斯汀帮他看看阿尔玛，"用你那冷静的、女性化的眼睛帮我把把关"。[50]

疑虑浮出水面。"她还很年轻。一想到年龄上的差距，我就灰心丧气。"[51]他告诉阿尔玛，他需要得到她的支持。他称自己"在过去的十五年里，一直在与肤浅和不理解做斗争，一个开拓者的所有烦恼，甚至所有痛苦皆加诸我身"[52]。他遭受过"非利士人的侮辱、无法表达的蔑视和仇恨"，而且还将经受更多的苦痛。他必须要清楚地知道——她能不能站在他的身边，把这些重担扛在她自己身上——"甚至使自己蒙受耻辱——你能不能愉快地和我一起忍受这个十字架?"。[53] 另一件令马勒烦恼的是，那年他已经 41 岁了，而她才 22 岁。在给贾斯汀的信中，马勒游移不定地问道：

> ……一个即将步入中年的人是否有权力拥抱如此丰沛的青春，如此旺盛的活力；一个人是否有权将春光捆绑在暮秋上，强迫他的伴侣放弃她的夏天。我知道我能给予她很多东西，但叫人拿青春做交换，那绝非公平……诚然，在一段时间里，一切都会一帆风顺。可一旦果实丰硕的秋日走向寒冬，我又该如何呢? [54]

这个问题还将困扰马勒许多年，但眼下，阿尔玛真诚的来信消除了他的疑虑。马勒在 12 月 14 日给阿尔玛的信中写道："今生今世，我做梦也没想过会如此幸福地爱上一个回报我同等爱的人。每当我想起你（你总是时不时地出现在我的脑海里），生活便再一次向我显现出意义与价值。"[55] 对阿尔玛的热情与真诚心存疑虑的马勒最终被她最后一封信的"甜蜜"击溃，他向贾斯汀保证自己内心不再有疑惑，不再动摇。贾斯汀与阿尔玛见了一面，据阿尔玛的说法，"两人相处得还不错。我只希望我能对她有感觉。我真心希望她喜欢我，热切地盼望着"。当阿尔玛拜访马勒的公寓时，贾斯汀对她"非常友好、礼貌"。如今，阿尔玛对这个男人更熟悉了些：他的书桌、他的床、他的书，他周围的环境。[56]

身处维也纳的阿尔玛被新的焦虑所困扰。费利克斯·穆尔催促她就求婚

85

一事给个答复，并威胁说如遭拒绝，他便自杀。阿尔玛坦然地说出了严酷的事实。穆尔提醒她称：城中早有传言，据某位著名医生诊断，马勒患有不治之症，身体已经明显虚弱了。阿尔玛陷入了新的忧思，对"自己爱着的大师"的健康状况担心不已。布尔克哈德添油加醋地警醒她说："当两个性格强硬的人走到一起时，他们通常会打斗，直到其中一方被迫投降。"阿尔玛在日记中记下了布尔克哈德的预言："恐怕那个投降的人会是我——马勒会后悔的。可是我必须屈从吗？我当然可以这么做，可是我不会屈从。但我觉得位于相对较低的水平上，向他靠近对我并没有什么坏处。"[57]

马勒的热情，连同阿尔玛自己对他强大炽烈的感情最终锁定了战局，阿尔玛痛苦地得出结论——必须结束与泽姆林斯基的关系。由于泽姆林斯基未能亲自拜访，阿尔玛去信道："对我而言，过去的几周是一种折磨……你知道我有多爱你。你令我感到充实、满足，全身心的满足。这份爱来得突然，也走得突然，它消失了，被抛于一旁。请赐予我新的力量吧！……我永远也不会忘记你给我的快乐时光——你也不要忘记……再一次地恳求：原谅我吧——我已经不了解我自己了。你的阿尔玛。"[58]

她旋即对自己"无法衡量的巨大损失"[59]表示哀悼。两日后，泽姆林斯基突然不请自来，"比平常更惨白、更安静"。他们肩并肩地坐着聊天：

他和从前一样，有点好挖苦人，但在其他方面和蔼可亲，和蔼得令人感动。我的眼里充满了泪水。但我的意志坚定不移……今天，我亲手埋葬了一段美丽的爱情。古斯塔夫，你必须给我更多，弥补我所失去的一切……哪怕他说一句生气或指责的话，哪怕只一句，我也会好受些。亚历克斯，我尊敬你——无限尊敬你。我可怜的亚历克斯——我能从他的脸上读出痛苦。你是一个高贵的人！[60]

当马勒每日沉醉于蜜恋时，阿尔玛对他的感情也如花般绽放。她只有"一个愿望，一个梦想：唯属于你"。经由这个男人，她坚信自己"会成为一个更好的人，他净化了我"。[61] 即便如此，两人的紧张关系仍在加剧。马勒的语气经常是高高在上的，早在征询她的意见之前就认定两人的关系是"明确且牢不可破的"。他甚至认为，当从柏林回来时，阿尔玛的母亲理应像对待儿子般迎接他，连向她女儿求婚这事儿都可以省了。[62] 与此同时，阿尔玛开始怀疑贾斯汀正用"如鹰般的锐利双眼"紧盯着她，寻她的缺点错处，甚至担心阿尔玛会毒害马勒的爱情。"如果贾斯汀图谋反对我，令他对我不再有兴趣，那么我也——不至于会死，"她在日记中写道。但这一切令她"莫名其妙地焦躁不安"。[63]

焦虑让原本就存在的另一些疑惑愈发凸显。12月19日，她向一位亲友西奥博尔德·波拉克"祖露内心翻腾的不安"，如果执意嫁给马勒，她

……必须现在就竭尽全力维护自己的合法权益……尤其是艺术方面的问题。他对我的艺术不以为然，对他自己的艺术却十分看重。而我并不看重他的艺术，更看重自己的艺术。——事实就是如此！他反复向我强调要保护他的艺术。我做不到。这事若放在泽姆林斯基身上，我可能可以做到，因为我对他的艺术感同身受——他是如此才华横溢。但马勒，可怜的马勒，他的创作才能少得可怜。如果他意识到自己有多匮乏，他必得羞愧地捂住自己的脸……那么，我就应该撒谎么，我整个余生都要活在谎言中吗？其实马勒这个人——还不错——可是贾斯汀，那个女人！无论身处何地，我总

感到她的一双眼睛在监视着我……我必须拥有自由！完全的自由！[64]

关于这些，阿尔玛并未向马勒吐露只言片语。但在给马勒的一封信中，她碰巧提了句，称自己不能再写信了，因为"手上有工作亟待完成"。当然，阿尔玛口中的工作指的是作曲，"是迄今为止我生命中占据首要位置的事"[65]。阿尔玛所得到的反馈几乎是毁灭性的。12月19日，马勒写了一封长达二十页的信。他感到阿尔玛似乎撕毁了先前的承诺——"成为你所需要的和希望的一切"，对此马勒表示深深的失望。他开始"明确地"阐明"我们关系的契约基础"。他开篇就对阿尔玛的朋友们进行攻击，认为他们对阿尔玛产生了不良的影响。他们奉承她，只是因为她长得漂亮，这让她变得虚荣。关于阿尔玛口中所谓的"个性"，马勒提出了质疑，虽然她"拥有纯洁的身体与灵魂，才华横溢、心胸开阔，有着过人的、远超出这个年龄应有的自信"，但她的内在远没有达到"充分的、理性的状态……你身上的一切都是新生的、潜在的、待开发的"。也许有一天，她会成长，"成为我生命中最高尚、最亲爱的一部分，我忠诚、勇敢的伙伴，她懂得理解我，激励我追求更高的目标……一座不容置疑的堡垒……一个天堂，我总能沉浸其中，在那里重新找回自我，并建构新的自我——一切都是那么难以形容的高贵和美丽——如此丰沛且伟大——一句话：成为我的妻子"。

他声称自己对她的所谓"必须保持真我"的固有观点感到困惑，在谈及"所有的恐惧和疑虑"之前，他首先应对此有所厘清。她在信里泾渭分明地写着"你的"音乐与"我的"音乐。这是个必须即刻探讨清楚的问题，两人必须在下次会面之前弄明白。"从现在开始，你能不能把我的音乐视作你的？"他问道，在探讨下一个问题之前，需要了解的是："你如何想象同为作曲家的夫妻的婚姻生活？你知不知道，这样一种特殊的竞争关系，迟早会不可避免地变成一种多么可笑、多么丢脸的关系。假设你忽然创作灵感迸发，亟需提笔时，你又不得不兼顾家庭或者照看我的需要，那究竟该怎么办呢？"马勒并不赞同资产阶级的婚姻观，也就是把妻子视作供人赏玩的对象兼管家的角色。但他坚称："如果我们在一起想获得幸福，你必须是我的妻子，而不是我的同事。"

问题的症结在于：

如果你为了占有我的音乐，为了成为我的一部分而放弃你的音乐：这对于你是否就意味着生命的终结？如果你当真如此以为，那么你不觉得你同时也是在放弃一个更高的存在吗？在我们考虑建立终身关系之前，我们必须在这个问题上达成一致……我心里明白，若要你令我快乐，你自己也必须快乐（为了我而快乐）。然而在这部戏里……你我的角色分配必须得当。"作曲家"的角色，"养家糊口"的人属于我；而你是友爱的伴侣，与我心意相通的同志……你必须无条件地把你自己交给我，让你未来生活的每一个细节都完全取决于我的需要，除了我的爱，你别无所求！……如果你成为我的妻子，我会用我的方式来爱你，我愿意因此赌上我的一生以及我全部的幸福。[66]

信末，他要求她于两天后，也就是他回来之前给一个坦率的答复；届时，他会派人来取信。

读到这封信的阿尔玛简直"目瞪口呆"。

我的心脏几乎在一瞬间停止了跳动……放弃我的音乐——放弃迄今为

止我生命里全部的、唯一的意义？我的第一反应是拒绝他。我难以抑制地哭了起来——因为我明白我爱他。我悲伤得几欲发狂，披上华服，驱车前往剧院观看《齐格弗里德》的演出，泪流满面！我把这事告诉给了波拉克，他被激怒了，他从来没有想过还会有这样的事。我觉得好像有一只冰冷的手把我的心从胸膛里掏了出来。

阿尔玛发现马勒的行为"太欠考虑，太过笨拙……大可叫这一切顺其自然地……相当温柔地慢慢来……如今，它只会留下不可磨灭的伤疤"。[67]她与母亲讨论这件事，直到深夜。她的母亲被马勒的无理要求"吓坏了，尽管母亲深爱着他，她还是敦促我与他决裂。她无条件的支持使我恢复了理智"。[68]

第二天早上，阿尔玛又把信读了一遍。她恢复了镇静和信心，以异乎寻常的速度打定了主意。"突然，我感到如此温暖。如果我出于对他的爱而放弃我的音乐呢？忘了它吧！我必须承认，除了他的音乐，现在几乎没有什么音乐使我感兴趣。"她下定决心，"是的，他是对的。我必须完全为他而活，令他幸福。现在，我生出一种奇怪的感觉，我对他的爱是深刻而真诚的。究竟这爱能维持多长时间？我不知道，但现在这些已经足够了，我无限渴望着他。"[69]她出门时，遇见了马勒的仆人，那人递给她又一封信，这一次语气更缓和些，抒发着他对她的爱与忠诚，诉说着他的感情是多么强烈、深厚，以及他对爱人有多么坚定、真诚。[70]

当天下午，他们见面时，马勒"一如既往地和蔼可亲。我们之间的亲吻如火般炽烈"。阿尔玛觉得自己"在他的手中融化了……我想把一切都奉上。我的灵魂属于他"。[71]第二天，她对他的思念"难以形容。他的一切都是可爱和熟悉的……我有一种感觉：我可以活下去……只为他而存在"[72]。她愿意"为他付出一切——我的音乐——一切"[73]。他的爱会"提升"她，因为她立于"比他低得多的地方，而我被吸引到他的身边也不会有什么害处"。他将"净化"她，因为她对他"满怀着最神圣的感情"。[74] 这个男人坚信"把我们连在一起的纽带是由超越理解的爱之名义所铸造，至为神圣的爱"。[75]

短短数日，阿尔玛就说服了自己——当真说服自己，放弃最珍视的东西——她的音乐，将自己融入另一个人的世界。在此之前，她曾怀有抱负，决心发展自己的创作才能，将名字镌刻于作曲家之列，在其他年轻女性中脱颖而出。而如今，为了内心所坚信的更崇高、更高尚的理由，她甘心放弃自我和创造力。

91

阿尔玛陷入了僵局。当求婚者立于家门口时，她承受着越来越大的结婚压力。虽然阿尔玛将自我形象设定为独立的灵魂，追求真理与"完全的自由"，但事实上，唯有离开家才能获得独立——这意味着必须走进婚姻。当炽热的欲念压得她喘不过气时，阿尔玛终被马勒的激情所征服，放弃了抵抗之力。阿尔玛只有22岁，马勒的年纪几乎是她的两倍。她对富有创造力的天才尊敬有加，很难否认这其中带有父亲的意味，阿尔玛将马勒与父亲的天才形象相关联，以此更坚定了某种信念：他能对她的生命有所提升，将她"提升"到他的水平。

在她的音乐中，她放弃了一部分自我。这其中当然存在压力，但阿尔玛肯定把它们都一一内化了。"我只是简单地相信，这是女人的命运，当我结婚的时候，我不得不放弃所有的幸福。"[76] 阿尔玛后来承认，这与社会要求女性把自己的利益纳入丈夫的利益相呼应。她曾坚定地捍卫自己的抱负，告诉自己不要对自我能力和才华有丝毫怀疑，但总有低沉的合唱在耳旁嗡嗡作响，诋毁女性的创造力，强化阻碍她们取得成就的障碍。现在，阿尔玛看到了另一个角色，相信这个角色与她的雄心壮志相契合——成为天才的养育者和缪斯。

92 对阿尔玛而言，这或许并非陌生的角色，而是一个深深植根于自我意识中的角色。从孩提时代起，她就耐心地陪伴在父亲身边，满怀爱意地看着父亲作画。她目睹了一个人创作一件艺术品的全过程，那是她所尊敬的人，她对他的尊敬超过了其他任何人。作为回报，父亲信任她，爱她，理解她，这是别人所没有的。或许，她重返接近于此类角色的工作，她的生命并不因此意味着残缺，反而更舒适，更有成就感。即使在那时，阿尔玛心中仍有一股疑虑："但是人必须服从吗？在爱的帮助下，难道不可能把两种根本对立的观点合并成一种观点吗？不能合二为一吗？"[77]

后来，她回想起自己的决定，又称："我埋葬了我的梦想，也许这是最好的选择。我很荣幸能将我的创造性天赋注入另一个比我自己更伟大的生命。但钢铁已凿入我的灵魂，我的创伤永不能愈合。"[78]

12 月 23 日，阿尔玛和古斯塔夫在见面仅六周后宣布订婚，在场的见证人有阿尔玛的母亲和卡尔·莫尔。新闻一经刊登，"大量信件与电报纷至沓来。媒体一再强调我的美丽、我的青春与我的音乐才华，诸如此类的赞美随处可见"。[79]对于公众所投来的注目，阿尔玛并不适应。事件公开后她首次在歌剧院露面，"每一个望远镜都对着我——在场的每一个人。我觉得自己被冒犯了，迅速地退了出去"。[80]

木已成舟，阿尔玛的态度坚决："我的生活属于他，他分享我的快乐，我分担他的悲伤。阿门！"[81]两人间的亲密也随之变得深沉。12 月 30 日那天，两人几乎可以说完成了"灵肉合一"的仪式，因为"他让我感受到他身为男性的阳刚与活力，纯粹、神圣的感觉，这是我从未曾预料到的"。"在约定的时间到来之前把自己全身心地交给他"，这种事她想都不敢想，"一种不道德与羞愧的感觉将诋毁全部的神圣与神秘，让原本纯粹的因杂质而蒙羞"。但她知道那个男人一定"熬得很痛苦。我可以从自己的挫败中读出他的沮丧"，要谴责"这些骇人的传统吗？为什么我不能搬去和他一起住？可尚未完成教堂婚仪。我们被彼此的渴望所吞噬，连同最强烈的欲望也一并吞进肚子里……"[82]

　　阿尔玛最终让步了，她在日记中记录了两人"悲伤的"第一次交合，其中不乏惊人的细节：

> 他把他的身体给了我，我让他用手触摸我。他的男性雄风精力充沛地挺立着。他把我抱到沙发上，轻柔地将我放下，身子朝我压过来。随后，就在我感觉到他的进入时，他失去了所有的力量。他把头靠在我的胸前，由于羞愧而心碎，他几乎哭了起来。尽管我心烦意乱，可还是安慰了他。我们驱车回家，失望、沮丧。他心情好了些。这个时候，我忍不住崩溃大哭起来，哭倒在他的怀里。要是他真的永远失去——那种能力可怎么办！我的可怜的、可怜的丈夫！我简直说不出这一切有多么令人不安。他先前那些亲密的爱抚，如此亲密——可之后却毫无满足。言语无法表达我今天所遭受的，这些不应该有的痛苦。这之后，还要在一旁看着他受折磨的样子——那些令人难以置信的苦痛！[83]

　　阿尔玛于1902年1月3日写下的记述则非常简短——"幸福与狂喜"，第二天则是"无止境的狂喜"。[84] 马勒编织起一张魔力的网，对她说："昨天我在第五或第六重天！第七重还在等着我们呢。"[85]

　　此二人订婚当真是意外一桩，引发了马勒一些同事的担忧。"他的未婚妻，阿尔玛·辛德勒……芳龄二十二，高挑，苗条，她的美貌只能用耀眼、灿烂来形容，她是维也纳最美丽的姑娘；出身名门，并且非常富有，"马勒在歌剧院的助手布鲁诺·瓦尔特（Bruno Walter）如此写道，"然而我们这些朋友对这件事总是提心吊胆，忧心忡忡；他可是四十一岁的人了，那姑娘才二十二；她习惯游走于上流社会的生活，而他早已心有羁绊，他只能选择喜欢孤独，或者说远离俗世的圈子；对于两者的悬殊，人们有理由感到担忧。即便他自己，对新郎角色同样感到非常尴尬与不安，当人们祝贺他时，他很是气恼。但传言说，他们深爱着彼此。"[86]

其他人可就没有这般体谅与大度了。1月5日，阿尔玛第一次与古斯塔夫的老友们在他位于奥恩布鲁格街（Auenbruggergasse）的公寓会面，那日的聚会无异于一场灾难。当阿尔玛感到马勒的旧情人安娜·冯·弥尔登堡与作家兼诗人西格弗里德·利皮纳（Siegfried Lipiner）的敌意时，内心的愤怒难以遏制。那人"摆出一副居高临下的样子，呼我作'亲爱的姑娘'，考验我的能力……我因为阅读《会饮篇》而遭到训斥——称我根本看不懂这样的书。我从未见过如此冷漠的人，如果他还算是个人的话"，阿尔玛怒火中烧。用阿尔玛自己的话说，她的回应是"前所未有的无礼"[87]，她拒绝加入之后的任何谈话。当弥尔登堡问她对马勒的音乐有什么看法时，她怒气冲冲，"我对它们知之甚少，就我所知道的那些我不喜欢"。马勒听后，大笑起来，随后挽起她的手臂，

> ……我们两人移步贾斯汀的小房间。"外面的世界可真可怕，"他说，"我们两人独处会更好些。"于是，我们又在一起了，快乐而无忧无虑。但在隔壁房间，我注定是要颜面扫地的。[88]

利皮纳对阿尔玛的敌意甚是无情，但他同样吃了阿尔玛一记闷棒。尽管马勒替阿尔玛辩解称，"她是一个'年轻害羞的女孩'，对不信任的陌生人感到尴尬，因此才有如此行径"。可利皮纳不依不饶，痛斥她是个"令人讨厌的厚颜无耻、固执己见、吹毛求疵的家伙，简直是不自然、浅薄与无情的混合体"。他质疑阿尔玛对马勒的感情，并宣称，在他眼中，此二人倒是可以过着"完美的与世隔绝的生活"，远离他们这些"讨厌的、无用的人的打扰"。[89]战线就此拉开，据阿尔玛的说法，利皮纳与他的圈子"发起了一场针对我的运动，定期朝我发动进攻"。[90]

马勒与利皮纳的友情陷入僵局，利皮纳将一切归咎于阿尔玛。阿尔玛确信多年来，利皮纳的煽风点火助长了人们对她的敌意。并且，她对于利皮纳身边的老朋友们企图诋毁她的行径极为敏感。"他们企图在他眼前贬低我，让他看到我的不成熟；以此伤害他的自尊。但他们没有预料到我强烈的独立精神，对我敏感的自尊与骄傲更是一无所知。"[91]阿尔玛以牙还牙。

1902年1月，阿尔玛第一次聆听马勒整个排练过程。1月5日，马勒向阿尔玛展示了他的第四交响曲，隔天他们一起演奏了这部作品。"真是让我感动——我非常、非常高兴，"[92]她如此写道，"这部作品对我而言是全新的、陌生的，乐曲开篇显出奇特的疏离与陌生感，逐渐变得熟悉，我很快便理解了它的每一处美，知晓每一件乐器是如何被引入其中的。"从那以后，排练成了"我生命中最难忘、最激动人心的时刻"，在那里，阿尔玛目睹了马勒粗暴的领导风格。"他会突然勃然大怒，跺着脚；将可怜的受害者挨个儿挑出来，让他们领受特别的惩罚，并对整个乐队大喊大叫，直到他们不情愿地演奏为止。"甚至有人不堪忍受，威胁要退出乐团。[93]

95

96　　　头几个星期，阿尔玛过得还"挺开心"，但到了1月中旬，马勒态度的转变令阿尔玛感到困扰，"他想让我改变，完全地改变"。更重要的是，她察觉到自己的身体里居住着两个自我，彼此间有着令人困惑的内在冲突。"只要我和他在一起，我就能应付自如，但是当我独处时，另一个自负的自我就会浮出水面，想要获得自由……我的眼睛因轻浮而发亮——我的嘴里满是谎言，如倾吐谎言的溪流。他感觉到了，也心知肚明。直到现在我才明白。我必须提升自己才能够得着他。因为我只在他那里而活。"像往常一样，她因困惑而退缩。"他求我说话——可我的嘴啊，遍寻不得哪怕一字温存。一个字都没有。我哭泣着。就这样结束了……"她谴责自己：

> 我有两个灵魂：我一直都知道。——唯有一个——哪一个才是我真实的灵魂？如果我撒谎，我会叫我们两人都不愉快吗？——难道我是个撒谎成性的人吗？当他如此高兴地望向我，那是多么深沉的狂喜。难道那也是谎言吗？不，不。我必须抛弃我的另一个灵魂。那个历来占统治地位的灵魂必须被驱逐。我必须努力成为一个真正的人，静待一切顺其自然地降临在我身上。[94]

　　　1月底，马勒的身体状况引发了新一轮的焦虑。在山间徒步旅行时，他被诊断出因持续数周的高血压而引发静脉扩张。马勒反复向阿尔玛保证，称病发现得很及时，很快就会恢复健康。关于马勒的健康问题，已经不是头一回出岔子了。1901年2月，在指挥《魔笛》演出后，马勒曾遭受严重的大出血，亟待施行手术以及长时间的恢复期。阿尔玛回忆起当时在演出现场所看到的马勒，几乎"与路西法尔一模一样：惨白的脸如白色的粉笔；眼睛像燃烧的炭火"。

当时，阿尔玛对同伴说："他撑不住了。"[95] 这一回，马勒在雪山的空气中恢复过
来，自觉"比以前更清新、更健康"。[96]

1902 年 3 月 9 日下午 1 时 30 分，马勒与阿尔玛在圣卡尔教堂（The
Karlskirche）秘密完婚。由于马勒厌恶大型社交活动，阿尔玛在公众的注视下
又会感到不自在，于是大家最终商定，举行一场只有安娜和卡尔·莫尔，贾
斯汀及其爱人——时任爱乐乐团的小提琴手兼乐团首席阿诺德·罗斯（Arnold
Rosé）参加的低调仪式。那日恰好下雨，马勒到场时脚上穿着橡胶套鞋，与
其他人一样身着便服，灰色的西装搭配黑色大衣，头戴毡帽。阿尔玛与她的母
亲及贾斯汀乘坐马车而来。两人行跪礼时，马勒误判了跪垫的位置，一个踉跄
摔在石头地板上。他不得不站起来重新开始，"我们都笑了起来，包括神父"。
共有六人参加了婚礼的早餐，"这是一个相当安静的场合，客人们随后便离开
了"。[97] 当日晚些时候，一小群人在门口聚集了起来，他们原以为婚礼将在下午
5 点 30 分举行，终究失望而归。第二天，贾斯汀与罗斯完婚，旋即搬出了她
与哥哥合住了十二年的奥恩布鲁格街公寓。这些年来她操持着马勒生活的方方
面面，如今，贾斯汀这位"管家"的使命也暂告一个段落。

完婚当晚，阿尔玛与马勒便搭乘火车前往圣彼得堡度蜜月。依计划，马
勒将在圣彼得堡宽敞、明亮的白色贵族集会大厅指挥三场音乐会。"一登上火
车……我们又可以自由呼吸了。他阴沉的心情仿佛被魔法驱散；我也是，我不
再因为需要隐藏自己的情况而感到压抑。"[98]

当时的阿尔玛已怀有三个月身孕。在极短的时间内，她从一个渴望音乐、
创作至上，于苦闷的浪漫情愫与性爱纠葛中挣扎的年轻姑娘蜕变为一位妻子，
并即将成为一位母亲，心怀使命，誓将"搬走天才丈夫道路上的每一块石头，
只为他而活"。[99]

5. 更高的召唤　1902—1907

99　　接下来的三个星期，两人在圣彼得堡度过了"难忘的"美好时光，尽管起初有些许挫折。火车上过热的温度导致马勒高烧，浑身发冷。阿尔玛吃惊地看到他"在过道里跑来跑去，脸色苍白得像床单，一句话也说不出来。火车每到一站，他就跳出车厢，不戴帽子、手套，也不穿外套地在零下三十摄氏度的严寒中来回踱步"。马勒接连指挥三场音乐会。期间，阿尔玛身体不适，被安排在乐队后方就座，"恰好能看见马勒那散发着神光的美丽的脸。指挥时，他的兴奋总是如此强烈。高昂的、张着嘴的脸有着难以言语的美，我被一种彻底的信念所击中，浑身震颤"。[1]

古斯塔夫的表兄是沙皇政府官员，领着两人游历这座城。他们参观了冬宫博物馆（Hermitage Museum），看到暮色中冰封的涅瓦河，"溜冰的人们在河上欢乐喧嚣"。阿尔玛发现自己被这里的人的虔诚所"深深打动"。[2]而在圣彼得堡上流社交圈，阿尔玛发现大公们"比维也纳的贵族更随和、更亲切"，尽管他们所说的"于我们几乎毫无意义可言"。[3]阿尔玛既非势利小人，也并不喜欢攀龙附凤。在她心中，社会等级远不如人才和智力的等级重要。返回途中，夫妇二人在华沙停留，身上只剩下五卢布。他们在车站吃了鸡蛋，阿尔玛把剩下的钱给了一个上了年纪的卖火柴的犹太小贩。"这个可怜的犹太老人，刹那间，让我看到了整个以色列所承受的负担与苦难，"她写道，"马勒对于这个小小的恩惠与认同感到高兴。"[4]

3月31日，回到维也纳后，阿尔玛搬进了奥恩布鲁格街的公寓。她很快发现，由于贾斯汀的管理不善，马勒名下有高达五万克朗的债务有待偿还。家中兄弟姐妹的生活开销长期依靠马勒，这是一笔持续不断的高额消费，三位姐妹的债务交由马勒负责偿还，加之先前马勒在沃尔特湖（Wörthersee）边的迈尔尼希（Maiernigg）买地盖房的一大笔花销，这个数字也不足为奇。虽然阿尔玛对家政管理并不熟悉，但她一旦接管便雷厉风行，声称自己在五年内还清了所有债务。"我在俭朴的环境中长大，自然地，当我们新婚后需要精打细算地过日子时，便也没那么困难。"[5]她如此写道。无疑，这些文字亦是在回忆年少时与父母一起遭受的艰难岁月。

环绕在马勒周遭的敌意，如今也成了阿尔玛生活的一部分。马勒苛刻的指挥风格所引发的不满，加剧了他与乐团在雇用、解聘音乐家方面的摩擦。关于孤独与困境，马勒早就对阿尔玛发出过警醒。"过去十五年里，我一直在与肤浅和无知做斗争，随之而来的是所有先驱者都要直面的烦恼，甚至一切可用痛苦来形容，它们统统加诸我身。"[6]马勒从柏林给阿尔玛去信道。这与他曾经对布鲁诺·瓦尔特发出的警告如出一辙，身为犹太人，瓦尔特同样面临着压力。尽管接受了天主教洗礼，但这并不能阻止反犹分子将马勒视为犹太人。瓦尔特被维也纳反犹主义媒体的"可恨"恶毒给吓坏了。马勒安慰他说："再没什么比媒体报道更不重要的事了；那些人是白痴，像狗一样舔着每一张新面孔，咆哮一段时间，不消几年，瓦尔特又会成为'我们的瓦尔特'。"[7]

101

1902 年 5 月底，怀有四个月身孕的阿尔玛陪同马勒在克雷费尔德（Krefeld）的音乐节上首演了第三交响曲。她参加他的排练现场，与他一起探讨这部"了不起的作品"，在精神意义上，两人真正地"完全地合而为一"。[8]

6 月 9 日，第三交响曲正式上演，阿尔玛感到"一种说不出的兴奋；我自己又哭又笑，突然感受到第一个孩子的胎动"。演出"终令我对马勒的伟大深信不疑，那个夜晚，我带着喜悦的泪水献上自己的爱与奉献"。[9]这是马勒人生的第一次重大成功。第一乐章结束后，全场爆发出热烈的掌声，人们一跃而起，涌向前方的指挥台。评论家威廉·里特尔（William Ritter）说："这个人有永不枯竭的活力，永不停止创造新的奇迹。没有一刻是无聊，没有哪怕一秒钟的疲累！"[10]

坐在台下的还有作曲家理查·施特劳斯，他是马勒早期的支持者，正处于职业生涯的鼎盛时期。第一乐章结束时，施特劳斯大步走向舞台，"热烈鼓掌，仿佛要为马勒的成功盖章背书"。但很快，他的情绪越来越低落，直到最后，当演出结束时，施特劳斯竟彻底不见了踪影。音乐会后，众人在某家小旅馆聚餐，阿尔玛看到施特劳斯昂首阔步进来，趾高气扬地与在场的每一个人握手，随后，一言不发地从马勒身边走过。马勒如石头般沉默了，"他的情绪低沉起来，公众的喝彩似乎已不再重要"。[11]

作曲家汉斯·普菲茨纳（Hans Pfitzner）在克雷费尔德拜访了马勒。阿尔玛退到卧室内，以便两个男人单独说话。这时她听到一个尖细的声音急切地恳求马勒将歌剧作品《爱园里的玫瑰》（*Die Rose vom Liebesgarten*）搬上舞台。一个绝望的艺术家被"如此冷漠地、冷静地、言简意赅地拒绝"，这有辱人格的场面叫她感到震惊，她从窗帘后面冲出来紧紧握住那个人的手，"以表示我是多么深切地同情他的处境"。令阿尔玛吃惊的是，马勒对她的干涉并不生气。[12]普菲茨纳成了阿尔玛一生的挚友，对她总是无尽地索取又宠溺不已。

1899 年，他们旅行前往沃尔特湖，在贾斯汀与朋友纳塔莉·鲍尔－莱希纳（Natalie Bauer-Lechner）[13] 的帮助下，马勒于迈尔尼希湖边购下一块地，建了一幢别墅。这是栋宽敞的建筑，有两个大阳台，一间大的工作室配有卧室以及更衣室，马勒可以看到湖上壮丽的景色。位于别墅上方，深藏于树林中的马勒小屋与世隔绝——一个一居室的作曲小屋，几乎没有家具，只有一架大钢琴，一张桌子和一个书架，上面摆放着歌德与康德的作品。

在迈尔尼希，阿尔玛第一次发现"除去一切糟粕，马勒的生活纯净得近乎不人道"。日子平静且安宁，除了偶尔会收到歌剧院的来信，"这些信息总要带来麻烦的糟心事"。[14] 阿尔玛的日常围着古斯塔夫打转，每天早上六点或六点半起床；随后，厨师把早餐送到 200 英尺高的半山腰，马勒的作曲小屋。中午时分，马勒从山上下来，到湖里一游。"我则坐在一边的台阶上，他时而从水里爬上来聊天，时而躺在甲板上，直到身体被晒得通红，复又跳入水中。"尽管阿尔玛对他的心脏状况感到焦虑，但每日游泳四到五次已是马勒雷打不动的惯例，他以这样的方式让自己重焕生机。照马勒的习惯，午餐时汤必须事先摆在桌上。简单的午餐过后，无论天气如何，他们都要划船绕湖而行，或者徒步三到四个小时。"我爬过栅栏，翻过篱笆。有一回母亲来拜访，恰好撞见马勒将我拉上几乎垂直的斜坡，老人家着实吓了一跳。有时我觉得太累了；每每要崩溃时，他就会把我揽在怀里说，'我爱你'——刹那间，我便又拥有了新的力量，继续在赛程中奔跑。"[15] 有时，马勒会在途中停下来做笔记，而阿尔玛则耐心地坐在树干上或草地上。若有什么想法叫他高兴，"他会向我抛来一个微笑，他知道，世上没有什么能比这个更叫我高兴"。[16]

弥尔登堡住在隔壁，夜晚时常不请自来。有一回，屋外暴雨雷电大作，弥

103

尔登堡把马勒拖到露台上，"以便更近距离接触狂暴的大自然"。据阿尔玛回忆，"伟大的瓦格纳女高音将自己的头发披散在脸上，仿佛同时扮演着女武神瓦尔基里与奥尔特鲁德"。总说自己喜欢大自然之狂暴的阿尔玛却待在屋里，担心会被空中飞舞的树枝击中。弥尔登堡轻蔑地称阿尔玛为懦夫，令她很是恼火。但阿尔玛依然设法在她下次来访时举办了一场音乐会。他们一起演奏并演唱了瓦格纳的《齐格弗里德》的最后一幕。"那天下午，她的声线比以往任何时候都更显真切，她的歌唱比任何歌剧舞台上的演绎都更动人。音乐会一路唱到湖边，结束时，只见我们的房子前聚集了一众船只，人群中爆发出热烈的掌声。"[17]

马勒创作第五交响曲时，阿尔玛在楼下的房间里非常轻柔地弹奏钢琴，直到他提出不得有干扰才作罢；但凡马勒的作品有完成的部分，她会第一时间将其誊抄成手稿。"这段时间，我学会了读他的乐谱，在誊抄乐谱的过程中聆听音乐，我对他的帮助也越来越大。"[18]阿尔玛在日记中自我宽慰道。

104　　尽管阿尔玛决意顺从，但她很快就陷入了难以摆脱的内心矛盾，"一股可怜的渴望，渴望有人能想到我，帮助我找到自己"。她变成"一个管家，仅此而已！……我迷了路，再也找不到通往彼岸的桥。有人粗暴地抓起我的胳膊，将我拉得远远的，'自我'是如此遥不可及。我渴望回到曾经之地"。当她审视着自己"漫无目的的忙乱生活，放弃一切自我思考，最后失去所有朋友时——回报仅是一位不了解我的人，不满的情绪在心中郁积"。[19]

事态日渐酝酿，到了 7 月，阿尔玛已不再能忍气吞声，她当面质问马勒，"一场激烈的言辞交锋，我将一切都告诉了他"。马勒答应会帮她。阿尔玛深知他做不到，因为他已经"完全投入创作中去了"。就在那日，她决意克服疑虑，想办法通过他来实现自己的愿望。值得阿尔玛庆幸的是，马勒心情愉快，她"令他恢复了平静的心情。他不断地感谢我，对我说，绝不会让我后悔。我感觉松快了许多，不再觉得那么空虚"。阿尔玛再一次确认了自己的目标："唯一的人生目标：愿为他牺牲自己的幸福，并为此而感到幸福！"[20]

怀有六个月身孕、年方 23 岁的阿尔玛苦于自己的创作能量无处释放，身边也没有朋友可以倾吐内心的挫败。原本是亲友圈中备受瞩目的焦点，如今那样的环境已飘然远去，阿尔玛承受着相当大的压力。又是孤单一人度过了一日，当古斯塔夫从他的作曲小屋走出来时，她"无法分享他的快乐，我的眼里又涌起了泪水。他变得严肃起来，我的古斯塔夫，严肃得可怕。现在，他开始怀疑我是否爱他！——而我也不断质疑着自己"。她不仅心烦意乱，而且很困惑。"这一刻我渴望得到他的爱，下一刻我却什么都感受不到——什么都没有！当我爱他的时候，我可以毫无困难地接受一切；当我不爱时，任何事都行不通。"她渴望找到内心的平衡，属于她的平静，因为她从来没有与某个人走得这样近；而马勒也曾对她坦言，他的工作从未像现在这般顺畅。于是阿尔玛决定："从现在开始，我不想让他注意到我内心的挣扎……我要用来之不易的平和心态为他的行动提供坚实的基础与支撑。"但她也承认这很难做到，"我的脸、我的眼睛出卖了我。泪水止不住地流淌。我从来没有像现在这样哭过——那时的我已经拥有了我作为一个女人所能争取的一切"。[21]

挨到 8 月中旬，她恢复了内心的平衡。"怀孕对我来说是个障碍，但我能克服所有的弱点……我的使命是为天才扫除道路上的每一个障碍，这非常有意义。"当他将"一些相当亲密的，只为你而写的东西"交到她手中时，她被深深地打动了——马勒将弗雷德里希·吕克特（Friedrich Rückert）的诗《如果你爱美貌》（*Liebst du um Schönheit*）谱写成一首情歌，最后一句诗行如是说："Liebe mich immer, Dich lieb' ich immerdar"（请永远爱我，我将永远爱你）。她将它一遍又一遍地弹奏吟咏。"我几近落泪。他是这样一个温柔的人。而我却粗枝大叶，缺乏情感！我常常意识到，与他无限的富足相比，我是多么渺小，我所拥有的是多么不足为道！"[22]

夏日临近尾声，马勒完成了第五交响曲，他与阿尔玛手挽着手钻进作曲小屋。在那里，他为她从头到尾地演奏了这首作品。阿尔玛觉得自己也参与并见证了第五交响曲的诞生，这给了她极大的快乐。后来，马勒在乐谱封面题写道："献给我亲爱的爱喜（Almerschl），我一切道路上的忠实而勇敢的伴侣。"[23]

1902 年 11 月 3 日，阿尔玛以臀位分娩诞下了女儿玛利亚·安娜·马勒（Maria Anna Mahler）。生产过程漫长且极其痛苦。马勒在医生的脸上读出了其中的不对劲，他"在隔壁房间大发雷霆，焦急万分地等待着可怕的分娩结束"。阿尔玛回忆道："为了把她带到这个世界上，我承受了难以置信的痛苦。对于她，我尚未感觉到爱。我的一切，所有的一切都属于我心爱的古斯塔夫。我如此深爱着他，我深爱着他，除他以外的一切对我而言都是死气沉沉的。"[24] 生产终于结束，马勒惊呼："既知道生产会造成这样的痛苦，人们怎还能继续孕育孩子呢？"当得知是臀位分娩时，"他难以抑制地大笑起来，'这就是我的孩子，直截了当给世界好一个屁股瞧瞧'"。[25]

阿尔玛躺了两个星期，随后又因胆结石缠绵病榻——"这令我极度不安，又或许是因为不安所引发的结果"。一个家庭女教师负责照顾玛利亚，另有一煮妇伊莉斯（Elise）与女佣波迪（Podi）分担家务。痛苦分娩后六周内，阿尔玛饱受折磨。"失去创作自己音乐的可能性"如同魔咒纠缠着她，"仿佛我的翅膀被剪断了……整整八天八夜，我一直在脑海中书写音乐；它是如此响亮与坚持，我每说一个字就会听到它在耳边回响，彻夜难眠！"[26] 她告诉马勒她有多难过，然而……他对于我内心所想兴趣寥寥，他甚至从来没有要求我为他演奏任何我的作品，他对我的感情完全漠不关心，这叫我痛苦。对他而言，我的音乐知识不过是协助他实现他的目的。他没有把我的话当真，他说："因为，你金色的梦想未能实现……你只能怪你自己。"

阿尔玛余忿未平，"我的上帝啊，被无情地剥夺一切是多么痛苦，一个人最深切的感受却得不到重视"。[27]

绝望中，她哀叹自己的孤独与缺乏目标。

> 古斯塔夫过着他的生活。而我也不得不去过他的生活……我不能仅仅只是照顾我的孩子！现在我在学习希腊语……以填补空虚的时间。但我的目标，我宏大的目标，又变成了什么呢？我的痛苦如此强烈！我总是泣不成声，可没有人理解这些。每个人都认为我是幸福的，但我心里明白，我缺失了一样东西，对我而言最重要的一样东西。[28]

由于得不到安慰，她对着自己的命运怒吼："古斯塔夫，你为什么把这只快乐飞翔的美丽鸟儿绑在你身上，明明灰暗笨重的家伙更适合你？那么多臃肿的鸭鹅，它们可连飞都不会！"[29]

在热情洋溢、充满爱意的信中，马勒向她保证了他的爱与渴望，"他的爱与渴望是我的一切，以及我拥有的全部"，[30]尽管他倾向于无视她内心的折磨。显然，阿尔玛患有严重的产后抑郁，内心充满怀疑。"古斯塔夫惯于独处，那么遥远！他全部的内心世界都深埋在地下，不显露一丝一毫！甚至是他的爱；一切都寂静无声。我需要温暖！我独自一人！……哦，要是他更年轻、更年轻地享受生活就好了！"[31]

如此几番反复无常，阿尔玛内心的嫉妒之火一点就着。她受到挫折或愤怒时便会恶言相向。1903 年 1 月，歌剧《欧丽安特》(*Euryanthe*)首次在歌剧院排演时，阿尔玛看见马勒竟让弥尔登堡与女高音露西·魏特（Lucie Weidt）"从他自己的杯子里喝水，一群荡妇！……他顽皮、迷人、咕咕哝哝，像个年轻人似的围着弥尔登堡和魏特跳舞"！阿尔玛的反应非常激烈，"我非常讨厌他，害怕他回家。我的上帝！要是他再也不回家就好了。我不想再与他住在一起，我激动得几乎写不出话来。我真傻，待在家里只为苦苦思念他。一想到他我就恶心，我难以描述此等心境"。[32]当马勒回到家中，意欲爱抚她时，阿尔玛断然拒绝。"凡我身上的一切皆是冰凉。"她写道。但过不了多久，阿尔玛又迅速恢复了过来。只是，她生命中的核心出现了真空。

> 现在我应该只为别人而活，我并不觉得快乐。虽然我真的爱这个男人。可没有什么能真正打动我。我哭泣，我愤怒，我咆哮，但这些情感都流于表面。在灵魂的深处，有一种坚不可摧的、可怕的平静。对于痛苦，我无动于衷，对于快乐，亦然！……是的，什么都没有，没有，一无是处。可怜的半吊子！[33]

最重要的是，她无日不哀悼自己逝去的音乐，这本可以成为她的救赎并安慰她的孤独。阿尔玛依然弹钢琴。"但是为了什么？为了谁弹？我再也不能了。我生活的乐趣消失了！……我停滞不前，我身心疲惫！"[34]后来，她确信自己可以在音乐中找到解决之道，"一种对于现状的彻底治愈，可是关键在于，早在两人订婚时，他就已明令禁止我写作"。现如今，"无论我走到哪里，总是随身带着自己的那一百首歌曲。它们就像是一口棺材，我连踏进去看一眼都不敢"。[35]

即便颓丧，当阿尔玛重燃对马勒的爱时，便又会全身心投入协助他的工作中，她也因此重获平静。马勒的健康问题始终叫阿尔玛悬心。1903 年 2 月，在《特里斯坦与伊索尔德》的演出中，马勒于第二幕结束后退至后台，脸色苍白地躺在沙发上，几乎无法振作起精神来指挥第三幕。"要是有人能帮我卸下这重担，完成它就好了。"马勒说道。他的妹妹贾斯汀当时也在场，就在他们低头看着筋疲力尽的马勒时，她低声说："对我而言，至少我是值得高兴的——我拥有的是他的青春，而你现在只能拥抱年老的他。"极度焦虑的阿尔玛听了这话，"对贾斯汀原本仅存的一点爱瞬时荡然无存"。[36]

渐渐地，阿尔玛遇到了马勒圈子里更有同情心的一些音乐伙伴，包括法国作曲家古斯塔夫·夏庞蒂埃（Gustav Charpentier），"一个十足的波西米亚人"。1903 年 3 月，正在排演歌剧《路易丝》（*Louise*）的夏庞蒂埃把阿尔玛给迷住了。阿尔玛认为，他是"第一位超现实主义者……既是音乐家又是画家，一个把自己的音乐称为'情人'的家伙"。在《路易丝》中，"勾引者必须在他的礼服外套之下佩戴一个红色的灯泡，如此一来，当他解开外套的时候，他的心就显露出来……所有的现实主义元素都被恰到好处地从剧中一一剔除，毕竟它们已经过时了"。[37]夏庞蒂埃对阿尔玛说，她很幸运，"拥有一个如此伟大的丈夫"。另一面，他告诉马勒："你身边陪伴着一个孩子，有光明、快乐，有春天——这些都是我们艺术家所需要的。"[38]阿尔玛对他赞不绝口。

巡演时，若无阿尔玛在侧，马勒便会每日给她写信，字里行间充满了活力与爱。它们时而显出说教的意味，正如阿尔玛日后所抱怨的，马勒把她当作

109

一个需要指导的孩子，劝告她"摆脱一些琐碎的想法，这些想法模糊了你的视野，使你对现实视而不见"，并逼问道："说到底，这些'无关紧要的事'对你能有什么'影响'？是什么让你如此沮丧，你就不能放轻松一点吗？"[39]

110　　这一年的复活节，阿尔玛在克罗地亚海岸的阿巴齐亚（Abbazia）度过，她一再自我安慰：至少自己已达成表面的平静，一种自我强加的平静——"就让自己更安静些吧，在受伤的时候保持沉默"。[40]5 月里，发着烧的阿尔玛做了场梦。生动的梦境暴露了她内心的挣扎，以及对失去自我的恐惧。其中的一幅画面是：一条长着长腿的绿色大蛇"突然强行钻进我的体内。我揪住它的尾巴将它往外拉扯，可是它没有出来。我摇铃叫来女仆。她用尽全力地拉。突然，她抓住了它。它滑了出来，我所有的内脏都被它叼在嘴里。如今，我的身体空空如也，干瘪如一艘破船"。[41]

迈尔尼希的夏天，"单调而平静的日常生活"以及全然的静谧叫阿尔玛的心绪平和。马勒着手创作第六交响曲，他们一起演奏钢琴二重奏，每日沿着沃尔特湖散步。马勒发现自己在与女儿"普琪（Putzi，译注：玛利亚·安娜的小名）"玩耍时最为开心，——他总是抱着她走来走去，让她唱歌跳舞。阿尔玛回忆道："在那些日子里，他如此年轻，无拘无束。"[42]

6 月时，阿尔玛鼓起勇气演奏自己的作品——钢琴奏鸣曲与抒情歌曲。"我的感觉又回来了！——这正是我想要的。我渴望重新开始创作。我强加在自己身上的角色只不过是一种错觉，我需要我的艺术！我今天所演奏的每一个音符……！它们是如此深刻，如此深植我心的亲切。如果泽姆林斯基在这里与我一起工作就好了，但必定会招致古斯塔夫毫无理由的妒忌。是的，我孤身一人。这最后的几天，眼泪……现在的我连内心的不快乐也感受不到了。全然麻木。但我并不介意看到更多、更明显的关于古斯塔夫之爱的迹象。"[43] 阿尔玛 8月生日当天，马勒为没有给她准备礼物而道歉：他不知道该给她买什么——"一个人已经付出了自己，还能付出什么呢?"[44] 他问道。

1903 年 9 月，阿尔玛再度怀孕。她取消了每日下午与马勒的"体育竞技"活动——绕观景楼或者维也纳的环形大道步行三圈。但她依然照计划在 12 月与母亲一起前往布拉格出席马勒第二交响曲的演出——这一关键性的成功令马勒的国际声誉有了显著提升。虽尚存争议，人们称他是极富原创精神的现代主义者。这一切却反过来刺激着阿尔玛的神经，她越发怀念自己的音乐和曾经拥有过的、唯在创作中才能寻到的智识激荡，当年的她如此沉浸其中。"我变得肤浅了！我必须重新开始阅读，更多地学习！……我想过一种发自内心的智识生活。"翻阅阿尔玛从前的日记，不难看到她的生活写满了"新的经历"，她意识到"如今自己的生活变得多么单调、平静！我必须有一些刺激"。[45]

阿尔玛决定扩大他们的社交圈。她联系了泽姆林斯基，询问是否有继续上课的可能，泽姆林斯基拒绝了。但由于敬重马勒，泽姆林斯基时常会带着学生阿诺德·勋伯格前往马勒家中拜访。布鲁诺·瓦尔特也一道前来，当马勒为瓦尔特演奏第五交响曲时，阿尔玛心烦意乱，

> 他居然敞开心扉，让这个男人走进他灵魂深处。迄今为止，那原本属于我的，只属于我一人的作品！我誊抄了乐谱，我们两人常常吟唱其中的音乐，为我们而唱……如今，它却另属于他人。布鲁诺·瓦尔特怕是唯一一个我不嫉妒的……可是眼下，我忍无可忍，不得不走出房间。[46]

1904 年 2 月，在与病重的马克斯·布尔克哈德共进晚餐时，他们遇到了德

国剧作家、小说家格哈特·豪普特曼及其伴侣玛格丽特·马沙尔克（Margarete Marschalk）。豪普特曼与马勒相谈甚欢，两人在回家的漫漫长路上聚精会神地聊着，以至于每经过一盏路灯，便要停下来，对着灯柱说话，每次都要说上十五分钟。两个男人止步不前时，玛格丽特与阿尔玛"便在一张椅子上坐下，耐心地等待，直到我们能插上话，提醒他们我们的存在"。[47]凌晨四点，所有人都精疲力竭，他们搭上马车结束了旅程。接下来的几天，作家每日都会登门拜访。对阿尔玛而言，男人之间的惺惺相惜是件"幸事"，她写道："两个天才的黑暗和光明一定会和谐交融，迸发出美丽的音符。"[48]豪普特曼对马勒说："正因为有你这样的人，我们在地球上漫长的旅程才能被幸福与神圣的光照亮。"[49]自此，两人间开启一段长久的友谊。阿尔玛与小巧玲珑的玛格丽特相处甚欢，但也被豪普特曼的才华所吸引。

大约就在这个时候，阿尔玛在散步时向马勒吐露心曲：

"我之所以爱一个男人，是因为他所取得的成就。他的成就越大，我就越要爱他。"

"这可真危险，如果出现了比我更能干，更有所成的人，那……"

"我会爱他的。"我回答道。他笑了："好吧，眼下我并不担心。我尚不知道还有谁会比我更出色，更有成就。"[50]

阿尔玛在 6 月观看了豪普特曼的戏剧《海因里希的情人》（*Der arme Heinrich*），之后，剧中的歌词始终在她耳边萦绕，直至沉入梦乡。"突然，我醒了，仿佛上帝用手指碰了我一下。我的时辰到了——耳边依旧是豪普特曼的声音。我不想吵醒任何人。我打开窗户。那日是 6 月 15 日；大自然整个儿地、如花般绽放；树叶窸窣作响；鸟儿在歌唱。我不再有惧怕。"马勒打电话给助产师，随后试图为阿尔玛减轻疼痛。当她坐在他的写字台前痛苦地扭动时，马勒开始大声地为她朗读康德。"单调而低沉的声音让我抓狂；他读的我一个字也听不懂。"[51]

安娜·尤斯蒂尼娅·马勒（Anna Justinia Mahler）于 1904 年 6 月 15 日中午时分诞生，正如阿尔玛所指出的——她出生于一周的中间（周三）、一个月的中间和一年的中间——"这可能是个寓言"。孩子的小名唤作"古琪"（Gucki），"寓意她那圆溜溜的蓝色眼眸"。那天晚些时候，马勒过来看望。阿尔玛睁开眼睛时，一只巨大的鹿甲虫在离她脸一两英寸的上方盘旋。马勒拎着它的一条腿，笑逐颜开，尽管他害怕所有的野兽。"你不是很喜欢动物嘛，"他欣喜若狂地喊道，"我特地把这只家伙抓来送你。"[52] 阿尔玛计划母乳喂养孩子，于是遵医嘱在分娩后卧床休息三周。

夏日时光里，迈尔尼希的家尤为静谧，此时的马勒"也显得更有人情味，更健谈些"。他很喜欢和孩子们待在一起，给她们讲故事，为她们在湖边搭了一个小游乐场，简直与她们难舍难分。让阿尔玛难以置信的是，他居然根据吕克特的哀歌改编创作了自己的《亡儿之歌》（Kindertotenlieder），这是诗人以至深的悲痛写就的哀悼孩子之死的诗行。她不能理解他"何以要为孩子们的死亡而恸哭，明明她们都很健康，精神也很好，不到一个小时前他还亲吻、爱抚过她们。我大声地脱口而出：'看在上帝的份上，别玩命。'"[53]

当马勒埋头创作第六交响曲时，无论大厨或孩子都被禁止发出哪怕一丁点儿声响，阿尔玛也停止弹奏钢琴或歌唱，直到马勒"满脸喜悦地结束工作，像往常一样高兴地走出来，意欲与我们的生活重新建立联系为止"。在阿尔玛眼中，他总是"如此静穆，他意识到自己工作的伟大。他是一棵树，枝繁叶茂、开满花朵"。[54] 第六交响曲完成后，阿尔玛再次与他手挽手走向作曲小屋。在

113

114

那里，他弹给她听，对她的音乐本能一如既往地充满信心。"那一天，我们两人都落泪了，在他的所有作品中，没有哪一首如此直接地发自内心深处。"他对她说，他试图用第一乐章那宏大而激昂的主题来表现她；在第三乐章中，他"以不规则的节奏表现了两个孩子的嬉戏，她们在沙地上弯弯曲曲地蹒跚而行。不幸的是，孩子们的声音越来越凄惨，最后在呜咽中消失了"。在最后一个乐章里，他写下了自己的失败，或者如马勒所告诉阿尔玛的那样，那是英雄的失败，"唯有英雄才会受到命运的三次打击，最后一次打击就像一棵树被砍倒般将他击垮"。[55] 对阿尔玛而言，这预示着马勒的命运。

康拉特一家是莫尔家的世交。当年，康拉特的女儿艾丽卡·康拉特（Erica Conrat）还是一名主修艺术的学生，曾到迈尔尼希的住所拜访。她回忆起夜晚时分在露台上俯瞰湖面风光，阿尔玛对她说："'他并不懂得如何享受这一切。'的确如此！……昨天我们不得不将四只公鸡杀了个干净，因为当他在晒太阳时，公鸡的叫声打扰了他。"[56] 他们在湖上划船，"我面对阿尔玛而坐，落日余晖中，她的头发像一团正在燃烧着的火红光圈，她自己则像极了一头美丽的猛兽"。[57]

当他们下船享用茶点时，艾丽卡观察到，"这个美丽的女人，与这位众人皆知的名流并肩而行，仿佛在接受什么严苛的挑战"。立于名流身边的阿尔玛感到极不自在。"这加剧了她痛苦的自卑感"——她"什么也不是，只不过是他的影子"——一个附属物，而不是一个真正有自我掌控权的人。大街上，时常会有人突然"一动不动地立住，大声惊呼：'看哪，马勒和他的妻子在那儿。'他们大笑着，用胳膊肘互相碰了碰，然后转过身来盯着我们看，这让我觉得很不舒服，几乎挪不动步子。但马勒对一切熟视无睹"。[58]

10月里，阿尔玛因病无法前往科隆参加第五交响曲的世界首演，马勒在信中苦苦哀求："尽你一切可能：多出汗，喝大量白兰地，吃些阿司匹林，或许都可以缓解病情……当真叫我一个人去参加世界首演吗,那可太糟了。"[59] 阿尔玛也感到不安,她觉得这是一种所有权的彰显,因为这是她"首次完全参与他生活与工作的见证,全曲的乐谱由我誊抄完成——更重要的是——马勒的手书中常常将乐句整行整行地略去不写,因为他知道他可以信赖我,近乎盲目的相信"。[60]

转眼又是新年,诞下安娜六个月后的阿尔玛再度出现严重的抑郁症状。"我对任何事情都提不起兴致——所谓的要事令人疲惫不堪。我疲倦地拖曳着沉重的身躯与灵魂,一个小时接着一个小时地苦熬,身心交瘁。"她自责道:"我们其实是两个人……可我们不应该是一体的么!"[61] 不久,两个孩子都病了,这重又激起了阿尔玛的力量与使命感。她发现,"一旦你对自己的要求愈多,从中所汲取的、获得的力量就愈多。一整个上午,我用凉被子将古琪裹起来,不停地测量她的体温。我从来没有像现在这般高兴且愉快过。突然间我明白了我为什么而活:我的孩子需要我。古斯塔夫·马勒需要我"。[62]

但不知为何,她仍然觉得无法给予马勒所有的温暖。两人聊起他们早期阶段的亲密关系,以及,她是如何发现他的体味令人厌恶的。"他对我说:'这是很多事情的关键!这说明你的行为违背了你的本性!'只有我知道他是对的。从一开始,我便发现他与我相异,一个异邦人,从许多方面来说,将永远如此。"她总在琢磨,究竟是什么使他们走到了一起, 116

> 是因为责任,孩子,还是爱好?不,我知道我真的爱他,没有他我无法生活。因为他从我这里拿走了那么多,他的存在就是我唯一的支持。似乎,我再也不可能回到从前的生活。现在我必须尽力在短暂的生命中做到最好。所谓的"最好"是指成为很好的、有用的人,平静、满足又独立,这

样我便能从中赢得自己的幸福。[63]

阿尔玛始终对歌剧演出保有热忱。彼时，罗勒为《莱茵的黄金》(*Das
Rheingold*）所设计的新版舞美引发了轩然大波：三位莱茵少女拒绝立于悬挂
在长柱上方的篮子里歌唱；"他的布景很美，但是显得蠢笨。"[64] 阿尔玛冷冷地
写道。她钦佩阿诺德·勋伯格，尽管勋伯格"头脑混乱，却是一个非常有独创
性的人"；其职业生涯真正意义上的绽放是首演于 1905 年 1 月 17 日的《佩利
亚斯与梅丽桑德》(*Pelleas und Melisande*)，当时观众区口哨声与嘘声此起彼
伏，"人们成群结队地离去，甩在身后的大门砰砰作响"。然而对于阿尔玛而言，
"但凡真正走进勋伯格充满魅力的精神世界的人，都不可能抵抗他超群的智识
与强大的逻辑力量"。[65] 在马勒同意执导汉斯·普菲茨纳的歌剧《爱园中的玫瑰》
后，阿尔玛对这个以自我为中心的、喜怒无常的男人有了更多的了解；唯有她
才能让普菲茨纳在排练的过程中保持冷静。他们一起演奏她的歌曲，普菲茨
纳对她的创作赞不绝口，并称赞她对旋律的良好感觉，阿尔玛听了欣喜若狂，
"一种似有哀愁凄楚的喜悦在我的血管里流淌奔腾！这是被赐福的瞬间"。[66] 有
一回，两人如此全神贯注地演奏彼此的歌曲，以至于几乎错过了与马勒和豪普
特曼的约会。"那晚，普菲茨纳爱上了我"，她写道：

为什么总是突如其来地爆发，又迅速消退、了无痕迹，我真搞不明白……
他乞求着，求我允许他更靠近我一些——他竭尽所能地用手抚摸我，最后
以一种狂喜的声音恳求我给他拍照。当时，我们在客厅里独处。我听之任
之，我的皮肤因此而刺痛，我已经很久没有这种感觉了。[67]

妒火中烧的马勒容忍了作曲家对妻子的爱慕。普菲茨纳竟寻了个借口逃掉排演，手持一朵玫瑰跑去探望阿尔玛，马勒觉得"又好气又好笑"，一路尾随。行至环形大道，马勒偶遇游行中高声呼喊的工人队伍，他们望向他，带着"兄弟般的"温情，马勒高兴极了——"他们曾经是兄弟，将来也注定是兄弟"！而另一头，撞见工人的普菲茨纳冲进一条小巷，"无产阶级的面孔让他怒不可遏"。[68] 之后，两个男人的争论不再与阿尔玛有关，倒是揪着游行队伍说个没完。

阿尔玛的生活进入例行公事的轨道。一有机会，她就出席马勒的公开演出、音乐会巡演以及大大小小的音乐节。6 月，与孩子们待在迈尔尼希，她忽然意识到自己的生活已在很大程度上融入他的生命。"湖里，森林里，他无处不在……我只为他而活。为他誊写音乐，为他弹奏钢琴——无论是我所学或是所读，皆为这一个不变的理由。"不过，在阿尔玛看来，她性格中其他负面的、矛盾的方面不愿就此臣服，它们拒绝被压制。"我从前的骄傲，我的专横，我那自我放纵的野心，我对荣耀的追求，又都升腾起来——我所努力奋斗的生命并非只为他而美丽温柔。因为那是我人生的唯一目标，是我存在的唯一理由。还有我亲爱的孩子们。"[69] 只是，她的决心是脆弱的，内心的孤独依然。尽管阿尔弗雷德·罗勒（Alfred Roller）、泽姆林斯基、勋伯格、西奥博尔德·波拉克等人的到访令阿尔玛在热得要命的夏天里度过了愉快的时光，可她还是抱怨连天："我渴望有个丈夫……因为我没有。但我太懒了……即便是丈夫，我都懒得有！"[70]

阿尔玛对马勒的创作始终保持着高度的关注，完全沉浸于他的工作中并紧跟他的节奏，毫不松懈。第七交响曲写作过程中，马勒遭遇了创作瓶颈；直到有一天，当他坐上迈尔尼希的渡船，耳边传来船桨划水的声音，他的思绪瞬时变得清朗，这激发并奠定了第一乐章开篇的主题、节奏与气氛。[71] 随后，阿尔玛负责誊抄了第七交响曲的手稿。1906 年春天，她前往埃森（Essen）参加马勒极富个人化意味的第六交响曲的排练。"第一次聆听这部作品在乐队上的呈现，他自己被这音乐深深地打动了，他的任何作品都不曾如此动人心扉。"阿尔玛在日记中写道。[72] 同年夏天写作第八交响曲时，他再次落入灵感枯竭的幽灵之手；某日清晨，他经历了一场幻象，"我整个人仿佛被闪电击中般，刹那间，完整的画面在我眼前展开；我只能用笔快速地将它们记下来，好比有人向我口授了一切"。[73] 他坚持说，自己从来没有"在这样的强迫下"写作，他相信占据他灵魂、将他擒住的"造物主精神"是一种更高力量的证据，或许可以用神圣二字来形容，"它统治着所有的艺术与生活"。[74]

对于这样的说法，阿尔玛并不感到惊讶，她认为马勒创作的核心是一种深刻的灵性，更何况马勒"对天主教神秘主义有一种强烈的倾向……每次经过教堂必要进去，他喜欢香烛散发的味道以及格利高里圣咏"。[75] 马勒的朋友奥斯卡·弗里德（Oskar Fried）相信：他是个"彻头彻尾的、宗教意义上的属灵之人，神秘的，但并不教条"。[76] 马勒从不否认自己的犹太血统，尽管他不参加犹太教堂的礼拜，也不参加犹太仪式或庆典，但他视自己为犹太人。照阿尔弗雷德·罗勒的观点，"马勒认为被上帝所拣选的感觉源自个人，而非种族"。[77]

阿尔玛一向爱说些轻佻又毫无品位的反犹言论，然而在她与马勒的婚姻中，她几乎从未说过这样的话。相反，她同情他在"犹太人问题"上所遭受的痛苦，诸如当时柯西玛·瓦格纳（Cosima Wagner）曾试图阻止马勒在宫廷歌剧院的任职，受到媒体与评论家的批评攻击更是家常便饭。1905 年 5 月，在格拉茨（Graz）举办的某德国作曲家音乐节上，其他作曲家对马勒的态度冷若冰霜，众人自顾自地聊着，对他不理不睬，阿尔玛敏锐地察觉到："反犹主义已经处于上升趋势，马勒也被逼到了墙角。"[78] 马勒并没有自欺欺人地以为人们会忘记他是一个犹太人的事实，即便他对犹太教心存怀疑且中途皈依受洗成为基督教教徒，也不能改变什么。"他也不希望别人忘记这一点，"阿尔玛写道，"相反，他强调了这一点。他是基督教的信徒，一个信奉基督教的犹太人，他付出了应有的代价。而我这个信奉基督教的异教徒，却逍遥法外。"[79] 谈及他的犹太身份，马勒常说："我是一个三重无家可归的人。一个身处奥地利的波西米亚人，一个德国人中的奥地利人，一个无论在世界哪一个角落都躲不过的犹太人。永远的不速之客，永远不受欢迎。"[80]

回顾 1906 年，一整个夏天，马勒都在以"超人的能量"工作着，据阿尔玛回忆："他兴高采烈，乐不可支。"马勒对阿尔玛的爱坚定不移，但由于他全身心地投入工作，阿尔玛始终觉得与他真实的存在隔着一道无法跨越的墙。尽管她完全理解创造天才的冲动，但终究格格不入。阿尔玛已然把自己的生命与他绑在了一起，但她并没有像自己所希冀的那样激励他，而是担心自己困在他的影子里。回到维也纳，当他雷打不动的时间表开始生效时，"一种深深的孤独将我们两人包围"，[81] 她悲伤地写道。马勒总会挤出时间与孩子们相处，阿尔玛带着某种怀旧的感伤回忆起马勒与大女儿玛利亚的关系——与自己小时候一样——女儿"每天早晨都要去爸爸的工作室。他们一起聊天，总是聊得很久。没有人知道他们说了些什么。我从来没有打扰过他们"。"过分挑剔"的英国奶妈把她领到父亲的门口时，"她总是十分干净整洁"；回来时，"她从头到脚都沾上了果酱"。"她完全是他的孩子，"阿尔玛写道，"她的美貌与任性，她的难以接近，她的黑色鬈发和蓝色的大眼睛，这一切都预示着她以后会成为一个危险人物。"[82]

那年秋天，马勒在歌剧院的工作面临越来越大的压力。除却歌手与乐队对马勒指挥风格的不满，歌剧院审查委员会基于道德理由禁止他演出施特劳斯的《莎乐美》（Salome），这无异于一种暗示——高层正在暗中图谋推翻马勒在歌剧院的领导。当得知马勒多次外出参加其他演出活动后，蒙特努沃亲王（Prince Montenuovo）指责马勒忽视身为歌剧院总监理应承担的职责，尽管马勒一再向亲王担保这些活动不会影响本职工作，并且巡演对提高宫廷歌剧院的声望不无裨益。1907 年 1 月，抱怨声扩大为一场针对他的持续性媒体运动。身为一名公众人物，马勒感到自己"像一头被群狗追赶的野兽"。[83] 他从法兰克福写信给阿尔玛称，那里的报纸上充斥着他要辞职的谣言，歌剧院的巨额赤字已不再可能确保他的位置。[84] 他因演出质量下降而受到诋毁，此外，经常性缺席与独断专行的态度对歌剧院的士气产生负面的影响。

　　阿尔玛和马勒经受住了一场风暴，但麻烦并没有消失。依然握有蒙特努沃亲王支持的马勒于 1907 年 3 月成功演出了瓦格纳的《女武神》和格鲁克的《伊菲姬尼在奥利德》（Iphigénie en Aulide）。关于他与乐团的争论如挥之不去的梦魇，持久的紧张气氛令马勒感到筋疲力尽。

　　某种程度上，阿尔玛与危机绝缘，但马勒的疲惫、围绕着他的敌意以及未来的不确定性，都不可能不影响她。她相当痛苦地自我调适以满足心目中既定的使命。最终，两人共构了表面上的稳定生活，她自己也似乎获得了表面的平衡。缓缓展开的一年"将在我们生活的日历上涂画出一道黑色的线"。[85]

6. 悲恸与新生　1907—1910

1907 年春天，反马勒的阴谋早已公开化，大有愈演愈烈之态。蒙特努沃亲王虽表示支持，但当他发现马勒计划在罗马另开三场音乐会时，旋即将马勒召回。一番激烈的讨论后，马勒同意递交辞呈。马勒与阿尔玛依原计划动身前往罗马，离开之时，喜忧参半，"一方面为终于能摆脱歌剧院而感到高兴，另一方面又担心起未知的未来"。[1] 马勒内心尚有一线犹豫，究竟该不该离开。此事一直拖到了 5 月底，罗勒与歌剧院的芭蕾舞主演间发生了进一步不可调和的争执，马勒才正式递交了辞呈。即便如此，在找到继任者之前，他也不能离开。

阿尔玛眼见着激烈的争论与流言蜚语将马勒吞噬。马勒坚信解雇他是"那群'非利士人'极其愚蠢的想法……他认定自己是无可替代的"。阿尔玛还发现马勒已经"受够了无尽的折磨、障碍与阴谋"，并选择"在这些忙乱如麻的活动中依然保持稳定"。正如阿尔玛的知己贝尔塔·祖卡坎德尔所写："她觉得自己必须是务实的、理性的、平衡的。她需要保护马勒，因此经常要忍受这位天才的情绪。"阿尔玛并不介意他放弃这"令人艳羡的高位"，因为她始终讨厌扮演

124　所谓"总监夫人"的角色。阿尔玛反思了自己的立场，引塔列朗（Talleyrand）的话说，"对于贴身男仆而言，没有哪个男主人是英雄"。她问贝尔塔说："请真诚地告诉我，这世上可有为我们而设的女天才头衔？"[2]

　　尽管眼前存在不确定性，但至少在短期内，他们的财务状况是有保障的。就在这时，时任纽约大都会歌剧院总监的海因里希·康里德（Heinrich Conried）向马勒伸出了橄榄枝，面对来自曼哈顿歌剧院日益激烈的竞争，邀请马勒担任歌剧院指挥将成为重振大都会歌剧院战略的重要一环。6月，康里德给出一份长达四年的合约，马勒在纽约每工作六个月的薪水高达 12.5 万克朗，这是前所未有的慷慨（相比之下，维也纳为期十个月的工作仅能拿到 36 000 克朗）。[3]6 月 21 日，马勒最终在合同上签下自己的名字。"一切都是真的。我要走了，我再也不能忍受一群乌合之众了。"[4]马勒在给朋友阿诺德·伯利纳（Arnold Berliner）的信中写道。

　　等待他们的是一场更加深刻的剧变。从罗马回来的阿尔玛身感不适，她发现小女儿安娜生病发烧了，经医生确诊为猩红热。大女儿玛利亚被送到阿尔玛的母亲处暂住。阿尔玛仔细地监控着安娜的病情，眼见着安娜病情达到顶峰后开始有缓和康复的迹象，阿尔玛自己则借着空当在某疗养院接受了一项秘密手术。安娜痊愈后，阿尔玛带孩子们前往迈尔尼希，马勒则独自在阿尔卑斯山的度假胜地塞默林（Semmering）度过了一周。抵达迈尔尼希后三天，长女玛利亚突然发病，出现猩红热与白喉症状。接下来的十四天，他们始终沉浸于"被恐惧擒住的痛苦中"。[5]"那是一段可怕的日子，雷雨交加，天空阴沉，"阿尔玛写道。马勒，那个"一心爱着孩子的人，每天躲在自己的房间里，在心里与她

125　告别"。病情反反复复，孩子存在窒息的危险，最后他们不得不施行气管切开术。阿尔玛派了一个仆人守在马勒的门口，嘱咐一旦马勒被声音吵醒，务必将

他留在房间里。

阿尔玛与英国奶妈备好了桌子以便医生给孩子做气管切开术，让孩子入睡。"手术过程中，我沿着湖岸奔跑，那里，无人能听到我的哭声。"阿尔玛回忆道，"早上5点，护士告诉我一切都结束了。随后，我看到了她。她躺在那里哽咽着，一双大眼睛圆睁着。我们的痛苦又拖了一整天。之后，便是末日降临。"

眼前发生的一切叫马勒不堪忍受。"他哭了又哭，一次又一次地在我的卧室门口徘徊，他知道她就在里面。随即，他又跑开了，这样就再也不用听到任何声音了。"接到电报的安娜·莫尔立刻赶到。"我们三人都睡在马勒的房间里。彼此不忍分别，哪怕一个小时都不可以，总担心如果有人离开房间会发生什么事。我们就像暴风雨中的鸟儿，颤颤巍巍地等待每一个写满未知的恐怖瞬间——我们的预感何其正确！"

他们把葬礼交由一位亲戚操办。两日后，马勒让阿尔玛同她的母亲到湖边休憩。

> ……在湖边，母亲心脏病突发。我只能将湖水敷在她的心脏上作人工冷敷以缓解病情。当时，马勒正沿着山路向下朝这里走来，他的脸因痛苦而扭曲。当我抬头看他时，迎面撞见山上那条小路上，人们把棺椁放进灵车。我随即明白了母亲突然痉挛的原因，也知道了他的脸因何而扭曲。他与我是那么无助，如此无依无靠，似乎陷入深深的昏迷也可以是快乐的解脱。[6]

经医生诊断，阿尔玛的心脏"极度衰竭"。马勒建议医生给自己也做个检查，寻思着能让大家转移些注意力，从忧郁中解脱出来。"这时医生起身，一 126

脸严肃……'嗯，你这心脏可没有什么好值得骄傲的。'"据阿尔玛的回忆，"马勒当时以一种调笑的语调称，医生在诊断出致命疾病时总喜欢用幸灾乐祸的口吻做出宣判。"马勒当机立断，乘坐下一班火车前往维也纳咨询科瓦奇教授（Professor Kovacs）。科瓦奇教授证实了全科医生的结论：心脏瓣膜功能不全，或称类风湿心脏病，可能是由链球菌扁桃体炎引起的，损害了心脏功能。科瓦奇禁止马勒从事登山、骑行及游泳等运动，并安排他进行一个学习如何缓慢行走的训练课程。"因为这件事，再加上他从歌剧院退休，我们的生活随之发生了改变。"阿尔玛写道。[7]

阿尔玛收拾了些随身物品，离开迈尔尼希，在南蒂罗尔（South Tyrol）的施勒德巴赫（Schluderbach）度过余夏。身在异国他乡，某种程度上，他们"因沉浸于全新的、美丽的自然环境而有所恢复，并试图构想我们未来的日子"。[8]其间，马勒发现了一本汉斯·贝热（Hans Bethge）译的诗集——《中国笛子》(*Die chinesische Flöte*)，这是西奥博尔德·波拉克赠予他的礼物。这成了他创作声乐套曲《大地之歌》(*Das Lied von der Erde*)的灵感来源。也正是在那个夏天，当马勒在施勒德巴赫周围的树林里散步时，脑海中勾勒出了《大地之歌》的全部框架。不久，他们搬到多洛米蒂山地区（Dolomites），又待了一个星期。

8月10日，剧院方面确定了新总监的人选——保罗·费利克斯·魏因加特纳（Paul Felix Weingartner）。紧接着，蒙特努沃亲王公开证实马勒离开剧院的消息。皇帝同意提高马勒的退休金，额外支付 20 000 克朗；而阿尔玛将有权在马勒死后继续享有这笔钱，通常总监遗孀并不能享有这项福利。

由于承载了过多痛苦的回忆，阿尔玛与古斯塔夫决定将迈尔尼希的房子卖掉。这是一道深深的伤口，"一段时间以来，马勒与我因此事而变得疏远，彼

此的痛苦令我们分离。不知不觉中，他觉得我应该为我们孩子的死负责"。[9]他
似乎相信安娜第一次染上猩红热时，玛利亚被送去与阿尔玛母亲同住，但回来
得过早了，在安娜尚未完全康复前，玛利亚就被带回了家。布鲁诺·瓦尔特观
察到马勒身上起了变化，"我可以明显地感觉到他整个人被黑暗笼罩着。他总
说：'我很快就会习惯的。'"[10]但这是个"心碎的人……已到了山穷水尽的地步。
[阿尔玛]似乎能适应得更好一些，拿眼泪与哲学抚慰自己"[11]。然而事实上，阿
尔玛熬了很长时间才恢复过来。

接连经历几次"精神打击"的阿尔玛在10月前往塞默林接受理疗。"你还年
轻——无论如何，你必须克服这一点，把身体调理好。"马勒在信中写道，"天
哪，若是能摆脱所有的病痛，我愿意付出任何代价，而你却连两个星期都坚持
不了……现在乖乖的，当个好姑娘，即使你已经感觉好多了，也要避免奢侈
的、自我消耗的生活。为了美国，你必须康复。"[12]

9月与康里德会面后，马勒同意提前四周抵达纽约。届时他将每周指挥
两场演出，额外收费25 000克朗。离任前，马勒计划于9月和10月在宫廷
歌剧院排演一系列他个人最喜爱的歌剧作为告别，包括：《唐·乔瓦尼》(*Don
Giovanni*)、《费加罗的婚礼》、《魔笛》、《女武神》与格鲁克的《伊菲姬尼在奥利
德》。重中之重是10月15日的演出，那天恰好是马勒担任剧院总监十周年纪
念日，他将上演歌剧《费德里奥》。

正当阿尔玛开始为他们的离开打点行李时，朋友们纷纷站出来表示支持
马勒。深受马勒影响的年轻作曲家——泽姆林斯基、勋伯格与阿尔班·贝尔格
(Alban Berg)——痛惜他的离去，贝尔塔·祖卡坎德尔对马勒赞不绝口："他
与循规蹈矩、任人唯亲、懒惰、阴谋和愚蠢斗争了十年。那些年，他对歌剧进
行了改革。不仅仅是维也纳歌剧，更是作为一种艺术形式的歌剧。"[13] 11月24

日，马勒在维也纳的最后一场演出指挥了自己的第二交响曲，现场挤满了他的拥趸，据《新自由报》（*Neue Freie Presse*）报道："观众根本不愿离开。马勒被一次又一次地召回指挥台，人们挥舞着手中的帕子，高声的喝彩与欢呼此起彼伏。之后，乐团和合唱团的成员也加入了大众的声浪。"[14] 当然，赞扬并非是普遍的、一边倒的势头；那些诋毁者以及一贯对马勒充满敌意的反犹媒体对他的离去表示欢欣鼓舞。

临行前，马勒拜访了贝尔塔，热情地谈论起了未来，以及他对阿尔玛的深切感激。"我要揣着我的故乡、我的阿尔玛和我的孩子一起走，"他对她说，"阿尔玛为我牺牲了十年的青春。没有人能知道她是多么无私地让自己的生活屈从于我和我的工作。带着一颗轻松的心，我与她一起上路了。"[15] 贝尔塔相信阿尔玛已经成为"这位天才的智慧伴侣，她为这位天才奉献了一生"。与其他"迷失自我、忘记自己本性的"女人不同，阿尔玛仍然保持着"丰富的个性，并设法继续独立地发展"。她亦不曾屈就，让自己"被马勒恶魔征服"。通常情况下，她会以不同的方式接近马勒；面对周遭的阴谋诡计，她会选择站在马勒这边。少数情况下，当无法控制自己时，她会选择向贝尔塔吐露心声。[16]

从阿尔玛的角度而言，事情完全是另外一副模样：她的骚动不曾平息，她的独立性也算不上稳固，尽管表面上她把一切都平衡得十分稳妥。"我只是他的影子。我过着他的生活。我甚至不曾有过自己。"她后来在日记中写道：

129　　工作、不断向上跃升所带来的欣喜，自我克制与永不停息的追求构成了他的一生……而我，斩断了自己的意愿与自我的存在，像一个走钢索的人，只关心如何保持平衡。他一点也不曾留意到我所付出的代价。他生性以自我为中心，但也从不考虑自己。他的工作就是一切。从内心而言，我已将他与自己隔离开来，虽心存敬意，却也只能等待奇迹的出现。我是盲目的……尽管有了孩子，我还是个女孩。他只在我身上看见同志、母亲和家庭主妇，待到他明白自己究竟失去了什么的那一刻，一切都太晚了。这些天才明明是肉食动物，却总以为自己是素食主义者。在我的生命里，这样的事总在上演。人们嘴上说着仁义道德，实际上却鲜有实践。[17]

1907 年 12 月 9 日，马勒与阿尔玛在前往纽约的途中经停维也纳西站。有人偷偷在坊间传递小纸条，向各路朋友与支持者散播消息，敦促众人于上午 8 点 30 分赶到车站。车站人头攒动，两百来号人到现场欢送马勒，包括亚历山大·泽姆林斯基、阿诺德·勋伯格、埃里克·施梅德斯及古斯塔夫·克里姆特。那场面叫阿尔玛大为吃惊："当我们抵达车站时，他们已列队站好，手握着花儿，眼里含着泪水，正等着登上火车，用鲜花装点我们的车厢，花儿从车顶一直铺向地板。"[18] 音乐评论家保罗·斯特凡（Paul Stefan）回忆道："这其中没有一点矫情做作：所有人都心怀强烈的愿望，希望能再见到这位让我们受惠如此之多的人……火车开始缓缓开动。这是一个伟大时代的终结，克里姆特道出了我们所有人内心的悲哀：'Vorbei（都结束了）！'"[19] 对阿尔玛而言，这次离别

……既无遗憾，也无回望。我们受到的打击太过沉重。我们只想离开，越远越好。维也纳被远远地抛于身后，我们甚至对此感到高兴。我们并不想念我们的孩子，她被留在了我母亲身边。我们现在才懂得，灾难面前，充满焦虑的爱是无济于事的。在这地球上，没有哪一个地方可以叫人幸免于难。我们经历了火的浩劫，才知思考。但无论如何，有一件事我们俩都抓

130

住了，那便是——未来。[20]

在巴黎，他们与年轻的作曲家、钢琴家奥西普·加布里洛维奇（Ossip Gabrilowitsch）不期而遇。加布里洛维奇是马勒的忠实崇拜者，也曾在昔年的夏日时光中到迈尔尼希拜会过他们。彼时，他并未对阿尔玛表露过任何情感，当他发现如今的阿尔玛独自一人待在旅馆房间时，他坦言自己几乎要疯狂地爱上她。"帮帮我吧，帮我渡过这个难关。我喜欢马勒，我不忍心伤害他。"他苦苦央求阿尔玛。阿尔玛"头晕目眩，根本说不出话来"，感到一股电流穿过自己的身体，"如此说来，如今的我还是那个可以点燃爱情之火的人，并不像自己想的那般既老又丑"。加布里洛维奇在黑暗中抚摸阿尔玛的手，就在这时，马勒走了进来，充满深情、和蔼可亲——"旋即，幽灵消失了。无论如何，这段插曲就像是个备胎，一度成为我无数自我解嘲良方中的一味药"。[21]

12 月 12 日，他们兴高采烈地登上凯瑟兰·奥古斯塔·维多利亚号（Kaiserin Augusta Viktoria）。船舱内摆着一封格哈特·豪普特曼发来的电报，敦促他们返回欧洲，"欧洲需要像你这样的人，甚于那些每日被人们拿来填塞肚子的面包"。[22] 整个航程颇为波折，为了避免晕船，马勒大部分时间都"僵硬地仰卧在床上，仿佛躺在墓穴里的红衣主教"。[23]

两人于 12 月 22 日抵达纽约，"我们屏住呼吸，忘记了所有的烦恼，"阿尔玛在日记中回忆当时的场景，"一切风光在眼前展开，海港，熙熙攘攘的、忙碌喧嚣的人群"。[24] 对马勒来说，这是"至为壮观的、天人合一的景象"。[25] 现身码头的马勒夫妇瞬时被一众记者包围。随后，他们搬进大华酒店（Majestic Hotel）十一楼一间宽敞的、配有两架钢琴的套房——"我们感觉好像回到了家中"——这里可以鸟瞰整个中央公园。当天晚上，曾在纽约首演马勒第四交响曲的指挥家瓦尔特·达姆罗施（Walter Damrosch）在卡内基音乐厅有一场音乐会，马勒与阿尔玛亲临现场，并向指挥表达了敬意。隔天，马勒便开始在大都会歌剧院排演《特里斯坦与伊索尔德》。

这些美国人引发了阿尔玛的兴趣，她时而被美国音乐界完全不同的氛围所逗乐，时而又陷入沮丧。他们抵达纽约后参加的第一个午宴派对是"超级上帝"康里德组的局，当时康里德"因梅毒而致残，明显表现出狂妄自大的迹象"，阿尔玛写道。他的吸烟室里摆放着一套盔甲，内有红光，隐隐从缝隙中透出来。房间中央摆着一张长沙发，装饰繁复的柱子与华盖赫然醒目，"当康里德接见剧院的员工时，他像上帝一样斜倚在沙发上。所有的东西都包裹在阴暗的、饰有荷叶边的东西里，在彩色电灯的强光下闪闪发光。至于康里德本人，这个曾经'缔造'了演员阿道夫·冯·索嫩塔尔（Adolf von Sonnenthal）的人，如今打算'缔造'马勒"。对阿尔玛而言，眼前所见当真是奇观，这位主子"对文化是彻底的无知。我们强忍着，直到再次走到街上，才放声大笑"。[26]

他们很快就发现，物理上的距离并没能减轻痛苦；他们仍然"因孩子的逝去而备感幻灭"。阿尔玛"时有幻觉。无论我朝哪里看，都看到了我那注定要死的孩子"。马勒则不愿听到她的名字。更可怕的是，如今，内心的悲凉掌控着马勒的行为。为了保存体力，他花半天时间躺在床上，唯有在排练或演出时才起床。马勒对卡尔·莫尔说，"我所有的时间都在闲荡"[27]；在给泽姆林斯基的信中表示，"我真的每天都只是在混日子而已，指挥、排练、吃饭、散步……我一点儿也不努力。"[28]

阿尔玛发现丈夫"神经紧张、脾气暴躁。对我来说，这真是个难熬的冬天，对我俩来说皆是如此"。[29]遭遇"令彼此疏远、分离。不知不觉中，他的存在使我们原本已十分痛苦的失去更添沉重"。圣诞节前夕，阿尔玛"哭了整整

132

一天"，直到傍晚一位朋友来访，坚持要阿尔玛走出房间，去看看圣诞树、孩子们，还有那些友好的面孔。不久，一众演员加入了他们的队伍，不凑巧的是，其中有一位也叫"普琪"，他们不禁又悲从中来。[30] 随着病情恶化，阿尔玛已无法下床。马勒打电话叫来医生，医生诊断为心脏虚弱并伴有精神崩溃的迹象。医生给阿尔玛开了士的宁（strychnine），禁止她移动，安排了长达四周的休息治疗。"最后，我终于被悲伤和身体的疲惫所压倒，"阿尔玛写道。马勒全力支持她，"他感觉自己的悲痛减轻了，一心一意地只想着帮我早日康复。"[31]

尽管笼罩的阴影不曾散去，阿尔玛还是发现了许多吸引人的东西。1908年1月1日，她出席了《特里斯坦与伊索尔德》的第一次演出，"这是我生平看过的最好的表演之一"，一次"扑面而来、直截了当的胜利"。紧接着，马勒在大都会歌剧院先后演出了《女武神》和《齐格弗里德》；3月的《费德里奥》堪称最伟大的胜利，全剧采用罗勒的布景，道具皆由维也纳运输至此。

阿尔玛陪同马勒前往波士顿与费城，充当他巡演途中不可或缺的"安慰"。在《特里斯坦与伊索尔德》演出过程中，她坐在第一排，紧挨着丈夫。正是在那里，阿尔玛在马勒的脸上读出"从未见过的痛苦，哪怕只是些许痕迹，仿佛有一层面纱落了下来。因为害怕失去他而恐惧，叫人如此痛苦，我心脏病发作，当即陷入昏迷"。[32] 一位叫利昂·康宁（Leon Corning）的医生把她抬进了更衣室。当马勒在第一幕的尾声冲进来时，阿尔玛已经恢复了活力，但在接下来的表演中，她始终待在后台，沉浸在歌手的歌声中。"我当时正在和女高音奥利芙·弗雷姆斯塔德（Olive Fremstad）说话。突然，她变得不安且警觉起来，慢慢地朝舞台侧面的上场口靠近。'请等一下'，她丢下一句话便冲上舞台，以无比完美的演绎演唱了《爱之死》（Liebestod）。她调皮地说，不管是在任何时候还是任何语境中，男中音安东·范·鲁伊（Anton van Rooy）都是'永远的沃坦'；中场休息时，他拿着长矛来回踱步，既不说话，也没有笑意——每一寸肉体皆是神之化身。"[33] 直到后来，她才意识到，"那些逝去的岁月里，马勒在舞台上所塑造的看似造作的庄严与一本正经是何其简朴、真诚且'现代'"。[34]

利昂·康宁医生邀他们在纽约共进晚餐。这位"脊髓性感觉缺失"（spinal anaesthesia）的发现者是个害羞、含蓄的百万富翁。颇有戏剧天赋的阿尔玛描述得生动极了，她回忆称此人几乎一言不发，"但电光火石总在脸上闪耀"。在他的书房里——"一间中世纪炼金术士的小室"——"天花板上挂着几根电线，朝各个方向穿过房间"。"台阶通往一个镀铁的单间，在那里，病患因吸入冷凝空气而失去知觉……他的妻子身着黑色的衣服，没有说话，也没有看他。她的脸是一张死亡面具，两只眼睛凹陷着。他把我们领进他的音乐室，里面有三、四架三角钢琴排成一排。忽而，康宁医生高兴起来，吹着笛子走来走去。"[35]

临走时，他们遇到了神经科医生约瑟夫·弗伦克尔（Dr. Joseph Fraenkel）——"无论就人格或就其医生的职业身份而言，他都是个天才，我们第一次见面就爱上了他"，阿尔玛写道。"他才华横溢，浑身上下无不闪耀着智慧"，他是一个"大胆的思想者——也许有点暴脾气，但总是有独创性"。[36] 他曾在维也纳学医，一度希望参军，但作为一个犹太人，他拒绝皈依天主教。二十几岁时，他乘船移民美国，旅途中受到头等舱一位富有的女士的恩惠，每日给他送去饭菜。在纽约一个的简陋的公寓里，弗伦克尔逐渐建立起自己的声誉，事业随之蒸蒸日上。最终，诸如范德比尔特家族（Vanderbilts）与阿斯特家族（Astors）这样的豪门都成了他的客户。马勒"毫无保留地信任他，但凡他的指示，马勒必是百分百服从"。[37]

另有一些引发情感共鸣的瞬间叫人动容。一名学习艺术的年轻女生前来阿尔玛下榻的酒店拜访，就在这当口，他们听到外面一阵骚动，眼见一游行队伍

134

沿着中央公园蜿蜒而行。"这是某殉职消防员的送葬队伍，我们曾在报纸上看到关于他英勇牺牲的报道。"游行队伍在他们窗口正下方停了下来，司仪作了简短的致辞。"短暂的停顿，随后是低沉的鼓声，紧接着，死一般的寂静。游行队伍继续向前，一切都结束了。这情景令我们热泪盈眶。"

当时，马勒也从隔壁的窗户探出身子，脸上泪流成河。简短的鼓点给他留下了深刻的印象，他把它们用在了他的（未完成的）第十交响曲中。[38]

有一回，马勒正在工作，楼下传来了意大利风琴的颤音，打破了原有的寂静。阿尔玛随即给前台打了个电话，请求他们把那个人搬走："立刻马上！我出钱请他离开。声音即刻停止了。这时，马勒闯了进来，吼道：'这么一架可爱的手摇风琴把我带回了童年，可它现在居然不唱了！'"[39]

抵达纽约后不过几周，他们就得知康里德因病无法继续担任总监。马勒获邀接任该职，但他拒绝了，因为这涉及行政事务。接替他担任剧院经理的朱利奥·加蒂-卡萨扎（Giulio Gatti-Casazza），请来他的意大利同胞阿图罗·托斯卡尼尼（Arturo Toscanini）担任联合首席指挥。起初两位指挥家的关系还算和谐，但没过多久，紧张的关系升级为水火不容。在夫妇俩回维也纳之前，马勒的职业前景出现了新的转机。纽约银行家的妻子玛丽·谢尔登（Mary Sheldon）在看了马勒的《费德里奥》之后，深受感染。她决定组建委员会并创办一个马勒管弦乐团，通过乐团重组的方式挽救当时状况不佳的纽约爱乐乐团。马勒同意在第二年春天举办一系列音乐会。"我们俩都发现了这个国家值得欣赏的地方；最有吸引力的是这里的人无论做任何事都带着机敏、理智与坦率。在这里，一切都看得到未来。"马勒在给泽姆林斯基的信中如此写道。即便如此，马勒依然对他们的朋友维登布鲁克伯爵夫人（Countess Wydenbruck）吐露心曲，称自己一直饱受思乡之苦："与我的妻子不同，她很乐意留在这里。

很遗憾，我必须承认，我的心属于维也纳。"[40]

1908 年 4 月 23 日，他们登上了开往欧洲的船。"身体方面，马勒重又恢复了昔日的自信，我的世界随即变得光明起来。"[41] 阿尔玛写道。当时，整个维也纳都在忙着为 6 月即将到来的皇帝登基六十周年庆典做准备。不愿牵扯是非的马勒逃到了布拉格，而阿尔玛和她的母亲则四处奔走寻找合适的房子以取代迈尔尼希。他们在一个村庄外发现了特伦科尔农场（Trenkerhof），包含十一个房间和两个阳台的大农舍，位于多洛米蒂与阿尔卑斯（Alps）之间郁郁葱葱的普斯特河谷（Pustertal）南侧的托布拉赫（Toblach）。未来三年，这里将是他们的避暑胜地。马勒在附近长满青苔的空地上搭了一间作曲小屋，依旧是树林环绕。

一家人不久便搬了进去。马勒为自己挑了两个最好、光线最充足的房间，以及最大的一张床，阿尔玛见了忍俊不禁："他的利己主义是完全无意识的。母亲与我成日围着他打转，为他天真的快乐而高兴。"[42] 除了阿尔玛的母亲和小安娜，他们还有一个保姆、厨师阿格尼斯（Agnes）和女仆凯西（Kathi）。身处这样的环境，阿尔玛似乎恢复了精神。几周后，马勒报告卡尔·莫尔称："感谢上帝，爱喜现在又可以四处活动了，我终于如愿——享受一个平静宜人的夏天……［她］终于肯对自己的健康做一些真正理性的事，我对她的进步很满意。她整个人变得开朗，充满希望。"[43]

马勒埋头创作《大地之歌》，于 9 月 1 日前完成了最后的乐章。基于某种迷信，他不愿称之为"第九交响曲"——"第九"是一个魔咒，无论是贝多芬还是布鲁克纳皆在写完"第九"后撒手人寰。正如阿尔玛所描述的，马勒"想借这个法子摆脱上帝"。阿尔玛大部分时间都忙于应酬访客：她的母亲、卡尔·莫尔、银行家保罗·汉默施拉格（Paul Hammerschlag）、评论家朱利叶斯·科恩戈尔德（Julius Korngold）、阿尔弗雷德·罗勒、奥斯卡·弗里德等人。奥西普·加布里洛维奇亦加入其中。昔日与他在巴黎相遇时的欣喜与战栗重又在阿尔玛心中燃起，"我们之间必然会有一些小小的爱恋情愫，它自然而然地生发。我们并不想这样，努力抗拒着情感"。某日夜晚，马勒正在工作，"奥西普和我将身子探出窗户，望着月光下的草地。月亮照在我们的脸上，我们长时间地凝望着彼此的脸，靠得很近。一个吻，加布里洛维奇在一个吻之后便离开了，之后我们每次见面，内心总要经历一番挣扎。我们都深爱着古斯塔夫，根本不可能有意背叛他"。[44] 阿尔玛很快又被另一个有才华的人所吸引——解剖学家埃米尔·祖卡坎德尔，长相"酷似大屠杀后的基辅犹太人"。这是一张如此与众

不同的脸，"他脸上的一切都扭曲了。但也正是这个原因牵引着我，我渴望从他身上搜寻某种陌生感，想必他也正在寻找着我。这段青春的友情让我重拾自信"。[45]

阿尔玛开始面临来自马勒支持者的压力与敌意。马勒第七交响曲在布拉格首演期间，乐评人威廉·里特尔对阿尔玛有一番颇为细致的描述：当这首"令人惊叹的、沸腾的交响乐"临近尾声之时，他远远望着马勒，看他走到阿尔玛面前，从马勒的反应来看，"阿尔玛明明知道这是一首致敬她的作品，可是她既不懂马勒对她说的话，也不明白她所听到的音乐"。里特尔以同样自信的语气补充道："她对这位天才没有一丝怜悯，他俯身于地，全身心地投入工作，实际上是匍匐于她的脚下，因爱情而死去。"[46] 此等纯粹的主观臆断被扭曲放大成为事实，为阿尔玛的传说提供了素材。传说中，她被描述成一位吞噬一切的疯狂女祭司。

音乐学家圭多·阿德勒（Guido Adler）对她的敌意更甚，他抱怨阿尔玛故意挑拨离间，导致自己与老友马勒日渐疏远。阿尔玛单方面做了许多努力——

她一再表示自己对阿德勒及其夫人极为尊重，称彼此间的友谊坚如磐石；并邀请二人前来做客；甚至主动示弱，称过去一年若有怠慢之处，她愿意向夫妇俩道歉，"这一年我经受了许多苦难，无穷的愁苦，以至于我疏离众人，甚至不与那些未曾谋面的人交谈"。[47]尽管阿尔玛态度诚恳，阿德勒依然心有狐疑。他先是拒绝了她的道歉，继而在共同的朋友圈中散播他对阿尔玛的疑虑与微词。他指责阿尔玛怂恿马勒前往美国，尽管自己曾多次劝阻马勒，终究无济于事；并声称阿尔玛追求奢侈的动机是自私与唯利是图。

　　马勒做出了反击，以一种令人印象深刻的、有力的话语为阿尔玛辩护：她"一心只想着我的幸福"，助这个男人"赢得独立"乃是她"唯一且真诚的奉献，而这比什么都来得重要，它将帮助我全身心地投入创造性的工作"。阿德勒的话对一个既不奢侈也不自私的女人来说是"非常不公平的"，她"从来不曾被我身处高位的外在所迷惑……也从不曾放纵自我沉溺于任何一种奢侈"。阿尔玛"不仅是一位勇敢、忠诚的伙伴，与我在学术智识上有着共同的兴趣，并且（这是一种罕见的组合）是一位明智、头脑冷静的家务内政管理者，我要感谢这个人，因为她给了我真正意义上的繁盛且有序的生活"。[48]

138

　　1908 年 11 月 12 日，他们从瑟堡（Cherbourg）出发前往美国，那是一幅叫人伤感的图景。现场乐队奏起了"上帝的旨意，我们必须分离"，全体船员与乘客，包括马勒夫妇皆闻之落泪。这次同行的还有小安娜和她的英国保姆莫德·特纳（Maud Turner），特纳"总是表现出武士般的坚忍克己、谨慎负责的样子"。当船出现在他们面前时，安娜高兴地叫了起来。特纳小姐"走上前，紧紧抓住小姑娘的手，严厉地说：'冷静点——冷静点！'"马勒听到后，随即"把安娜抱起来，让她坐在船尾的栏杆上，双脚悬于水面上。'就在这儿吧，尽情地兴奋，随你高兴，怎么激动都可以。'那小姑娘欣喜若狂"。[49]

他们入住纽约的萨沃伊酒店（Savoy Hotel），中央公园的美景尽收眼底。这里是大都会歌剧院的明星们最喜欢的酒店，包括传奇男高音恩里科·卡鲁索（Enrico Caruso）及女高音玛赛拉·森布里希（Marcella Sembrich）。纽约社交圈的重要人物玛丽·谢尔登夫人与敏妮·昂特梅尔（Minnie Untermyer）夫人成功地为"马勒交响乐团"筹集了资金，并着手为重组纽约爱乐乐团做准备。

与此同时，马勒与大都会歌剧院总监朱利奥·加蒂-卡萨扎谈妥了合约条件。1909 年 2 月，马勒与纽约爱乐乐团签订了为期两年的合同。同年 3 月，他在大都会歌剧院演出了最后一场《费德里奥》。

随着晚宴与社交活动邀约的增多，阿尔玛认识了不少新朋友。在一次名流夫人的午餐会上，她遇到了那些"只有在美国才能见到的优雅得令人难以置信的女士"。当著名民族学家、音乐学家纳塔莉·柯蒂斯（Natalie Curtis）身着不合体的外套与破旧的裙子走进宴客厅时，众人皆不在意，阿尔玛认为"这是美国真正民主的明证。在富有创造力与天赋的头脑面前，财富愿意向贫穷低头，俯伏在地"。[50] 奥地利雕刻家卡尔·比特（Karl Bitter）在位于帕利塞兹（Palisades）一座俯瞰深渊的房子里招待来宾，他让众人穿上白色的厨师服，并且在露天烧烤架上烹制印度风味的鱼。平安夜里，汉学家弗雷德里希·赫斯（Friedrich Hirth）给他们讲中国的故事。[51] 2 月 9 日，安娜·莫尔抵达纽约，与他们一直待到了 3 月。其间，阿尔玛似乎经历了一次流产，究竟是意外还是堕胎尚不清楚。"阿尔玛的状况很好"，马勒在 3 月给卡尔·莫尔的信中似有隐情。"关于目下的状况，想必她已经亲自写信说予你了。她已卸下重担，但这次她真的后悔了。"[52] 关于这件事，无论是阿尔玛的回忆录还是自传都只字未提。

4 月返回欧洲的途中，他们经过巴黎，并在那里逗留数日。卡尔·莫尔委托雕塑家奥古斯特·罗丹（Auguste Rodin）为马勒创作一尊半身塑像。罗丹工作时，阿尔玛在一旁观看，就像当年陪伴她的父亲。看着罗丹把粗糙的物体表面弄平，继而将手指里卷过的黏土球加入其中，阿尔玛完全被迷住了。罗丹认为马勒的脑袋是本杰明·富兰克林（Benjamin Franklin）、腓特烈大帝（Frederick the Great）与莫扎特的混合体。当他工作时，他的情妇总是在隔壁耐心地等着；阿尔玛注意到，那是一个"涂着红唇的女孩，长时间地让自己耗在那里，却毫无回报"。整个过程中，罗丹并不与女孩说话，甚至根本不曾关注过她。"他的魅力一定很强大，否则何以能吸引这些姑娘——这些所谓混迹于'社会上的'姑娘——面对如此待遇居然泰然自若，如此不知廉耻，"阿尔玛随后又在日记中添补道，"可与此同时，那人的妻子却在默东（Meudon）苦守着他，耗尽她的一生。"[53]

悲伤仍然像块石头，压在阿尔玛的心头。当抵达维也纳时，她的精神状况复又处于"崩溃的临界点"。6月，阿尔玛与古琪、特纳小姐前往南蒂罗尔托布拉赫附近的莱维科（Levico）接受水疗。"我处于极度的忧郁中。夜复一夜，我坐在阳台上。当看到那些快乐的、衣着鲜艳的人时，我落泪了，他们的笑声刺痛了我。我渴望把自己投入爱情、生活或任何可以把我从冰冷的束缚中解放出来的东西中去。"[54] 马勒告诉安娜·莫尔，称阿尔玛的问题"极大程度是心理上的"。[55] 不久，马勒顶着刚剪好的头发去看望阿尔玛，那头发剃得过短，紧贴着头皮，阿尔玛几乎没有认出他来。

马勒独自待在托布拉赫，一边"疯狂"创作第九交响曲，一边与厨师阿格尼斯与女仆凯西周旋（与她二人闹得不可开交）。他每日都给阿尔玛写信，讲述自己孤独的生活，循循善诱地对她的康复提出劝告，还会阐述那些必不可少的抽象哲学。虽然他在信中经常使用居高临下的口吻，但他愿意与她讨论此类话题，显示出他对她的智慧与智力判断的尊重。马勒认定，她对歌德的评价表明"她的内心和外在都在飞速发展"，而她对最后一章节的解读"堪称精彩绝伦……甚至比最有学问的评论家都来得好，那些家伙的智识根本够不着文本的高度，更别说理解它了"。[56] 为了让阿尔玛振作起来，他建议道：

141　我亲爱的爱喜，你已经实现了你的灵魂所需要的一切，如今就让它高飞吧，让它向更高、更至伟的天地扩展……"张开你的翅膀"，让美好的事物占据你的心灵，永不停止地成长。

但马勒同样补充道："所谓的成长，为什么偏偏就一定要与音乐相关呢？"[57]

1909 年 7 月 13 日，两人在托布拉赫重逢时，阿尔玛发现马勒"心情很好"，尽管他的心脏尚有些问题令人担忧。"自从知道他有心脏瓣膜的问题后，我们对一切都很谨慎，忧虑如影随形。他常常会在步行的途中停下来摸摸自己的脉搏。"[58] 阿尔玛回忆道。访客们络绎不绝——莫尔一家、约瑟夫·弗伦克尔、指挥兼作曲家奥斯卡·弗里德以及阿尔弗雷德·罗勒。罗勒发现马勒

……异常疲惫。当他从阴冷、潮湿的小屋中走出来时，他会躺下休息或睡觉……[吃饭时]阿尔玛表现出一种病态的、歇斯底里的欢快，这使我心烦意乱。我曾开诚布公地跟他们谈过此事……可以肯定的是，阿尔玛因马勒而变得异常紧张，而如今，她的这份焦虑又反过来刺激马勒的精神越发地紧绷。他身边应该有一个冷静的人，一个非常积极的人，安抚那喘不过气的脉动。[59]

　　理查·施特劳斯与那情绪反复无常的妻子波琳（Pauline）在一次驾车旅行中经停托布拉赫。几人在小镇的中央广场上碰面，波琳远远地就朝马勒高喊："啊，马勒，你好吗？美国怎么样？我估摸着，很肮脏，对吗？但愿你挣了不少钱？"[60] 晚饭时，施特劳斯朝马勒挥手，示意他坐在波琳旁边，她立刻跳起来反对，"他总是坐立难安、动来动去，我可受不了"。原本正准备落座的马勒快步移到桌子的另一端。"施特劳斯起身走向马勒，与他攀谈起来，随后两人离开了，将那个麻烦的女人留给我们对付。"阿尔玛在日记中回忆道。[61]

　　由于马勒与纽约方面签有定期工作合同，他们最终选择放弃奥恩布鲁格街的公寓。当马勒创作《大地之歌》时，阿尔玛与卡尔、安娜·莫尔一起住在上瓦特山区；而后，他们于10月启程前往巴黎，在巴黎的大华酒店住了三日。期间，马勒继续为罗丹的半身塑像充当模特。古琪与特纳小姐于10月12日从瑟堡出发前往美国，踏上了迄今为止最艰难的一趟旅程。据阿尔玛的回忆："这次旅行毫无乐趣可言，难以置信的风暴与大雾接踵而至。"[62]

　　马勒完成了每月十场音乐会的指挥计划，阿尔玛的生活亦被无数活动填满，忙得不可开交。她参加了马勒所有的演出，包括第一交响曲在纽约的首演。邀请函蜂拥而至，马勒与阿尔玛迎面撞上美国社会与文化背景的多元杂糅。今时的马勒很少会错过哪怕一场晚宴，剧院的票张总是任由他们支配，歌剧院的包厢里坐满了他们的朋友，包括屈贝寇王子（Prince Troubetzkoy），一个总是带着两匹狼在纽约大街上游荡的"野性英俊的俄罗斯人"；还有刚去过墨西哥的记者卡尔洛·德·福尔纳罗（Carlo de Fornaro），他向众人讲述了墨西哥总统波菲里奥·迪亚斯（Porfirio Díaz）对民众残酷无情的压迫，言语中满是良心的挣扎与不安。据称，福尔纳罗当时正在深入调查美国监狱的缺点。

尽管彼此间的确存在语言障碍，英国贵族普尔特尼·毕格罗（Poultney Bigelow）依然将马勒夫妇引荐给了纽约文学协会（New York Literary Society），此人与凯撒·威廉二世（Kaiser Wilhelm Ⅱ）是发小，曾写有一本充满批判意味的、事关威廉二世的书。阿尔玛的英语并不好，于是，"我们在这片异国的土地上建立了一个属于我们自己的世界，它比欧洲本身更欧洲化"。有一回，他们一口气接待了来自欧洲的五位客人，每一位都搭乘最廉价的末等舱而来——为了逃避征兵命运的卡尔·比特、缺钱的约瑟夫·弗伦克尔——这些人抵达美国时的境况不是穷困潦倒就是亡命天涯。[63]

一日晚上，奥西普·加布里洛维奇前来探望。马勒上床睡觉后，加布里洛维奇为阿尔玛弹奏了一首她喜爱的勃拉姆斯，"我敢肯定他再也不会弹出比这首曲子更动听的音乐了"。两人的告别"充满感伤"，因为每一次相遇，"彼此间内心的挣扎就又要死灰复燃；但我们太爱马勒了，所以我们从不曾想对他不忠"。马勒听到了两人的对话。加布里洛维奇离开后，他质问阿尔玛。阿尔玛以"精神与信念"为自己辩护，终使马勒再次对她坚信不疑。可她却"整夜站在敞开的窗前，祈求上苍赋予我力量结束自己悲惨的一生"。[64]那年晚些时候，加布里洛维奇迎娶了马克·吐温的女儿克拉拉·克莱门斯（Clara Clemens）。

阿尔玛逐渐发现自己在女人圈里更如鱼得水，也更容易获得"她者"的激赏。敏妮·昂特梅尔成了阿尔玛忠实的朋友与"守护天使"，当阿尔玛遇到困难时，便会向她求助。阿尔玛十分崇拜"无所畏惧"的纳塔莉·柯蒂斯，此人十分大胆，多年来一直与她的兄弟在北美印第安人族群中生活，在野外露营，记录当地人的音乐。创造了著名的"吉布森女孩"（Gibson girl）的查尔斯·达纳·吉布森（Charles Dana Gibson）的妻子艾琳·兰霍妮·吉布森（Irene Langhorne Gibson）同样引发了阿尔玛的兴趣。她的妹妹南希·阿斯特（Nancy

Astor）嫁给了贵族，成为英国下议院的第一位女议员。在阿尔玛的笔下，吉布森太太是一个"浑身上下散发着耀眼金光的美人，纯洁而空洞"。她直率地问阿尔玛道："如你这样漂亮的姑娘怎会嫁给马勒这般又丑又老又让人难以置信的男人？"阿尔玛对于她的质疑并不感到惊讶，"不管我说什么，她都只报以轻蔑的一笑"。[65] 阿尔玛另一处经常光顾的聚会是露西娜·哈夫迈耶（Louisine Havemeyer）在她"仙女宫殿"（fairy palace）举办的音乐下午茶，该宫殿由路易斯·康福特·蒂凡尼（Louis Comfort Tiffany）设计，挂满大师杰作的绘画长廊尤为引人注目：八幅伦勃朗，大量的戈雅（Goyas），一幅埃尔·格列柯（El Greco）的风景画以及他的《红衣主教画像》（*Portrait of a Cardinal*）。阿尔玛与马勒还一起拜访了韦斯特－罗斯福夫人（Mrs. West-Roosevelt）。她居住在奥伊斯特湾（Oyster Bay），离她的姐夫、美国总统西奥多·罗斯福（Theodore Roosevelt）不远。据称罗斯福的房子四面环海，每个房间都有一个玻璃阳台。人们告诉马勒夫妇，从外面可以看到整栋房子的室内布置，这栋房子完美地诠释了西奥多本人的生活理念，"如房子般清晰开放"。

设计师蒂凡尼邀请他们到他的豪宅做客。沿着富丽堂皇的楼梯一路向上攀升至一间巨大的房间，"色彩斑斓的灯光透过黑暗洒下柔和的、花朵般的光束"。耳边，管风琴正演奏《帕西法尔》前奏曲。高高的墙壁上，光线从彩色玻璃板中穿过，这"大概就是通往天堂的大门了"。蒂凡尼走了过来，喃喃地说了些难以理解的话。"等到我们终于镇定下来……他早已不见踪影。"事后，他们听闻蒂凡尼是个瘾君子，神志不清是他的常态。音乐中止了，他们听到一阵低语，"侍者们戴着昂贵的眼镜悄无声息地走来走去……棕榈树与沙发，美丽的女人身着古怪的、闪闪发光的长袍……那是纽约的一千零一夜"。[66]

朋友们带他们游历了这座城市的下城区，那些地下的、底层的生活。在音乐赞助人奥托·卡恩（Otto Kahn）与约瑟夫·弗伦克尔的陪同下，马勒夫妇前往"无产阶级的"百老汇，参加了当时著名的"女大仙"欧萨皮亚·帕拉第诺（Eusepia Palladino）在自家公寓举办的降神会。在贴着黑色墙纸的房间里，有一个用布帘隔开的幽室，他们手牵着手，看着帕拉第诺抽搐起来。突然，一群身体发着磷光的人触碰了他们，幽室沐浴在磷光里，桌子径直朝天花板撞去，一支曼陀林从空中飞过，击中了马勒的前额。帕拉第诺向马勒发出警告，称"他有危险"。[67]他们听后默默地离开了。

音乐出版商欧内斯特·席尔默（Ernest Schirmer）及其妻子带着他们驱车穿过唐人街的小巷，来到一个鸦片馆，车上随行的还有一名全副武装的侦探。在那里，"一个长着你能想象得到的最堕落的、无关男女的脸的生物"带他们走进其中一个房间，铺位上躺着嗑药的瘾君子。在楼上另一间陈设豪华的房间里，他们眼见着一个中国男人渐渐屈从，渐渐被压垮。随后，他们前往宗教教派集会，一个长着狂热面孔的人正对着一排排长凳上的"饥饿会众"高唱赞美诗。"那一张张可怜的面孔啊！"[68]阿尔玛心里感慨。

犹太人聚居区"到处是熙熙攘攘的生活，欢声笑语，热闹非凡……整条街从头至尾挂满了旧衣服与破布。空气里弥漫着浓烈的食物的味道"。阿尔玛轻声问马勒："这些人是我们的兄弟吗？"他绝望地摇摇头。不久，他们拐进一条灯火通明的街道，终于松了口气，"我们重又与同类在一起"。阿尔玛灵光一闪，她问自己："难道唯有阶级差别而没有种族差别吗？"[69]

他们于1910年4月离开纽约。马勒在给安娜·莫尔的信中称："这一年，我过得很好。"[70]他还告诉圭多·阿德勒，比起以前自己的生活，"如今每日的活动与生活方式"令他感到"更精神、更健康"。[71]尽管马勒与阿尔玛的脑子里"几乎每周都会冒出关于未来的新想法，那些渴慕的目的地一个个蹦了出来——巴黎、佛罗伦萨、卡普里、瑞士、黑森林"；可在马勒心里，他的愿望则朴素许多——盼着一年后自己的身体能重新过上"正常人的生活"，与几位亲近的朋友共同生活、工作。他曾向罗勒坦言，"尤其眼下，值得庆幸的是，我妻子对美国的热情开始减退"，他希望在可预见的未来，他们能够"在维也纳附近某个阳光明媚，有着美丽葡萄园的地方落脚，永不再离开"。[72]

146

经历了几年动荡之后，两人的生活似乎又回归了平静。然而，这趟回归欧洲之旅预示了某些不安，等待他们的将是从未有过的、最严重的婚姻危机。

7. "为你而活！为你而死！" 1910—1911

147　　4 月 12 日，他们于回程途中经停巴黎，马勒将在那里为音乐赞助人格雷菲勒伯爵夫人（Countess Greffulhe）组织的音乐会指挥自己的第二交响曲。音乐会进行到一半，于观众席中就座的、彼时法国最杰出的作曲家克劳德·德彪西（Claude Debussy）起身离场，令马勒大感震惊。对马勒而言，这是一部"用尽全力追求崇高境界的恢宏巨作"，却"遭到法国著名作曲家的误解与谴责"，再多的赞美都不足以安慰马勒的失落。阿尔玛将一切看在眼里，心有戚戚。德彪西以其音乐沙文主义而闻名，他认为这首作品"太舒伯特了……太维也纳了——太斯拉夫了"。[1]

　　不久，马勒带阿尔玛去了罗马，她感觉疲惫不堪。"整个人病恹恹的。被他炽烈的灵魂永不停歇地驱赶着往前，我感到疲惫，折磨与撕裂的痛苦令我彻底崩溃了。" 6 月初，阿尔玛遵照医嘱在托伯尔巴德（Tobelbad）的一家水疗中心进行为期六周的治疗。托伯尔巴德位于格拉茨南部一个树木繁茂的山谷，是当时很时髦的水疗场所。古琪与英国奶妈陪同阿尔玛前往，马勒则专心创作第十交响曲。阿尔玛在托伯尔巴德"过起了真正意义上的独居生活"，饮食菜单上

只有莴苣和乳酪，她终日光着脚，身上披着"可怕的睡袍"；无论刮风下雨，她
总会坚持在户外运动，并"自觉地进行温泉洗浴理疗"。第一次泡温泉时，她
晕倒了，不得不被人抬回床上。

德国医生看出了阿尔玛的沮丧与孤独，开出新的药方——跳舞。抵达托伯
尔巴德后第三日，阿尔玛遇见了"长相异常俊美的"年仅 27 岁的沃尔特·格罗
皮乌斯。她在日记中写道："他很适合扮演《名歌手》里的瓦尔特·冯·施托尔
辛（Walther von Stolzing）一角。"当他们在舞池中翩翩起舞时，彼此间的吸引
力瞬时被点燃。一场热恋自此拉开了序幕。[2] 阿尔玛早已对婚姻中感官激情的
消退习以为常，也渐渐不再关心自己的内心情感。她总是心存忧虑，担心 31
岁的自己过早地成为"冷漠的、无动于衷的、听天由命的老女人"。她对格罗
皮乌斯说，她甚至不知道"这么一根干瘪的枯枝能不能复活，如果可以——那
么我在尘世间将拥有天堂"。[3]

阿尔玛总是被有创造性才能的人所吸引，这一点从未变过。这位年轻英俊
的建筑师才刚刚开始自己的事业。多年后，他将成为 20 世纪现代主义最重要
的代表人物之一。他的出现唤醒了阿尔玛的感官知觉，唤醒了"我生命中的健
康元素"，同时也把阿尔玛推向了一条充满情感纠葛的、极度痛苦的爱之不归
路。在这段关系中，比起他的建筑绘图，阿尔玛更被他的魅力所吸引，毕竟这
是一个她并没有那么熟悉的艺术领域。格罗皮乌斯当时在著名建筑师彼得·贝
伦斯（Peter Behrens）的柏林办公室工作，他的风格基于"将建筑视作一个整
体"的概念发展而成，建筑是理性与功能性合一的实体，以彻底简化的设计将
艺术与大规模生产的产品及技术相结合。九年后，即 1919 年，格罗皮乌斯发
起了包豪斯运动（Bauhaus movement），这场运动启发了整整一代人，并对建
筑与设计产生了持续性的影响。

马勒每天都会给诊所去信，规劝阿尔玛尽一切努力从"折磨人的病痛"中恢复过来。若是没有收到回复，马勒便如坐针毡。"我很担心，今天一整天都没有你的消息。是不是有事瞒着我？我总感觉字里行间有别的什么。"[4] 6 月 25 日，再也坐不住的马勒发了封电报："为什么音信全无，我很担心，请尽快回复。"与此同时，他给安娜·莫尔去信称："爱喜的信让我感到很不安，信中有一种特别的语气。到底发生了什么事？"[5] 6 月 30 日，马勒临时改变计划转道托伯尔巴德看望阿尔玛，并在那里停留了两日。他发现妻子的精神"好了许多，身体也结实不少。我想，这次的治疗对她大有益处"。马勒写信请求安娜·莫尔："只要她愿意，我们应该尽可能让她多待一阵子。"[6] 安娜·莫尔于 7 月初前往水疗中心与阿尔玛会合。安娜不仅一眼看穿了女儿与沃尔特·格罗皮乌斯的关系，还成了他们的中间人、保护人、知己，从中穿针引线。

7 月 16 日，阿尔玛回到托布拉赫，马勒"比以往更疼爱我了"。不知道是不是因为年轻艺术家的爱令她重拾自信，她感到自己"更快乐、更乐观了"。虽然阿尔玛"无意于继续发展这段关系"，但依然在三千米外开设了留存邮件账户，保持与格罗皮乌斯热情的通信。"等我！"她在 7 月 18 日的信中直言，但也总不忘对他发出警告，称自己仍然不可挽回地与马勒捆绑在一起。当阿尔玛不能给格罗皮乌斯写信时，母亲总是贴心地代劳，始终与他保持联系。"我亲爱的沃尔特，你是如此贴近我心，我找不到任何其他的方式来称呼你……高昂起你的头——等着你的是光辉灿烂的前程，献上我一千个问候，你忠诚的妈妈。"[7]

7 月 29 日，一封寄往托布拉赫的信令表面的平静土崩瓦解。这封蓄意标明"G. 马勒阁下收"的信实为写给阿尔玛的，在信中，格罗皮乌斯开诚布公地"写下我们相爱之夜的秘密"。马勒瞬时惊呆了，"当他打开信时，正端坐在钢琴前。'这是什么?'他声有哽咽,然后将信递给我"。马勒认定,"那位建筑师刻意写这封信给他实为向阿尔玛求婚"。[8]

阿尔玛吓坏了,两日后,她给格罗皮乌斯去信称:"求求你!别来这里!!!我请求你!!"阿尔玛完全不能理解沃尔特的行为,除了信里一个谜一样的短语——"你的丈夫还没有发现吗?"她向他描述了灾难性的后果:

> 沃尔特,自那夜起,惟有无尽的眼泪,你知道我们流下了多少眼泪吗!G(古斯塔夫)与我昨日哭了一整天,彼此说了些可怕的话。看到他如此痛苦,我的心要碎了。毕竟,这一切于他或多或少是一场意外,如今他知晓了这一切,却不是通过我的口告诉他的,至少我原可以坦诚地告解,他已经完全失去了对我的信任和信心!你让我们俩都受尽了折磨。

如今,她"急切地渴望"得到他的解释。

> 我是如此震惊,整个人被击得粉碎。我对你的信心动摇了——我不知道会发生什么事——但我——现在还不能做任何事!请不要到这里来!写信投递到 A.M.40。我希望你能说点什么,解释你的行为。[9]

格罗皮乌斯似乎尚未意识到自己行为所带来的严重后果,一味地坚称:"你的来信令我非常为你们担心。但请不要把它当作是悲剧。如果不能来找你,我会发疯的。我必须为自己辩护,在你二人面前把一切解释得明明白白,解开这个谜团。"格罗皮乌斯请求阿尔玛给他一个小时,只要一个小时,"让我说出一切,允许我表达对你们的慰藉之情,也让我与自己和解,之后,我将离开,

151

我不再强行挤在你二人之间"。[10] 阿尔玛对他说，这场危机给她带来了"一生中最艰难的时光"。如此一来，她

> ……必须做出抉择——关于生和死……我现在必须做出决定。如今，我陷入完全无法想象的境地，古斯塔夫给我的是无尽的爱，尽管一切已经发生，假使我选择留下来，那么他将得以生存，但如果我选择离开——他将死去。[11]

即便如此，阿尔玛依然无法拒绝对格罗皮乌斯的爱，或者说，她不愿彻底关上这扇门，至少，那意味着多一种可能性。

> 告诉我，如果我决定与你共度一生，我将来会怎么样？噢，当我想到自己恐怕已被剥夺那份爱，我的沃尔特，那强烈的、一生一世的爱，全部失去……！请帮帮我，我不知道该怎么做。[12]

尽管格罗皮乌斯事后声称自己无意中把收件人写错了，但他的行为仍然是个谜。许久以后，他向阿尔玛表示希望"补偿给古斯塔夫与你造成的痛苦"，他将此归咎为"缺乏成熟的谨慎"。[13] 然而，格罗皮乌斯的传记作者雷金纳德·艾萨克斯（Reginald Isaacs）曾指出，这是格罗皮乌斯恋爱中惯常采用的方式，他"倾向与已婚或已有男性伴侣的年长女性交往，之后与这位女性的丈夫或伴侣联系"。如此行径的理由，据雷金纳德·艾萨克斯的说法，"无论是出于良心的痛苦，还是出于其他动机，都还有待商榷"。[14] 在给阿尔玛的信中——那句"你的丈夫还没有发现吗"——或许表明了他的意图。出于骄傲或某种需求，

以这样的方式，格罗皮乌斯似乎让自己成为他们迷人婚姻的一部分，而非身处婚姻外围的边缘人。

如此一来，阿尔玛终于有机会向马勒倾诉婚姻中压抑已久的沮丧以及逐渐累积的失望情绪。"我终于能把一切都告诉他了。我告诉他，我年复一年地渴望着他的爱，而他狂热地专注于自己的生活，完全忽视我。就在我说这话的时候，他第一次感到，他对曾经与他的生命相连的人有某种亏欠。一种罪恶感突然涌上他的心头。"[15] 两人什么也做不了，"就这么哭着，走着，一整天"，只得请安娜·莫尔前来帮助他们渡过难关。

痛苦而诚实的对峙后，阿尔玛"与马勒一样，强烈地感受到自己无法离开对方。当我把心里的感受告诉他时，他整张脸都变形了。他的爱变成了一种狂喜，他一刻也离不开我"。尽管两人以前所未有的方式交谈，然而，阿尔玛不能说出"全部的真相"，事实是，她那

……毫无保留的爱已渐渐失去了一些力量与温暖；某位年轻男子（格罗皮乌斯）冲动的主动出击令我大开眼界，我心里清楚……我的婚姻——不再是真正的婚姻——而我自己的生活，从来没有被真正满足过。我对他隐瞒了真相……为了不伤他。[16]

即便如此，她从未后悔这段婚姻，她不断给自己灌输这样的信念，"这些年来所长期忍受的痛苦对我的内在成长是必要的，如果只是幸福，我恐怕会变得浅薄，正如我周围很多有才华的人一样"。[17]

几日后，与马勒开车外出时，阿尔玛瞥见格罗皮乌斯躲在一座桥下。显然，他在这一带已经逗留有一段时间了，期盼能见到她，并得到回音。阿尔玛

心惊肉跳，"出于某种恐惧，而非喜悦"。回到家中，她立刻将看到的告诉马勒。"他对我说：'我自己去把他带来。'他最终在托布拉赫找到了格罗皮乌斯。'跟我来。'他说。而对方缄默不语。"他们在一片漆黑中向房子走去，两人都没有说话。马勒提着灯走在前面，格罗皮乌斯跟在后头。

阿尔玛在自己的房间里候着，

> 马勒进门时表情很严肃。在与X（格罗皮乌斯）谈话之前，我犹豫了很长时间。几分钟后，我中断了我们的对话，我突然有点担心马勒。马勒在他的房间里来回踱步。桌上燃着两支蜡烛，他正在读圣经。"无论你做什么都是对的，"他说，"行使你的决定吧。"

然而，阿尔玛知道自己别无选择。

> 我无法想象没有他的生活，即便我感觉自己的生命正在一点点地被浪费，绝望充斥着我的日常。与另一个男人生活在一起，这是我最不可想象的事……马勒是我生活的中心，他一直都是。[18]

一年后，她还清晰地记得那晚"马勒离开我房间时脸上的痛苦表情。他受了怎样的折磨啊"！[19] 马勒陪同格罗皮乌斯郑重其事地从屋子里走了出来，一直走到屋外的围篱旁。

翌日清晨，阿尔玛前往火车站与格罗皮乌斯告别。回来的路上，她遇见了马勒。他因恐惧在中途停了下来，"害怕我终会与X（格罗皮乌斯）一起离去"。[20] 临行前，格罗皮乌斯给马勒留下一封信，字里行间带着不卑不亢的尊贵：

"很不幸，我们彼此间没有什么可说的。我只会给你带来痛苦，这令我很难过。至少允许我再次感谢你对我的高贵款待，并最后一次握你的手。"²¹ 火车上的格罗皮乌斯，每到一个站便会给阿尔玛发去电报。

尽管对马勒忠心耿耿，但阿尔玛仍继续与格罗皮乌斯保持通信，与他分享内心的起伏，以及她与马勒生活中的细节。8 月 7 日，她写道："我发现古斯塔夫正在家里等我，心情非常低落——他只希望有一天能成为你！"²² 有一个变化叫她松了一口气："他不再因肉体上的需要来纠缠我了——一切尚可忍受——暂时是。"²³

阿尔玛陷入了矛盾的情感之中，她并没有放弃与格罗皮乌斯生活在一起的期望，但她决定"至少看看我能不能忍受这种生活，直到——你将我召唤至你身边的那一刻，直到你准备好，并能独立地生活的那一天，如此我便能满怀信心地跟随你，你也可以毫无忧虑地带我回家"。²⁴ 当格罗皮乌斯在信中谈到"我们共同的未来"时，她提醒道：

> 沃尔特，一切不会如你所想的那般快——古斯塔夫整天都躺在我的脚边，不停地啜泣着，问我："你会选择与我在一起吗？"最后，我答应他了。他说，我这么做救了他的命……现在唯一的问题是，你的爱是否强大到足以捱过最艰难的时刻——我的意思是，等待，只有等待，可以吗？如今的我属于这里。古斯塔夫是一个美好的人，他病了——而我不能在他需要的时候抛弃他。²⁵

155

可阿尔玛同样无法忍受失去格罗皮乌斯，一再表白心迹：

等我。我再也不会看别的男人一眼……我对你的爱没有尽头。你心中的爱永远不会离开我的生命……我们惟知道一件事——让我们保持彼此的纯洁——不论在哪一个方面!……如果我们彼此坚定而忠诚地爱着对方,我们定会安然度过。

她建议格罗皮乌斯把她视为未婚妻,毕竟"关于未来,我们又知道些什么呢?世事斗转星移,变化比我们想象的要快"。[26]

沃尔特·格罗皮乌斯宣布了他的忠贞不渝。"是的,阿尔玛,我完全相信你的忠诚与纯洁,甚至早在很久以前,我就已经把你当作我的新娘了。"[27] 两人继续通过邮局或者安娜·莫尔交换信件。安娜·莫尔与阿尔玛同住,时不时给格罗皮乌斯去信并从中调停,她解释道:

有一件事必须明确:阿尔玛暂时不能离开古斯塔夫——他活不下去——如果幸福是要以践踏这个男人的尸体作为交换,你会相信这样的幸福吗?——一个如此伟大、如此善良、如此高贵的人。这是难以想象的!你不可能获得幸福!那么该怎么办呢?你自己必须鼓起力量,坚强起来!毕竟你们俩都还年轻,可以等一会儿。古斯塔夫现在的状况,简直难以想象……他患有严重的心脏病,没有被这件事击垮已然是个奇迹了。[28]

马勒因遭受痛苦而改变,日夜活在被抛弃的恐惧中。他几乎每日都给阿尔玛写诗。他写给她的信充满了爱、自我克制与悔恨。

我生命里的呼吸!我把你的拖鞋吻得喘不过气来,恋恋不舍地立于你门前。怜悯我，你这美丽的女人，然而……恶魔们惩罚了我，因为我把自己的利益置于你的利益之上……祝福你，我的爱——感谢你赐予我的一切——我的心只为你而跳动。[29]

　　几日后，又是一封："我亲爱的，我的缪斯女神……我匍匐在地，等待你；默默试探，我是否还有得到救赎的希望，我是否会被诅咒。"[30] 据心理学家斯图亚特·费德（Stuart Feder）后来的观察，马勒"试图安抚她，仿佛她是一个反复无常的女神，而献上燔祭将影响她对他的裁决"。[31]

　　阿尔玛回忆起当时马勒内心的强烈恐惧，

他嫉妒一切的事与人……我俩相邻房间的门必须始终敞开着。他必须听到我的呼吸。我常常在夜里醒来，发现他立于黑暗中，就站在我的床边，我吓得浑身战栗，仿佛看见一个死去的幽灵。

　　每天，她总要亲自去作曲小屋接他出来吃饭，"他常常躺在地板上哭泣，害怕失去我，也许已经失去了我。他对我说，躺在地板上，能令他与大地更贴近些"。[32]

　　马勒继续创作第十交响曲。痛苦被编织进他最后写于乐谱上的题词中："Für dich leben! Für dich sterben! Almschi!（为你而活！为你而死！爱喜！）"在终曲的结尾，他带着更阴郁的心情，以又一首谐谑曲为自己辩护，请求宽恕："魔鬼与我共舞／该死的疯狂，紧紧抓住了我！／毁灭我吧／让我忘记我的存在！／如此我不再存在／如此，我……"[33] 戏剧性的低沉的鼓点结束了这一乐章——暗指他们曾经目睹的纽约消防员的葬礼，但也可能是一个预兆，预示了马勒自己的死亡——他写道："只有你知道这其中的意涵。"在同一页的乐谱上，还写着："Ach! Ach! Ach! 别了，我的琴，别了！……"[34]

8月的一天，阿尔玛和女儿古琪散步回来。"突然，我听到有人在弹唱我的歌。我停下脚步——整个人僵住了。我那些被遗忘的可怜的歌儿。十年来，我总是把它们带在身边，它们被挪来挪去，搬到乡下，又搬回城里，一个我永远无法摆脱的包袱。我羞愧难当，同时感到愤怒。"马勒从屋里走出来迎接她俩：

> ……他的脸上洋溢着喜悦，我一句话也说不出来。"看我都做了些什么？"他说，"这些歌曲好极了，真的极出色。我一定要你重新回归创作，把这些东西好好润色一番，我们将它们付印出版。除非你重新提笔创作，否则我永远也不会快乐的。上帝啊，那时的我是多么盲目且自私啊！"

他一遍又一遍地演奏着，对她赞不绝口。她"不得不坐在那里，在长达十年的停顿后，复又开始创作！……的确，他总是善于承诺与发表感叹"，[35] 只是天性里特有的自我怀疑令阿尔玛有非凡的洞察，她认为在马勒口中，自己的才华是被过誉了的。

就阿尔玛而言，马勒对她的成就、她的创造力以及她的身份的认识改变了两人的关系。"今时今日的我才第一次真正了解G［古斯塔夫］——他想要与我一起阅读严肃的文字作品——与我一起创造音乐，"阿尔玛对格罗皮乌斯说道，"总之，经历了这几日的痛苦，他变成另一个人，他只想为我而活，放弃他所谓的'乐谱上的人生'（das papierne Leben），放弃节制、苦行的音乐家生活。"[36]

最重要的变化是阿尔玛可以在他的支持下重新开始创作，"昨天我完成了一首歌曲，当他从作曲小屋走出来时，我递给他看。他径直走进客厅，不一会儿便出来了，脸上挂着泪珠，说：'我很感动——这太棒了！'"阿尔玛享受其中，"尽情享受 G 对我的音乐表现出的爱与赞赏。他只想把他未来的生命奉献给那件我已弃置多年、不抱任何希望的事，我几乎不敢相信自己的好运气。他整日整日地弹奏我的歌曲，称它们如此美妙"，阿尔玛在给格罗皮乌斯的信中如此描述。带着些小骄傲，阿尔玛补充道：

> ……老实说——我早就知道我的作品质量上乘——想想，这些是我的孩子，我带着它们东躲西藏了八年——我深信，它们很出色——我只是简单地相信这一切——无疑，这是女人的命运——当我结婚时就必须放弃一切快乐，放弃所有的幸福。[37]

全新的理解激发了马勒，他把阿尔玛"那些可爱的歌曲称作星辰……代表你神圣存在的幸福使者，它们将照亮我的天空，直到我生命的太阳再次照耀我的苍穹"，他热情地歌颂着："从此，我不再怀疑我的幸福是否稳固：她爱我！这三个字构成我生命的实质。若哪天不再能说出这三个字，我便死了。"[38]

她现在知道——正如一直以来所坚信的——她的音乐是"通向生命的桥梁。一瞬间，我发现这个世界重又变得愉悦起来"。当独自一人时，她便打磨自己的歌曲："我对其中一首歌曲做了很多改动，几乎成了一首新歌。昨天，我们发现三首完全不需要调整的歌曲，连一个音符都不用改。——G 极为严格，讲求精确，我绝对相信他的判断。"[39] 某天半夜，"一个幻影"将她从睡梦中惊醒：

> 黑暗中，古斯塔夫站在我面前。"如果我把第八交响曲献给你，你会接受

吗，我能有这个小小的荣幸吗？"我回答道："不，不要。你从未把任何作品献给任何人。说不定你有一天会后悔的。"

不管阿尔玛同不同意，马勒业已致信出版商——环球（Universal Edition）的埃米尔·赫茨卡（Emil Hertzka），坚持要在扉页写下这些文字："致我亲爱的妻子阿尔玛·玛利亚。"[40]

尽管与马勒的婚姻关系重又回归正轨，但在写给格罗皮乌斯的信中，阿尔玛的热情丝毫未减。"我知道我活着只是为了那一刻，那时我将属于你，而且只属于你。"她如此写道，并在末尾署名"你的妻子"。

> 我如此强烈地感受着你，与你在一起，你必定也感受到了我。你总是带给我那么多的快乐！……何时才能等到那一天，当你赤裸地躺在我身旁，从此再没有什么能把我们分开，除了睡眠？[41]

她一再向沃尔特保证，自己与马勒没有亲密的接触，同时也承认她的整个婚姻生活"无异于一场漫长的妊娠恐惧——每个月，我都为之担惊受怕"。[42]可她却对格罗皮乌斯说："我的沃尔特，我想要你给我一个孩子，我会好好珍惜他，好好照顾他，直到有一天我们微笑着永远拥抱在一起，无怨无悔。"[43]

8月21日夜里，阿尔玛突然醒来，大声呼唤马勒。没有得到回应的阿尔玛跑到他床前，发现马勒躺在地上不省人事，身旁点着一根蜡烛。阿尔玛把他抱到床上，把母亲叫来，又派人去请医生，给马勒"服用了刺激心脏功能的兴奋剂，恰好是我手边的常备药"。[44]她向沃尔特描述了他"崩溃的惨状——从凌晨三点起，妈妈与我一直陪伴他左右……担心会发生最糟的情况"。[45]早上五点，医生来时，他已经醒了。

马勒意识到自己波动紊乱的情绪恐怕有更深层的心理根源，于是，他决定咨询心理疗法的创始人西格蒙德·弗洛伊德。起先，马勒三番五次变卦，单方面取消了若干次约诊。最终，弗洛伊德同意中断自己的假期，前往荷兰的莱顿（Leiden）与马勒见面。8 月 26 日，俩人花了四个小时一起悠闲地在古镇上漫步。第二天，马勒给阿尔玛发去电报，称："一次叫人心情愉悦且有趣的讨论，原来微尘也可以有成为重要角色的一天，准备启程前往托布拉赫。"[46] 弗洛伊德的诊断"令马勒的思绪平静了许多"，阿尔玛记录道：

> 他（弗洛伊德）称："我深知您的妻子。她爱她的父亲，也只能选择去爱一个与父亲相当的、同一类的男子。你所忧虑的年龄差距，恰恰是吸引她的地方。你无须着急。你深爱自己的母亲，并且倾向于在每个女人身上寻找你母亲的身影。她心事重重，体弱多病，无形中，你在潜意识里希望自己的妻子也是这样的。"

阿尔玛认为，弗洛伊德"在这两件事上的判断都很正确"。

> 古斯塔夫·马勒的母亲叫玛丽。我记起他头一回冲动，便是心血来潮地把我的名字改成玛丽……而当他更加了解我之后，总想着让我的脸显出更加"病恹恹"的表情……"病恹恹"，他的原话……我也的确一直在寻找一个个头矮小，但在智慧与精神层面拥有优越感的男性，因为这是我记忆里相熟且挚爱的父亲的形象。

161

　　阿尔玛宣称弗洛伊德"在听过他（马勒）的自白后，言辞激烈地责备他：'以你现在的状态，怎敢奢望要求一个年轻女性始终与你捆绑在一起？'"[47]。这个说法在其他文件中并未有相关佐证，仅是阿尔玛的一面之词。

　　事后，弗洛伊德在与学生玛丽·波拿巴（Marie Bonaparte）的谈话中描述了与马勒的相遇：

> 他娶了一个比他年轻不少的女人。当时的婚姻并不顺利，虽然他是正常意义上的卓有成就的男人，也爱自己的妻子……他对她忠贞不渝。但这个女子不再能叫他兴奋了。我们散步时，他跟我谈了一切可能的事……他对于心理分析的悟性极高……一点就通。令人印象深刻的是，当我对他说："你的母亲叫玛丽，对吗？"他惊得大叫起来："可你是如何知道的？"当然，我能从他告诉我的事情中看出这一点——他深深地迷恋着他的母亲。"可这样好吗，"我问他，"你最终娶了一个不叫'玛丽'的女人为妻？""不过，"他大声说道，"她明明叫阿尔玛-玛丽（Alma-Marie）！"[48]

　　后来马勒在给阿尔玛的信中写道："弗洛伊德说得很对——你对我而言是永远的光明与中心！我说的是，内在之光，超越所有一切的光；以及，意识到这一点所带给我的幸福——如今这种喜悦没有了阴影，也不再有束缚——我的感情得以升华，攀升至无限的时空。"[49]

　　9月3日，马勒前往慕尼黑指挥他的第八交响曲的全球首演，作为某种象征，他把她的结婚戒指戴在自己的手指上。阿尔玛告诉格罗皮乌斯，称"他仍然疯狂地"害怕失去她，但马勒的热情引发了阿尔玛的担忧，"如今，他对我的这种盲目崇拜和尊敬几乎不能再被称作是正常的了"。[50] 当下的情形实在两难：
"他知道没有我他不可能活。我知道自己会尊敬并保护他——但我只爱你一人。
我们怎么才能摆脱这种状况呢！？"[51]

阿尔玛计划在参加马勒的音乐会后，于慕尼黑的酒店与沃尔特·格罗皮乌
斯会面。8月26日，她一度考虑让马勒独自一人前往美国，但很快又心软了：
"古斯塔夫对我说，他一日都离不开我——我想，我必须跟着他。"[52] 当阿尔玛一
再向马勒保证自己对他的爱时，马勒欣喜若狂："噢，爱是多么美妙。直到现
在我才知道这是什么意思。疼痛因它而失去力量，死亡因它而不再有刺……当
一个人完全确信地去爱，并且知道他的爱也会得到回报时，我感到来自爱的幸
福。"[53] 他对她说："爱喜，如果你当时离开了我，我会被熄灭，就像燃着的蜡烛
失去了空气。"[54]

阿尔玛抵达慕尼黑时，发现所下榻的套房内"塞满了向我致敬的玫瑰"，桌
上摆着题献给她的第八交响曲乐谱副本，另有一份送阿尔玛的母亲。至于这
沉重的奉献，他说："难道这不会给人以一种订婚的印象吗？……宣告彼此结
合的婚约，不是吗？"[55] 只是，马勒看起来病歪歪的。他因咽喉感染急性炎症而
旧疾复发，虽然很快痊愈了，但不得不卧床休养。阿尔玛于9月7日在格罗皮
乌斯下榻的酒店与他会面，随后参加了排练。一阵热烈的掌声结束后，向来眼
光毒辣、善于观察的评论家威廉·里特尔朝阿尔玛走来，对她说："你一定很
高兴很自豪吧！""跟平常并没有什么两样。"她回答着，脸上挂着半悲半笑的
神情。在里特尔看来，"她表达的与其说是钦佩，不如说是心碎"。[56]

在一众"被悬念吊足了胃口，情绪激动、心弦紧绷到极点"[57] 的观众面前，
马勒首演了第八交响曲。台下就座的包括他们的朋友，以及大量音乐资助人、
作曲家、指挥家、作家与艺术家，这些人构成并代表了当时欧洲文化的精英

阶层：格哈特·豪普特曼、阿尔弗雷多·卡塞拉（Alfredo Casella）、格雷菲勒伯爵夫人、阿方斯·迪彭布罗克（Alphons Diepenbrock）、威廉·门格尔贝格（Willem Mengelberg）、阿诺德·伯利纳、克列孟梭一家、布鲁诺·瓦尔特、阿图尔·施尼茨勒、雨果·冯·霍夫曼斯塔尔、斯蒂芬·茨威格、科洛曼·莫泽、阿尔弗雷德·罗勒，以及理查·施特劳斯、卡米尔·圣-桑（Camille Saint-Saëns）、齐格弗里德·瓦格纳（Siegfried Wagner）、安东·冯·韦伯恩、马克斯·赖因哈特（Max Reinhard）、莉莉·莱曼与埃里克·施梅德斯。

164 阿尔玛坐在包厢内，"激动得几乎失去知觉"。"马勒的脚踏上指挥台的瞬间，全体观众都站了起来……［随后］马勒，这个半神半魔的存在，将巨大的欢呼声浪转变成光之喷泉。那是无以名状的经历。"最后的时刻，当所有人涌向舞台时，阿尔玛却等在幕后，"沉浸在深深的情感中，一直等到情绪复归平静。之后，我们驱车回到酒店，眼里沁满了泪水"，[58] 一众朋友正等在那里，等待着庆祝他的胜利。

格罗皮乌斯在慕尼黑才头一回看见马勒指挥自己的作品，完全被眼前这个男人击垮。"带着溃败的心绪"，格罗皮乌斯离开了音乐会，他对阿尔玛说："我们不能伤害他，我们必须向这个人鞠躬。"[59] 他对马勒的尊敬为这段纠缠的三角关系增添了强有力的化学效应。1911 年 1 月，当格罗皮乌斯听到第七交响曲的时候，他感到仿佛"被一个遥远而陌生的提坦所震撼，我被巨大的神韵所吸引——它刺穿了我全部的情感——从恶魔到动人的孩子"。对于"这种外来的力量"，格罗皮乌斯感到恐惧，"毕竟我自己的艺术是从截然不同的土壤里生长起来的"。[60]

慕尼黑事件后，在一封据推断大约于 1910 年 9 月写给阿尔玛的信（草稿）中，格罗皮乌斯的语气变得狂热，情绪显出混乱，他发现近来阿尔玛与"古斯塔夫重又变得亲密起来"，不禁有了更多添油加醋的联想与不安。"我很想相信你现在的所作所为只是在追随他、照顾他、保护他直到他离开人世——并非说，你是他的挚爱。不要以为我在责怪你，这是我的本性使然。对我而言，你是那个最诚实、最尊贵、完全无可指责的人。"

格罗皮乌斯决定脱身，放手这段感情，让她走。他意识到，"无论是作为一个人还是作为一个艺术家，与马勒超乎凡俗的品质相比"，他自己

并非是那个可以迷住你的人，你为我做了最重要的事……像你这样的人，有一个意志坚强的人在场，必定比我在遥远的地方笨手笨脚地涂鸦来得更有效。只不过，他的意志更加坚强和成熟，迫使你在他面前屈服。事实上，你对我的热情实在是一种错误。这件事全怪我。

他意识到，阿尔玛已然把灵魂交给了马勒，马勒才是她的男人。

然而，格罗皮乌斯却因自己的决定而丧失了全部的信心，他对阿尔玛说："当我拥有你的爱时，便拥有了翅膀，无所不能。如今，我的门又阖上了，我只能重新陷入麻木的冷漠。"他自我安慰道，他的退出"成全了两个杰出的人，使他们的人生走向更深远的天地……我完全放弃了自己，还你自由……我真诚地希望你，伟大的女性，会幸福"。他只留下一种开放的可能性，唯愿——"当古斯塔夫离世后，你还依然爱我，如果真有那一天，那将是属于我们的、真正的幸福时刻"。[61]

格罗皮乌斯的决绝是短暂的。在收到阿尔玛的另一封信后，他复又充满渴念，"让我跪拜在你的脚边，满怀感激地凝望着你——'哦，智慧的源泉啊！'……我们共同经历的是人类灵魂所能经历的最伟大、最崇高的事情……

我必须……为你献上超人的活祭，毫无怨言"。[62] 在他眼中，阿尔玛像一位女神。

他们约定，等到阿尔玛独自前往美国途中，在巴黎会面。"我将于 10 月 14 日（星期五）上午 11 点 55 分乘东方快车离开这里。我在第二节卧铺车厢的 13 号。"[63] 阿尔玛于 10 月 11 日（或 12 日）的信中写道。格罗皮乌斯在慕尼黑登上火车，两人前往巴黎，在那里享受了"几个小时的幸福以及几天完全无忧无虑的纯粹快乐"。抵达纽约后，阿尔玛去信称"我们的爱情从来没有任何不和谐的音符。你美丽的眼眸点亮了我的道路……你何时才能再次出现在我的面前，实实在在地？……我什么时候能再次见到你，正如上帝将你创造出来——或许只有上帝才能做到这一点。我想吸收你全部的美。我们共同的完美只能造就一个半神"[64]。

身处纽约的马勒不仅面临 65 场音乐会的繁重日程，还要面对行政事务上的变动，新到任的乐团经理劳登·查尔顿（Loudon Charlton）意图重组乐团以提高水平。尽管这一乐季最终被认为获得了巨大的成功——票房收入比前一季增加了三分之一[65]——马勒在曲目选择以及解雇一名乐团成员的问题上与担保人委员会（Guarantors Committee）产生了分歧。马勒逝世后，出于某种不明智的怨恨，阿尔玛时常抱怨，称马勒"在维也纳大权在握，甚至连至高无上的皇帝都不能向他指手画脚；而在纽约，却有十个女人像操控木偶般地对他发号施令"。[66]

12 月 9 日，乐团前往水牛城（Buffalo）演出。借此契机，在一个冰天雪地的日子里，阿尔玛与马勒开车去了尼亚加拉大瀑布，"透出浅绿色的光之力量……水在冰顶下发出雷鸣般的巨响……如梦一般的美"。[67] 据说，马勒曾在瀑布的轰鸣声中惊呼："Endlich ein Fortissimo!（终于，这才是最强音啊！）"不久，在指挥了贝多芬的《田园交响曲》之后，他又得出结论，"清晰的艺术比模糊的自然更伟大……贝多芬音乐中所展现的自然远比尼亚加拉大瀑布更伟大、更崇高"。[68] 独自回纽约的阿尔玛在火车上重读了陀思妥耶夫斯基的《卡拉马佐夫兄弟》(*The Brothers Karamazov*)，抵达纽约后，她给马勒发去了电报："一段与阿廖沙共度的精彩之旅。"他立刻回复道："与'阿尔玛沙'一起旅行一定会更精彩。"[69]

那一年的折磨似乎正在消退，变淡。据阿尔玛的回忆，"那些日子我们俩亲密极了"。[70] 一种不熟悉的满足感进入了他们的生活，只是阿尔玛心中依然有纠结，她依然在马勒以及她渴慕的格罗皮乌斯的肉欲之爱间游移徘徊。但与格罗皮乌斯分开的时间越长，那人在她脑中的形象就越发暗淡。马勒害怕被遗弃的恐惧逐渐褪去，阿尔玛对他的忠诚也与日俱增；他越来越关切妻子的需要与兴趣，成了一个深情、体贴的伴侣。"特别是这个冬天，夫妻俩的和谐几乎达到了难以置信的强度与浓度，"一位美国朋友，音乐评论家莫里斯·鲍姆菲尔德（Maurice Baumfeld）如是说，"马勒与她分享一切，毫无保留……最重要的是，他为了妻子而作曲、指挥、创作、生活……我绝对相信，在他的心里，这个女人便是强大的力量，足够抵御死亡。"[71]

圣诞节当天，古斯塔夫送了阿尔玛一大堆礼物，叫她错愕。"他毫不顾及自己的好恶，竟能想到这么多可爱的东西，深深打动了我的心。"[72] 他们与女儿古琪度过了一个只属于三口之家的圣诞节。约瑟夫·弗伦克尔于新年前夜加入他们。午夜时分，他们听到城市工厂与港口船只传来的警报声，"所有教堂的钟声在如此美妙的管风琴音里交织着，我们三个相爱的人手牵着手哭泣，默默无言。我们中——没有人——知道这一切的缘由"。[73]

拥有创作自由的阿尔玛提笔在既有的旧歌上进行添补，将歌曲《黑夜里的光》(Licht in der Nacht)，亦有可能包含《丰收歌》(Erntelied) 一曲在内，发展

158

168

成一首合唱曲。她在给格罗皮乌斯的信中写道："冬日真是美妙——我感到年轻而有活力……我们完全了解彼此。"[74] 马勒坚持要誊写她的乐谱，对她的作品赞不绝口，并写信给安娜·莫尔：

> 如今她真的如盛放的花朵——始终保持相当健康的饮食，完全戒酒，她每一天都要比前一天更显年轻。她很努力创作，写了几首令人愉悦的新歌，这标志着巨大的进步。当然，这也有助于她保持好的状态。她发表的歌曲在这里引起了轰动，很快将由两名不同的歌手演唱。[75]

女高音弗朗西丝·阿尔达·加蒂－卡萨扎（Frances Alda Gatti-Casazza）拜访了阿尔玛。她看过阿尔玛发表的歌曲，想在即将到来的独唱音乐会上表演一首。马勒对加蒂－卡萨扎施以压力，希望她能完整演绎五首歌曲，加蒂－卡萨扎坚持只演唱其中一首，令马勒十分生气。排练的时候，阿尔玛"紧张得几乎说不出话来"。[76]

正在埋头创作《大地之歌》的马勒几乎每天都给阿尔玛弹上一遍又一遍，直到阿尔玛熟记这首作品为止。小古琪总是在一旁观察着父亲——就好像小阿尔玛看着她的父亲，那些小小的音符被父亲从乐谱上揪出来删去。

> "爸爸，"她说，"我可不想当一个音符。""为什么呢？"他问。"因为你可能会把我抓出来，把我吹飞。"他听了这话，高兴极了，立刻跑来告诉我她所说的一切。[77]

幼时的古琪已经表现出了非常独到的想象力。自从拜访了当时首屈一指的秘术大师梅·菲尔德（May Field），阿尔玛也开始进行一些神秘主义的仪式——"我们开始尝试着闭上眼睛，看看我们能看到什么颜色"。有一天，古琪闭着双眼来回走着，有人问她在干什么。"我在寻找绿色。"[78]她说。日后，古琪成为一名极具天赋的雕塑家。

1911 年 2 月 20 日，马勒再次因喉部发炎与高烧病倒，症状与去年 12 月的急症十分相似。弗伦克尔医生诊断马勒患有流感并建议他不要在第二天举行音乐会，马勒未予理会，依旧穿着厚厚的羊毛衣上台。这将是他指挥的最后一场音乐会。接下来的几天，炎症时隐时现，体温波动不定，马勒这才取消了所有音乐会。他终于倒下了，阿尔玛叫来弗伦克尔医生。弗伦克尔咨询了内分泌科医师，并要求马勒做了一次血液测试，结果证实了弗伦克尔的诊断——心内膜炎（endocarditis）。事后检验结果表明，罪魁祸首是绿色链球菌（streptococcus viridans），既有的心脏瓣膜病变因绿色链球菌恶化，促发细菌性心内膜炎。心脏受到越来越严重的影响，胶体银（Kollargol）治疗方式并没能使状况得到改善，随着细菌的繁殖，感染扩散至全身。

阿尔玛"像照顾一个小孩子般地"照顾他：

> ……我把吃的一口一口地放进他的嘴里，连衣服都不脱地睡在他的房间里。我们已经习惯这种生活方式了，他不止一次地说："等我好起来了，我们继续这样过下去好不好，你喂我吃的——这真是太美好了。"

与此同时，他老爱拿自己的病菌开玩笑，"这些小虫子要么正在跳舞，要么在睡觉吧"。[79]他常常相信自己终会康复，时而又感到绝望，有那么几次他拿自己的死开玩笑：

> "我死后，你会很抢手的，因为你年轻貌美。那么，会是哪一个呢？""一
> 个都不会有的，"我说，"别那么说。""嗯，我们大可数一数，谁会在那儿
> 等着？"他过了一遍名单……他总是打趣说："毕竟，我跟你待在一起会更
> 好。"我只好笑着，含着泪。[80]

有时，朋友们带阿尔玛出去兜风。当弗朗西丝·阿尔达·加蒂－卡萨扎
依计划在音乐会上演唱阿尔玛的歌曲——《柔美的夏夜》(Laue Sommernacht)
时，阿尔玛与弗伦克尔在舞台后面的走廊里听着。马勒"万分焦急地等待着我
的归来。他说，他从来没有如此激动过，即使是自己作品被搬上舞台都不曾
如此兴奋。当我告诉他，现场观众要求加演这首歌时，他一遍又一遍地念叨着
'感谢主'，高兴得不得了"。[81]

自马勒病倒的那日起，阿尔玛便中止了与格罗皮乌斯的通信。然而，她的
心依然被格罗皮乌斯牵绊着；3月11日，带着身陷深情的万般纠结，她给格罗
皮乌斯去信称："古斯塔夫已经病了三个星期了……我尽所能地照看。我愿意
牺牲我的生命……去帮助这位伟大而光荣的人。我终日无助地坐在他的床边。
请你耐心点，我的心肝。托布拉赫所有的时光啊，我们实实在在地活在一件艺
术品中——而浑然不知。"[82] 两周后，她再次提笔，表达了内心对格罗皮乌斯的
爱，虽然她对马勒的状况极度焦虑。

> 这一刻，我的感情麻木极了。令自己大为吃惊的是，我居然能表演
> 出超人的绝技。整整十二天没换过衣服——既当看护，又当母亲、家庭主

妇——什么事都做，事无巨细——而压在所有一切之上的，是早已填满身体的悲伤——恐惧与忧虑……不过，我知道，当我看见你的那一刻，一切都将再次盛放，如花般盛放。爱我！……那令我感到无比幸福的感觉。我想要你！！！你呢？？——你想要我吗？[83]

医生们会诊后，决定把马勒送到欧洲见一位顶尖的细菌学家。听闻这个消息的阿尔玛当场晕倒，不得不被抬了出来，她被诊断为因过于疲累而引发的体力透支。事到如今，只能请安娜·莫尔来帮衬；安娜·莫尔于当日离开维也纳，搭乘最快的船，六天后，也就是 3 月 31 日抵达纽约。她与阿尔玛一起收拾行李，开始为返回欧洲做准备。弗伦克尔建议马勒在巴黎咨询法国著名细菌学家安德烈·尚特梅斯（André Chantemesse）。

为了方便马勒离开酒店，人们备好了担架。马勒挥手示意将担架扔于一旁，扶着弗伦克尔的胳膊摇摇晃晃地走向电梯。电梯里的负责操作的男孩偷偷背过身去，为了不让马勒等人看到自己的眼泪。门厅里空无一人，大堂经理事先将人员都清空了。"我们知道马勒先生不愿意被关注。"[84]他对阿尔玛说。敏妮·昂特梅尔的汽车正等着送他们前往码头。登上船的那一刻，弗伦克尔医生挥手向马勒告别，他心里有预感，这是最后一次了。船舱里堆满了礼物和花儿。

阿尔玛与她的母亲轮流照看马勒，喂饭、穿衣。他们几乎每天都会把马勒抬到甲板上，为保护他们的隐私，甲板事先隔开一个私人的专用区。阿尔玛注意到，"马勒散发着惊人的美"。"我总是对他说：'今天，你又变成亚历山大大帝了。'他那乌黑发亮的眼睛、纯白的脸庞、黝黑的头发与血红色的嘴，如此之美，在我的心上凿出一阵恐惧。"[85]

卡尔·莫尔于 4 月 16 日在瑟堡与他们会和，一同前往巴黎。下榻爱丽舍宫酒店（Élysée Palace Hotel）的第二日早晨，阿尔玛醒来，发现马勒已经起床了，他穿好了衣服，胡子也仔细刮过了，静坐在阳台上等待着早餐。

"我总说，我只要一踏上欧洲的土地就会恢复。今天上午，我要开车去兜风，等过几天，行程结束后，我们俩就动身去埃及。"我目瞪口呆地盯着他。这简直是个奇迹……我们俩高兴得又哭又笑。他似乎得救了。

马勒订了一辆电动汽车，驱车前往布洛涅森林（Bois de Boulogne），他的脸色变得越来越惨白。"上车时，他一副业已康复的样子，一小时车程后，他仿佛行到鬼门关前的人，气若游丝。"[86]

马勒倒下了。尚特梅斯医生将他转移到巴黎郊区纳伊（Neuilly）的一家诊所。马勒眼见着越来越虚弱，但始终处于一种狂热的亢奋中。他哭着告诉安娜与卡尔·莫尔，希望死后不要举办盛大的仪式，并嘱咐将他安葬于格林津（Grinzing）公墓，女儿玛利亚的身边，碑上仅需刻上简单的名字——"Mahler"（马勒）。阿尔玛走进来时，他谈起了过去："我的生命就像纸一样！"他一遍又一遍地重复着，仿佛是自言自语："我一生都在纸上度过。"（Ich habe Papier gelebt.）[87]阿尔玛从巴黎写给格罗皮乌斯的信中，暴露了她与日俱增的绝望情绪："如此高尚的人被打倒了，他必须接受缓慢而悲惨的枯萎、衰败，直至死亡的一刻——一切都已为他备好。我们请来了最出色的医师——他正在接受血清治疗——或许还有康复的一线生机。如今能做的也就这么多了。"[88]

173 心中累积的忧虑令阿尔玛越来越感到不安。她与维也纳最著名的医生弗朗兹·切沃斯特克（Franz Chvostek）教授通了电话；切沃斯特克于次日上午赶到，并立即安排马勒乘坐火车前往维也纳。当阿尔玛走进马勒的房间时，她看见马勒的脸上闪耀着从未有过的欣喜。他们收拾好行李，当天晚上就出发了。"这次回家，我们的状态都很糟糕，不过，我们很快就会重新站起来的。"马勒说道。阿尔玛则坐在他身边的一只手提箱上，头轻轻地倚着马勒的手，将他的手吻了又吻。夜半时分，切沃斯特克把阿尔玛叫了出来：

> "没有希望，"他严肃地吐着每一个字，"但愿这一切早点结束吧。如果他真的挺过来了，当然，可能性极低，他将被迫在轮椅上度过余生。""人在总比不在好，"我说，"我无法面对没有他的生活。""是的，但到那时，整个神经系统会随之崩溃，你不会想陪着一个白痴老头到处乱转的。"

阿尔玛"拒绝屈服"，继续小心翼翼地照看他。[89]

每经停一个车站，总有记者登上火车获取关于马勒的最新消息——"马勒生命里的最后一次旅行仿佛垂死的国王备受瞩目"。[90]他被转移到维也纳的勒夫（Loew）疗养院。此时，他的朋友们赶到了。他的意识逐渐变得混乱。某日夜晚，"两名看护将未着衣衫、骨瘦嶙峋的马勒抬起来时，我们都觉得，仿佛那是刚刚从十字架上被解救下来的枯槁之躯"。[91]他大叫道："我的爱喜！"他就这么一遍一遍不停地叫着，那是阿尔玛从未听过的声音。他的呼吸变得困难。切沃斯特克赶到时，"马勒躺在那里，眼神茫然空洞；一根手指在被子上轻点挥舞着。他的嘴角挂着微笑，说了两次：'莫扎特！'双眼圆睁"。

临终的痛苦拉开序幕，阿尔玛被移到了隔壁房间。5月18日午夜，在一场雷雨中，可怕的、嘎嘎作响的"死亡之声"突然停止了。一场倾盆大雨瞬时变成了冰雹，闪电划亮了天幕，巨大的雷声将空气撕裂。据阿尔玛的回忆：

随着最后一口呼吸，他那心爱的、美丽的灵魂终于逃脱了，此刻的寂静比其他一切都更接近死亡本身。只要他还在呼吸，他就在那里。但是现在一切都结束了。我永远忘不了他临终的时刻，忘不了他那随着死亡的临近而变得愈发美丽的容貌。他为追寻永恒价值所作出的真诚奋斗，他超越日常凡俗的能力，以及对真理坚定不移的献身精神，都是圣洁存在的典范。[92]

医生不允许阿尔玛回到马勒所在的房间。"那天晚上，我搬到了他隔壁房间。对此，医生十分坚持。可不让我待在他身边，这令我感到屈辱。我不明白。如今，我是孑然一身了吗？我必须离开他而活吗？仿佛自己从一列飞驰的火车上被丢了出来，丢在异国他乡。在这地球上，我不再有立足之地。"[93]

阿尔玛在母亲的陪同下前往上瓦特山区，阿尔玛将在那里接受医疗监护。第二天早晨，她正预备有所交代时，安娜打断了她："别说！我都知道。"依照医生的指令，阿尔玛被禁止参加葬礼。1911 年 3 月 22 日，葬礼于瓢泼大雨中在格林津公墓举行。数百名朋友与哀悼者参加了这个简朴的仪式。一度，风
"猛烈地击打着树木，它们低低地弯下腰，跟着咆哮着。仿佛一声深沉的叹息，一声战栗，从整个大自然中逃离出来"，一位记者如此写道。之后，"随着头两捧泥土砸在棺材金属盖上，'砰'的一声闷响，一缕阳光从云层中透了出来"。另有一位哀悼者回忆称，那时天空现出彩虹，耳畔有夜莺之歌。[94]

8. 暴风雨　1911—1914

当一切落幕，面对"无声的死寂"，阿尔玛被击得粉碎[1]，她如此对格罗皮
乌斯说。切沃斯特克医生警告阿尔玛，称其肺部亦受到感染，如果继续放任，
"你很快就会像你丈夫一样"，听罢，她"头一次感到快乐，自古斯塔夫死后，
我一直郁郁寡欢。我多么想追随他而去"。[2]切沃斯特克嘱咐阿尔玛卧床休息，
可那张床令她备受"精神折磨，不得不忍受长时间的灵魂煎熬"，"我只是不能
理解当下的状况，如今的我与他天人永隔。无根的浮萍，没有出路"。[3]她躺在
床上，听着钟声嘀嗒，对着马勒的照片说话。不久前，他还是她生活的中心；
对她而言，"在这个世界上，我仿佛只是为了他这个人以及照料他的疾病困苦
而活着"。这段全新的亲密关系滋养了她。现在，她孤身一人、疲惫不堪，她
总在琢磨，"当我作为马勒的妻子时，时间不知怎么就过去了，除了他，我的
眼里没有其他"。[4]由于马勒生前的阻止，阿尔玛并没有身着丧服。

音乐再一次拯救了她。"对我而言，仅剩下音乐，朝我张开双臂。"她写
道。与7岁的安娜一起，阿尔玛终日演奏音乐，乃至茶饭不思。家里的厨子
不得不把她们从房间里拖出来吃饭。渐渐地，她似乎找到了康复之道。她对

178 格罗皮乌斯说："我想把这九年没做的事补上——让自己好起来。"她如今意识到，在那些年里，自己变得"越来越沮丧……无人知晓我婚姻生活的紧张和痛苦"。[5] 转眼到了 7 月，阿尔玛重又"续上了九年前被中断的生活。我从早工作到晚——日复一日，弹奏钢琴，时而散会儿步——总之，想做多久就多久，只要是感兴趣的，我都去尝试——一小时永远不嫌长……我极大地简化了现在的生活"。[6]

阿尔玛并没有立即与格罗皮乌斯再续前缘，似有一道裂痕将两人的距离拉远。马勒生命最后的几个月里，阿尔玛与他的关系如此之亲密，以至于她对缺席的格罗皮乌斯的情感蒙上了阴霾，不再有光彩。马勒去世后，悲伤的情绪、糟糕的身体状况耗费了阿尔玛的全部精力。与此同时，格罗皮乌斯也收回了自己的情感。同年 2 月，格罗皮乌斯的父亲去世，他感到无助、迷惘，常常情绪低落。6 月，格罗皮乌斯从波罗的海一个美丽的度假胜地来信称，他总是怀着极度忧郁的心情想到她与马勒，以及先前发生的一切，"要是我能在这儿照顾你就好了！你会好起来的"。这天是他们相识的纪念日，"那日，我无意中看见你——浑然不知的命运中的一瞥。仿佛已过去十年了，因为我们的心经历了如此之多"。[7] 但他们渐行渐远。两人于 8 月在维也纳的再度会面充满激情，但也显出生疏、紧张，"的确——我的行为一定令你感到奇怪。有时候我真是个谜，甚至连自己都无法理解。如今，我为可能发生在我身上的事而颤抖，我到底应该做什么。继续用你那可爱的方式给我写信吧"。[8]

两人原本计划于 9 月在柏林碰面，格罗皮乌斯临时变卦。"我无法于 25 日抵达柏林。你的来信如同本人一般甜蜜、动人，但自从离开你之后，我的内心179 升腾起强烈的羞耻感，不得不避开你。我必须暂时离开，自我检视一番，看看我是不是盲目——以一种美丽的形式包裹我那所谓的爱。对你而言，这是一种公正的对待，亦可以弥补由于我欠成熟的行为给你和古斯塔夫所带来的痛苦。如今，我不再坚定不移，我为自己感到深深的悲哀。"[9]

阿尔玛极缓慢地，一点一点地康复起来。11月，她告知格罗皮乌斯，称自己已经找回了生活的秩序，并购置了新的公寓，邀请他前来。格罗皮乌斯再一次推脱，抱怨自己由于牙齿感染一直待在疗养院，又推托近来旅行结束后始终处于"可怜的状态"。[10] 之后，他们于12月在柏林会面。阿尔玛感到很不自在，这次德国之行让她失望透顶。沃尔特将阿尔玛介绍给自己的妹妹及母亲曼侬·格罗皮乌斯（Manon Gropius）。阿尔玛对曼侬的印象称得上"一眼不和"，天然没好感，这种感受很快得到了回应。

此后，两人的通信愈发减少。1912年1月，她问道："你还对我保有忠诚吗？"[11] 紧接着，阿尔玛追问格罗皮乌斯为什么不回信。4月，她对他说，自己过着一种近乎修道院般的平静生活；5月，马勒逝世一周年纪念日，这一天同时也是沃尔特的29岁生日（关于这一点，她在信中并未提及）。那日，她写信称赞格罗皮乌斯的正直、善良、慷慨。格罗皮乌斯似乎并未回应。到了11月，阿尔玛请求格罗皮乌斯返还一些她曾借予他的杂志，除了沉默，什么也没有等来。阿尔玛悲从中来，但依然坚持着："难道我们不是曾经彼此了解，完全心意相通的一对吗？"[12] 1912年12月3日，他给出了最后的回答，出奇地冷静：

> 我很高兴你能满怀爱意地想着我。［可是］……你已经离我太远了，这就是为什么我们彼此理解的亲密反而会变成一种伤害……不，不可能回到从前，一切发生了根本的转变。一个人真的能随心所欲地将这种深切的亲密无间转化为友谊吗？……我不知道以后会发生什么。这并不取决于我的

180

行动。一切都拧搅在一起旋转，寒冰与太阳，珍珠与泥土，还有魔鬼与天使。我想，人只能服从跟随。也许在某个欢乐的时刻，你会再次遇见我。[13]

格罗皮乌斯并不知晓此时的阿尔玛正经历着"多事之秋"。络绎不绝的追求者们投来的爱的芬芳大大促进了阿尔玛的康复。时年 32 岁的阿尔玛是如雕像般完美的尤物，极富魅力。身为马勒的遗孀，所得的抚恤金足以令她过上舒适安逸的生活。她开始明确自己的目标，"不经意间，当我被一众出色的男性环绕，热切地在他们身上探寻伟大人性之光时，我也在面临一种极为诱人的、令人向往的生活……如今，我终于可以实现儿时的梦——天才们齐聚在我的花园里"。[14]不久，天赋之人依次登场。秋日里，阿尔玛结识了维也纳爱乐合唱团的创始人弗朗茨·施雷克（Franz Schreker），一位"极有天分"的作曲家。一度，两人时常碰面，然而"他并未在我的生活里扮演重要的角色；我只是与他并肩同行了一段时光，并在恰当的时候离开了他"。[15]

回想马勒可怕的最后几个月，约瑟夫·弗伦克尔医生无疑是他们夫妇俩最重要的支持者；在经历短暂的、体面的分别之后，弗伦克尔从美国返回欧洲，高调宣布自己对阿尔玛的爱，并向她求婚。阿尔玛当时认定这个男人"拥有最出色的大脑……从他口中说出的每一句话都很刺激、诙谐……绝非平庸之语"[16]。此外，对于弗伦克尔从一文不名的犹太移民一路奋斗，终成为显赫名医且身家百万的感人经历，阿尔玛十分钦佩。可当他现身欧洲后，阿尔玛对他的形象颇有微词，她残忍地写道："他看上去就是一个年迈的、病恹恹的小男人，小心翼翼地护理着致命的肠道疾病，毫无男人该有的英勇气概。"[17]两人一起去了科孚岛，弗伦克尔因病症只能困于船舱内；而此时，阿尔玛则在船长的餐桌上与阿尔巴尼亚内阁部长侃侃而谈，聊起了阿尔巴尼亚的"野外登山者"。"他

（内阁部长）提到一句自己很喜欢的谚语，用来形容这群人的特质再合适不过
了：'并非凶手有错，是受害者有罪。'"阿尔玛很喜欢这句话，当即把它记在
本子上。

阿尔玛决计要重新唤醒内心的独立性，再次怀抱炽烈燃烧之心投入生活。
她终于朝前迈进，"灵魂的漫游成了我最大的乐趣"。[18] 她不愿意把自己与弗伦
克尔或任何别的人拴在一起，对他的追求也默不作声。他的存在是"纯智识
层面的"，面对这种男人，"无论是谁，即便是我这样的都显得过于粗俗"。阿
尔玛认定他俩的关系注定要以失败告终。"将你我分开的是我们彼此灵魂的分
歧，"她在诀别信里如此写道，

> 那些令我感到救赎的，你必不能理解，甚至以你大脑的思维方式而言，是
> 不可想象的；而你所视为救赎的一切在我眼中不啻为一种疯狂。瞧瞧，这
> 就是我们的不同！
>
> 我的口号是：*Amo-ergo sum*（我爱故我在）。
>
> 你的口号是：*Cogito-ergo sum*（我思故我在）。[19]

后来，在科孚岛的某个夜晚，阿尔玛做了一个生动的梦："窗户敞开
着……灵魂们开口说话……肉体们渴念着，传来一声驴叫，粗俗得可笑。但在
我身边躺着一个长着两条腿的大脑，和一颗错位的红心。里面有一个金色的
钟，正在嘀嗒作响。"[20]

1911 年 11 月 20 日，布鲁诺·瓦尔特在慕尼黑首演了马勒的《大地之歌》。
在回途的列车上，阿尔玛偶遇生物学家保尔·卡摩勒（Paul Kammerer）——
"我所见过的最古怪的人之一"[21] 早些年他惹了不少麻烦，是个爱冲动、备受

争议的家伙；后来，卡摩勒来到迈尔尼希恳求为自己的偶像——古斯塔夫·马勒服务。阿尔玛和马勒很快就被这个吹毛求疵的家伙搞得筋疲力尽。随着心爱的偶像的逝去，伤心欲绝的卡摩勒向阿尔玛宣布，他将把对马勒的爱转移到他的妻女身上，因为马勒的崇高同样是其非凡的、卓越的妻子的成就，那是一位"才华横溢的维也纳女性，世间罕有"。[22]

他建议阿尔玛放弃音乐，随他到实验生物学研究所，担任他的实验室助理。令人吃惊的是，阿尔玛竟然同意了。当阿尔玛局促不安地拿活粉虱喂爬行动物时，他安排她主持研究螳螂的蜕皮行为。阿尔玛花了好几日监视这些生物的确切行动，试图依照卡摩勒的想法，说服它们在笼子底部的黑暗中进食，但没有成功，那些昆虫喜欢在顶部有阳光的地方进食。[23]随着每日到访实验室的时间不断增长，这成了一件耗时耗力的事。卡摩勒选择在她的公寓里安装一个玻璃饲养箱，阿尔玛负责定时检查各种爬行动物的情况，并寻回从楼梯上逃下来的蝾螈与蜥蜴。

不久，卡摩勒宣告了对阿尔玛全情投入的爱。"我把他当朋友，可身为一个男人，我总觉得他令人讨厌，"阿尔玛回忆道，"每天他都给我写很多疯狂的信……每隔一天，他就会冲进我家扬言要开枪自杀——并且称最好是死在古斯塔夫·马勒的坟上。"[24]这些举动让卡摩勒成了阿尔玛社交圈众所周知的小丑，"当我从椅子上站起来时，他就会跪下来嗅嗅，抚摸我坐过的地方。他做这些事时，压根不在乎房间里有没有陌生人"。[25]

最终，阿尔玛不得不找到他的妻子费利西塔斯（Felicitas）。"我劝她多关心照看他，顶要紧的是，把他成日挥舞的手枪拿走，那东西既危及我也危害他。我告诉她说：'感谢上帝，他把他孤独的心带给了我——我并不想要，因此你也不曾失去他。'"[26]卡摩勒夫人对她"感激涕零"，在阿尔玛看来，他们的婚姻状况有所改善。后来，卡摩勒又一次陷入热烈的爱情，这一回他爱上了出身艺术之家的五姐妹。1926 年，他因被指控伪造科学证据而声名扫地，终自杀身亡。但也有人称，由于五姐妹中最后仅存的、还愿意与之交往的那一个拒绝陪他前往莫斯科，卡摩勒才选择走上了不归路。

搬进位于波科尔尼街（Pokornygasse）12 号的新公寓前，阿尔玛一直与父母待在上瓦特山区。安顿新居之后，她的生活发生了翻天覆地的变化。1912 年 4 月 12 日，阿尔玛遇见了时年 26 岁的画家奥斯卡·科柯施卡。此人正在迅速蹿红，被誉为维也纳艺术界的"淘气小子"。继父卡尔·莫尔建议"这位穷困、饥饿的天才"为她绘制肖像。阿尔玛曾在艺术学院的展览上看过科柯施卡的作品，也注意到了他"极富原创性的、构思偏于宏大的画面设计"。她答应做他的模特。于是，科柯施卡获邀前往上瓦特与莫尔一家共进晚餐。

科柯施卡掏出随身携带的质感粗糙的绘纸，当即开始作画。不过一会儿工夫，被一双眼睛死盯着的阿尔玛感到浑身不自在，提议边弹奏钢琴边进行。两人退到隔壁的房间内，作画的同时，阿尔玛弹起《特里斯坦与伊索尔德》中伊索尔德的《爱之死》，"音乐时而被咳嗽声打断：那人试图隐藏手帕上的血迹。他几乎不说话，也似乎不会作画。我们站起身——突然，他热情地拥抱了我。但这种拥抱令人感到古怪且疏离。我没有任何回应——显然，这影响了他。他怒气冲冲地走了出去"。[27]

184

科柯施卡后来回忆称："她令我头晕目眩，感到不安。她是多么美丽啊……躲在丧服面纱背后的脸多么诱人啊！"（可事实上，阿尔玛并未身着丧服。）"她把我彻底迷住了！我觉得她对我并非完全漠不关心。"[28] 事后，两人都声称对方是一见钟情的那一位。不过一两天的光景，科柯施卡就给阿尔玛写了一封"最美的情书"。在信里，他以"我亲爱的朋友"相称，恳求她："请用你的快乐与纯洁赋予我力量，让我变得强大，使我不再屈服于威胁我的堕落。"他宣称："若自己的生命一再含混、暧昧下去，那么迷失将是注定的结局。到那个时候，我知道我将丧失自己的能力。我理应把它引向一个比自我更伟大的目标，对你我而言，都将是无比神圣的使命。我意识到你是比其他任何女人都更优秀的那一个，你的存在叫我卑劣的一面无处遁逃。倘若你能尊重我，并希望自己永远如昨日般纯洁，那么你即将为我做出真诚的奉献，在我还如此穷困潦倒之际，成为我那不为人所知的新娘。"从一开始，科柯施卡就把阿尔玛视作自己的缪斯女神与救世主，他在信中写道："我相信你，就像我只相信自己一样。如果你能以女性的力量助我从我的精神混乱中解脱出来，那么，我们所崇拜的，那超越你我理解范畴的美将赐福于我们。" [29]

阿尔玛觉得此人是在故意迷惑她，"我不得不再见他一面"。他们很快就成了情侣。"无论是以男性的视角出发，还是作为一个个体而言，他都是奇怪的混合体"；面对一个能如此强烈地唤起自己性欲的男人，阿尔玛如此描述道：

> 虽然他表面上呈现的形式是美的，但他那无可救药的无产阶级特质令人不安。他高且瘦，手却又红又肿。指尖总是充血的状态，当他修剪指甲无意中割伤自己时，血就会喷射而出，在空中划出一道高高的弧线。他的耳朵虽然小但轮廓鲜明，醒目地从头部突起。他的鼻子有点宽，容易因肿胀而隆起。嘴大，下巴突出。眼睛略微有些倾斜，这令他总有种"伺机而动"的表情。但这样的眼睛美极了。他总是将自己的头高高扬起。[30]

当时，尚在维也纳艺术学院就读的科柯施卡参加了维也纳制造工场

（Wiener Werkstätte）主办的艺术学院大展，首次赢得关注。这位年轻人收获赞美的同时也引发了愤怒。古斯塔夫·克里姆特称他是"年轻一代中最伟大的天才"，某评论则叫他"奥伯怀尔丁"（Oberwilding）——意指最野蛮的人。王位继承人斐迪南大公（Archduke Ferdinand）恨不得"折断这个年轻人的每一根骨头"。科柯施卡的创作——包括绘画、散文戏剧以及插图诗歌——皆致力于探索潜意识与隐藏自我的非理性冲动，其中尤以《梦想中的男孩》（*The Dreaming Boys*）、《谋杀者》（*Murderer*）、《女人的希望》（*Hope of Women*）最引人注目。正如科柯施卡本人所宣称的，"心灵与性之间的痛苦缠斗，终将是'性'大获全胜"。[31]

当维也纳艺术学院院长阿尔弗雷德·罗勒接到开除科柯施卡的命令时，现代主义建筑师阿道夫·路斯伸出了援手。他鼓励科柯施卡创作肖像画，并将他引荐给当时柏林最重要的杂志《风暴》（*Der Sturm*）的主编赫瓦斯·瓦尔登（Herwarth Walden），此人是"表现主义狂热分子"，将一切诉诸内心生活，借以回应当时大行其道的、充满装饰意味且注重外表的新艺术风格与分离派风格。[32]据奥斯卡·施莱默（Oskar Schlemmer）记述，科柯施卡 1910 至 1912 年间发表于《风暴》的画作"宛若地震般撼动现代艺术的大厦"。[33]科柯施卡过着穷困潦倒的生活，靠饼干与茶度日，直到画廊老板保罗·卡西尔（Paul Cassirer）给了他一纸合约与一份固定收入，他终于可以在柏林的社交生活中有所作为：画家格奥尔格·格罗斯（Georg Grosz）记得科柯施卡曾在一次舞会上露面，"手拿一根尚在滴血的牛骨，还时不时地啃咬上几口"。[34]1912 年 12 月，回到维也纳的科柯施卡在心里给自己下了判词，"我的整个人生就是地狱……我是一个坏脾气的弱者，总是渴望得到他者的同情"。[35]不久，卡尔·莫尔也站出来支持他。

186

阿尔玛深深地爱上了这位挑衅、野蛮、古怪的艺术家，两人难舍难分。"奥斯卡·科柯施卡是个天才。我爱他这一点，也爱他内心住着的那个没教养、固执的孩子，"[36]阿尔玛后来回忆道，"我在奥斯卡·科柯施卡身上看到了世界上所有的纯洁，但我无法承受如此多明亮的光。"[37]最终，她将自己与他共度的三年时光描述为一场"激烈的爱情斗争，我从未经历过如此多的压力，如此多的地狱，与如此多的天堂"。[38]

他满足了她渴望被爱、被崇拜的内心需要。他认可她的自我价值，他依赖她的存在来激励自己，滋养创造力。她则因自己有掌控天才的能力而容光焕发——那是她生命中最大的愿望。但阿尔玛也发现，随着自我专注的要求不断累积、深入，自我牺牲也在所难免，霸道的控制以及占有的需要，正是马勒、科柯施卡等天才的核心思想。

科柯施卡每天都给阿尔玛写信，向她倾诉自己的爱，那带有强烈占有欲的渴慕，以及对她的依赖。"我必须尽快娶你为妻，否则我伟大的天赋将付诸东流。你就像魔力水，必使我在夜里复活。夜晚的滋养如食粮，可以支撑我工作一整天……今晚，面对这幅火红的图景，我看到了你让我变得多么强大，也深知这股力量若持续发挥作用，我将实现怎样的成就。"[39]她必须把自己和他绑在一起。"比地球上任何人都要牢固……我承认，你内在的美德，已经征服了我的不信任，解除了我的残忍，它像猎狗一样随时准备把我与我最亲爱的人分开。"[40]科柯施卡于1912年5月的信中如是说。

他对于她生活中的一切都怀揣着强烈的妒忌心，这是这种爱恋的必然结果。1912年5月初，阿尔玛前往荷兰的度假胜地斯海弗宁恩（Scheveningen），他警告称："你休想从我身边溜走，永不可以，一刻都不行……不管你是否和我在一起，无论你身在何方，你的眼睛必须永远凝视着我。"[41]每每看望阿尔玛后，科柯施卡绝不会立即返家，而是在她的窗下来来回回踱步，"一直待到午夜两点，有时甚至挨到凌晨四点。他会在窗下吹起口哨，那正是我所渴望的信号。之后，他终于离去。离开时，他内心充满欣慰，因为没有'小伙子'来拜访过我，他总是这么轻柔地称呼那些人"。[42] 有时，他发自内心的野性会显露出来，"阿尔玛，我只是碰巧在上午十点来到你家，你就这么站在那里，被一众卫星环绕，而我只能又一次躲进肮脏的角落，我本可以愤怒地大哭一场。我期待终有一天能与你分享救赎的喜悦之火，但在此之前，如果我必须拿一把刀，把你脑中所有对我有敌意的异端想法通通刮除，我会这么做的——我宁愿饿死，而你也当如此。我不允许有别的神挡在我面前"。[43]

科柯施卡的专横跋扈引发了第一场令人不安的危机。当阿尔玛为他弹唱《帕西法尔》时，他站在她的椅子背后

> ……他巧妙地篡改了几句他讨厌的文辞。怪异的新文本在我耳边低语，而我只能作陪。我开始大叫、尖叫。他并没有停止。我从钢琴上跌落；就像《霍夫曼的故事》里的米拉科洛（Miracolo），他追着我不放。我用尽最后一点力气，将自己的躯体拖进卧室，并吞下一大口溴化物镇静剂。那一刻，他终于怕了，在凌晨四点给我的医生打电话。

之后两天，她不允许这位颤抖不已的家伙进门。第三天，他来了，双手捧满了鲜花，撒在她的床上。她原谅了他。

尽管如此，只要科柯施卡出现，阿尔玛总是情绪高涨。她从未怀疑过这个男人的天分，也接受他喜欢自我陷溺于代价之苦的个性。多年来，受到马勒冷遇的阿尔玛总感到被忽视，如今面前的这位却带来极大反差——强烈的，乃至压迫

感十足的关注，全身心投入的爱，日复一日的崇拜。他对她的需要是不可抗拒的，可能会叫人上瘾：这将她塑造成天才不可或缺的一部分，并且从不显出乏味、无聊。他逗她开心，而她也以他的怪癖为乐。早些时候，科柯施卡给阿尔玛买了两件火红的睡衣，她并不喜欢，觉得很是庸俗。于是乎，科柯施卡拿了过来，将它们披戴在身上于画室内闲逛，令在场的客人惊掉了下巴。睡衣成了某种恋物癖，阿尔玛有过记述："他在镜子前花的时间比在画架前花的时间还多。"[44]

189　　但有时她不得不躲开科柯施卡炽烈而反复无常的激情。马勒逝世后，阿尔玛找到一个旅伴——亨丽埃特·阿马利亚［莉莉］·利泽尔［Henriette Amalie（Lilly）Lieser］。早在相遇之前，阿尔玛对利泽尔就有所耳闻，两人同处一个社交圈。她是杰出的艺术赞助人，来自富裕的兰道家族，1896 年与企业大亨贾斯廷·利泽尔（Justin Lieser）联姻。她有两个女儿，年纪与古琪相仿。4 月，阿尔玛与科柯施卡交往初期，两人在巴黎逗留了几日。从 1912 年到 1915 年的三年里，每当阿尔玛需要逃离维也纳时，总是选择与莉莉一起旅行。

　　7 月时，两人带着古琪去斯海弗宁恩待了两星期。没有阿尔玛在旁的科柯施卡陷入"彻底的麻木"，毕竟她是"唯一一个真正对我产生光明的、正面影响的人，我的内心潜藏着狂野的变态之魔"。[45]阿尔玛在斯海弗宁恩与约瑟夫·弗伦克尔会面，她解释道："我不觉得这是对 O.K. 的不忠，毕竟他已经离我很远了。我只是想最后一次跟自己说清楚，我们之间已经结束了。"[46]虽说并非针对科柯施卡，但因弗伦克尔引发的嫉妒在这里扮演了黑暗的角色，据阿尔玛回忆："与我做爱时，奥斯卡·科柯施卡只能以最奇特的游戏扮演方式进行。长达数小时的性爱，我拒绝打他，他开始在脑海里回忆起最可怕的谋杀画面，同时喃喃自语。我记得他曾经在这方面提到过弗伦克尔，而我不得不参与一场令人作呕的幻想谋杀。当幻想得到满足时，他说：'如果这还没要了那男人的命，至少他会有点心脏崩溃。'"[47]

　　科柯施卡前往慕尼黑与阿尔玛汇合，他们"相遇，相爱，争吵，还看了一部关于克里斯托弗·哥伦布的电影"，[48]这激发了他的灵感，并将二人充斥着亲密与痛苦的关系编织进画作《被缚的哥伦布》(*Gefesselter Columbus*)。之后，他们又在瑞士伯尔尼（Bern）附近的米伦（Mürren），一家可以俯瞰山谷的旅馆里度过了"奇怪、狂野且充满鬼魅的几个星期"。其间，科柯施卡为她画了肖像画，两人共同经历了神秘的幻觉，"我们脚下的山谷突然开始泛着亮光——原本白色的薄雾——变成了血红"。留在屋外椅子上的蜡烛"在雾中被一把抹去，就像一个迷失的魂灵"。[49]阿尔玛生日当天，科柯施卡送给她一把扇子，并在扇面上记下他们爱情走过的旅程，那是全部七把扇子的第一把——他用以"俘获"她的另一种形式。

　　然而，一场"可怕的、难以忍受的斗争"拉开了序幕。科柯施卡打定主意要娶阿尔玛为妻。他叫母亲寄来自己的受洗及国籍证明，秘密准备着，预备在瑞士办理结婚手续。"一想到他极有可能得逞"，躲在旅馆的阿尔玛便"瑟瑟发抖"。[50]科柯施卡的谋划并不如料想中可行，不得不推迟计划。当阿尔玛认为自己怀孕时，两人在是否要孩子的问题上无法达成一致。科柯施卡想要这个孩子，阿尔玛却心有忐忑。"你应该从我这里得到一个孩子吗，伟大的自然是仁慈的……再不叫你我分开，因为我们将在彼此身上安息，互相扶持。"[51]但她"对可能正在自己身体里生长的东西感到害怕，我担心它会继承科柯施卡的残暴"。[52]阿尔玛动身回到维也纳，及时接受了医生的建议，尽管事后证明，这次的担忧纯属多余。

　　科柯施卡的嫉妒向来不受控。但凡阿尔玛对马勒显现出持续的情感依恋，哪怕是一丁点迹象，都令他感到愤怒。距离马勒去世还不到一年，科柯施卡却总是抱怨，称阿尔玛仍然崇拜着死去的男人："无论我看向何处，他的画像总是从背后盯着我。有时是他临死前留下的那张死亡面具，或者罗丹的半身塑像，甚至那些他生前喜欢的物件，不一而足。"[53] 勃然大怒的科柯施卡甚至拒绝与阿尔玛一同参加 6 月在维也纳举行的马勒第九交响曲的排练。"只要我知道还有一个人，无论是死是活，只要他还是你的一部分，我就无法在你身上找到安宁，"他结结巴巴地说，"为什么你要邀请我参加这一阙死亡之舞，为什么你要我一连几个小时默默无言地站着，看着你；而你，一个精神上的奴隶，却要去服从一个对我而言无论现在还是未来都是全然陌生的人，遵循他的节奏。你明明清楚这首作品的每个音都在掏空你，无论身与心。为什么？"[54] 某日，他突然站起来，"开始将马勒的照片一张一张收集起来，亲吻每一张照片上马勒的脸。他说那是白魔法，他想通过这样的方式把嫉妒的恨转化成爱。照我看，这并没有丝毫帮助。"[55] 阿尔玛回忆道。或许为了驱除心中的恶魔，科柯施卡将自己对敌手的嫉妒描绘进画中，如"正在爱抚汉斯·普菲茨纳的阿尔玛·马勒""被情人们纠缠不休的阿尔玛·马勒"。某些画作里，科柯施卡将自己的痛苦转化为受害者形象，比如"阿尔玛·马勒与科柯施卡的肠子纠缠旋转在一起"。

科柯施卡的母亲罗曼娜（Romana）坚决反对两人的情事，阿尔玛与她的关系已到了剑拔弩张的地步。"没人会相信我有多恨那个人。像她这样有十一年家庭生活经验的老女人，却总是缠着一个小男孩不放。"[56] 罗曼娜愤愤不已，称阿尔玛为"喀耳刻"（Circe）——一个会毁了她儿子的风骚娘们。有一回，阿尔玛看着罗曼娜在自己的公寓外面来回溜达，长达数小时，一只手可疑地在外套口袋里移动着。[57]

9 月，阿尔玛与科柯施卡去看望自己的妹妹格蕾特，妹妹的身体状况引发了阿尔玛的担忧。自 1900 年格蕾特与画家威廉·莱格勒成婚后，他们便搬到了斯图加特，姐妹间的联系变得不那么频繁。然而，2 月以来，被诊断患有慢性病——早发性痴呆症（premature dementia）的格蕾特被送进了巴登 – 巴登（Baden–Baden）的精神病院。之后，格蕾特行为异常，多次企图自杀。一切不过刚刚开始，之后的数十年时光，她都将在精神病院度过。

　　这次拜访后，阿尔玛鲜少在信件或日记中提及格蕾特，只是记录了 1925 年圣诞节期间一次令人不安的会面。"当那个憔悴、棕色的脑袋从枕头上抬起，我十分确信自己认出了画家朱利尔斯·贝格尔的脸，几乎是一模一样的头型。"[58] 这证明了一个惊人的事实：格蕾特不是埃米尔·辛德勒的女儿，而是画家朱利尔斯·贝格尔的女儿。在质问面前，阿尔玛的母亲承认了她与贝格尔的婚外情，当时辛德勒正在博尔库姆接受白喉治疗。阿尔玛脑中一热，回想起多年来她一直被告知，正是父亲的白喉导致了格蕾特的精神疾病，"而我自己也始终战战兢兢，担心自己有一天也会发疯……直到今天，我终于解开了谜团"。如今阿尔玛有了明确的认知，唯有自己一人继承了父亲特殊而健康的精神遗产，她"深受鼓舞……宛若重生"。[59]

　　1912 年前往巴登 – 巴登探视格蕾特期间，阿尔玛发现自己怀孕，匆忙赶回维也纳：

　　……带着孩子，我回到了公寓——恍然意识到：我不是奥斯卡的妻子！——我不在的日子里，古斯塔夫亡故之际留下的石膏面具就摆放在客厅中——如今看到它，我被它擒住，几乎完全丧失了理智。这张微笑、宽容、高贵的脸——让我感到自己的可笑，不知怎的，整件事显出不真实。O.K. 走了进来，见我泪流满面便上前劝慰，可怎么也无法叫我平静下来，

直到我请求他允许将孩子打掉。他同意了，但这件事无疑是一拳痛击，他
再也没恢复过来。[60]

1912 年 10 月中旬，阿尔玛在维也纳的一家疗养院施行堕胎手术。"这太
可怕了……这场手术的确是我要的，我希望的……只是真到眼前……我几近
疯狂。"[61] 她心烦意乱地写下这些字。科柯施卡前来看望她，"他从我这里取走了
第一块沾满血迹的棉花，然后带回家了。——'这是，也将永远是我唯一的孩
子'——从那以后，他总是随身携带着一块干瘪的棉花垫"。[62] 在他的作品中，
科柯施卡一遍又一遍地描画一个被谋杀的孩子，浑身是血。他从未完全原谅
过她，"一个正在形成的活生生的生命不可因母体的怠惰而受阻，何况这一切
是故意为之，"他指出，"这对我的个体发展也是决定性事件——这是显而易见
的。"[63] 科柯施卡对阿尔玛的占有欲更强了，他"开始诅咒自己甜美的天真，仿
佛那天真给了他评判我的权利。他不允许我看任何人，不能与任何人说话。他
侮辱我的客人，总是伺机埋伏，等着攻击我，甚至拆我的信。我的裙子必须遮
住我的胳膊与喉咙"。[64]

科柯施卡依然谋划着两人的婚姻，渴望"美丽幸福的世界……当你终于成
为我的妻子，永不再与我分离"。[65] 自 1912 年 10 月起，他一直埋头创作一幅双
人肖像画，计划将此作为订婚照。画面中，两个清晰可辨的人亲密地坐着，他
们的手彼此触碰。1913 年春天，这幅画在第 26 届慕尼黑分离派展览（Munich
Secession Exhibition）上展出，无意中被沃尔特·格罗皮乌斯看见。对于阿尔
玛与科柯施卡的关系，格罗皮乌斯并不知情。这幅画无疑传递了明确的信息，
格罗皮乌斯心领神会，就此终止了与阿尔玛进一步交流的想法。

每当需要逃离科柯施卡时，阿尔玛便与莉莉·利泽尔一起旅行。她常以

"身体欠佳"为由搪塞科柯施卡。起初，科柯施卡很感激利泽尔对阿尔玛的照顾，但很快，他便对这个经常剥夺自己与阿尔玛独处时光的"陌生人"愈发警惕起来。5月里，恶毒的嫉妒心再次被翻搅。"L 女士应该意识到您的友谊对她意味着什么，只要她随时想带走你，我就必须把自己的快乐与工作的能量全部奉上。"[66] 抗议声逐渐加强为暴躁的怒火："她根本配不上你的纯真。我曾写信给她，但从此，我将全然漠视这个女人，甚至忘记她为你做的一切。"[67] 到了7月，科柯施卡朝那个"实在可怜的悲惨女人"发动了全面攻击。"长期以来的积怨一并记在莉莉的头上，可她对此并不负有责任。她当然没有你那样的灵魂，只是平凡而已。"[68] 所有这一切对阿尔玛丝毫不产生影响，莉莉始终是宝贵的红颜知己。

阿尔玛7月去了巴黎，对婚姻仍抱有痴心妄想的科柯施卡趁机偷走了阿尔玛的文件，在她毫不知情的情况下将结婚公告张贴在德布灵教区大厅。为了避免正面冲突，阿尔玛悄悄溜开。随着婚期逼近，阿尔玛带着安娜在弗兰岑巴德温泉度假区休养了两周。临行前，为了安抚科柯施卡，阿尔玛承诺待他创作出一幅杰作后便回来与他完婚。当突然出现在水疗中心的科柯施卡发现他的自画像并未悬挂在墙上时，一场风暴爆发了。这幅画像是他坚持要阿尔玛带上的，理由是"如此便能保护她"。阿尔玛怒不可遏，但科柯施卡似乎对她的愤怒无动于衷。"你今天的来信又朝我扔来满纸的污言秽语，它们犹如冰雹般砸了过来，"他写给她的信里，言辞间全然无辜，"可我是那么喜爱你，我不知道你为什么生我的气。"[69] 当阿尔玛完成理疗归来时，他画室的墙壁被漆成了黑色，上面覆有白色蜡笔涂鸦；两盏灯，一盏红的，一盏蓝的，照亮了整个房间。阿尔玛发现科柯施卡处于"非常奇怪的精神状态"，她坚持两人每三天见一次面。事后她回忆道："出于自我保护，我适当减少了彼此联络的频次，至少是减少习惯上的联系。"[70]

　　暴风雨间歇，平静的时光令紧绷的情绪稍有松泛。两人于8月前往多洛米蒂山区旅行。他们在树林里散步，一切生活日常皆围绕着科柯施卡正在进行的创作打转，这些作品逐渐形成一种与两人关系平行的、散发出某种不安的爱情叙事。从他为她制作的七把扇子，连同一切绘画与插图，不难看出其中端倪——科柯施卡试图挖掘感性层面的要素，有时甚至是野蛮的情感——爱、嫉妒、救赎、悔恨。所有这些情感皆围绕着阿尔玛这一个中心人物展开。她时而是救世主、生命的赐予者，时而又扮演吞噬者或折磨者。面对这些形象，阿尔玛似乎全盘接收，毫无异议。

　　科柯施卡的代表作《风中新娘》(*Die Windsbraut*)，是关乎两人爱情最负盛名的描绘——于风暴中飘摇的船上有两个人，那个女人显然是阿尔玛。她平静地躺在那里，信任地紧紧抓住那名男子。用阿尔玛的话说，"男人脸上表情专横，身上散发着能量，令惊涛骇浪在他们面前平静了下来"。[71]当诗人格奥尔格·特拉克尔（Georg Trakl）在科柯施卡荒凉的画室里看到这幅作品时，他当场吟诵了一首诗，并给这幅画起了名字："……在死亡的醉意里，灼热的暴风雨从黑之悬崖上倾泻直下（drunk with death the glowing tempest plunges over blackish cliffs）……"[72]

　　随着位于塞默林布赖滕斯泰因（Breitenstein）地区的房子的竣工，阿尔玛又有了新的去处。房子就建在马勒临终前买下的地块上。这是属于阿尔玛自己的房产，依照她的设计建造而成，也为她赢得了空间，以及一份属于自己的宁静。房子四面皆配有露台，可以俯瞰雄伟的施内山（Schneeberg）及邻近山脉。一个巨大的壁炉置于整座房子的中心，科柯施卡在壁炉上方画了一幅四米宽的湿壁画。画面中，"被璀璨光谱所环绕的阿尔玛手指向天堂，而科柯施卡

则站在地狱里，仿佛被死亡与巨蟒包围。整幅画面基于火焰从壁炉中不断攀升
向上的灵感而生成"，[73] 阿尔玛记述道。科柯施卡创作时，古琪立于一旁观察，
她问道："除了妈妈，你不能画别的东西吗?"科柯施卡"只是看着这个孩子，
这小家伙的大眼睛从来没有从他身上移去，她在他的工作室里放了把自己的椅
子，以便见证他的每一幅画的成长。'那孩子毫无脸面，'有一回，科柯施卡对
我说，'她唯有表情……'"[74]

1914 年春天，房子已准备妥当。"不再有阴云玷污我们美好的生活。每个
房间都在加紧完善：窗帘被缝好，挂起来。母亲在厨房里做菜。到了夜晚，我
们围坐在壁炉旁，大声朗读或演奏音乐。总之，全部的时间都用于重建。"[75]

然而，这份平静并没有持续多久。科柯施卡难以控制的嫉妒令阿尔玛开始
怀疑自己的爱情。3 月，他对她那些"虚情假意"的朋友们大发雷霆。"那些家
伙热情地朝你贴近时，总是变来变去。"[76] 阿尔玛携莉莉·利泽尔逃到巴黎，一
度隐瞒自己的住址。科柯施卡猛烈地抨击"利泽尔那个女人"，称她带走了阿
尔玛，"那理应属于我的时光"。[77] 他恳求阿尔玛："请为我另寻一颗心脏吧……
如果你对爱没有耐心，我将彻底迷失……即使我变成一头任性的怪物，你也要
忠于我……一个人不能随心所欲地切换，上一分钟愚蠢，下一分钟明智……
而你，你将成为斯芬克斯，既不想活也不想死，只想着谋杀爱她的男人。她太
有道德了，不愿意放弃这份爱，也不愿意以背叛他的方式成全他的幸福……
我，必须有一个倾诉的对象！你应当把我引回来，抱着我，稳稳地抱着，如同
摇篮。"[78]

这个男人的苛刻要求令阿尔玛不堪忍受。她决定退出。"好吧——现在，
一切都结束了。我曾以为我们的关系会持续下去！我已经失去了奥斯卡，在我
内心深处，再也找不到他的踪影。他已成为我不愿见到的陌生人。我被寂静

包裹着。"她对着日记倾吐思绪，"我们把彼此惹火了。我会忘记他的，一定会的！我们没有让彼此变得更好，相反，我们因对方变得愈发刻薄。"[79] 独自一人待在布赖滕斯泰因家中，阿尔玛逐渐找到一种稳固的平静。"我充满勇气；我的灵魂是这个世界上的光。没有什么能撕裂我的神经，理应保持这样的状态。再无人能扰乱我真实意识的平静。"[80] 一段时间以来，她考虑逃到印度，加入安妮·贝桑特（Annie Besant）及神知学者圈（Theosophists），或者与佛教神秘主义者（Buddhist mystics）为伍。

　　面对阿尔玛的退缩，科柯施卡承诺做出改变，"但我需要几周甚至几个月的时间才能变成你需要的人"。[81] 他的许诺于她不过是火上浇油，"他满足了我的生活，同时也毁了我的生活，"她难以抑制心中的愤怒，"唉，我为什么要放弃宁静的火炉，奔向熊熊燃烧的城堡？我究竟该拿这个人的这些'改变'、那些'或许'怎么办？……我还爱着这个人吗？抑或，我已经恨他了？"[82] 无论如何，她依然维持着两人的关系，而科柯施卡似乎对阿尔玛的黑暗情绪视而不见或拒绝承认，仍然一再索求，称自己需要她："我必须在你身上找到安全感……否则我的创造力将消退，或者永不会有成熟的一天。"[83]

　　寻求生活秩序的阿尔玛再次求助于沃尔特·格罗皮乌斯。4月时，阿尔玛从贝尔塔口中得知，今时今日，这位杰出的年轻建筑师在科隆艺术展（Cologne Werkstätte exhibition）上大获成功。阿尔玛给他写了封信以表祝贺，5月初，又去了一封："经历了挣扎与迷惘，我又一次找回了自己！我长了点头脑——也更自由了——最重要的是，如今我意识到，我不需要去寻找任何东西——因为，我已经拥有了这许许多多的丰盛——一切。"她希望能与格罗皮乌斯重续友情，并承认"非常渴望有机会能够和你聊聊……毕竟我们共同经历过如此奇妙而美好的事，千万不要失去彼此。来吧——如果你有时间并且乐意的话——来看看我"。[84] 格罗皮乌斯做何回应，我们并不知晓。阿尔玛于 5 月 24 日再次去信，称自己很孤独，希望能在 7 月与他会面，可依然没有得到任何消息。阿尔玛只能继续与科柯施卡的生活。

1914 年 6 月 28 日，奥地利王位继承人弗朗茨·斐迪南及妻子索菲（Sophie）在萨拉热窝遭谋杀的消息震惊了整个欧洲，也打破了布赖滕斯泰因的平静。行凶者是年轻的塞尔维亚无政府主义者加夫里洛·普林西普（Gavrilo Princip），他本人也与塞尔维亚民族主义运动密切相关。长久以来，为了争夺少数民族的权利与自治，塞尔维亚及其他帝国内部的少数民族派系一直蠢蠢欲动，渴望从奥匈帝国的统治下独立。如今这场谋杀无疑将蓄势已久的叛乱推向前所未有的暴力高潮。民族主义的登场令事态升级，对帝国生存构成重大威胁。

对此，奥地利的回应是向塞尔维亚发出义正辞严的最后通牒，要求其控制民族主义"恐怖分子"。塞尔维亚拒绝接受，奥地利于 7 月 28 日对塞宣战。犹如多米诺骨牌的倒塌，顷刻间，战事迅速弥漫。7 月 30 日，俄罗斯动员起来支持塞尔维亚的斯拉夫人同胞；8 月 1 日，德国也被鼓动，站出来声援奥匈帝国。这场大火很快吞噬了整个欧洲大陆，继而，便是全世界。

危险迫在眉睫。8 月 1 日，科柯施卡建议当时身处布赖滕斯泰因的阿尔玛与莉莉·利泽尔一起逃往中立国瑞士。没有听劝的阿尔玛转而回到维也纳，在第一区的伊丽莎白大街租了一套包含十个房间的公寓。亲眼见证大自然的失序混乱，阿尔玛以一种惊人的自我膨胀与外扩将这些戏剧性的外部事件融入自己的内心状态，这与她年轻时面对情感危机的反应并无不同。"我有时会想象，我就是那个点燃整个世界大火的人，只为了体验某种发展或丰富，哪怕这样只会带来死亡，也在所不惜。"[85]

　　周遭的政治秩序持续崩塌，阿尔玛的情感生活也进入了贫瘠的停滞期，从未有过的荒凉。她非常孤独，一心要与科柯施卡断绝，但仍然无法摆脱那欲求不断的、磁场般的存在。与其他人一样，阿尔玛并没有意识到这场战争将会带给虚弱的奥匈帝国怎样灾难性的后果。在此之前，屡有内部冲突的帝国早已是千疮百孔、病体羸弱。战争终将摧毁赋予人们安全感的根本，并彻底改变他们对生活的看法。

9. 战争与婚姻 1914—1917

与欧洲所有国家一样，奥地利对"宣战"一事表示热烈欢迎。弗朗茨·约 201
瑟夫皇帝治下五十年的和平岁月后，将战争视作解决争端手段的学说开始大行
其道。人们普遍认为，只有战争才能解决帝国内外日益增多的冲突。

该观点能如此迅速地在欧洲各国蔓延是始料未及的。在最初情绪高度亢
奋的日子里，双方都把战争美化为一场光荣且英勇的冒险：它将恢复国家的力
量，提升国家的男子气概，净化政治体制，清除国家腐朽，将人民团结在爱国
主义的旗帜下。"街上到处都是游行队伍，旗帜、彩带与音乐无处不在，年轻
的新兵以胜利的姿态昂首阔步地走着，在欢呼声中，他们的脸仿佛被点亮了。"
斯蒂芬·茨威格如此写道。虽是厌战之人，但茨威格也认为在战争爆发初期，
维也纳呈现出某种"庄严、狂喜，甚至是诱人的东西"。"一座拥有两百万人口
的城市，一个将近五千万人口的国家，在一个永远不会重演的时刻，感到自己
正在参与世界历史。每个人都被鼓舞、感召，将无限微小的自我投射到炽烈的
大众中去，所有的自私都将在那里得到净化……每个个体都经历了自我的升 202
华，不再是从前那个孤立的人，他将自己融入群体，他是人民的一部分……

他的生命因此被赋予了意义。"[1] 但这种欣快并没有持续多久。四个月后，阿尔玛的朋友，作曲家阿尔班·贝尔格发现维也纳的生活一切如常，"眼睁睁地看着这一切，它们如同战争一般令人恶心……如果说战争应当履行它应当做的一切——成为某种宣泄的出口——那么可以说，它离这个目标甚远。污垢仍然与从前一样，待在那里，只是形式不同了"。[2]

人们很快就回过神来，这不是一场英勇的骑兵冲锋或速战速决的争战，而是一场奥俄与西线联盟的持久战。"可怕的战争还在继续。大地浸透了最优秀的人的鲜血，"1914 年 9 月，阿尔玛绝望地写道，"奥地利绝无赢的可能，只能输。"[3] 当德国军队预备大举进犯巴黎时，她沉浸在自我世界里，一个人弹奏着瓦格纳的《纽伦堡的名歌手》，度过了"甜蜜可爱的一夜"。"音乐于我就是一切。自打这场战争拉开序幕，我就不敢弹奏音乐了——可如今我懂了——即便身处死亡的包围，我也必须歌唱！"她打心里认定，这场"被诅咒的"战争甚至会净化音乐，"因为它必教会我们重新去拥抱、去爱人类中最有才华的人〔即那些名歌手〕。战争将业已腐烂的幼苗扼杀在泥土中"。[4] 正是在这种情绪主导之下，孑然一身的阿尔玛发现了自己内心的力量："我不能做任何男人的侍女，因为……我的快乐源自我的内心……我的房间就是我的音乐厅。所有一切都散发着光芒……我自在飞翔。"[5]

此时的阿尔玛依然维持与科柯施卡的交往。尽管这个男人令她神经紧绷，两人的关系已实属勉强，但她还是没能下决心了断这一切。"我想与奥斯卡清算一番。他在我的生活中已不再有用处。"阿尔玛在私人日记中写道，"他总是把我拽回到低层次的欲念。这不能带给我任何好处，也毫无价值。不管这个巨婴多么可爱与无助，但身为男人，他是不可靠的，甚至是奸诈的。"只是阿尔玛内心仍有纠结……可当真要将他从我的心上驱逐割裂吗！木桩已深深地嵌进血肉。我知道自己的病因他而起，他已病了多年，可我舍不得离开……离开他！我依然如此喜欢他！上帝把他送进我的生活是对我的惩罚。身体上保持一定的距离无疑会令我感到轻松些。[6]

10 月某个不眠之夜，幻灭感愈发强烈的阿尔玛意识到：

迷雾从我眼前散去。奥斯卡·科柯施卡是我生命里的邪灵。他只是想毁灭我……已被玷污的东西不能被洗净——当他第一次拥抱我时——我内心的一切都在警告我那邪恶的目光——但我想让他变好——或许因为他，我自己也差点变成恶魔。噢——这邪魅的魔力！我的神经变得支离破碎——我的想象毁于空无。哪个恶魔竟把他送到我这里来？！[7]

开战后的第三个月，战争陷入僵持不下的困局，科柯施卡也面临越来越大的参军压力。7 月时，科柯施卡在火车站目睹年轻人纷纷出征投入战争，他"感到良心不安，似乎一切都要部分地归咎于自己，因为我的享乐主义与轻浮，当别人被迫做出选择时，我还在这里自得其乐。当战场传来无数个胜利的喜讯时，我的内心便升腾起不可饶恕的罪恶感"。[8]同年 9 月，他在给朋友库尔特·沃尔夫（Kurt Wolff）的信中再次袒露了内疚："如果我能获得一些钱，至少可以让亲人们勉强度日，那么我就会志愿参军，否则，像现在这样只坐在家里将是永恒的耻辱。"[9]

据当时年仅 10 岁的女儿安娜的说法，阿尔玛的言辞或许也在刺激科柯施卡极其敏感的良心——"母亲总说科柯施卡是个懦夫，反复念叨直到最后他

'自愿'参军……科柯施卡的确并不想上战场，但那时，母亲已经受够他了"。[10]
1941 年 12 月，科柯施卡知道 28 岁的他很快就会被征召入伍，他写道："依我
看，在被征召入伍之前主动提出自愿参军会更好些。"[11]他告诉阿尔玛，称自己
有一个相当戏剧性的渴望，"在经历漫长的战火煎熬之后，我身上所有的邪恶
都会消失殆尽"。[12]在朋友、建筑师阿道夫·路斯的帮助下，科柯施卡预备加入
第十五皇家龙骑兵团（Imperial Royal Regiment of Dragoons），君主制下最负
盛名的骑兵部队之一。

得以从科柯施卡强烈的占有欲中解脱的阿尔玛再次敞开心扉投入社交生活
圈。很快，追求者纷至沓来。在富有的实业家兼艺术赞助人卡尔·赖因豪斯的
宅邸，她体验到了某种陌生的、几近幸福的感觉，"与奥斯卡一起度过了几年
的孤独后，今晚对我来说像是一种救赎"。[13]古斯塔夫·克里姆特与文化历史学
家约瑟夫·斯特兹高斯基（Josef Strzygowski）亦在场，后者赞扬马勒道："他
的每句话里都住着人性——不仅仅是智识。"但他随即转向阿尔玛，补充道：
"可千万别忘了，你是如何帮他实现这一切的！当他与你在一起时，他显得更
快乐，更有光彩。"听到这些话，阿尔玛"高兴得浑身颤抖"。"我内心对此从未
有过怀疑，的确如此，我真是高兴，终于从别人口中听到这样的说法。我确实
令他变得更阳光了！终究，我与他在一起是共同完成了一项使命。这就是我一
生想要实现的！帮助他们！让人们更富光彩！"[14]

卡尔·赖因豪斯于 11 月为阿尔玛及莉莉·利泽尔安排了另一场聚会，那
是"可爱的宁静之夜，宾客们和蔼可亲、令人愉悦"，弦乐四重奏组在现场奏出
美妙的音乐。很快，阿尔玛就嗅到某些不对劲，当意识到赖因豪斯在追求自己
时，她"悄悄地逃进暗夜里"。[15]汉斯·普菲茨纳的再次出现对阿尔玛而言，不
过是比先前更恼人的麻烦。当时阿尔玛正在发烧，普菲茨纳坚持即刻搬去与她

同住。他为她弹奏自己的新歌剧《帕莱斯特里那》（*Palestrina*）。到了夜晚，"他把我的脚放在他的膝上抚摸。那是头一个晚上"。第二晚，他将自己的头靠在她胸上，

> 我轻抚他的头发——我还需要做些别的什么吗？他索要"一个吻"！出于感情，我最后还是吻了他（吻在他的额头上），这个可怜的家伙！被世界的冷酷折磨致死！可他还想要更多……于是，我带着极大的优越感开始引领他通往纯粹感官之路——是的——这位娇弱敏感的诗人、音乐家直截了当地说："我们现在该怎么办？我该拥有你吗——或许不该？"

　　这一刻，阿尔玛觉得他十分可笑，但后来又恼怒地大骂起来："这就是艺术家，这群家伙面对生活时就变成彻底的半吊子业余货，不解风情！一切只流入他们的创作中。阴沉的幽暗是他们必定的终结。他们无法在生活中找到纯粹的回声，他们听起来虚伪不堪。"[16]

　　到了 12 月，即将加入龙骑兵团的科柯施卡做了些必要的安排。他以 400 克朗的价格将《风中新娘》卖给了汉堡的药剂师奥托·温特（Otto Winter），拿这笔钱置办了一匹马与昂贵的制服。他把一条红色珠串交给母亲保管，罗曼娜·科柯施卡随即把它埋进花盆里"不再看它，因为这让她想起了鲜血"；或许还有另一种可能，红色珠串很容易令她联想到阿尔玛，罗曼娜对她的厌恶未减分毫。科柯施卡计划于 1915 年 1 月 3 日接受入伍训练。尽管阿尔玛内心有些小想法，但或许是出于同情，她依然在科柯施卡前往维也纳新城（Wiener Neustadt）参训前，与他在布赖滕斯泰因度过了新年前夜。"当你再次把我带到你的床上时，你的美丽和高贵令人难忘，你给我的建议是如此仔细与周到。"

第二日，他如此写道："借着你的话语，我把自己全部的任性的意志交到你美丽的手中。"[17]

身处军事基地的科柯施卡间或收到阿尔玛的来信，时而充满爱意，时而尖酸刻薄，他备感困惑。"你的信罕见地与以往不同，前后不一，"他于1月的信中写道，"我并不明了你真正想要什么，究竟是什么烦恼促使你说出这些话。"[18]最终，科柯施卡在6月收到一封信，"这封信给我的打击比任何事都大。我哭泣，因为现在明白了，自己再无避难所……当我哭号时，你宁可用轻蔑的暴雨浇淋我，也不愿把我拉到你的心里"。[19]他坚持要求上方将自己派往前线。科柯施卡于8月在乌克兰西部的卢茨克（Lutsk）附近被一颗子弹击中头部，身负重伤。随后，一名俄罗斯士兵用刺刀刺穿了他的胸部。他的伤势非常严重，甚至连维也纳报纸都宣布了他的死讯。

阿尔玛赶忙冲到科柯施卡的工作室，取回自己曾经写给他的信。想必这些信对当时的寡妇而言在道德上有碍观瞻。据科柯施卡的说法，阿尔玛还随手拿走了一些画作。科柯施卡活了下来，在一家野战医院里待了几个月，随后于秋天转移至维也纳。他托阿道夫·路斯给阿尔玛捎了个信，邀请她前来探视。阿尔玛拒绝了。"的确，我知道任何重拾过去的企图都是徒劳的。"[20]他写道。1916年2月，科柯施卡出院，重返意大利前线。有一回，当他经过一座桥时遭遇爆炸，饱受弹震症之苦，不得不彻底退出现役。"对我而言，O.K.已变成某种奇怪的、阴郁的暗影。我对他的生活毫无兴趣。我的确爱过他！"[21]阿尔玛事后回忆称。

当科柯施卡拜访母亲并询问起红色珠串时，罗曼娜"从窗台上拿起一个花盆，花朵业已枯萎。她摇了摇头，似乎要赶走一个叫人不快的念头，然后把花盆砸在地上。她得意扬扬地用瘦骨嶙峋的手指从破碎的陶器与泥土堆里拉扯出红色珠串，脸上似有窃喜，事实证明她是对的。这是我们所有不幸的根源"！根据科柯施卡的描述，他突然觉得"自己从悲惨的情爱中解脱出来，我拥抱了我的母亲，对她说：'都结束了，我还活着，我回来了。'"[22] 事实上，至少在一段时期内，阿尔玛依然是科柯施卡生活中挥之不去的痴恋。

回到阿尔玛与科柯施卡在布赖滕斯泰因共度的那个新年夜，阿尔玛给沃尔特·格罗皮乌斯写了一封长信，表达了内心热切的愿望，"愿你能从战场上平安归来，你所有一切可爱、美丽的天性都得到护佑，除此，我再无其他奢望"。那晚，她站在露台上，月光中，"群山静默地躺着，广袤无垠——空气里没有一丝声响——也没有一丝气息。明天，这里将迎来宾客……因此，明天的我不再孤单——如此孤单"。她渴望有一天，"能把你盼来，你曾用你的脚步为我丈量过这里的土地。我紧握着你的手"。[23] 不久，阿尔玛发现格罗皮乌斯因"神经休克"正在某战地医院接受医治，她慌了神。"我感到——他对我而言很重要，或者说，正在变得很重要。"[24] 阿尔玛沉思自语道。

208

1914 年 8 月 5 日战争爆发时，沃尔特·格罗皮乌斯正式加入了第九骠骑兵团（The 9th Hussars）。战前，他曾以志愿者的身份效力于这个兵团。入伍后不久，格罗皮乌斯便被派往法国，在瑟诺讷（Senones）的孚日地区（Vosges）从事危险的侦察任务。到了 9 月底，战争陷入僵持阶段，两军战士在壕沟对峙，彼此距离通常只有 200 米。11 月，格罗皮乌斯被晋升为中尉以表彰他的英勇，其所在的军团也被调往摩西（Moussey）前线支援作战。格罗皮乌斯住在一个土洞里，经常是三英尺深的泥坑，就这么目睹战友一个个倒下死去。有一回他甚至接连八天未合眼。1914 年年底，神经崩溃的格罗皮乌斯被送往战地医院休养。

收到阿尔玛来信的格罗皮乌斯，心中五味杂陈，但依然答应与之会面。阿尔玛制定了相应的计划，待到2月格罗皮乌斯疗养休假期间，她将前往柏林与之碰面，"怀着让这个资产阶级艺术之子回心转意的可耻意图"。激情重新被点燃。白天，"他们在哭泣与令人悲痛的叩问中度过；到了夜晚，则是在点点泪光中向对方吐露缘由，彼此告解"。关于她与科柯施卡的情事，格罗皮乌斯依然无法释怀她的背叛。最终，据阿尔玛的说法，格罗皮乌斯在波查德餐馆（Borchard's）重新爱上了她。两人在那里待了整整一个小时，"美酒佳肴使气氛愈发融洽，我们的情感也渐入佳境"。[25]

当晚，格罗皮乌斯依计划搭夜车前往汉诺威看望母亲。阿尔玛陪他去了火车站。临了，"爱，如此强大的力量一把将他擒住，他直接将我拉上了已经发动的列车。不管我愿意不愿意，我发现自己已经与他拴在了一起，共同前往汉诺威。没有睡袍，没有丝毫的安抚或帮助，就这样，以如此激烈的方式，我成了这个男人的战利品。我必须说，我真的一点儿也不介意"。[26]

回到柏林后，格罗皮乌斯与阿尔玛又待了三日。她已经打定主意，"我要给沃尔特生个孩子"，[27]格罗皮乌斯也相应地"展现出身为丈夫的风度——他行使了丈夫的义务，将我渴望的种子种下，我至今仍颤抖不已，一切就这么发生了。之后，他轻松而自豪地去了战场，仿佛已完成了一个使命"。[28]虽然这次激情的相遇并未能结出果实，但它坚定了阿尔玛内心最热切的愿望。她对格罗皮乌斯说："让我属于你，成为你的妻子，直到永远。"[29]阿尔玛在日常信件中称格罗皮乌斯为丈夫，并署名"你的妻"。

格罗皮乌斯离开后，阿尔玛留在了柏林，莉莉·利泽尔从维也纳前来作陪。两人间发生了一些事令阿尔玛"确信［莉莉］的行为有一些古怪倾向。我向来对那些行为反常的人十分惧怕"，她写道："莉莉虽然鲁莽失礼，但每每最后关头总能控制得宜，直到这一回在巴黎，终有些失态。"提及那场巴黎之行，导火索是科柯施卡要求阿尔玛立刻返回维也纳，而莉莉则坚持两人继续旅行前往伦敦。莉莉之所以这么做，似乎是为了考验自己对阿尔玛的影响力。当时两人正在歌剧院，被阿尔玛拒绝的莉莉似乎当场昏倒了。阿尔玛把她带回旅馆。这时，光着身子躺在床上的莉莉有些精神错乱，她坚持要阿尔玛摸她的脉搏，并将阿尔玛的手放在她的胸上。在阿尔玛眼中，这无疑是明确的同性恋信号。翌日，阿尔玛即刻动身前往维也纳，坚称之所以这么做并非是听从了科柯施卡的要求，"与 O.K. 毫无关系。我只是出于个人性爱健康考虑"。[30] 柏林之行，莉莉再次为两人预订了大床房，阿尔玛意识到这其中或有暗示，随即为自己预订了另一个单独的房间。格罗皮乌斯离去后，阿尔玛继续与莉莉在柏林游玩。

210

两人并没有因此而终止交往，她们一同拜访了居住在柏林郊外的阿诺德·勋伯格。当时这位音乐家过着异常拮据窘困的生活。两位女士慷慨解囊，给予了他精神上与经济上的支持。阿尔玛通过马勒信托基金（Mahler Trust）提供资金，马勒信托基金正是她为了帮助包括阿尔班·贝尔格、安东·韦伯恩在内的一众作曲家而设立的。莉莉·利泽尔亦成为勋伯格的主要资助人，几年来为他提供稳定的收入。自 1915 年 9 月起，莉莉在自己位于格罗利埃街（Gloriettegasse）的豪宅里给勋伯格留了一个套间，供其使用。1915 年 4 月，阿尔玛组织了一场由莉莉·利泽尔出资、勋伯格执棒的音乐会，"以惨败告终"[31]。此事引发了两人与勋伯格之间的一些摩擦，后来借助阿尔班·贝尔格的调停才得以解决。她在日记中愤怒地写道："我受够了这些任性的艺术家了。我可真想冲我的灵魂大喊：'收起你珍贵的银匙——艺术家们来了！'"[32]

回到维也纳的阿尔玛再次成为普菲茨纳奋力追逐的对象，他向阿尔玛讲述因爱她而经历的痛苦，坚称唯有阿尔玛与他同住，才能完成最伟大的作品。阿尔玛很是苦恼。尽管拥有那么多追求者，她"依然感到如此孤独……孤独"。[33]
为了消除这种孤独，阿尔玛在伊丽莎白街（Elizabethstrasse）创办了后来堪称
传奇的"红色沙龙"（red salon），才华出众的朋友与拥趸环绕在她周围。年近
六旬的柏林著名合唱指挥家、作曲家齐格弗里德·奥克斯（Siegfried Ochs）带
来了令人惊叹的礼物——歌德的亲笔签名，一份经过修整的巴赫 b 小调弥撒乐
谱，临摹版的阿尔布雷希特·丢勒（Albrecht Dürer）的画作《基督》（Christ）。
阿尔玛崇拜奥克斯，可他那"令人颤抖的疯狂激情"，以及"贪婪的欲念"叫人
难以忍受。[34] 格哈特·豪普特曼亦携妻子玛格丽特登门拜访。见到自己十分崇
拜的作家，阿尔玛欣喜若狂。他有着"一双孩童般的蓝色大眼睛，一派'高尚'
又世故老道的风范"。豪普特曼是一个直言不讳的民族主义者，三个儿子皆入
伍参战，豪普特曼本人对战争可谓充满了激情，宣称："没有什么比不通风的
房间更丑陋的了。人民因此获得新生，变得更加强大。"[35] 阿尔玛显然被他迷
住了。

　　阿尔玛在塞默林独自一人带着古琪，疲惫且绝望，一种"永远失去了幸
福的可能"[36] 的无力心绪笼罩着她。行走于人世间，她"内心充满恐惧——没
有一个男人可牵着我的手——令我的人生安定……无可救药地身陷困境"[37]。当
时，格罗皮乌斯正在前线作战，驻扎于上莫泽尔地区（Upper Mosel）的南希
（Nancy）与埃皮纳勒（Épinal）间。1915 年 3 月 12 日，他被授予巴伐利亚一
等十字勋章（Bavarian Cross First Class）以表彰他的英勇事迹。在某次定位敌
人的侦察中，他站起来吸引敌人的火力。格罗皮乌斯奇迹般地躲过了子弹。他
对母亲说，那只是"运气好"。"战争中，所有的子弹都围着我打转。一颗落在
我的皮帽里，一颗掉进我的靴子底，一颗从我外套的右侧穿了过去，另一颗从
左边穿了过去，还有——一枚手榴弹。"[38]

很长一段时间以来，阿尔玛只能通过书信的方式与格罗皮乌斯联络。她常常把男性不在框架内的非常规行为归因为冷漠、缺乏情感，而非战争的影响。每每这个时候，一些"黑暗的想法"就会钻进她的脑袋。"W.G. 根本不爱我——他只是认为他爱而已。"[39] 阿尔玛于 4 月如此笃定地写道。当两个星期没有他的消息时，她"害了相思病……我当然知道自己是怎么回事。我爱 W.G."。

与格罗皮乌斯分隔两地，各自生活在动荡不安的时局里，阿尔玛对格罗皮乌斯的情感变得摇摆不定。4 月 8 日，一封直截了当、写满愤怒的来信让阿尔玛感到异常激动、受伤，怒火中烧。"我越来越觉得这个人不是我生活的全部。他对科柯施卡的嫉妒简直毫无尽头！雅利安人喷涌而出的轻率配上天赋或许还可忍受；但若是以庸俗相搭，那真的就是毫无道理可言了。"[40] 出于某种自我安慰，她花了"一整个晚上独处，充满音乐的快乐时光"。她抱怨起来："我到底要这些讨人厌的雄性害虫做什么？？？？即便需要，也不该是这一位虚荣又空洞的 W.G. 先生。"[41] 她的决心如钢铁般强硬，"我受伤了，我想离开他。是的，我很快就会成功的"。可紧接着，她又苍白地加了一句："可我的快乐在哪里呢？我已经够孤单的了！"[42]

爱的缺位是阿尔玛心中最大的恐惧。然而，不过一个星期，她心中重又恢复平静，"多么美好的夜晚啊！多么灿烂的早晨！没有恐惧！没有可怕的真空，因为那才是最可怕的！我爱沃尔特"。[43] 可到了 6 月，当阿尔玛在弗兰岑巴德水疗中心疗养时，她再次陷入混乱的纠结，四处游荡，"仿佛自己是个游魂……他待我自然不错，但他不温不火，而我如此炽烈地爱着，这是行不通的……如果他足够爱我，他会赢得我的心！如果他不够爱我，那我就继续沿着这洒满阳光、尘土飞扬、没有阴影的路走下去"。[44]

当想到自己可能已经怀孕时，阿尔玛重新下定决心向他求爱。"我与你在一起，一秒钟都不曾离去。我脑子里只有一个想法——要是现在就实现该多好。我为我们曾有过的狂热激情而颤抖——这或许是一种堕落，却散发如此神圣的美丽。"[45] 阿尔玛并没有怀孕，却早已在高高堆起的充满渴念的信件中沉沦，她现在迫切需要格罗皮乌斯与自己完婚。"你若能获准假期，我将第一时间赶到最便于碰面的地方，我可以带上我的证件，如此，我们就可以在无人知晓的情况下结婚……在你回来之前，在你能真正给予我保护之前，我可以做你隐姓埋名的妻子。"她在那封信的最后署名"阿尔玛·M·格罗皮乌斯，A·玛利亚·格罗皮乌斯（Alma·M·Gropius.，A·Maria. Gropius）"[46]。这封信未得到及时回复，忧郁与困惑再次笼罩着阿尔玛，"现在我什么也搞不明白了。我躺在床上哭泣，古琪不知所措。她不知道发生了什么。这孩子当真是神的赐福"。[47]

　　情形本就不明朗，格罗皮乌斯的母亲曼侬·格罗皮乌斯对此事的意见无疑是雪上加霜。当听到传闻称自己的儿子欲迎娶阿尔玛时——一个比他年纪更大、带着一个孩子的寡妇，近来又因与某位声名狼藉的画家有染而闹了不少绯闻——曼侬备感震惊。[48] 诚然，这种反应不过是母子之间业已存在的差异观——一种有时看起来不可逾越的代沟的扩大化。格罗皮乌斯彻底否定了母亲的资产阶级思想。他抗议道："难道你没有发现吗，早在我年轻时，便一直在真诚地检验那些被广泛接受的观念，这些观念如今在您身上已然开始僵化，甚至死亡。抛弃那些过时且短视的东西……与当下的生活相适应，这才是唯一重要的事。"[49] 格罗皮乌斯发誓要追求自己的生活以及独特的艺术视野："我遵循我的信仰，追求纯粹的行为，而我的母亲却无法认同，这令我感到痛苦。"母亲会愿意理解自己吗？理解自己对阿尔玛的爱与忠诚吗？他宣称——"如此发自内心拥抱自由的女人"——难道不会吓到自己的母亲吗？[50]

曼侬·格罗皮乌斯依然不肯退让。当格罗皮乌斯带着阿尔玛去柏林见她时，对抗与僵持不可避免。"与你及你的 M 夫人一起度过的那些日子真是难熬，叫人心烦意乱，好似一股飓风袭上心头，我精疲力竭。"曼侬写道。[51] 面对曼侬的阻挠，阿尔玛很是不快。她与格罗皮乌斯一样鄙视资产阶级价值观，自己与曼侬之间有着不可逾越的鸿沟。

214

最终，两人达成一致，决意结婚，阿尔玛这才打消了对格罗皮乌斯的疑虑。1915 年 8 月 18 日，两人在柏林婚姻登记处举行了一场秘密婚礼。其间并无家人到场，只有两位路人——一名 28 岁的石匠与一名 21 岁的先锋兵——见证了一切。随后这两位均被遣走。"昨日我结婚了，我安全着陆了。"她在日记中写道，"任何事都不能使我偏离自己的道路——我的意志纯洁而明确，我什么也不想要，只想使这个高尚的人幸福！我从没有像现在这样自由、平静、兴奋、幸福。上帝啊，请保佑我对他的爱！"[52] 阿尔玛与格罗皮乌斯皆认为婚礼一事应该保密。曼侬提出反对，称这样做既无礼又不光彩。格罗皮乌斯反驳道："我们俩把这些习俗看作是避之唯恐不及的灾祸，甚至是大恶之道，而非快乐。为了我们的幸福，也为了你的幸福，请尝试着理解。"[53]

两日后，格罗皮乌斯回到前线，将在那里上待上几个月。"我孤身一人——无可救药地爱上了他。金色的日子已经过去，我感到自由、幸福，我，结婚了。"阿尔玛在回维也纳的火车上思忖着，"这无疑是人们所能想象到的最古怪的婚姻。就这么结合了，如此自由，却又彼此捆绑。不再有什么人会对我产生吸引力，我现在恐怕更喜欢女人，因为至少她们不那么咄咄逼人。但最终的最终，我还是想抵达我的避风港。"[54]

婆媳关系依然紧张。9 月，阿尔玛在给格罗皮乌斯的信中写道："我该怎么办才好？我好像是从马戏团来的，因为我对这里的一切都太陌生了。如之前所说，我认为你若对她友好一些会比较好……她很傲慢，而我……生性过于炽烈——总之，她的一切看法似乎都显得过于狭隘了。"即便如此，阿尔玛依然建议丈夫以温和有理的方式给母亲写信，恢复两人的友好关系，"扛起身为儿子理应担负的全部"！[55] 不久，曼侬欲借丈夫曾是枢密院议员一事来抬高自己的身份地位，此番作为无疑再一次挑战了阿尔玛的耐心。内心深处与生俱来的优越感瞬时被激发，阿尔玛在信中对格罗皮乌斯反唇相讥：

> 请务必先让她明白一件事，当全世界的大门都对着一个叫"马勒"的男人敞开时，默默无闻的格罗皮乌斯根本走投无路……难道她就没想过我为了选择格罗皮乌斯放弃了什么吗？……当然，我知道你是谁，你对我来说意味着什么，但对于世界而言，你不过是一张白纸……也许，是时候让她知道这世上有成千上万的枢密院议员在四处走动了——但只有一个古斯塔夫·马勒，也只有一个——阿尔玛。你的信比你母亲的信更叫我恼火。[56]

阿尔玛与曼侬最终在尴尬中停止了恶斗。但过了许久，双方才甘心坦然接受彼此的"不相容"。

两人的婚姻在维也纳一直是个秘密，阿尔玛继续在伊丽莎白街公寓的"红色沙龙"接待宾客。因长期缺乏丈夫陪伴，她的情绪异常波动，人也变得易怒。"我憎恨战争！亲爱的上帝啊——让战争快点结束吧！我再也不能忍受了"，[57] 她将愤怒投向格罗皮乌斯。阿尔玛在信中描述日常生活的琐事，家庭生活的艰辛，她的社交活动，她对他日益生长的渴望："我坚信你的力量，永无止境的信仰……我深爱的沃尔特，你什么时候才能出现在这里——令我的房间焕发神圣的光芒，直到永远。"[58] 她毫不掩饰自己对他的情色渴望——"对于那些令人发指的事——我想像章鱼那般围着你，吮吸你——把你吸干，我的爱……把你甜美的溪流注入我的身体。我，正含情脉脉地等着"，[59]她继续写道：

> 我们头一次见面，我应跪在你面前，以膝跪地，就这么跪着，祈求你把神圣的阳物捧在手中并放进我的嘴里，随后，我会用我学到的所有技巧以及从你那儿偷师来的全部优雅，给你一个疯狂的［难以辨认的］……随后，你会发疯似的把我搂在怀里，温柔地将我放倒在床上。这张床有我们俩的宽度，有我们俩的长度。房间里摆着鲜花，点着蜡烛，你会把我放下，用可怕的酷刑折磨我，因为你总是让我等待——直到我泪流满面地哀求你！求你了！！[60]

她请求格罗皮乌斯也将自己的性幻想说与她听，如此，"你便可以帮助我——不，应当说是帮助我们，待到你我激情的肉欲相遇的那一刻"。她还建议说："如果这封信诱惑了你，令完美无瑕的手去触摸甜蜜的下体，那么至少把属于我的那一部分寄还给我吧。我会把它放在自己身上——这样它就不会丢失。"[61]

急躁与反复无常的心绪时不时困扰着阿尔玛，她需要丈夫持续不断地保证忠诚，以获得内心的安全感。之后的五天，未收到只言片语的阿尔玛大发雷霆："如果你在欺骗我，我也会这么做，记住我的话！我总能找到人！只是最近我没有那种感觉。"[62]当格罗皮乌斯不经意间问起布赖滕斯泰因的一些重建工作时，她勃然大怒。自然，阿尔玛并非恼这一件事，而是想到他有可能忘记自己36岁的生日而心有愤愤。不久，当她收到一条玛瑙项链时，整个人简直"欣喜若狂"——"恰巧这个时候，格蕾泰尔·库登霍韦（Gretel Coudenhove）与

217

瑟利茨男爵夫人（Baroness Therlitz）前来拜访，两人见状，颇是嫉妒"。[63]

圣诞节期间，他们在维也纳度过了田园牧歌般的三日。"我被这样的温暖和感性宠坏了，真不知道我如何配得上这样的爱与快乐。"格罗皮乌斯对母亲说道。他唯一的愿望是满足阿尔玛，"她对完美的永恒渴望将造就出最好的我"。[64] 阿尔玛满怀希望地迎接新年，"愿我能得到祝福，我们的爱延续了几个月"。[65]1916 年 2 月初，阿尔玛得知自己怀孕了。

阿尔玛在维也纳的社交生活十分活跃。尽管她试图把格罗皮乌斯摆在第一位，但依然很容易被有才华的、受人爱戴的男性魅力所吸引。阿尔玛在 1916 年 2 月的日记中写道，时年 37 岁的诗人阿尔伯特·冯·特伦蒂尼（Albert von Trentini）前来拜访，两人聊起他的著作。"他单膝跪在我面前，把头放在我的腿上哭了起来。他说：'自从认识你以来，每一次见你，我都会有同样的感受。我看着你，泪水便从眼底涌出来。'"在这个男人身上，阿尔玛感受到"某些神圣的光晕。每次他出现，能够待在他的身边，我都感到幸福"。[66]不久，特伦蒂尼也上了战场，她坦言从这个男人身上获得了"太多、太多的快乐。纯粹的快乐"。因为这段插曲，阿尔玛一度担心自己对格罗皮乌斯的爱有所消退，当重拾对他的感觉时，才松了口气。只是，她想念特伦蒂尼。"生命里若没有值得让我活下去的男人，我恐怕难以为继，比起其他人，我更需要这些，因为我如此热切地活在当下。"[67]她笃信不已。

怀孕后的阿尔玛专注于生养，只是偶尔会愤愤不平地发表反战言论，对国内日益困顿的局面时有微词。这一年夏天，阿尔玛度过了孕期里最平静的时光，"多么美妙的孕期啊……爱让一切有了意义"。她"渴望着这个孩子的降临。它会带给我新的视野，也必将在我的生命里注入全新的、不可思议的、压倒一切的狂喜瞬间"。[68]同年 6 月，婆婆前来布赖滕斯泰因探访阿尔玛，两人的关系迅速得到改善。阿尔玛告诉格罗皮乌斯："我们逐渐越走越近。是的——甚至可以更紧密。我越来越喜欢她了……她的陪伴让人格外安心。"[69] 与此同时，曼侬也向儿子诉说了自己对阿尔玛态度的转变，她认为儿子"挖到宝了。这是一个非比寻常的、精神上富足的人"。生来"娇生惯养"的阿尔玛令曼侬感到担心，但阿尔玛同样是"和蔼可亲的、极有天赋的女性"，她的音乐"如此出色，所有这一切都令人难以抗拒"。在曼侬眼中，"无论是外表还是内心，阿尔玛都是一个持续不断焕发出新光彩的人。我从未见过谁拥有如此多面的性格"。[70]

在布赖滕斯泰因独居时的阿尔玛更喜欢有女邻居们作陪的时光：莉莉·利泽尔的房子就在附近；诺拉·特拉斯科维奇（Nora Traskowitsch），"我所认识的最美丽的女人……她美丽，因为她总是充满活力、神采飞扬"，常来做客；还有她的老朋友格蕾泰尔·库登霍韦，越来越"知我，懂我，贴近我心。她的热情是谁也比不了的"。[71] 阿尔玛最亲密的朋友海伦·贝尔格（Helene Berg）携丈夫阿尔班·贝尔格前来。阿尔班"是个难相处的人，过分敏感，勇于自我牺牲，甚至到了令人匪夷所思的程度，这两点都十分有魅力"！说起海伦，"从内到外都是天使般可爱的人物"，她是皇帝弗朗茨·约瑟夫与安娜·纳霍夫斯基（Anna Nahowski）的私生女。安娜比皇帝年轻五十岁，两人在一个公园偶遇得以结识。

战争给一切投上了阴影。"人类屏住呼吸——因为惧怕将要发生的一切。究竟我们的面前还会有什么？？？"[72] 阿尔玛于 1916 年写道。她拒绝了格罗皮乌斯让她搬到柏林的建议——在一堆陌生人中间，她又该如何自处呢？——阿尔玛打定主意："我必须让自己沉浸在快乐之中，再久一些。"[73] 战争仍在继续，尊贵的宾客源源不断地穿梭往来于位于伊丽莎白街的红色沙龙：克里姆特，以及她的朋友库登霍韦公爵夫人、维登布鲁克夫妇先后加入这个由维也纳社会各阶

219

层精英组成的迷人圈子，众人聚集在阿尔玛的周围。

众宾客在沙龙上的谈话总是很活跃，富于洞见，所涉内容也十分广泛。某日，她与一位出版商、一位作曲家及一位教授共度了令人兴奋的夜晚，阿尔玛开始思考创造性艺术家的本质："艺术家身为人越是杰出，其艺术创作就越伟大，但具体到每一个人，仍然需要以不同的标准来衡量。他们的世界是经由他们双手创造出来的世界，他们无法从自我的世界里脱离而进入现实。"她继而总结道：

> 这就是为什么这些人在与女性的关系中通常显得粗暴且缺乏理解的原因。他们从来看不见站在他们对面的人，更别提感受了。在一位有影响力的艺术家旁边，女人总是会判断失误。他与她并无不同，他只是把自己当作一种工具，借由此工具，他可以建立并且实现他对于统治的渴望。[74]

阿尔玛即将于 9 月临产，格罗皮乌斯特意请了两个礼拜的假期，从南希前线退下来见证孩子的诞生。可他扑了个空，孩子迟迟未能降临。"已超过预产期十四天了，我一直在等我的孩子。"阿尔玛于 9 月 19 日写道，"沃尔特回来，又离去——悲伤、孤独笼罩着他与我。我曾渴望亲自把他的孩子放在他的臂弯中。唉……我就这么等着——等着——期盼着。"[75] 回到前线的格罗皮乌斯十分焦虑，他给自己的母亲去信道："我们不知道发生了什么。这孩子似乎并不想来到这个如此疯狂的世界。"[76]

终于，在 1916 年 10 月 5 日这一天，阿尔玛诞下"又一名甜美的女婴"，生产过程"伴随着可怕的阵痛——但如今，她躺在这儿，我感到幸福。我爱上了她"！她写道："一段全新的、不同的、更平静的生活就此展开。"[77] 前线的格罗皮乌斯得知女儿降生的消息，喜忧参半，"如今我的孩子真的来到了这个世界。可我看不见，听不见，只有一则简短的电报，宣称'在艰难的阵痛后'，孩子出生了。我得先知道她怎么样了，才能高兴得起来"。[78]

他设法请了两天假，"孩子简直是我们的太阳，我彻底着了迷"，她"长着一双不断变幻的、美丽的、聪明的大眼睛，会意地观察着周遭的世界，她的手长得纤细修长，贵族般的手指"。[79]但此时的阿尔玛正处于某个特殊阶段，"出于母性的警惕以及护佑新生命的责任，我总是担惊受怕"，表现得"像只母老虎。我拒绝他靠近女儿……经过他长时间的恳求，我才允许他从远处看她一眼"。事后，阿尔玛为自己奇怪的行为辩解道："我不会允许他分享我的孩子，因为我的担心如今成了现实——我对他的情感已经褪变为一段疲惫的暮光之爱。"[80]阿尔玛越来越清楚地意识到，她不能维持远距离的婚姻。

在如此紧张的战时环境下独自抚养一个孩子，阿尔玛为自己与格罗皮乌斯是否还有共同的未来感到担忧。"他身处前线——我们结婚已经一年多了，却没有彼此，有时，我担心我们会变成陌生人。不久，我就会厌倦所谓的未来的生活。一切都是暂时的，不可靠的！"但她决定继续走下去，因为她确信自己仍然爱着格罗皮乌斯，她不想失去他。[81]

1916年圣诞节，格罗皮乌斯得以休假回到维也纳。曼侬·阿尔玛·格罗皮乌斯（Manon Alma Gropius）在圣诞节当天在新教教堂受洗，教堂里摆满了白色的百合、烛台，以及圣诞树。格罗皮乌斯的母亲因旅行限制不能赶到，阿尔玛给她发去新年贺信，"我亲爱的格罗皮乌斯妈妈，感谢您的礼物"，感谢"您给我带来的快乐！……终究，您还是有些喜欢我的"。[82]为了庆祝曼侬的诞生，格罗皮乌斯将挪威画家爱德华·蒙克（Edvard Munch）的画作《海滩的夏夜》（*Summer Night by the Beach*）送给了阿尔玛。

1917 年初，阿尔玛感到身体不适；虚弱的心脏令人担忧。每当担心自己会陷入沮丧时，只要看一眼曼侬，她便又精神起来。这个孩子时刻在提醒着，她"仍是必不可少的"。小家伙真叫人高兴，"甜美的孩子。没人知道我有多爱她。我全身心地爱着她。我想整天亲吻她的手和脚，亲吻她的小嘴——我几乎不敢这么做"。[83] 阿尔玛心里认定，大女儿安娜已不再需要她了，因为"安娜很聪明"。但安娜的言行时常会引起她的兴趣。

> 昨天晚上，她与我一起躺在床上。"可真奇怪啊……你与我眼中所看到的自然如此不同——你的视野规模要大得多，而我则更注意细节［安娜对阿尔玛说］……我们对音乐的感受也不同。你记得你所听到的，而我记得我所看到的……"对话就这么持续下去。"这就是为什么我更偏爱蓝，而你爱红。我喜欢老子，而你——你喜欢什么？"她一路说下去，她不过 13 岁。但是我很爱她，虽然她经常看起来很陌生，并且，会变得越来越陌生。[84]

战争旷日持久，看不到尽头。阿尔玛原本寄望奥地利外交大臣奥托卡尔·切尔宁（Ottokar Czernin）伯爵向盟国提出的议和方案能带来和平，终究，这仅有的一线希望也落了空。11 月中旬，精神上的苦痛与身体上的不适侵扰着阿尔玛。战争期间，丈夫始终是缺席的。她独自一人带着两个孩子，经营着两处房产，一处在维也纳，另一处在布赖滕斯泰因。食品短缺异常严重，由于盟军的封锁，粮食歉收，所有可用的食物供应都被转移到军队手中，营养不良与饥荒在整个欧洲蔓延。"战争那会儿，我们几乎没什么吃的，"据安娜回忆，"我们的厨师阿格尼斯经常给我们准备一种替代肉，蘑菇和树皮的混合物，边上配点玉米粥和土豆。差不多就是这些了。"[85]

阿尔玛的世界完全被家庭事务占据，她开始担心自己会因为家庭主妇的这些苦差落入乏味与琐碎。"这些事让你变得既蠢又刻薄，"它们正在侵蚀她，"我甚至开始担心那些抹布的事儿了——这根本不应该发生。"[86] 此外，对人类的恐惧困扰着她——"我把访客们打发走，可当我孤独一人时又深感不安"。在一阵自我谴责过后，阿尔玛认定自己"没有权利像寄生虫一样依附于人类的感情而生活。唯有在外部世界打拼的人才有权利活着——而非疲惫、虚弱的可怜虫……出于羞耻心与道德感，这种人——我现在觉得自己就是这种人——理应消失。但我依然活着，犹如植物人……"[87]

最重要的是，婚姻的希望已然破灭。"面对这持续的孤独，我从沃尔特身上所获得的短暂疗愈无力抵抗漫长的煎熬，仅存的慰藉正在渐渐消亡：事实上，与他分开太久了，我甚至无法想象与他共同生活是什么样子。我很气恼——每件事都叫人难过。我真的需要一些快乐！"[88]

唯有当社交生活重新变得"美好且丰富"时，阿尔玛的情绪才会高涨起来。先是科学家保尔·卡摩勒的到访，随后，历史学家约瑟夫·斯特兹高斯基陪她度过了一整个晚上；11 月 14 日，阿尔玛拜访了撒克逊使者夫人海伦·冯·诺斯蒂茨（Helene von Nostitz），她当时正在哀悼不幸夭亡的年轻儿子。返回家中的阿尔玛发现弗朗茨·布莱（Franz Blei）正在等她，与布莱随行的还有 27 岁的诗人弗朗茨·韦费尔，"从此，我的命运展开了全新的方向"[89]，阿尔玛写道。223

那年秋天，弗朗茨·布莱成了阿尔玛社交圈的座上宾。布莱头衔众多，既是一位散文家、剧作家、评论家，也是文学期刊出版商，并且是弗朗茨·卡夫卡（Franz Kafka）的朋友。起初，这位"可疑人士"唬人的名声令阿尔玛感到惶恐，但她很快就爱上了他迷人的魅力。布莱是阿尔玛家的常客，偏偏此人智识渊博，对任何领域皆有所涉猎，他的过分聪颖难免令"在场的人感到厌烦"。克里姆特"发现单用言语不足以解气"，于是他与阿尔玛合谋于晚宴期间探讨布莱毫不知晓的话题，挑来挑去，最终选定了植物学。"但，瞧啊！布莱轻巧地打开脑中又一个特殊的盒子，从里面滚出许多我们闻所未闻的名词与术语，众人哑口无言。历来如此，永远如此，布莱掌控了每一次的讨论，但他最终也厌倦了自己闪耀的光芒。他意识到自己令人生厌。"[90]

阿尔玛早先就知道有弗朗茨·韦费尔这号人，他的诗歌"深深打动了她"。1915 年，格罗皮乌斯正在某家商店里挑选供前线使用的皮靴，恰巧一辆卖书的小推车停在店门口，阿尔玛在架上发现了一本韦费尔的诗集《雪亮》(*Der Erkennende*)。"那些文字将我吞没……"阿尔玛事后回忆称，"那是我所经历过的最可爱的诗歌。我被迷住了，弗朗茨·韦费尔将我的灵魂俘获。"[91] 这首诗赋予她强大的灵感，深受启发的阿尔玛罕见地随即提笔创作，将诗文谱成音乐。

两人于 1917 年 11 月初遇。当时，韦费尔刚刚从俄国前线现役部队调到军事新闻处，与罗伯特·穆齐尔 (Robert Musil)、里尔克、雨果·冯·霍夫曼斯塔尔等文学名士一道为报纸撰写宣传文章。韦费尔对音乐有着强烈的兴趣，是马勒的崇拜者，想到下午即将与马勒遗孀会面，他满怀期待，兴奋不已。韦费尔给阿尔玛的第一印象无非是个口若悬河的年轻人，"总说些可怕的社会民主主义行话。但到了晚上，他整个人变得更富神采、更洒脱自在，也更纯净了"。[92] 阿尔玛写道：

> 韦费尔是个小矮个、罗圈腿，微胖的犹太人，有着性感、丰厚的嘴唇，还有双水汪汪的，时常会眯起来的眼睛！但他绝对能抓住你的心，只要他愿意更多地展现他的自我。对于人类，他有着非凡的悲悯之心，他的言语沁

透了爱——"若是世上还有一个人在受苦，我怎么可能幸福"（曾经，有另一个以自我为中心的人说过同样的话，那便是古斯塔夫·马勒）。

阿尔玛觉得这个人着实有趣，"似乎他很快就在我这里找到了家的感觉"。这场相遇令她兴奋不已。"能永远与知识分子保有交集是一件美妙的事，被他们打动又是如此地快乐。为此，我甘愿跪下感谢上帝。愿神明让我保有这份快乐，但求这一件！" [93]

随着阿尔玛对弗朗茨·韦费尔的了解越来越深入，她开始意识到，或许自己终于寻到了避风港。

10. 纠缠的魂灵　1917—1920

225　　很快，弗朗茨·韦费尔便成了伊丽莎白大街的常客。他不过 27 岁，已被视为当时最重要的年轻作家之一。韦费尔的想法令阿尔玛着迷，有一把天籁般的男高音好嗓子，无论是演唱歌曲还是以引人入胜的热情背诵自己的诗句，都那么动听、动人。正如他的朋友，作家兼记者马克斯·布洛德（Max Brod）所言："他将自己所有诗句熟记于心。凭记忆说出这些话时，毫无迟疑、毫不含糊，以一种激动的、紧张的或带着胜利口吻的声线，无论是哪一种都妥帖恰切——时而响亮，时而柔和，音调永远是那么丰富且变化多端。他总不肯轻易停下来。我从未听过如此唱诵，我被迷住了。"[1]

　　身为表现主义的先驱，韦费尔以深刻的人性、朴素的情感诉说了年轻一代面对物质主义、虚伪与腐败，面对人心、真理、纯洁因固有规则遭到扼杀时，充满幻灭感的忧虑。从第一次读韦费尔的诗开始，布洛德就一直是他的拥趸——"通常，那些诗歌初学者总是带给我空洞之物，可他不然。他的诗没有一篇是无用的，没有哪一篇是以无意义的短语堆砌而成的，每一首诗都朝着新的视角发展"[2]。布洛德的朋友弗朗茨·卡夫卡认为他"被韦费尔非凡的才能冲昏了头"[3]。

1890 年，韦费尔生于布拉格一个讲德语的、富有的犹太家庭，父亲是白 手起家的手套制造商。身为家中长子的韦费尔虽说只是个穷书生，但从小就对戏剧和音乐有着浓厚的兴趣。富有魅力的男高音恩里科·卡鲁索在布拉格的一次访问演出让他对歌剧有了全新的认识；他熟记多首威尔第与多尼采蒂的咏叹调，在许多社交场合作即兴表演。十几岁的少年如饥似渴地阅读，每天写一首诗；他常与姐妹、朋友表演戏剧，并亲自撰写对白。

韦费尔并没有走学术研究的道路，时常与朋友威利·哈斯（Willy Haas）、保罗·科恩菲尔德（Paul Kornfeld）、恩斯特·多伊奇（Ernst Deutsch）、弗朗茨·雅诺维茨（Franz Janowitz）及恩斯特·波普尔（Ernst Popper）在布拉格的咖啡馆与夜总会消磨时光——他们都曾是就读于天主教皮亚里斯特会修道院学校（Catholic Piarist Monastery School）的同窗。犹太男孩大多被送去这所学校，之后进入文科中学（Stefansgymnasium）进修。一众人写诗，创作散文、戏剧，互相朗读彼此的作品，在阿尔科咖啡馆（Café Arco）探讨文学、哲学与政治；到了晚上，年轻人则在啤酒厅、夜总会或当时很受欢迎的降神会聚集。1908年，韦费尔在维也纳日报《时代》（Die Zeit）发表了自己的诗歌处女作；这首作品再次获得了布洛德与卡夫卡的热情支持。

眼见长子未能为日后稳定的职业做好准备，大为震惊的鲁道夫·韦费尔把儿子派到汉堡的家庭手套厂充当实习生。1911 年，颇具影响力的评论家卡尔·克劳斯（Karl Kraus）在他的杂志《火炬》（Die Fackel）上发表了韦费尔的几首诗歌。之后，韦费尔被征召参加为期一年的军事训练，脱离了原本生活中熟悉的文学环境；但在布洛德的支持下，他的诗集《世界之友》（Friend of the World）得以出版。这本诗集一经问世便被抢购一空。

227　　　退役后，库尔特·沃尔夫聘请韦费尔担任莱比锡出版社的编辑。沃尔夫的
橄榄枝让他得以从于套厂逃脱。那时的韦费尔将头发齐齐地梳于脑后，但"看
上去总是显得很凌乱"。不久，他便在威廉·温图本（Wilhelms Weinstu）酒窖
及费尔施咖啡馆（Café Felsche）广结诗友、思想家同行，与众人一道流连于
城市的剧院、酒吧及卡巴莱歌舞厅。传记作者皮特·斯蒂芬·容克将他描述为
"一个极其不可靠且健忘的人，经常把重要的东西放错地方，会突然唱起威尔
第咏叹调或背诵自己的诗歌，一个喜欢美女、爱做梦的幻想家"。[4]韦费尔开始
在公开场合朗诵他的诗作，私底下则与他的朋友们，包括卡夫卡在内，互读彼
此的新作。1913 年春天，第二本诗集《我们是》（We are）出版，赢得了被韦费
尔尊为圣的诗人里尔克的褒赏。

　　　1914 年 7 月战争爆发，韦费尔旋即被征召入伍。之后，他又回到布拉格，
以身体疾病或精神状态不稳定为由，对外宣称至少两年内不宜服兵役。与此同
时，他继续写作。1915 年腿伤治疗期间，韦费尔遇到了外科护士格特鲁德·施
皮尔克（Gertrud Spirk）；两人成了恋人。最终在 1916 年初，再也找不出借口
逃避前线的韦费尔被宣布适合执行战斗任务。他作为一名炮手随第 19 重型野
战炮兵团前往位于加利西亚（Galicia）的俄国前线，在团总部担任电话接线员
与调度员。不久，韦费尔租了一处农舍开始每日写作，广泛地阅读，并与文学
228 界人士保持通信，尽管过程中不时地被厌烦的电话接线工作打断，但依然坚
持。"当我必须工作时，我的心情总是很糟糕，以至于我几乎成了整个部门的
恐怖分子接线员。在恐吓、侮辱和诽谤方面，我不相信布拉格最歇斯底里的女
接线员能比得上我。"[5]

　　　1917 年 6 月，一场大规模炮兵战役正在进行。经历数月的绝望之后，韦
费尔突然被调往布拉格的军事新闻处（Military Press Bureau），紧接着又被

派到瑞士做巡回演讲。直到 8 月以前，他都定期为报纸撰稿，写一些振奋人心的前线故事；时常整日整夜地与文学伙伴泡在维也纳中央咖啡馆（Café Central）。那里挑高的天花板极有特色，昏暗的空间里终日弥漫着香烟的雾气。与此同时，他将救世主的角色指派给格特鲁德，宣称自己渴望追求纯洁、严格与纪律，恳求这个女子将他从回到维也纳后所陷入的"腐败气氛"[6]中拯救出来。隔了好久，当格特鲁德与韦费尔久别重逢时，两人分明感到激情的消退。"我必须挨过这个道德危机的时期，眼下，一个全新的人渴望战胜过去的愁容，他为新生而奋斗，"他如此解释道，"请不要以为我对你的态度发生了变化。"[7]

被新闻处派往意大利之前，弗朗茨·韦费尔遇到了阿尔玛·马勒。"真是太美妙了……我对古斯塔夫·马勒有了很多了解，我分明感到，他所经历的一切矛盾，同样在我的身上发生着，"韦费尔充满热情地对格特鲁德·施皮尔克说，"真是饶有趣味的几个小时。她给人感觉非常温暖，充满活力，是一个有品质的女人。"[8]韦费尔随即动身前往意大利执行任务，返回后，他拜访阿尔玛的次数愈发频繁。阿尔玛很喜欢有他作陪，甚至一度认为他可能会向自己的女儿求婚。"韦费尔令我高兴。我想让他做古琪的丈夫。他是我所认识的最聪明的大脑——思维自由且老练。一个伟大的艺术家！"[9]

全新的音调在阿尔玛的生活里跳动。"欢喜——欢喜——为什么——我为什么就不明白呢？！"[10]她在给莉莉·利泽尔的信中如此写道，吐露着隐约闪烁着的一段新恋情。"许多美好的事正在发生。某个夜晚，神圣之夜——韦费尔，布莱！我们以音乐相庆，沃尔特［格罗皮乌斯］也在场，我们唱起了《路易丝》，《名歌手》，等等。韦费尔背诵了他的几首诗，其中最精彩的要数《敌手》（Der

Feind）。此人真乃神迹！"[11] 过了许久，当阿尔玛再次回忆起当时的场景，所添加的细节颇有些事后诸葛的味道："那晚，我与韦费尔第一次共同演奏音乐，那是我俩共有的频道，在音乐里一切随即变得合拍、融洽，我们完全忘记了周围的一切，我在丈夫的眼前犯下了精神上的通奸。"[12]

　　1917 年圣诞节，格罗皮乌斯从西线战场休假回来，阿尔玛对他的感情发生了不可逆转的变化。分离变得难以忍受，另一方面，可能萌发的新恋情彻底打破了他们之间的联结。格罗皮乌斯似乎并没有从这位年轻的熟客身上看出什么威胁，他只是很喜欢有弗朗兹·布莱、韦费尔和其他客人的陪伴。阿尔玛认为格罗皮乌斯"似乎因战争而变得消沉，比从前更寡言，他的一切都令我恼火……从前，我喜欢拿他的刚硬与自己做比较。如今，它却让我很不高兴"！[13] 当格罗皮乌斯开口说话时，她"为他感到羞耻"。某天因有暴风雪，布莱与韦费尔留在阿尔玛家中过夜。阿尔玛"怀着一种奇怪的感觉回到我丈夫的卧室……今晚，他躺在我身边，和他在一起，我感觉自己被羞辱了"。[14]

　　她一直盼着丈夫离开，12 月 30 日，他终于走了。格罗皮乌斯匆匆下楼，阿尔玛强迫自己尽可能向他展露"最美好的微笑，以助他渡过艰难的告别"——尽管当时"我的内心正在喜悦欢歌"！[15] 那天晚上，她原本计划要去听老友威廉·门格尔贝格执棒的马勒的《大地之歌》。不巧，格罗皮乌斯没赶上火车。当听到门铃疯狂地响起，阿尔玛意识到自己对格罗皮乌斯感情的真相："我的表情瞬间凝固了。他的归来使我完全明白，我对沃尔特·格罗皮乌斯的爱已经永远消失了。是的——我的感觉更像是一种因为无聊而生出的憎恶。"[16]

　　格罗皮乌斯提出与她一起去音乐会，遭到拒绝。音乐会后，阿尔玛与她的母亲、继父及格罗皮乌斯共进晚餐。"那顿饭从头至尾显得安静与压抑，在场的人根本无法理解这其中深深的绝望。饭后，格罗皮乌斯呜咽着说，他永远无法与我的过去相提并论，也没有力量与之永远战斗下去。"[17]格罗皮乌斯当晚动身前往战场；他从边境给阿尔玛写了一封信，规劝道："请你脸上的坚冰就此消融吧。"这话取自韦费尔的诗句。阿尔玛评论道："即便如他这样的男人，也受惠于更高层次的人。"[18]

此时的格罗皮乌斯也不得不戴上面具，掩饰战争对其精神的腐蚀。"我的身体逐渐分崩离析，如今，我必须努力不让自己失去一切，"他在休假期间写信给朋友卡尔·恩斯特·奥斯特豪斯（Karl Ernst Osthaus），"我必须出去一段时间，做一点工作，否则身为艺术家的我必定会走向崩溃，完全被人遗忘。"[19]1918 年 1 月 7 日，他从西部前线——"这个灰色的世界"——给母亲写信："我再也无法忍受。我的精神世界是彻底的贫瘠，精神越来越差。"[20]

格罗皮乌斯的痛苦转化为对后方叛徒的愤怒，怒斥他们在军队背后捅刀——然而，这些人通常只是战争陷入僵局时背黑锅的替罪羊。"无论我们如何艰苦、英勇地奋战，那些身处后方的孱弱者、猪一样的队友都将破坏我们的努力以及我们所取得的一切成就。"他在给母亲的信中如此写道，"犹太人，这种极具破坏性的毒药，正在摧毁我们。我越来越仇恨他们。社会民主主义、唯物主义、资本主义、追逐暴利，这些统统源于犹太人的发明创造，我们却纵容他们如此腐蚀我们的生活，都是我们的错。他们是世界上的恶魔，世界上消极的元素。"[21]传记作者雷金纳德·艾萨克斯认为：这只是格罗皮乌斯对战争和未来感到绝望而产生的一次孤立的突发事件，以后，这样的言论再也没有出现过。然而，这个强有力的反犹主义主题在当时大行其道，它为后来国家社会主义（National Socialism）的发展提供了肥沃的土壤，尽管格罗皮乌斯并未真正参与其中。

格罗皮乌斯走后，阿尔玛复又回归自己的生活。新年时，她在布里斯托

231

尔酒店（Hotel Bristol）举办了一场迷人的跨年晚会；第二日，她为马勒的伟大支持者威廉·门格尔贝格举行了盛大的招待会，维也纳的文学界、音乐界以及知识分子精英纷纷到场：阿尔班·贝尔格、弗朗茨·施雷克、朱利尔斯·比特纳（Julius Bittner）、银行家保罗·汉默施拉格、画家约翰内斯·伊顿（Johannes Itten）、乐评人路德维希·卡帕西（Ludwig Karpath）、莉莉·利泽尔、维登布鲁克伯爵夫人、格蕾泰尔·库登霍韦、弗朗茨·布莱与韦费尔。当晚，"一切都很完满成功"，但最令阿尔玛感到幸福的时刻是"我能在不被人注意的情况下与韦费尔谈话。那感觉真是太美妙了！我必须将心脏紧紧地护佑着……否则它会飞走"。[22]

1月4日，在门格尔贝格指挥马勒的第四交响曲的音乐会上，坐在包厢里的阿尔玛与韦费尔互抛眼色，其中的挑逗意味不言而喻。这再一次令阿尔玛情绪激昂。幕间休息时，两人悄悄离场。

232

> 忍无可忍的沉默终于要冲破束缚的边界。他握住我的手，亲吻着；我们的嘴唇相互寻觅着彼此，触碰在一起，他结结巴巴地说着一些毫无意义的话，那些话语是全然真实的……我爱我的生命。我不后悔。我与韦费尔在精神上有很深的联结，一定是因为我爱他。古斯塔夫·马勒的音乐与门格尔贝格成全了我最后的时光——还有爱——爱！[23]

后来，她回想起第一次被"我的男人"所拥抱的情景："回想起来，生命中我选择的男人们从不曾唤起我真正的[情色欲望上的]女性魅力……弗朗茨·韦费尔第一次的拥抱，一瞬间，我便知道——这就是我的快乐……我的每一个细胞都狂热地期待着他的到来。"那些最初的日子"难以想象的美好"，我们每分每秒都爱着彼此，无论黑夜或白昼。我们从不知疲倦。在人前做自己可谓困难重重。事实上，我们永远沉浸在彼此中，即便在外人面前也一样。还有我们的音乐。有彼此的思想、共同的音乐相伴，我们是一体的！一切终会到来，它已经到来。[24]

如今，"与他一起创作的音乐已成为我呼吸的空气"[25]。

两周后，韦费尔被新闻处召回，赶赴瑞士进行巡回演讲。他中途取道布拉格，在那里与格特鲁德撇清了关系。韦费尔欣喜若狂地给阿尔玛写信道：

乡愁，连绵不断的乡愁弥漫整段旅程，我无限渴望着你的来信，你的抚摸——阿尔玛，阿尔玛，阿尔玛·马勒，神秘的人儿，通过音乐向我展示她自己……你给了我生命，火焰的守护者！！！[26]

弗朗茨·韦费尔在阿尔玛身上看见了自己的灵感与力量，"我渴望着你……我坚信你能帮我，因为你很坚强，也因为你渴望从我身上获取许多。我很想家……"[27] 2 月，他又写道："你必须在道义上帮助我，在我周围筑起一道墙。他人及自我的趣味，已将我变成一个苍白的鬼魂——与你在一起，我便是完整的。"[28]

阿尔玛意识到自己怀孕了，但并不确定孩子的父亲是谁——是 12 月的格罗皮乌斯还是 1 月的韦费尔。当然，阿尔玛确信自己是爱着韦费尔的——"这个了不起的男人，这个完全真实的人"，她写道：

我爱韦费尔，希望他拥有的都是最好的。若是我有力量向他展示纯粹存在所蕴含的全部美好该多好。我不后悔！我必须用火点燃自己的道路……资产阶级的存在杀了我。直到现在，这一刻，我才真正遵循自己的心而活。愿上帝保佑这个生命。[29]

由于在若干演讲中涉及反资本主义、反军国主义的言论，消息传到新闻处，韦费尔于 3 月被召回。据贝尔塔·祖卡坎德尔日记："人们纷纷猜测他回维也纳后将被处以绞刑或者被斩首。"韦费尔在苏黎世给年轻的工人做了一场演讲，试图"以一种不太激烈的形式来表达他的和平主义信念；演讲首秀后，他与维也纳当局的关系便也断绝了"。[30] 回到维也纳的韦费尔定期拜访阿尔玛。"韦费尔与我继续过着快活的日子，几乎不曾意识到正在身体内孕育成长的果实。我们过得很充实、陶醉，丝毫不曾在意是否有遗憾。"[31] 阿尔玛写道。

尽管前一个圣诞节压抑凄冷，阿尔玛依然定期给格罗皮乌斯写信。格罗皮乌斯先是在意大利前线做了短暂停留，负责培训那里的奥地利士兵，之后又转战西线的苏瓦松（Soissons）。妻子怀孕的消息并没能使他沮丧的精神振作起来。"我无法从阿尔玛的新消息中感受到快乐。当下生活的环境如此不舒适，我对将要发生的一切感到害怕。"[32] 他对母亲说道。同样深感消沉的阿尔玛向曼侬坦白："我是真的心生绝望。我们都身处动荡之中——沃尔特的不安全感——旅行困难重重——持续严重的食物匮乏——沃尔特越来越难以帮到我——总之——我非常沮丧……头顶上永远悬着乌云。"[33] 继而，阿尔玛又补充道："这场永无休止的战争和它带来的不安，以及沃尔特不在我身边的事实迫使我只考虑自己。这对我们俩来说都实在可悲。"[34] 似乎在暗示某种私人情感的变化。

阿尔玛表面上维持着婚姻的状态。6 月时，她与安娜、曼侬前往布赖滕斯泰因。格罗皮乌斯当时正在战地医院接受治疗，这是他在战争中第三次受重伤。格罗皮乌斯返回前线后不久，一枚手榴弹直接击中他所在部队占领的大楼，格罗皮乌斯是唯一的幸存者。在倒塌屋顶的碎石下被埋了数日的格罗皮乌斯由于紧挨着通风口，没有窒息。获救后，他写信给母亲，称赞阿尔玛道：

> ……所作所为皆显出远见，思路清晰……她总是很负责。你几乎无法想象现在把一个孩子带到世界上意味着什么，那么弱小的一个生命，这大大增加了家庭事务的繁重，更何况毫无支持。这是一种可悲的命运，为了一个愈发可疑的爱国理想而牺牲职业、金钱、家庭生活——事实上是牺牲一切。若不是阿尔玛如此高尚地待我，我断断不能忍受这种被谴责的被动状态。[35]

阿尔玛在布赖滕斯泰因勉强度日，

> 本已无多的家庭开销缩减至最低限度。我必须努力工作，才能处理好一切。我们几乎没有任何食物，勉强挨着……那些对我了解不多的农民……什么也不能给我们——于是，我们只能以旧时剩下的马铃薯、玉米粥、替代肉为生，还有些安娜从森林里找来的蘑菇。[36]

但她的体内却孕育出一种满足，"我的孩子很快就要出生了——会带来什么改变呢。我身体内的一切正在更新……我活着，我无休止地爱着"。[37]

7月底，韦费尔到布赖滕斯泰因拜访阿尔玛。另来了一位客人，艾米·雷德利希（Emmy Redlich），一位富有的制糖商的妻子。阿尔玛表示，"某种程度

上，我欠她个人情"。某晚，阿尔玛在钢琴上完整地演奏了马勒第八交响曲的
第二乐章。演奏过后，艾米·雷德利希坚持要与阿尔玛好好聊一聊马勒，韦费
尔后来也加入其中。当晚，韦费尔终于走进阿尔玛的房间。"我们在月光下交
谈……做爱，我忘记了所有的疲惫和烦恼。"[38] 阿尔玛回忆道。韦费尔记述称：
"我们做爱了！我没有对她手下留情。天快亮的时候，我回到自己的房间。"[39] 阿
尔玛描述了接下来发生的事情：

> 他走后，我站着没有动。突然，在月光下，我看见黑色的液体顺着我的腿
> 往下流——在地毯上汇成一大块黑色印记。我用颤抖的手打开灯，发现自
> 己正站在血泊中。[40]

阿尔玛随即把全家人叫醒。

被派去找医生的韦费尔边狂奔着穿过田野，边祈祷着"让阿尔玛活下来"；
他发誓再也不追求除阿尔玛以外的任何女人，之后在沼泽地里迷了路。安娜冲
出家门给格罗皮乌斯发电报。韦费尔终于找来当地的一个医生，他建议不要冒
险搬动阿尔玛，即刻就地施行手术。阿尔玛看了一眼这个男人以及他那双"屠
夫般的手"，此人竟想要"在烛光下进行一项最困难的手术"，她禁止他触碰自
己。阿尔玛与韦费尔都赞同，此时此刻，韦费尔不宜在此逗留。当他坚称自己
充满内疚，必须为这次不幸担负全部罪责时，阿尔玛一把将他推开——"我也
一样有罪。可什么是内疚？我从不知道有那个词"。[41]

当韦费尔站在站台上等候离去的列车时，格罗皮乌斯从一列临时安排的军
用火车上走下来。格罗皮乌斯于夜间被突发的消息叫醒，被告知需立刻赶赴塞
默林，他随即搭乘下一班列车出发。一经抵达，格罗皮乌斯就派人去请著名的

哈尔班教授（Professor Halban）。哈尔班表示应立即将阿尔玛转移至维也纳。 　237
她先在一辆装满床垫的车里，由于没有空间只能压低自己的脑袋，随后坐上一
辆空的牛车，最后坐上一辆灵车，医生拿着盐溶液守在她身旁。

　　孩子在疗养院接受引产，于 8 月 2 日诞生。"当我终于听到孩子第一声甜
美的哭喊时，我觉得仿若在梦里。那孩子非常瘦小，但机能齐全，并无任何不
妥……接下来的几个月，我为他而活。"[42]阿尔玛写道。在疗养院陪同期间，格
罗皮乌斯仔细观察着阿尔玛的一举一动，"真令人感到惊讶……如此的自控能
力，总是能克服难题，永远想着别人，而非她自己。她有一颗伟大而灿烂的
心，人们如此爱她不是偶然的；这是她应得的"。[43]

　　与此同时，焦虑不安的韦费尔一边等待消息，一边发誓永远对阿尔玛保有
忠诚，对自己的无能深感绝望。终于等来一封电报称阿尔玛已被送进疗养院；
他拨通了电话，沃尔特·格罗皮乌斯向他告知了男孩诞生的消息。自韦费尔
离开布赖滕斯泰因已有八日，阿尔玛焦急地等待着生产后两人的第一次会面。
"门开了，就在这时，某葬礼奏响的可怕哀乐从窗外飞了进来……我们呆立在
那儿，仿佛凝固了一般，不敢上前去看摇篮里的婴孩，韦费尔的儿子正躺在里
面，两个小拳头攥得紧紧的。"她写道。[44]当他看见孩子的脸，他立刻认出了自
己——甚至看见了他的父亲。此后，韦费尔时常到访，每日书写颂赞的圣歌：
"你，神圣的母亲！你是我生命之所遇里最高尚的、最强大的、最神秘的、最
接近于女神的存在。生命里的每一刻、每一次考验，你总是完美。"[45]韦费尔对
阿尔玛的强烈情感显而易见。"她的洞察力有如神谕，某种源于精神内核的直
觉，经由本能的联想令思维飞升，最终获得洞悉一切的能力，这是纯粹的天　238
才。她是为数不多拥有魔力的女人之一。她居住于光之魔法中，这其中总少不
了摧毁的意志、强烈的征服欲望，然而，这一切又似云烟氤氲，湿润的，如泪

眼蒙眬。"[46] 他在日记中写道。

有一次，在医院病房里，韦费尔站在格罗皮乌斯身旁，"那种深切的酸楚让我浑身颤抖"。他感到内疚，因为"最杰出、最高尚的"格罗皮乌斯"活在无知之中"。[47]但他们没有采取任何行动。如今，阿尔玛在每日写给韦费尔的信中署名"阿尔玛·玛利亚·韦费尔"（Alma Maria Werfel）。尽管继续以妻子的身份与格罗皮乌斯交往，但她发现一切变得越来越困难。

> 可怜的 W 正在遭受可怕的痛苦。他觉得自己吐露的每一个字都让我心烦，他不明白我为什么这么冷淡，也不知道该如何是好。但我无法伪装我感受不到的东西——就是没办法。他知道我不再爱他了。他正在绞尽脑汁考虑如何才能改变现状——我真没了主意。[48]

三周后，也就是 8 月 25 日，"一切似乎都在好转"。那日，阿尔玛正在给韦费尔打电话，突然格罗皮乌斯手捧一大束花走了进来，

> 他无意中听到了"du"（德语中，对关系亲密的人的称呼），心里充满了不祥的预感，他问我在与谁谈话。那一瞬间，我无法撒谎，当提到韦费尔的名字时，他的双腿如被闪电击中般打战。[49]

一切随之改变。"之前，所有的争斗都躲在面纱背后，如今，它们都被摆在了明面上，暴露于光天化日之下的真相令人不快。我听凭他处置，心中毫无防备，只关心孩子的性命。"[50]她下了决心："我依然留在格罗皮乌斯的身边——这是我的职责所要求的——但我的心属于韦费尔。"[51]

是日下午，格罗皮乌斯去了韦费尔的公寓，但韦费尔睡着了。格罗皮乌斯留下一张字条："我来是为了爱她，尽我所能去爱她，照顾好阿尔玛！或许会发生最坏的情况。如果孩子因我们而死，我们会感到悲痛！"这一纸"高贵异常"，甚至言语间"有些高高在上"的卡片让韦费尔感到不安。"整日整夜，我都在怀疑自己的爱是否足够多，我是否有权利造成这样的痛苦"，[52] 他对着日记忏悔。这是八年前那场危机的诡异回响，当时的情人格罗皮乌斯在对马勒的尊敬以及对自己行为给一个高尚之人带来痛苦的内疚间左右为难。

第二日，两人平静地会面。格罗皮乌斯向韦费尔强调了他们共同的责任，要在阿尔玛不稳定的情况下帮助她。随后，两人开始通信。格罗皮乌斯读过韦费尔的诗，深受感动。"我离你越来越近，原本不好的感觉也几近消失，"他在信中对韦费尔说，"你的精神高度与诚实越来越赢得我的心……我知道我们会成为朋友，即使我们的灵魂必须互相争斗。"格罗皮乌斯确信："我们必会在她的爱中治愈，你和我……我们越爱她，我们彼此就越亲近。"[53] 韦费尔则对阿尔玛说："我爱他，我感受到我们彼此间的友谊。我想知道我们是否有可能不必嫉妒？我们是否可以像兄弟一样爱着神圣般的存在——阿尔玛？"[54] 格罗皮乌斯也有同感：他敦促韦费尔，彼此要将自身的痛苦埋葬，以保护阿尔玛免受痛苦，帮助她渡过苦难。在韦费尔与阿尔玛眼中，格罗皮乌斯是个真正高贵的人。他对他们说，无论阿尔玛做怎样的决定，他都接受。

240

1918 年 9 月初，格罗皮乌斯突然被召回前线。德国在西方的进攻已露崩溃之势，军队正在撤退。面对战争，格罗皮乌斯所能感受到的唯有痛苦的幻灭。他曾于 8 月跟母亲说过这样的话："我不再相信我们的事业；可怕的觉醒即将来临。"虽然被授予铁十字一等勋章（Iron Cross 1st Class）并在总部获得职位，但对格罗皮乌斯而言，"一切已经太晚了。我不再对这项事业感同身受，其他任何人大可往火坑里跳"。[55] 他一直待在前线，直到 10 月因病退伍，才回到柏林重建建筑事务所，追求自己的事业——他下定决心，他要的未来是与阿尔玛及孩子们一起生活的未来。

阿尔玛尚未最终决定选择韦费尔还是格罗皮乌斯。如同以往的任何一段感情，她对韦费尔的情意极其摇摆不定。她一度欣喜若狂地声称"被他神奇的魔力所迷住。他如此贴近于我的精神与感觉，仿佛我就是他……因为他对我的关心，因为他自己的内在变化，他的脸有一种难以形容的魅力。我分明看到他头顶的光环，熠熠生辉"。[56] 阿尔玛如此写道：

> 我们是多么相似——他称这种关系为"Panerotic"【一个人总能在另一个人身上唤起爱欲，无关彼此的性别】。我怎么能跟如此绝妙的人断绝往来呢？我爱他。我以一颗全然平静的心爱他！他不像其他人那样叨扰我，他拥有一种动人的平静——像大海般。如此不可靠地——晃晃悠悠地——朝各个方向摇摆——终变成我俩此刻的状态！[57]

但当格罗皮乌斯故意带阿尔玛前往韦费尔与布莱合住的公寓时，眼之所见又让她心生动摇："韦费尔是不道德的，可是他并不自知……他住在一个破烂不堪的地方，我很少见到这样的人……我整个人被吓傻了。屋子里充斥着污秽之语，那些声响恬不知耻地喊叫着……我仿佛走进了某画商情妇的房间。"[58] 与格罗皮乌斯一同离开后，她问自己，"将来会变成这样吗？我肯定自己无法与如此懒怠的人生活在一起！……现在，我比以前更茫然，更不知该做什么了"。接着，10 月 24 日发生的一件事令状况变得愈发混乱。当时，正值格罗皮乌斯休假，

今日我犯下大罪。出于同情，我与丈夫做爱，可是却毫无感觉或兴奋之
情。我闭着眼睛躺着，像一个疯女人般渴望一个真正的男人——我儿子的
父亲，弗朗茨·韦费尔。

格罗皮乌斯感觉到了"她对他的触摸的强烈反感"，他"心烦意乱"。"噢，
上帝宽恕我吧。"[59] 阿尔玛对着日记忏悔。

于 11 月回到维也纳的格罗皮乌斯向阿尔玛建议——由他负责监护曼侬，
如此，阿尔玛便可以与韦费尔在一起。阿尔玛当即宣布自己的决定——"两个
男人谁也不要，将独自踏上自我之路"。格罗皮乌斯跪下来请求她的原谅。韦
费尔则"说了些平静的话——真实、真诚的话语让我平和了下来。这个人是多
么自由且富有智慧。我爱他至死不渝。他那高贵的脸平静极了……因为他知道
我放不下他"。"他是对的，我知道自己的命运。"[60]

242

1918 年 11 月，战争结束了。奥地利于 11 月 3 日签署了停战协定，随后
又于 11 月 11 日签署了德国与盟国之间的全面停战协定，一纸合约宣判了奥匈
帝国的灭亡。奥地利的国土面积被削减为很小的一块，毗邻新共和国匈牙利与
捷克斯洛伐克，以及现在自治的巴尔干。1917 年 11 月爆发的布尔什维克革命
令俄国退出战争。在这场运动中，沙皇尼古拉斯二世（Tsar Nicholas Ⅱ's）全家
遭到谋杀，君主制被推翻，苏联共产主义国家随之诞生。俄国革命影响了激进
左翼意识形态在整个欧洲的传播。在德国，1918 年 11 月水手起义引发的内乱
终扩大为全国范围的无产阶级革命，继而推动共和国的建立与皇帝威廉二世的
退位。

战争接近尾声时，身在维也纳的韦费尔积极参与了新成立的红衣卫队
（Red Guard）。该组织呼吁推翻君主制，以社会主义共和国取而代之。他发

表言辞大胆激昂的公开演讲，与士兵和工人展开激烈的讨论。1916 年，弗朗茨·约瑟夫逝世后，继承王位的卡尔皇帝（Emperor Karl）于 11 月 12 日宣布放弃王权。当临时国民大会在国会大厦的台阶上宣告奥地利共和国的成立时，一大群民众聚集在环城大道上。共和国成立的消息一经宣布，举着旗子要求建立社会主义共和国的红衣卫队立刻向国会大厦涌来。随着几声枪响，现场突发暴动，造成 2 人死亡，40 人受伤。之后数日，维也纳一直在骚乱中度过，直到一切恢复秩序。

243

　　阿尔玛是个保守主义者和君主主义者，当偶然目睹皇家军队最后一次阅兵仪式时，才惊觉事态的发展已无可挽回，不禁与旁人一同掉起眼泪来。11 月 12 日，她看到无产阶级从伊丽莎白大街红色沙龙所在的寓所一路游行至国会大厦："红色的旗帜——糟糕的天气，愚蠢的雨！——所有的一切除了灰色，还是灰色。接着几声枪响从国会大厦传来——居然对国会发动袭击！还是那一排井然有序、毫无血色的人，现在气势汹汹地冲了回来，大喊大叫，毫无尊严。"当天晚上外出时，为安全起见，阿尔玛带了把手枪，"街上到处都是吵吵闹闹的人——都是 20 岁以下的年轻人——满脸凶相"。[61]

　　第二天，人群又聚集起来。韦费尔身穿一套旧制服，看上去"很是可怕"。他冲进了伊丽莎白大街，祈求阿尔玛的"祝福"，"直到我在他的头上亲吻了一下，他才肯离开"。随后，韦费尔加入了国会大厦外面的人流。当天晚些时候，当韦费尔回来时，她"吓坏了"。"他眼睛通红——脸又肿又脏，双手全是伤，他的制服也被毁了个干净。我把他送走了——真叫人恶心。我对他说：'如果你干的是漂亮事儿，那么现在应该看起来光彩照人才是。'"[62] 当警察正在追捕韦费尔时，事情发生了古怪的逆转——格罗皮乌斯代表韦费尔与当局交涉，并在当局欲搜查韦费尔的公寓前事先发出了警告。他们的记者朋友贝尔塔·祖卡

坎德尔公开表示支持"我们最伟大的诗人","韦费尔的人文价值必须得到支持，
因为他是一个道德纯洁的人"。[63]

面对这些事件截然不同的立场揭开了左翼的韦费尔与极为保守的阿尔玛在政治上势必分歧的序幕。只是这一回，阿尔玛将内心的不满按下不表。12月里，她热情地说："他是我这一辈子所经历过的唯一真正伟大、真实的幸福……他是我生命中的一切，也终结了我生命中的一切。"[64] 韦费尔当时正在计划撰写新剧《镜人》（*The Mirror Man*），阿尔玛将他送到布赖滕斯泰因，在那里，"一切都笼罩在巨大的平和中"，"韦费尔的强大创造力将得以激发"。[65] 从这一刻起，阿尔玛开始影响韦费尔的创作方向。远离了昔日"咖啡馆粗鄙流氓"的坏影响，韦费尔更常去的是中央咖啡馆以及新的赫伦多夫咖啡馆（Café Herrendorf），沉浸于更为有趣的文雅圈子。

此时，阿尔玛的全部精力都在罹患脑积水的新生儿身上。他的头肿得很厉害，必须进行脑部和脊椎穿刺。"只有我们的孩子健康了，一切才会好起来。"[66] 她在绝望中写道。可孩子并没有好转，到了2月，她意识到："孩子病了，不仅仅是病了，是没有希望了。"她自我谴责道："这孩子必定会死，这是对我轻率行事的诅咒。"经考虑，医生最终决定孩子需要长期住院治疗。2月20日，她写道："我把我那可怜的小儿子送进了医院……现在他还活着，但我完全看不到希望。一切都过去了，我太爱这个孩子了！"[67] 在被送进医院之前，男孩在一个教堂仪式上被命名为马丁·约翰内斯（Martin Johannes）。尽管阿尔玛扪心自问："这究竟有何用？"但仪式"莫名地触动了我。仿佛他再也不会遭遇什么事了。这强大的、永恒的象征！……——我那可怜的、甜美的孩子"。[68] 一个月后，她虚弱地写下："某个角落躺着一个懵懂的孩子，瞪着眼睛，而我继续
生活，开始遗忘——终究，那是一枚年轻的蛋。"[69] 梦魇折磨着她：

我看见我甜美的、可怜的男孩躺在棺木里——鲜花包围着，棺材盖开着。天降大雪，雪花覆上毫无遮蔽的脸庞。太可怕了——无论在我身上发生过什么，一切再无可回旋的余地——这个孩子，我的男孩——我的笑容自此离我而去。[70]

经历了如此强烈的情感之后的阿尔玛再次被矛盾的情绪所折磨。这种情绪在她与韦费尔的关系中反复上演，事实上，这是她与所有男人关系中始终存在的问题。孩子不可避免的死亡悲剧在两人间产生了隔阂。"我是不是铸下大错？"[71]阿尔玛于1919年1月写道。随后，就像先前的科柯施卡一样，阿尔玛突然意识到"韦费尔必须从我的生活中消失，他是我所有不幸的根源……是时候改变了"。他必须留在布赖滕斯泰因，她"不想再见到他"。[72]但到了3月，阿尔玛又感到无法停止对这个男人的爱，因为他是第一个"满足我生命中所有愿望的人……他是高贵的正人君子——他是一个男人——是独一无二的情人，他是个诗人，是的，全部——他是所有一切"！[73]虽孤身一人，但因为有创作在前，韦费尔并没有感到绝望。他坚称："我们彼此被某种无与伦比的身体魅力紧紧地联系在一起。"[74]如今的韦费尔不再害怕失去阿尔玛。

身在维也纳的阿尔玛恢复了"非正式的、无拘束的、快活的"社交生活，尤其到了周日开放日格外热闹，宾客们会携自己的朋友前来。阿诺德·勋伯格携妻女到访，勋伯格的几位学生还为阿尔玛现场演奏音乐。她与作曲家朱利尔斯·比特纳讨论了智识与心性之间的二分法。阿尔玛非常简单地将其定义为犹太人与基督徒之间的分歧所在，正如她之前与弗伦克尔医生的争辩："犹太人韦费尔独自一人宣扬理性的价值，而我们［雅利安人］则赞美爱。"[75]贝尔塔·祖卡坎德尔带着画家约翰内斯·伊顿一起登门，他们谈到了去年去世的古斯塔夫·克里姆特。[76]阿尔玛写道："我生命中如此明媚的青春片段被他带走了。我曾经是多么爱他啊！"[77]

1919年春，阿尔玛感到进退两难。由于不确定眼前的路，她忧心忡忡恐怕自己已经完全迷失了方向。她不再爱她的丈夫，可是"身处魏玛，与沃尔特·格罗皮乌斯在一起才合乎情理。我的生命即将结束……对中等才气的艺术感兴趣，做一个勇敢的夫人，噢，这一切多么合情合理"！[78]笔尖流露出苦涩。但她对韦费尔依然不太确定，这个志趣相投的灵魂，时常搅得她心神不宁：

> 这个醉心于感官的年轻人给我的生活带来了多大的危险啊！我不能驯服他；我不会，也不应该驯服他。可是为什么当我想到与这样的他共度未来时会因恐惧而浑身发抖呢？他很容易被周围的一切所诱惑。[79]

阿尔玛渴望平静。她再也不想和"这些年轻的神明在一起了，无论是科柯施卡还是韦费尔……那样的生活总是不停地旋转，从悬崖到峭壁，叫人惊骇的伟大，也是令人恐惧的痛苦"。[80]无论是出于渴望、不满还是困惑，她的确感到痛苦——2月，阿尔玛清楚地意识到这一点："我爱古斯塔夫［马勒］，永远只爱古斯塔夫。自从他逝世后，我一直在寻找，但从未找到，也永远不会找到。"环绕在她周围的都是些"矮个子——看起来微不足道的家伙"；科柯施卡与韦费尔的确是出色的艺术家，"但与他相比根本算不上什么"。当听到马勒的第二交响曲时，她如此伤心，"心仿佛裂开一道伤口"，她决定自杀；在幻想中，她看见"古斯塔夫用手指向她示意。我看见他了"。[81]

这一刻，科柯施卡重又激起了她的渴望：为什么她无法理解他的天才之处呢？这些人可谓颠覆了整个世界。读着他的来信，阿尔玛发现："这是一个多么了不起的男孩，我毒害了他的青春……对他而言，我是不是太老了？……难道他的奴役对我而言不是一种甜蜜的负担吗？"[82] 两人共同的朋友拜伦·冯·德什泰（Baron von Dirsztay）告诉阿尔玛，科柯施卡仍然像从前一样热烈地爱着她，并希望续写这段关系。"他只能画我——无论什么时候，但凡他开始画一幅新作，必定能从中看见我的影子。"但阿尔玛用言简意赅的话语拒绝了他的提议："我已踏上彼岸。"[83] 最后，在一阵挫败中，她悲叹恸哭起来，

> 是什么驱使我像风中的火焰总是绕着地球打转。永不消逝的渴念！最好的东西已从我张开的双手间消逝！可怜啊，我这敏感的东西！总让自己误入歧途。究竟哪一条才是该行的道？[84]

科柯施卡对阿尔玛的痴迷已演变成为某种怪癖，呈现出离奇甚至匪夷所思的形式。1918 年 7 月，他委托德累斯顿的玩偶制造者赫米内·莫斯（Hermine Moos）制作一个真人大小的阿尔玛人偶。"请务必确保，当我触碰脂肪层与肌肉层时，当肌肉层因皮肤的褶皱而蜿蜒起伏时，我能通过抚摸而获得快感。"[85] 他如此指示道。之后，他从巴黎最好的商店里买来衣服和内衣，将玩偶打扮得与阿尔玛一样优雅。仿真娃娃于 1919 年 2 月送达，科柯施卡起初感到些许失望，毕竟它未能达到艺术家的预期，缺乏一些感官品质。但他还是被"迷住了——它拥有与阿尔玛毫无二致的美，尽管她的胸部和臀部都塞满了木屑"。[86] 一个年轻的女仆负责给娃娃穿衣服并照顾它。宾客们发现它身着闪闪发光的白衣坐在科柯施卡的客厅里，一副光彩夺目的样子。谣言称，科柯施卡还带着娃娃乘坐马车出去兜风，但他否认曾带它去看歌剧。他就这么一遍又一遍地，描

画着"这个沉默的女人"。

最后，科柯施卡"终结了那死气沉沉的伴侣"。为此，他举行了盛大的香槟派对，请来音乐家现场演奏室内乐，女仆最后一次为娃娃穿上华丽的衣服示众。狂欢中，它的脑袋掉了，被浸泡在红酒里。第二日，一名巡逻警察赶到现场调查，在花园里发现一具血淋淋的无头尸体。灰蒙蒙的晨光里，捡破烂的人就这么将科柯施卡的"欧律狄刻回归之梦"（dream of Eurydice's return）取走。"娃娃是逝去之爱的象征，任何一个皮格马利翁都不能赋予它生命。"[87]科柯施卡写道。

1919 年春天，阿尔玛带着曼侬前往柏林，随后抵达魏玛探访其父亲沃尔特·格罗皮乌斯。在那里，她收到儿子马丁于 5 月 15 日在维也纳某医院去世的消息。"这可怜的、痛苦的火光被掐灭了。"[88]阿尔玛如此说。韦费尔通过贝尔塔听闻了这个消息。阿尔玛没有返回维也纳。

1919 年 4 月，格罗皮乌斯在魏玛建立了包豪斯学派，以实践关于现代建筑的未来愿景。他的使命核心在于综合，打破各个门类的分野，在艺术、工艺、设计以及技术之间，利用制造业大规模生产的产品与技术，来创造与社会、环境相互和谐统一的整体。这是艺术、工业与社会间一种全新的关系。以一种激进的、跨学科的教学方式，格罗皮乌斯在自己周围聚集了一个平等主义的团体，包括画家约翰内斯·伊顿、保罗·克利（Paul Klee）、弗朗兹·马克（Franz Marc）、瓦西里·康定斯基（Wassily Kandinsky）、奥斯卡·施莱默、利奥尼·费宁格（Lyonel Feininger），雕塑家格哈德·马尔克斯（Gerhard Marcks），摄影师拉斯洛·莫霍利－纳吉（László Moholy-Nagy），以及一众建筑师、工程师、技术与工匠工艺专家、设计专家等。格罗皮乌斯的视野连同整个包豪斯学派对二十世纪的现代主义与建筑产生了深刻且持久的影响。尽管阿尔玛对格罗皮乌斯的图表和计算感到"困惑"，但她在马克·夏加尔（Marc Chagall）、克利、马克和康定斯基的"新艺术中发现了一种新的艺术勇气……一种高涨的、热情洋溢的信念"。[89]

于魏玛逗留期间，阿尔玛决定结束现有的婚姻。"这并非他的错，可我永远失去了他的爱——尽管我始终觉得，在那些走进我生命中的人中，再也找不到比他更高尚、更慷慨的了。"[90]令她感到高兴的是，在曼侬身上，"我们优秀的雅利安人的所有优良特征都被融合在一起。一个神一般可爱的人，一种创造的能量，我从未见过……她是我所见过的最自然、最美丽、最纯洁的生灵"。[91]但不久，她与格罗皮乌斯就曼侬的监护权展开激烈的争论，以至于阿尔玛一度昏厥。上门的医生对格罗皮乌斯说："她再也承受不住了。"格罗皮乌斯致电韦费尔，韦费尔随即赶来，在德累斯顿见到了阿尔玛与曼侬。格罗皮乌斯为曼侬找了位保姆艾达·格鲍尔（Ida Gebauer）。从此，艾达便与阿尔玛住在一起。他们前往柏林，阿尔玛与韦费尔开始一起公开露面。

7月中旬，阿尔玛致信格罗皮乌斯，正式提出离婚。"这是唯一可行且保有体面的事。既已心怀对弗朗茨·韦费尔的爱，他是我孩子的父亲，我不该再以格罗皮乌斯的姓氏相称。"[92]不到两周，格罗皮乌斯便同意了，并提出享有曼侬的监护权。这成了阿尔玛最大的心病，她写道："独一无二的穆琪（Mutzi，译注：曼侬的小名），这个甜美的孩子是我唯一的焦虑，若没有这个小精灵，我根本活不下去！"[93]她绝无可能同意，对他说："你说：'把我们的孩子给我吧！'你不知道这对我有多重要吗？那你还不如把上膛的左轮手枪放在我旁边！"[94]

待阿尔玛返回布赖滕斯泰因与韦费尔同住时，问题仍悬而未决。战后的第一个夏天，食物与燃料的短缺依然严重。阿尔玛终日在土地上忙碌，从事艰苦的体力劳动，以满足基本的食物需求。"这几天我干了很多农活，挖土豆，把苹果放在地窖的稻草上储存，拔甜菜——简单说，就是一个农妇的日常。这些事本身很有趣，但我的心再也无法应付这些沉重的体力要求了。"[95]

在这里，她经历了"从未有过的美满婚姻"。"漂亮通风"的阁楼房间经由阿尔玛的巧手改成了韦费尔的书房。当他在里面工作时，阿尔玛"像对待孩子般宠溺着这个男人"。夜晚时分，总有音乐、阅读相伴——伯姆（Böhm）、歌德或者韦费尔的作品。[96] 如今，阿尔玛确信自己爱着这个人，她唤他"大男孩"——仿佛是"我手里的一只小鸟……带着颤抖的心，圆睁着时而闪烁的双眼，我必须保护他不受天气与猫的伤害"；但同时，他又

……是一位长着智慧胡须的大英雄，手握棍棒。他是一只小小鸟儿，也是一座伟岸的高山——两者同住于一个灵魂——动人的、孩子气般的笨拙，与此同时，以智慧与知识之力看待世间万物。[97]

弗朗茨也以他的爱慕回报阿尔玛的爱。"永远赢得你，把你绑在我身上，这是我现在人生唯一的目标。"他对她说，"阿尔玛，我恳求你，在未来的岁月里扶持我！请不要离开我，哪怕一分钟都不要！"[98]

可暂时的平静并不能完全驱除阿尔玛内心的不安与无休止的渴望。"我折磨弗朗茨——他折磨我——我始终没有意识到，这世上再无人能让我幸福。我找不到任何方法可以抵制、解决存于大脑中的困惑。"[99] 她最终找到某种平衡，"我深深地依恋着弗朗茨。我们对彼此有着可怖的、强大的爱，同时也带着强烈的恨。我们彼此折磨，却仍然感到幸福"。[100]

感官肉体上的亲密更进一步强化了两人亲密的情感。韦费尔"第一次向我

坦白在性事上的变态嗜好时，很巧妙地把这一切说成是恐惧症的表现"，阿尔玛听后"兴奋异常"，根本睡不着觉。"我总在假想着瘸子与他的形象，陶醉其中。只有一条腿的人躺在那里。他与我。我，作为一个旁观者，异乎寻常地兴奋，如此强烈，我不得不抚摸我自己的身体。"阿尔玛想给他制造一个机会，"让我们彼此都感受到快感。我不嫉妒，因为这里面不存在爱，只是有一些我不太了解的东西"。[101]

她善于引导他经历各种强烈的情绪变化，这其中包括对疯狂的畏惧。某一天，他对她说："我是监狱里的俘虏——囚禁于我自己的沉重屋檐下。"阿尔玛担心韦费尔的大脑变得"疲软"。事实上，在遇见阿尔玛之前，韦费尔从十岁开始，"就通过手淫把自己逼到了人生的最低谷……最多一天三次。这就是为什么他经常感到疲倦、精疲力竭，他的脑细胞是病态的"。她绝望地说："为什么这些如此出色的人竟如此想要毁灭自己？"她认定"守护他的力量"是自己的职责所在，"在他不察觉的情况下，与我一起过着苦行僧般的生活"。[102]

那年夏天，安娜（"古琪"）与他们待在一起。刚满 16 岁的她宣布自己已与鲁伯特·科勒（Rupert Koller）秘密订婚，后者是布赖滕斯泰因某邻居的儿子，一位有抱负的指挥家。"她的幸福就是我的幸福。"阿尔玛写道，这意味着她认可这件婚事。"我只希望……他们能继续活在这个美丽的童话里，纯洁而美好，直到永远。"她建议鲁伯特道："善用这段婚姻，从中创造些美丽吧；一切全凭你自己。"这件事令阿尔玛突然意识到，"我一夜间竟已成了岳母！"正当开始感叹衰老之时，她收到了两封情书，一封来自音乐家，另一封来自诗人，随即又"找回了快乐与平衡"。[103]

1920 年 2 月，阿尔玛把曼侬带到魏玛，监护权的问题尚待确认。在搬进格罗皮乌斯的新公寓之前，她们住在大象旅馆（Hotel Elephant）。这位向来"体面尊贵"的人，在监护权这件事上与阿尔玛展开了异常激烈的讨论。"格罗皮乌斯的脸写满邪恶丑陋，他竟想要这个孩子的一半监护权。——也想对我保有一半的占有权。如此一来，我不得不放弃她，完全把她交给那个男人，因为我不可能与他人分享她！"[104]她抗议道。她对约翰内斯·伊顿称，背负格罗皮乌斯之名是一种折磨，"这个名字像铁丝网一样将我箍住"。"嗯，"伊顿回应道，"可这说法太过激进，或许用木栅栏会更恰当些吧。"[105]

魏玛逗留期间，德国于 1920 年 3 月 13 日发生了暴乱。普鲁士公务员沃尔夫冈·卡普（Wolfgang Kapp）领导的右翼激进分子及其追随者头戴印有反向万字符的钢盔企图推翻新成立的魏玛共和国，经由政变建立由保守派、民族主义团体及德意志帝国支持的右翼独裁政府。他们占领了行政大楼后，政府组织了一次总罢工，得到了魏玛乃至全国范围内社会民主党、行业工会以及 1 200 万名工人的支持。骚乱与流血冲突不断，国家随之陷入瘫痪。

四日后，政变宣告失败。从此，右翼与左翼间赤裸裸的暴力分裂拉开序幕，在随后的几十年里，这种分裂给德国带来了重创。

阿尔玛被困于魏玛："我怎么才能逃离捕鼠器？"从旅馆房间里往外望去，外面的世界仿佛正在上演着中世纪的戏码，她呼喊道：

> 黄昏的幽暗与兴奋充斥着我们窗下的菜市场。工人们朝戴着头盔，一动不动的卡普部队青年啐唾沫，暴民吼叫起来……夜幕降临。没有灯光，在黑暗中，人群看起来比在白天更阴森可怕。划亮的火柴在各处一闪而过。[106]

254　城市的环境日益恶化：污水未能得到处理，水必须从很远的地方运来；死者无处埋葬，尸体被随意丢弃在墓地的墙上。3月21日，阿尔玛目睹了在战斗中丧生的工人的葬礼，在日记中写道："一支看不到头的队伍，高举着写有标语的旗帜：'铭记李卜克内西（Liebknecht）！铭记罗莎·卢森伯格（Rosa Luxemburg）！'"——此二人是"一年前在柏林遭右翼分子杀害"的共产主义领袖。数日来，政变中被杀害的军官皆无人埋葬。[107]

最终，阿尔玛设法从魏玛逃到柏林，在那里与韦费尔会面。事关阿尔玛的安全，韦费尔提心吊胆了好一阵子。他将自己的剧本《镜人》读给极具开拓性的德国剧院导演马克斯·赖因哈特听，得到了热情的回应。在经历了魏玛的种种焦虑之后，阿尔玛度过了一个"从未有过的美丽而亲密"的夜晚……"我们灵魂的节奏如此紧密地相互交织，我再也想象不出还有比这更强烈的节奏。我们共属一个灵魂。"[108]

适逢马勒逝世十周年之际，阿尔玛作为贵宾受邀出席了威廉·门格尔贝格在阿姆斯特丹举行的庆祝活动，在那里度过了一段愉快的时光。阿尔玛恍然意识到，自己丝毫没有一个悲伤的寡妇该有的样子。她并不怀念马勒，所有的纪念日对她已经失去了意义。阿尔玛大部分时间都和勋伯格在一起，勋伯格"卓越的才智"再次令她兴奋不已。[109]回到维也纳，勋伯格的《古雷之歌》（Gurrelieder）令她"如痴如醉"。当晚在观众席就座的还有贾科莫·普契尼（Giacomo Puccini），阿尔玛曾在纽约见过他，"我所认识的最英俊的男人之一"。普契尼表示他"原本想过来听听激进的音乐是什么样子的，结果听到的不过是又一个瓦格纳"[110]，于是在中场休息时起身离去。

自从韦费尔来到布赖滕斯泰因，阿尔玛的爱重获新生，她写道："我越了255　解他，就越爱得深沉。"[111]自上次与格罗皮乌斯会面后，他对阿尔玛面相的评论颇令人介怀，称她"脸上有一种新的神情——一种可怕的、堕落的神情"。当意识到自己的性幻想中充斥着反常的瘸子形象时，阿尔玛深感不安："在最快乐的时刻，我放纵地融入越来越多让他兴奋的丑恶时刻。"她当即下定决心要把一切扭转过来，将韦费尔"引回正途，绝不能允许自己因此而下坠。谢谢你沃尔特——谢谢你"。[112]

通过对自己性爱经历的反思，她得出了一个饶有趣味的结论："越是举足轻重的男人，越会在性事上呈现出病态"。马勒"如此忌惮女性，以至于他在心理上变得无能。他与我做爱的方式愈发表现为一种在夜晚睡梦中的攻击行为"，因此在最后几年里，她总是习惯将卧室的门反锁。科柯施卡"唯有在脑中勾勒出最可怕的性幻想时才能做爱。当我拒绝在做爱过程中击打他时，他就开始回忆起某些最恐怖的谋杀情景，并小声地喃喃自语"。而韦费尔，他的那些"疯狂"自不必说。在她看来，似乎唯有那些次等人、普通的正直公民才会"快乐地、自然地享受性爱的愉悦"。[113]

与此同时，与女儿安娜日趋紧张的关系令阿尔玛深感困扰。在法兰克福时，有一晚，身为未婚夫的鲁伯特在性事上不举令安娜难堪自卑。鲁伯特在写给阿尔玛的信中透露安娜曾向他抱怨过自己的母亲。阿尔玛沮丧极了，认为"安娜背叛了自己"，她称："最后这几天很是痛苦，完全是一场灾难。"阿尔玛直面女儿，希望能坦诚地对话。经历了一夜交心后，"有了一丝亮光。但我不再是从前的我，她亦非昨日的她。我们彼此间的纯真不复存在"。阿尔玛沮丧到无法演奏音乐；而安娜却在楼下对着钢琴弹个不停。"对我而言，她已经变成一个陌生人，冷酷——带着优越感，一个犹太人。"[114]阿尔玛抗议着，言语凄切。

即便如此，她依然责怪自己。阿尔玛的脑中形成某种神秘的全知者才有的

256

奇妙表达，她惊恐地、"绝对清晰地"感觉到，"每一个向我靠近的人，终是我的受害者……如今，我感到害怕，因为我体内的某一种东西又一次诅咒了我爱的人——安娜"。[115]

多年来，一直活在阴影中的阿尔玛始终认为自己应当为她与马勒的孩子玛利亚之死负责，因为她对这个女儿心生嫉妒，某种程度上，她是那个有过邪恶意图的人。遥想当初，马勒深爱着第一个孩子。当安娜感染猩红热时，夫妻俩就将玛利亚送至阿尔玛母亲处暂住。当阿尔玛与马勒开车经过母亲家的窗户时，看见了玛利亚——"她美丽的黑色卷发紧贴在窗玻璃上"——马勒朝女儿招手"好似对着一个情人"。刹那间，阿尔玛"……有了一个念头，这个孩子必须离开……必须马上消失……几个月后，孩子就死了"。[116]尽管阿尔玛试图驱除"这种可恶的思维方式"，但它仍然缠着她不放。

1920 年 10 月，阿尔玛与格罗皮乌斯最终达成和解。他令人敬佩地同意牺牲自己，佯装在旅馆房间里与一名妓女厮混，当场被私家侦探抓住——如此一来，便有了"通奸"的必要证据。尽管当时格罗皮乌斯身边确有一个新的情人，一个战时寡妇——玛利亚·伯纳曼（Maria Benemann）。或许，格罗皮乌斯不想让她因此成为公众关注的对象。毕竟，这种情况在婚姻中屡见不鲜。格罗皮乌斯为失败的婚姻承担全责，阿尔玛没有任何过错——获得曼侬的全部监护权便也理所当然。

两人于 1920 年 10 月 11 日在魏玛离婚。阿尔玛带着曼侬回到维也纳，开始了自由女人的新生活。

11. 冲突 *1921—1931*

阿尔玛离婚的消息传来，弗朗茨·韦费尔高兴极了，这回心总算放进
了肚子："我简直想哭，放肆地哭上一阵。"[1] 他即刻带阿尔玛前往布拉格面
见父母——鲁道夫·韦费尔（Rudolf Werfel）与阿尔比娜·韦费尔（Albine
Werfel）。阿尔玛历来与爱人的父母难以相处，但这一回却出乎意料地成功。
"你离去后，你的热情依然保有温度……我的父母爱你……显然，他们很喜
欢你！"韦费尔的笔尖流淌的皆是炽烈。在他的母亲阿尔比娜看来，阿尔玛是
"我们这个时代唯一真正的女王或君主"。[2] 他们随后从布拉格出发前往威尼
斯，住进了大运河边的一家旅馆，这座城市将成为他们的生命中越来越重要的
见证。

安娜与鲁伯特·科勒于 1920 年 11 月完婚，之后便搬到了鲁尔区（Ruhr）
的埃尔伯菲尔德（Elberfeld），科勒在那里担任市立国家歌剧院（Municipal
State Opera）的指挥。阿尔玛期盼着女儿能幸福长久，但事与愿违，安娜很快
便厌倦了这段婚姻。1921 年 8 月底，她回到布赖滕斯泰因，与阿尔玛度过了
一个月的疗伤期。安娜离开后，阿尔玛写道："和她在一起我很开心，现在一

切都是空的。我热烈地爱着她，这就是为什么去年夏天我如此绝望。她不快
乐——备受痛苦……如果她选择离开他，回到我身边，我该多高兴。我的心因
爱她而感到刺痛。"[3]

安娜没有回来，而是前往柏林学习绘画。1922年2月，阿尔玛在日记中
写道："我的灵魂感到安静，我的心并不思念她。"[4]伊丽莎白街的红色沙龙依旧
高朋满座，阿尔玛活跃的社交生活从不曾间断。当时，剧作家阿图尔·施尼茨
勒的妻子奥尔加·施尼茨勒（Olga Schnitzler）正在考虑与丈夫离婚，她来阿
尔玛处暂住，两人相互做伴。阿尔玛定期举办音乐晚宴；有一回，一个小型管
弦乐队在80位观众面前演绎了两个不同版本的勋伯格的《月迷皮埃罗》（*Pierrot
Lunaire*）：一版由勋伯格执棒，另一版则由达律斯·米约（Darius Milhaud）领
衔，两版皆有歌手担纲相应的唱段。在场的每一个人"专心致志地聆听无调性
刺耳且脆弱的奇迹"。[5]包括米约、弗朗西斯·普朗克（Francis Poulenc）、阿
尔班·贝尔格、爱德华·施托伊尔曼（Eduard Steuermann）、西里尔·斯科特
（Cyril Scott）在内的作曲家们一整个下午都在热烈地探讨音乐，比较彼此的
作品。

阿尔玛决定在威尼斯购买一栋房产。1922年3月，她在圣托马（San
Tomà）弗拉里荣耀圣母堂（Basilica dei Frari）附近的运河旁发现了一座带花
园的小型宫邸。这座后来被称为"马勒之家"（Casa Mahler）的房子需要大规模
的改造——增添几间浴室，另须为韦费尔配备一个更大的房间。由于居住在此
的房客拒绝搬出，阿尔玛不得不提起诉讼。她无意中遇到了正在威尼斯双年展
上参展的奥斯卡·科柯施卡，两人在位于圣马可广场的佛罗莱恩咖啡馆（Café
Florian）小聚。"我们古怪地既亲近又疏离，"阿尔玛如此回忆道，"他的脸已变
成一张孩童的脸。道林·格雷（Dorian Gray）。他的恶习被铭记在肉体之外的

某个地方。"科柯施卡的出现令她感到焦虑，她"哭个不停"，⁶直到阿尔玛的母亲打断他们，将她带走。只怕日后，科柯施卡依然是阿尔玛摆脱不掉的阴云。

安娜与"某人在柏林同居"的消息传到了阿尔玛的耳朵里，她写道，"那是一个相当有天赋的、残暴的家伙——恩斯特·克热内克（Ernst Krenek），当然，又是一个作曲家。"⁷两个年轻人于2月在音乐学院的一次舞会上相识，当时克热内克正在音乐学院进修，师从弗朗茨·施雷克。多年后，恩斯特·克热内克回忆起这段往事，称阿尔玛来柏林与他这位追求者见面时，面露鄙夷，这令他大为光火："我打赌她相当喜欢我，其程度之深正如我一点儿都不喜欢她。"她总是"有本事将生活一阵翻搅，变成令人眼花缭乱的旋转木马"，阿尔玛让克热内克联想起"一艘装饰华丽的战舰……与瓦格纳笔下的女武神布伦希尔德风格相当，只是这回女武神被移植进《蝙蝠》（Die Fledermaus）的情境之中"。在克热内克眼中，阿尔玛请他们在豪华饭店里吃饭不过是一种手段，"使人们成为她权力之下无助的臣民"。⁸

克热内克认为阿尔玛不喜欢他是出于嫉妒，因为他"可能是让她与女儿永远疏远的人之一"。⁹显然，安娜相信嫉妒心是母亲性格形成的关键。安娜曾对女儿玛丽娜谈论过阿尔玛："她是个疯狂的、占有欲极强的善妒之人，这也决定了她对他人的所作所为。若不能居于中心的位置，她就会大发雷霆。"¹⁰这导致她与所有情人的家庭关系始终处于紧张状态——马勒、科柯施卡、格罗皮乌斯——甚至她的女婿们也这样认为。他们每个人都像克热内克一样坚信，安娜结婚"是为了逃脱母亲那令人难以忍受的压迫"。¹¹但很有可能这是安娜自己编织出的印象，她认定，尽管母亲爱她，但母亲对她过高的期望破坏了母女间的关系。"我知道她爱我，"安娜对传记作家皮特·斯蒂芬·容克说，"但她也鄙视我……我爱上一个人不是因为那人有名望，身份地位举足轻重，而是因为他让我感到快乐。这太可怕了！她看不起我。我不成功，也没有钱……"[12]

262   1923 年春，阿尔玛开始负责"马勒之家"的改建工作。当时，恶性通货膨胀正严重影响奥地利的经济，改建工程势必令家庭财政陷入紧张。马勒的版税收入在当时相当低廉，几无价值。而韦费尔的收入就更少了，他的出版商——莱比锡的库尔特·沃尔夫在遭受了经济滑坡的严重打击后，正在苦苦挣扎找寻出路。28 岁的保罗·若尔瑙伊（Paul Zsolnay）是富有的烟草巨头之子，正计划创办自己的出版社。阿尔玛建议若尔瑙伊出版韦费尔的最新小说，前提是韦费尔解除与库尔特·沃尔夫的合约。若尔瑙伊向韦费尔预付了 5 000 瑞士法郎——由于瑞士货币相对稳定，这笔收入相当可观。韦费尔接受了，成为若尔瑙伊出版社首批作者名单中的一员，日后更成为该出版社的台柱子。

阿尔玛也有自己的出版计划，一是将马勒编辑过的信件整理发行，再者，便是出版马勒未完成的第十交响曲的手稿副本。出版乐谱手稿一事遭到布鲁诺·瓦尔特的强烈反对，他认为马勒在认定自己即将失去阿尔玛、濒临死亡时写下的那些极私密的痛苦笔记不该公诸于众。1924 年，为了配合马勒"第十"在维也纳国家歌剧院的世界首演，若尔瑙伊同意出版马勒的信件以及第十交响曲的乐谱副本。借此机会，出版社计划一并刊发阿尔玛的五首歌曲，这些歌曲是她近期从自己的个人存稿中发现的；此外，出版社欲重新发行阿尔玛 1915年于环球出版公司出版的四首歌曲。如此一来，整个庆贺特辑显得格外丰富，有分量。

1923 年夏天，安娜在布赖滕斯泰因逗留的时间比以往要长些，阿尔玛顺势邀请克热内克续写马勒未完成的第十交响曲。尽管克热内克抗议这种"令人讨厌的想法"，指责阿尔玛"贪得无厌"，但最终还是应承了下来。他感觉

263   自己仿佛"被锁进了金笼子"，着手编辑校订慢板乐章（Adagio）及"炼狱"

（purgatorio），其余三个乐章分毫未动。当时正在创作小说《威尔第》（*Verdi*）的韦费尔对这个年轻人有一种强烈的、异乎寻常的反感。"K.（克热内克）是个毫无信仰的人"，他断言，如果他代表的是"我们这个时代的年轻人，那么，祈求上帝拯救我们吧"！韦费尔的神经"被翻搅出一股怒火……那家伙的机械撒旦主义叫人愤慨"，"唯有魔鬼才像这位年轻的作曲家那般看待世界"。[13] 韦费尔对克热内克的敌意于安娜并无丝毫影响，1924 年 1 月 15 日，她在维也纳市政厅与克热内克完婚。然而，这段婚姻仅撑到了 9 月就宣告破裂。安娜逃到罗马，开始在乔治·德·基里科（Giorgio de Chirico）的指导下学习绘画。1926年 8 月，两人正式离婚。

1924 年 4 月，韦费尔迎来了首个商业意义上的重大成功。虚构小说《威尔第》描绘了他最喜爱的作曲家的一生。该书由若尔瑙伊出版，发行量高达两万册，一经问世便迅速被抢购一空。同月，阿尔玛搬进了威尼斯的马勒之家，"自己的房子，温馨的花园，天堂。一切如我所愿"。[14] 整个 6 月，她与韦费尔过着二人世界，变得平静许多。阿尔玛感到幸福，"没有渴望，不再奢望其他——我可以就这样与他美好地生活下去——那种时而会有的渴念，实在是一种罪过"。[15]

阿尔玛与韦费尔的生活自有一种节奏，在焦虑的自省、强烈的兴奋与绝望的退缩间交替。转眼又是春天，她坚信自己能找到内心的平衡，"有那么多人围绕在侧，我备受尊敬，只要自信地走自己的路就好"。[16] 夏日里，一切"都是美丽的、和谐的、快乐地爱着的，除了偶有分歧"，可是到了新年，她又感到"病恹恹，悲伤，备受蹂躏，悲惨，孤独，孤独——噢，如此孤独！"[17] 她对韦费尔的爱渐渐消退：

我的内心生活不再与他的保持一致。他整个人缩得小小的，变成一个丑陋、肥胖的犹太人。我孑然一身，却被束缚得如此彻底。这比婚姻还要糟糕。韦费尔也不再爱我了……我梦想着独自生活在威尼斯的房子里，于这石墙后，绝对的独立。[18]

但她感到害怕，并不确定"自己是否能承受这最后的巨大孤独"。[19]

1924 年 7 月，身处塞默林的阿尔玛再次对生活深感满足，其间韦费尔一直在楼上创作新剧《华雷斯与马克西米兰》(*Juarez and Maximilian*)，"每夜，他在我们头顶上方来回踱步，直至清晨"。她对他全心全意。[20]她宣称再也不想对他不忠。

只是过去之事仍会向阿尔玛袭来。那年夏天，她正在撰写关于她与马勒生活的回忆录。突然，身体毫无预警地垮了下来。阿尔玛感到大脑前方一阵可怕的压迫感，之后眼前一黑，房间变成了黑色，转而又变成了绿色。双手失去知觉，右脸瘫痪，颧骨上长出了疖子。阿尔玛怀疑，"在我的意识深处存在着对死亡的恐惧……我刚刚才与死亡接触过。但愿上帝帮帮我"！但到了晚上，她已恢复体力。经过诊疗，医生禁止阿尔玛继续工作。阿尔玛把这次突发的急性病症归咎为"撰写马勒文章而引发的严重精神紧张。在过去的几个星期里，我几乎要发疯发狂。我日日夜夜地埋头苦写，总担心自己的记忆会出现问题，怕不能在那之前完成"[21]。之后，阿尔玛虽未中止回忆录写作，但在若尔瑙伊提出若干修改意见后不久便弃置一旁。直到 1940 年，也就是二十多年后，此书德文版以《古斯塔夫·马勒：回忆与书信》之名出版发行，并于 1946 年发行了英文版。

韦费尔愈发频繁地到布赖滕斯泰因进行创作，那里相对封闭，也更有利于集中精神。但他总需要阿尔玛在身旁激励，她是创作中不可或缺的一环。女儿安娜把这归因于韦费尔的软弱。但或许，正如传记作者容克所言，韦费尔的性格中有某种受虐倾向，"当他在她的影响下受苦时，往往更能从击打中汲取力量"。韦费尔深信不疑，自己需要一个缪斯女神，"如果她生气了，他担心自己的力量会因此而削弱。于是，他时常安抚她，让她平静下来"。[22] 在安娜看来，"这恰恰是他的弱点，他总是倾向于做出让步——这是他性格的消极面。他顺从于阿尔玛，更多的是下意识的行为。很多时候，她更像是他的女领导——这对他们俩都不是好事"。[23]

阿尔玛被韦费尔的才华迷住了，决心不让他的天分消散。"她成就了他，成就了一名小说家，这一点毋庸置疑，"安娜断定，"如果没有她，我敢肯定，他会一直是一个诗人，一个波西米亚人，直到他生命的尽头。"韦费尔亦心知肚明。据韦费尔后来的秘书（同时也是安娜的丈夫）阿尔布雷希特·约瑟夫（Albrecht Joseph）回忆，韦费尔曾对朋友说："如果我没有遇到阿尔玛，我会再写几首好诗，然后高高兴兴地玩儿完。"[24] 约瑟夫认为阿尔玛的"独特天赋"是"对具备创造力的人想要达到的目标有着深刻而不可思议的理解。这是一种充满激情的、纵情狂欢式的说服，相信他们终有一日可以实现他们的目标，而她，阿尔玛完全明白这是怎样的过程"。正是这种离奇而独特的理解力"令她在爱人的眼里被奉为近乎女神的形象"。[25]

虽说韦费尔对阿尔玛掏心掏肺、全心全意，但这并不意味着阿尔玛因此也能赢得咖啡帮兄弟的喜爱。"这些人总是强烈谴责阿尔玛对韦费尔的影响"，据记者米兰·杜博若维克（Milan Dubrovic）回忆，他时常与韦费尔及其老友恩斯特·波拉克（Ernst Polak）、安东·库恩（Anton Kuh）、阿尔弗雷德·波尔加（Alfred Polgar）等人混迹于中央咖啡馆与赫伦多夫咖啡馆。杜博若维克非

常钦佩这个"真正迷人的男人","有双异常大的眼睛,自带强烈的光环足以勾
魂摄魄……一个极精彩的人,痴迷于各种想法,并试图以各种方式加以表达。
他似乎总能变幻出璀璨烟花",一连几个小时招待知己好友,"讲故事,模仿别
人,任何尴尬的局面都能一一化解"。[26]

　　自从遇见阿尔玛后,韦费尔与这些朋友见面的次数就越来越少。一起泡咖
啡馆的朋友指责阿尔玛,称韦费尔因她放弃了自己真正的职业——诗歌,成了
一个在商业上大获成功的小说家、剧作家。

　　　　我们过去常说,"那是另一个韦费尔,他居然变成一个'成功男孩'"!
　　但他看上去很幸福。曾经有个晚上,我们坐在那里讨论什么是在座的人所
　　认为的世界上最大的幸福。韦费尔开诚布公地说:"当然是成功!对我而
　　言,成功等同于幸福。"他不得不承认这一点。[27]

　　1925 年 1 月,阿尔玛与韦费尔前往中东,一次她渴望已久的旅行。于
上埃及、下埃及逗留的三个星期里,他们参观了集市、清真寺和博物馆;在
开罗的意大利歌剧院观看了威尔第的《阿依达》(*Aïda*);走访了赫里奥波利
斯(Heliopolis)、孟菲斯(Memphis)、卢克索神庙(Luxor)与卡纳克神庙
(Karnak),以及底比斯(Thebes)的法老陵墓。2 月 10 日,两人继续前往当
时处于英国托管下的巴勒斯坦。他们在耶路撒冷受到犹太复国主义执政者的
接见——此人"高人一等,聪明,不被那些热血沸腾的年轻追随者牵着鼻子
走",[28] 阿尔玛事后写道。她简直被这个国家给"迷住了"。由于"计划不周",基
布兹(kibbutzim,以色列的集体农场)并未给阿尔玛留下深刻印象,她拒绝睡
在置于地上的帐篷内。阿尔玛很享受在耶路撒冷的时光,以及特拉维夫(Tel

Aviv)、拿撒勒（Nazareth）、海法（Haifa）、加利利海（Sea of Galilee）之行："那些古老的、圣经里的村落能即刻感染你。"但同时，她也发现"那里的新犹太教对我而言是全然陌生的"。她并未做更进一步的解释，只是含糊其辞地写道："我相信犹太人在那里有危险！" [29]

对韦费尔而言，这是一段对自我犹太身份深感焦虑且内心充满矛盾情绪的时期。"从一开始，我就觉得自己被撕裂了。我的手不再自由。我的心不再平静……那些极度焦虑的日子。" [30] 韦费尔与自我的犹太性、犹太复国主义（Zionism），以及西奥多·赫茨尔（Theodor Herzl）的犹太人家园梦之间的关系一直是暧昧不清的。甚至早在遇见阿尔玛之前，他就认为自己与犹太身份格格不入，总是避开仪式和福音，似乎对基督教更为感同身受。"我跟这些人有什么关系，跟这个疏离的异国世界有何相干？我的世界是那些伟大的欧洲艺术家的世界，连同他们身上全部的矛盾性，从陀思妥耶夫斯基到威尔第。" [31] 韦费尔于 1920 年写道。

然而，巴勒斯坦之行令他重新审视自己的犹太身份。当阿尔玛就某些事件发表相当随性的反犹言论时，韦费尔的确会起而反对，但他发现所捍卫的是自己都不完全相信的立场。"阿尔玛所反对的是犹太性自身的问题，当然，还有犹太共产主义；而我始终在扮演一个错误的中间人的角色，一个在双方之间摇摆不定的辩论家。" [32] 他写道。这段经历促使他在接下来的几个月里对自己的犹太血统进行了深入研究。因旅行所激发的自我内部冲突幻化成灵感，回到布赖滕斯泰因的韦费尔开始创作戏剧《犹太人中的保罗》(*Paul Among the Jews*)，聚焦基督教从犹太教中分离独立的重要时刻。阿尔玛见证了韦费尔全身心投入新作的全过程，引以为傲："弗朗茨整个人变得十分严肃——对自我极其负责，观察其内在生命的变化真是一种快乐……想当初，他是怎样一个叛逆的年轻小子啊！" [33]

268

随着韦费尔的作品赢得愈加广泛的赞誉和商业上的成功，阿尔玛前些年对财务的担忧得以缓解。韦费尔被维也纳艺术与科学学院（Vienna Academy of Arts and Sciences）授予极有威望的格里尔帕泽奖（Grillparzer）。1926 年 1 月，由马克斯·赖因哈特担当制作的《华雷斯与马克西米兰》在柏林德意志剧院（Deutsches Theater）大获成功。不巧，身心消沉的阿尔玛患上了周期性的抑郁症，"日夜哭泣"，未能出席该剧的首映礼，这令她感到苦闷。[34] 阿尔玛设法陪同韦费尔在德国各地举行巡回读书沙龙活动，并在布拉格出席了好友阿尔班·贝尔格备受争议的歌剧《沃采克》（*Wozzeck*）的首演。《沃采克》的出版受到阿尔玛的资助，阿尔班·贝尔格将这部作品献给阿尔玛以表谢意。

1926 年 6 月底，若尔瑙伊与韦费尔签署了一份以瑞士法郎结算费用的合同，如此一来，韦费尔成为该出版社旗下一众作者中收入最高的作家。同年，某知名德国文学杂志进行民意调查，绝大多数读者把弗朗茨·韦费尔选为他们最喜爱的德语作家，排名位于格哈特·豪普特曼、斯蒂芬·茨威格及勒内·马利亚·里尔克之前。[35] 秋天，韦费尔被海因里希·曼（Heinrich Mann）、托马斯·曼（Thomas Mann）、阿图尔·施尼茨勒与雅各布·瓦塞尔曼（Jacob Wassermann）等人任命为普鲁士艺术与科学学院（Prussian Academy of Arts and Sciences）成员。

20 世纪 20 年代末动荡的政治气氛日渐影响他们的生活。在外国借贷的帮助下，奥地利脆弱的战后经济得以加强，由基督教社会党领导的一系列结盟给民众以稳定感。但这一切受到"反对准军事组织"的政治极端主义的威胁。左翼与右翼之间的暴力事件时有发生。左翼以社会民主主义保卫同盟（Social Democratic Schutzbund）为代表——一支训练有素的部队，到 20 世纪 30 年代已发展约 8 万名成员——与恩斯特·吕迪格尔·冯·施塔尔亨贝格（Ernst Rüdiger von Starhemberg）领导的右翼反社会主义准军事组织保卫团（anti-socialist paramilitary Heimwehr）冲突不断。当时，"红色维也纳"（Red Vienna）是各路倾向于社会主义道路的社会民主党的大本营，保守的阿尔玛发现自己与激进的韦费尔间的纷争愈演愈烈。"这非常令人难过……但我与韦费尔之间的政治分歧日渐扩大，简直到了南辕北辙的地步。"阿尔玛于 1926 年 7 月哀叹道。"任何一次对话，每一次，都必然走向同一个结果，我们俩根本上的分歧注定了未来暗淡的前景。"[36]

阿尔玛在政治上既不精明，也算不上见多识广，而随着紧张局势的升级，她自我中固有的保守主义突然转变为公开的反犹主义。1927 年 7 月 15 日，工人在议会游行，抗议某右翼组织成员的无罪释放。该组织被指控于去年 1 月的一次冲突中谋杀了一名工人以及一名 8 岁的男孩。游行最终演变成一场暴力与血腥的争斗。警察向人群开枪，造成 89 人死亡，200 多人受伤。司法部与报社被焚毁，社会民主党发起的大罢工持续了两日才恢复平静。

阿尔玛习惯性地认定任何左翼教义——社会主义、共产主义甚至自由主义——都与犹太人脱不开干系。"这真是暴民出笼。犹太教邪恶的种子开了花。"她慷慨激昂，面对那些谴责"这是一场对理想的大屠杀"的"左翼文学理论家"，毫不留情地加以驳斥。[37]

日记开始了一段暴力、丑陋，多少有些混乱的反犹主义谩骂：

犹太人是优秀的知识分子、艺术家、金融家，但他们不应该接触政治。他们因缺乏想象力而激怒世界。

她振振有词地写道：政治圈的犹太人，

被迫通过奉承来确保获得大众的同情。奉承不可避免地会让大众变得愚蠢……犹太人没有意识到他们在这个世界上做了什么歹事，却清楚地指明了一条道路，这条道路想必是那些厌倦了天堂之承诺的大众非常乐意遵循的。[38]

阿尔玛痛斥当前左翼对社会秩序的攻击，并将其视为一种证据，表明：

全世界的犹太人团结在了一起，他们正处于明显的上升趋势……与此同时，基督教世界则悲伤地立于一旁，任由世界的领导权从自己手中滑落。[39]

就更确切的政治战线而言，阿尔玛确信"奥地利已经输了。唯有通过剖腹产手术才能拯救它——与德国结盟"。对于阿尔玛，一个在奥匈帝国长大的保守的奥地利爱国者而言，这种关系无异于诅咒，一条布满陷阱的道路。"［奥地利］那时将醒来，不再理解它的鲜血……而奥地利终成为德国的附庸。"[40]此外，阿尔玛很清楚莫斯科是七月事件的幕后黑手，"那肮脏的流血的拳头"。[41]

将心中的愤怒与沮丧宣泄一通后，阿尔玛开始让自己远离政治的泥沼，期盼在内心生活与个人目标中寻得庇佑，乃至个人的救赎。

你们这些白痴，可知道我在想象世界里拥有怎样巨大的幸福吗？这幸福部分来自爱、音乐与美酒的陶醉……我的铁爪紧紧地护着我的巢穴……每一个天才都是我能接纳的，他们是我巢中的猎物。[42]

阿尔玛的社交圈日渐开阔。她在意大利里维埃拉（Riviera）找到了适合韦费尔休息、写作的绝佳地——位于圣玛格丽塔利古雷（Santa Margherita Ligura）的帝国酒店（Imperial Hotel）。圣玛格丽塔利古雷是当时德国作家极热衷的去处。阿尔玛的朋友，作家弗里茨·冯·翁鲁（Fritz von Unruh）在那拥有一座立于垂直悬崖边上的古老城堡；而小说家赫尔曼·苏德曼也住在同一家酒店。海伦与阿尔班·贝尔格随后加入了他们。夜幕降临，几人来到位于拉帕洛小镇（Rapallo）附近的格哈特·豪普特曼家开怀畅饮，开怀大笑。阿尔玛对此人"神一般的存在"甚是好奇。"他蓝色的眼睛，深邃如天空映在山间的溪流。"一日，豪普特曼对阿尔玛说："真是太可怕、太不幸了！我们两个居然没有孩子！要是有该多好！属于我们俩的！"[43]据阿尔玛回忆，另有一次，他信誓旦旦地说：

"下辈子，我们俩一定是恋人。我现在先预定了。"他的妻子玛格丽特听到这话，插嘴道："我相信阿尔玛在那一世也已被订满了。"他与我听了，只能笑笑。[44]

272

尽管阿尔玛试图把科柯施卡从脑海中驱逐，然而，总有那么一些时候，特别当她对韦费尔的爱发生动摇时，"可怕的梦魇"[45]便在心头纠缠。1927年10月，阿尔玛与安娜于威尼斯逗留，当瞥见科柯施卡的瞬间，脆弱的内心遭到严峻的考验。"究竟是怎样的一个魔鬼在追着我？"她勃然大怒，可内心不安的渴望却又复活了：

奥斯卡·科柯施卡……无与伦比——可怕！我永远忘不了这个人……自从

我见了 O.K.，我觉得自己已经被毁了……我不能与他生活在一起。这样的日子是缺乏智识的。可没有他，永远失去了一些东西！[46]

当她再次见到他时，他的"脸涨得通红，看上去很是粗糙"。安娜与阿尔玛侧身让他经过。事后，他寄来一张卡片，为自己的短视道歉。"所有的沉着镇定，所有的仇恨皆因这张薄薄的纸片消失不见。这个了不起的人曾经属于我。"[47]她喃喃自语。阿尔玛来到圣马可大教堂，祈祷并祈求得到上帝的指引。当走出教堂，走进明媚的阳光里时，她遇到了一位朋友，那人责备起科柯施卡，仿佛是来自上帝的警语与判告。经过祈祷的净化，阿尔玛感到自己痊愈了："我再次回归稳定的生活。我让自己从马鞍上跌落，真是愚蠢。"[48]当她收到他的卡片时，这似乎是"某些来自远方的挥别……它再与我无关。弗朗茨是我的生命，我不想再要另一个"。[49]

11 月的一个夜晚，阿尔玛与剧作家阿图尔·施尼茨勒聊起"女性总是因婚姻而被排斥在外，不再有自我的奇特现象"。她提出："男人对此却无法理解！"她反思了自己与男性的关系，意识到，当与马勒在一起时竟是如此地自甘放弃，放弃自己的兴趣，去学习马勒的"语言"，采纳他的文学品位以及哲学观，却丧失了自己的语言。她不再忠于自我的内心世界。[50]

与韦费尔的关系则十分不同，因为她在其中扮演强大的一方，阿尔玛对她的"男孩"有很强的控制力。韦费尔经常对她说，他依赖于她的爱，但他也有能力折磨她——正如阿尔玛折磨他一般。他们的高潮与低谷有着可怕的浓度与强度。两人的争吵足以令她感到孤独落寞。某晚，阿尔玛被剧院里令人厌恶的三流低级戏码给吓坏了，执意要离开。韦费尔大发雷霆，在街头冲她发起脾气。"我朝一辆车奔去，驱车回家。他在身后冷嘶嘶地说：'可记住了，我今晚不回家'……我和衣躺在床上，牙齿直打战。"[51]

一瞬间，阿尔玛意识到自己整个人生处于岌岌可危的处境中：

> 我已堕落到这一步，竟允许一个男人像老荡妇般谩骂。在这个时代，难道还不允许我有自我的判断吗?——竟不可以有行动的自由意志! 面对令人痛苦的戏剧，我竟然不能离开，不得不忍受冒犯，被吼，被欺辱。

她"受够了男人的奴役"。[52] 这事让阿尔玛阴郁了两个星期。

> 　大哭一场。我尚未完全恢复过来……[愤怒]令大脑充血，我对生活产生怀疑。从那时起，体内的一根弦断了，再也唱不起来。我之所以离开科柯施卡，是因为残暴——残暴，同样会造成韦费尔与我的隔阂。[53]

274

这一年的平安夜，阿尔玛与韦费尔、保罗·若尔瑙伊在圣玛格丽塔度过，毫无筹划，颇为散漫。她恢复得很慢，"神性在我心中燃烧，使我逐渐平静下来"。圣诞节那日，豪普特曼与妻子玛格丽特的来访令她有了些精神。新年前夜，他们又聚于一处。阿尔玛回忆道，与豪普特曼告别时，"他深深地吻了我的唇。'终于，只剩下我们俩了。'他说。话音刚落，突然，他的秘书就立在我们面前。于是，我亦拥抱了她（秘书），然后开了个玩笑……"[54] 更多夜晚是与豪普特曼、弗里茨·冯·翁鲁、若尔瑙伊度过的，不久，阿尔班与海伦·贝尔格亦加入其中。席间，大家"尽了酒兴，喝得有点多"，"内心充满欢腾与美丽"。[55]

1928 年 2 月，阿尔玛离开圣玛格丽塔，与安娜一起前往西西里度假。"和安娜欣赏自然与艺术是种纯粹的幸福。在这些事情上，她总是保持着相当高的品位"。阿尔玛边参观古老的历史名胜边写下这样字句。可说到安娜的男人，"又是另外一码事；在男人这件事上她总是走错路，因为她看不清——注定也就找不着——那些优秀的人"。[56] 当时，尚在罗马与基里科学习绘画的安娜爱上了一个穷困潦倒的年轻意大利贵族。阿尔玛希望这次这一位能帮助自己的女儿。安娜有强烈的左翼同情心，能理解贵族阶级与生俱来的高贵气质。

1928 年 3 月的复活节，阿尔玛与 11 岁的曼侬搭乘飞机从威尼斯飞往维也纳，经历了"一场惊心动魄的致命飞行"。飞机迎面撞上一场风暴，"紧要关头，机组要么选择上扬越过白色的山脊，要么像跌落翻滚的球般俯冲 3 000 米"。[57] "我从未像今天这样如此真切地与死亡面对面，真正的恐惧。"她写道，并向自己保证，将再一次成为一名天主教徒。当阿尔玛的神经因恐惧"几近崩溃"时，曼侬却在整个飞行过程中保持平静，"这个孩子是个女英雄"——下飞机时，飞行员们鼓掌欢送她。[58]

不久，阿尔玛从威尼斯逃到罗马。她拜访了记者、艺术赞助人，亦是贝尼托·墨索里尼（Benito Mussolini）的情妇——被称为"意大利无冕女王"的玛格丽塔·萨尔法蒂（Margherita Sarfatti）。萨尔法蒂斜倚在长沙发上，带着"好奇而似有漫不经心的微笑"与阿尔玛打招呼。[59] 两人聊起法西斯主义。双方都同意，"唯有当他国的法西斯主义统治者拥有与墨索里尼同等智慧之时，国际法西斯主义才有可能实现。并且，我们应当停止讨论犹太问题，毕竟犹太人很聪明，我们需要他们。他们必须在平等的基础上被接受"。萨尔法蒂坚称："历史表明，犹太人往往比本地人更爱国。"她们一致认为，"意大利很幸运，拥有一个天才的掌舵人。我们终于有了领袖"。[60] 后来，阿尔玛又多次在巴黎见到萨尔法蒂，那时她已不再是墨索里尼的情妇，而是一个痛苦的难民，而她的英雄"正在吞咽希特勒的尘埃。昔日她眼中关于这个男人的可爱之处，如今看来都是卑鄙的"。[61]

回到威尼斯的家中，宾朋依旧络绎不绝。汉斯·普菲茨纳与马克斯·布洛德前后脚到访——"布洛德的到来可算是拯救了我，普菲茨纳一副莽撞粗暴而尖锐的腔调"。[62] 8 月，一场突如其来的悲剧令所有人感到错愕。安娜的闺蜜——阿图尔·施尼茨勒 18 岁的女儿莉丽（Lilli）当着丈夫的面在一架贡多拉上开枪，企图自杀。莉丽当时疯狂地爱上了一位意大利陆军上尉。她并没有死，但因子弹生锈引发败血症，安娜悉心地在旁陪护，直到她生命的最后一刻。阿尔玛探望施尼茨勒时，发现眼前是一位"面色发黄、神情恍惚的老人"，正沉浸在悲伤之中。此情此景，不禁令施尼茨勒向阿尔玛回忆起一段往事：阿尔玛的女儿玛利亚于 1907 年去世后，施尼茨勒看见马勒独自一人坐在长凳上哀悼女儿，低着头。那一刻，施尼茨勒思忖道："这个男人可如何挨得过？"[63]

与此同时，阿尔玛和韦费尔的关系陷入新一轮的低谷。"某种奇怪的空虚"困扰着阿尔玛，她认定自己"已经不快乐十年了"，不过是对外扮演着一个角色，"一个受人尊敬的诗人身边所谓的幸福情人。可我既非他的情人——也非他的妻子。我在他的生活中几乎不占据什么，而他在我的生命中所扮演的角色同样微弱"。[64] 她"为了幸福，为了完满的幸福"而一醉方休；常常一天就要干掉一整瓶高甜度、高酒精度的本笃甜酒（Benedictine）。

与往常一样，天才的、迷失的灵魂伴侣，折磨人灵魂的科柯施卡会在这个时候浮现在她的脑海中，填补空虚。"我的心总是在潜意识里四下里寻找，寻找他——永不会停止。"[65]

276

待两人回到维也纳考虑结婚时，这些胡思乱想便都停止了，她已完全康复。韦费尔一再向她求婚，屡遭拒绝。这或许是阿尔玛富有魅力的明证——一个离了婚的女人，十年来一直与一个并非她丈夫的男人生活并公开交往。这种不正常的关系似乎没有引起惊讶，也没有招致社会的谴责或反对，甚至在维也纳社会精英阶层这个讲究体面的圈子里，从未有微词。阿尔玛始终没有消除对婚姻的疑虑。"或许我该嫁给韦费尔。他是我生命中所遇到过的最善良的人，但并非最亲爱的男子。"[66] 她在 9 月的日记里写下颇为冷淡的话。

政治的纷争再次横亘于两人之间。1928 年秋，随着左翼与右翼组织之间紧张关系的升级，内战到了一触即发的边缘。10 月 7 日，民族主义右翼准军事组织保卫团与保卫同盟在工人组织的支持下，在维也纳以南的维也纳新城举行大规模集会，每一次集会都有来自四面八方的三万多人参加。共产主义组织遭禁，整个小镇被大规模的军事部署包围，以压制任何抵抗运动。最终，暴力并没有爆发。但示威活动表明，共和国核心地区发生了深刻的冲突。这引发了阿尔玛又一轮泛泛而谈的反犹主义言论。她在日记中把当前的政治时刻描述为"犹太人的复仇"。阿尔玛认为，犹太人是所有左翼意识形态的始作俑者，这些意识形态"旨在推翻一切，并重新解释在此之前被认为是安全的东西"。她怒斥道，即便是"非犹太裔也接纳犹太人的习俗与态度，但最令人费解的是全世界的工人群体，居然心甘情愿地接纳、相信别人告诉他们的话，笃信在这人世间能找到幸福"！[67] 这些工人与理论家一样，总喜欢"叫一切都千篇一律，好似抽鸦片上瘾"。[68]

然而，政治上、种族上的偏见并不妨碍阿尔玛与持相反观点的人结为朋友，甚至，她的朋友圈中绝大多数是犹太人：与阿尔玛交往多年的好友——杰出的社会主义者朱利叶斯·坦德勒（Julius Tandler）是著名解剖学家与福利改革家；社会党领袖卡尔·莱纳（Karl Renner）亦是阿尔玛家中的常客，此外，还包括有左翼倾向的天主教高级教士卡尔·德雷克塞尔（Karl Drexel）。有一回，当卡尔·莱纳正与韦费尔交谈协商某事时，保卫团领袖恩斯特·吕迪格尔·冯·施塔尔亨贝格恰好登门拜访阿尔玛。她很快地将这人打发了，"他的278极右态度不合我胃口，尽管客厅里那正在飞舞的红色火花也不是我的菜。"[69] 她评论道。

经韦费尔多番恳求，尽管存在分歧，阿尔玛最终还是决定于这一年 6 月与韦费尔完婚，但她提出了一个条件——韦费尔退出犹太社区。他同意了，然而，关于是否要接受洗礼尚不置可否。一时谣言四起，甚至传言称韦费尔皈依了天主教。同年 11 月，在阿尔玛不知情的情况下，他重新皈依犹太教。婚礼前一夜，阿尔玛辗转反侧，难以入眠，她不确定这个决定"是否正确。我这么做更多是为了那些值得尊敬的邻居，不是为了我自己。我的自由，我不顾一切保有的自由，遭到重击。我所感受的爱让位给深深纠缠在一起的友谊"。[70]

1929 年 7 月 6 日，阿尔玛与弗朗茨·韦费尔在维也纳市政厅完婚。与她先前的所有婚姻一样，没有举行隆重的婚礼。现场见证这一切的有阿尔玛同母异父的妹妹玛利亚（Maria）及其律师丈夫理查德·埃伯斯托勒（Richard Eberstaller）。曼侬已逐渐成长为窈窕优雅的，散发着神秘吸引力的年轻女孩，在维也纳的一所女子寄宿学校就读。从那一刻起，她有了一个正式的继父——"韦费尔叔叔"。随后，一家人前往布赖滕斯泰因，安娜则从巴黎出发与他们会合。安娜在布赖滕斯泰因对韦费尔的出版商保罗·若尔瑙伊有了全新的认识。两人并非初识，安娜很早便知道若尔瑙伊，只是旧时的她尚是懵懂的小女孩。这段感情发展成了一场爱情纠葛，到了夏末，若尔瑙伊宣称若没有安娜便活不下去。

8月31日，正式踏入50岁大关的阿尔玛开始因年龄而倍感压力。两周前，她焦躁不安地等着月事来临，某种预感敲打着她：

……并非担心怀孕，那是可怖却神圣的恐惧，不，是对我的女性生命即将彻底消亡的了解，这认知正侵蚀着我的灵魂。"终止"——所有一切的终止都是可怕的。现在，此刻，正在发生！因为再无新的开始。我再也不想有另一个孩子了！再也不要……可我能换得什么？更冷酷的血——更睿智的人生感悟吗——呵！再也没有什么值得我留恋的了。[71]

阿尔玛身体状况并不佳，"各方面都有问题。眼睛不再那么灵活，手在弹琴时变得越来越迟缓，我发现食物难以消化，无论是站立还是行走都十分困难"。唯有喝酒——"我经常喝得太多"——唯有喝酒能让她"克服身体里的寒意与颤抖"。[72]

婚后，无处安放的躁动重新被点燃。韦费尔似乎变得愈发疏远，"他开始无视我——于是，我也开始憎恨他……自从他成名以后，他相信没有我也一样能行"。[73]阿尔玛在日记中抱怨道：

我正在经受新的婚姻，就像我被迫进入一般。这压迫比我想象中的要多得多。我不断地想从这个把自己困住的网中挣脱出来，这曾经是我心甘情愿踏入的网，在这网中我快乐了这么长时间。[74]

她既想走，又想留。在一片混乱中，当失去了平静与镇定时，她描述了自己复杂的困局：

没有犹太人的生活，我该是活不下去的——毕竟我总是与他们生活在一起。
但我的内心充满了对他们的愤怒，我经常挑衅地责骂他们。为什么一个人
永远不快乐——永远不满足于享受我所拥有的——总是在寻找另一个？另
一个！……为什么我要放弃自己可爱的名字——我伟大的姓名，三十年来只
属于我自己的姓名？我的生命究竟停靠在何处——我竟如此浪费？[75]

韦费尔的忠诚称得上坚定不移，无论阿尔玛变幻莫测的爱情大潮再怎么起
伏不定，他都承受着。在又一场丑陋的争吵之后，他从布赖滕斯泰因写了一封
低声下气的信：

因为你的嘲笑，因为酒精的作用，我对你表现得很没有男子气概，很令
人讨厌。我为自己说过的愚蠢、愤怒和卑鄙的话感到痛苦……[但]我
深知，毫无疑问，我爱你，将永远爱你，无论你将多糟糕的事摆在我面
前……一想到你昨日的感受，我就很痛苦，无以言说的痛苦！……无论你
做什么，想什么，我知道我不能没有你……你若不在我身边，哪怕一小
时，对我都是烦恼，无以忍受……我知道，说到底我需要你不仅是为了内
心的平静，也是为了我的整个生命。但也许你并不需要我？一切皆取决
于此！[76]

与往常一样，身边的朋友才是阿尔玛精神投注之所在。"伟大的诗人"雨

果·冯·霍夫曼斯塔尔于 7 月突然离世，阿尔玛深感悲痛。过去的两年里，他
们在布赖滕斯泰因共度了许多美好的夜晚。先是霍夫曼斯塔尔的儿子自杀身
亡，葬礼当日霍夫曼斯塔尔就陷入了昏迷。犹太诗人肖洛姆·阿施（Sholem
Asch）及其妻子的到访令阿尔玛欢欣鼓舞，她写道："简直是另一番天地！他
们旋即让我有了家的感觉。我说不出他究竟有多重要，但有他在的每一分钟我
都兴奋不已。"他们与阿尔玛在政治上是对立的，"但我爱这样的敌手，他们是
我的同类，即便他们是来自澳大利亚的土著"！当她与阿施单独前往附近的湖
区旅行时，"他突然喘着粗气告诉我，说他疯狂地爱着我"。阿尔玛安抚了他的
情绪，叫他平静下来，但阿施坚持要即刻返回城市。在一个村子里，他用意第
绪语问在哪里可以弄到车。当时整个国家都笼罩在浓烈的反犹主义气氛中，阿
尔玛意识到了这一点："单单语言便足够了——意第绪语而非德语！民众带着
威胁的眼神怒视着我，我担心会引发流血事件，劝他赶紧回到车上。随后，我
们躲开了那些嘲笑我们的年轻人。"[77]

阿尔玛很想圆自己昔日的"印度行之梦"，不料韦费尔拒绝长时间的海上
旅行，只得作罢。两人返回埃及，继续前行至"巴勒斯坦"，距离上一次到访已
过去五年，"如今的它正在以惊人的速度成长、发展着，变得愈发有趣"。[78]阿
尔玛在这里觉得很自在，甚至考虑在耶路撒冷买一套房子，在"我们能够理解
并且感同身受的文化脉动中生活"。画家、诗人与哲学家"在努力重建它的文
化……电气化正在得到普及，沼泽被排干，四处可见人们正在大面积地种植
林木"。[79]

过了黎巴嫩，两人又往叙利亚的大马士革（Damascus）前行。在一家地毯
织造厂，他们目睹了可怕的场面，"那些瘦弱的孩子有着埃尔·格列柯式的面
孔和巨大的眼睛"，正从地板上捡拾线轴与线。经理告诉韦费尔，这些孩子都

是"被土耳其杀害的亚美尼亚人的遗孤",若是无人收留,便要饿死在街头。[80]
他们先后到了巴勒贝克(Baalbek)、黎巴嫩山(Mount Lebanon),之后前往贝
鲁特(Beirut)、卡梅尔山(Mount Carmel)及耶路撒冷。亚美尼亚遗孤的形象
始终在韦费尔的脑中徘徊。他开始收集土耳其屠杀亚美尼亚人的证据,以及抵
抗者于摩西山(Musa Dagh)抵抗土耳其的故事。

　　旅行归来的阿尔玛得知安娜怀孕了,并惊讶地发现安娜住在哈布斯堡皇后
玛利亚·特蕾莎(Maria Thereasa)建造的城堡里,过着奢华的生活。尽管阿
尔玛对安娜嫁给韦费尔的出版商颇有顾虑,但经历一段短暂的追求后,安娜于
12月在巴黎与保罗·若尔瑙伊秘密完婚。更令阿尔玛介怀的是,女儿似乎在
玩一场"背叛的游戏"——她觉得安娜总是与自己作对,"失去尊重与逐渐笼上
的黑暗感在我身后聚集,越来越明显"。[81]

　　那个夏天,身在布赖滕斯泰因的阿尔玛感到平静了许多,"我努力使自己
振作起来——围绕着我的灵魂旅行——几乎可说是幸福的。由于忙于整理我的
外在生活,我的内心生活变得更加有序"。[82]

　　她暂时对政治兴趣寥寥,"唯一剩下的只有创新精神。不管是右翼还是左
翼,无论是交火还是和平——皆是小题大做!我先前对这些事情的忧虑已被一
种坚定不移的平静所取代。对我而言,更重要的是那些构成我生命的东西,我
的遗产,我的家人"。[83]

　　若尔瑙伊夫妇鼓励阿尔玛搬到更大的房子里居住,也更符合她的社会地
位。起初,这个提议遭到反对。但到1931年1月,阿尔玛在上瓦特的施泰
因菲尔德街找到了一座合口味的豪华别墅。该建筑专为维也纳建造业巨头爱
德华·阿斯特(Eduard Ast)打造,由阿尔玛的老朋友、分离派建筑师约瑟
夫·霍夫曼操刀设计。别墅拥有一个大阳台以及一个宽敞的花园,包含二十多

283 个房间，室内家具皆出自维也纳制造工场。大厅中，一架黑色木质楼梯向上延伸，从地板到天花板排列着大理石与嵌入式橱柜。书房以深绿色为主色调，椭圆形女士沙龙房间则使用了灰绿色西波利诺大理石，各房间的颜色协调一致。利用韦费尔在圣玛格丽塔创作小说《那不勒斯姐妹》(*The Sisters of Naples*)的时机，阿尔玛将别墅重新装修，配备了全新的音乐室，并在房子的顶部为韦费尔设计了一间大书房。玻璃柜里放满大师的真迹与手稿，包括安东·布鲁克纳的第三交响曲原版乐谱——当年作曲家本人赠予马勒以便作钢琴改编版。别墅重建计划在阿尔玛体内释放出全新的能量，并重新点燃了她对韦费尔的爱。2月底，来到圣玛格丽塔的阿尔玛欣喜若狂地说："韦费尔！有时候他如此打动我，以至于我都不敢看他了。他，那令人难以置信的慷慨与光芒！"[84]

但到了 3 月 29 日，当她独自一人回到伊丽莎白街 22 号老公寓度过最后一夜时，她惊恐万分，焦虑得睡不着。死神早已悄悄潜入他们的新别墅。阿斯特的两个孩子皆死在那里：一个是罹患白血病的儿子；另一个是 20 岁的女儿，死于难产。"我必须鼓起足够的力量与那里的亡灵战斗。我的快乐能擦干被泪水浸透的墙壁吗？"[85] 她自问道。至少在短期内，她的担心是毫无根据的。当阿尔玛搬进新屋时，"这个房子张开双臂欢迎我，我在自己的床上睡了一夜，那是我在别处从未体验过的感觉"。随后，曼侬从寄宿学校来到新家与阿尔玛同住，两人一起在大床上安稳入眠。尽管别墅改造尚未完工，但架不住《小鹿斑比》的作者兼评论家费利克斯·萨尔腾 (Felix Salten) 的劝说，阿尔玛决定举办一场大型派对。邀请的宾客包括演员康拉德·维特 (Conrad Veidt)，他因出

284 演《卡里加里博士的小屋》(*The Cabinet of Doctor Caligari*) 中的角色一炮而红；以及其他电影界、戏剧界的杰出人士。所有人通宵达旦地纵情歌舞、恣意畅饮。

　　这一日，只是众多颇具传奇的社交晚宴的序幕。此后，阿尔玛这座富丽堂皇的府邸里还将上演无数光彩夺目的夜晚。整个维也纳社会、文化圈的精英分子齐聚在阿尔玛的大沙龙里——政治家、艺术家、宗教领袖、作家、作曲家、诗人、学者、知识分子，不一而足。然而，在接下来的几年里，随着德国政治形式急速右倾，奥地利的社会面貌、阿尔玛以及围绕在她身边的朋友们的命运都发生了不可逆转的变化。

12. 风暴前夕 1931—1936

285　　　搬进马勒别墅（Villa Mahler）的头几个月里，阿尔玛几乎每日都宴请宾客。据某位宾客的记述，她——"身材高挑，总是穿着长及脚踝的裙子，头发闪闪发光，珠宝璀璨，十分耀眼"。"阿尔玛很清楚如何为客人们营造一个美好而愉快的夜晚。"[1] 女儿安娜如此描述阿尔玛强大的磁场："当她走进房间，或者只是在门口驻足，你会立即感觉到一股电流……这是一个激情无比的女人……并且，她真的很在意与她说话的每一个人，鼓励他们……几秒之内，便能将他们迷住。"[2]

　　　传奇沙龙的名声不胫而走。老友阿诺德·勋伯格、阿尔班与海伦·贝尔格，布鲁诺·瓦尔特，欧登·冯·霍尔瓦特（Ödön von Horváth）与赫尔曼·布洛赫（Hermann Broch），弗朗茨·西奥多·彻克尔（Franz Theodor Csokor），埃贡·弗里德尔（Egon Friedell）与恩斯特·布洛赫（Ernst Bloch），一众艺术家、实业家、学者和持各种政治信仰的政治家济济一堂。包括未来的总理库尔特·冯·舒施尼格（Kurt von Schuschnigg），社会主义者卡尔·莱纳和朱利叶斯·坦德勒，以及右翼人士安东·林特伦（Anton Rintelen）。"人们于会客室的一角窃窃私语地谈论着政府高官的任命，与此同时，另一群人正在决定该由谁出演即将在维也纳城堡剧院上演的新喜剧。"[3]卡尔·曼（Karl Mann）如此回忆道。

作家卡尔·楚克迈尔（Carl Zuckmayer）带来一位朋友——阿尔布雷希特·约瑟夫。1921年，阿尔布雷希特·约瑟夫在法兰克福排演奥斯卡·科柯施卡的戏剧《俄耳甫斯和欧律狄刻》（*Orpheus and Eurydice*）时，才头一回听说阿尔玛。这部戏正是以科柯施卡与阿尔玛的生活为蓝本。排演过程中，科柯施卡日复一日地坐在剧院里，"无声地哭个不停……泪水如泉涌般从脸上滚落"。[4]当约瑟夫在维也纳亲见阿尔玛时，大为吃惊，"眼前这位女主妇居然曾经是诱惑人的角色"。她的身形"不过是披着飘逸长袍的一袋土豆"，诚然她的举止"仍旧威严，散发着权威的光彩"，她有一张"好看的，甚至可称为美丽的脸"。紧接着，约瑟夫又冷嘲热讽地添了句，"这张脸表明她比看上去要更聪慧、更有智识"。[5]也许是感受到了敌意，阿尔玛对楚克迈尔说："很不幸，您的那位朋友缺乏性吸引力。"[6]自那以后，约瑟夫每每恭维阿尔玛时总不忘添些尖酸刻薄的挖苦。当她未能依照承诺在朋友的演出中提供帮助时，约瑟夫一脸愁苦地添油加醋，传说中的"文化界女王"，可以"在幕后操控一切"，真可惜，只不过是"一个神话"。[7]

即便如此，约瑟夫还是意识到了这个女人的独特之处，正是这种独特吸引了如此多的人。她"深信自己是个美人，这种确定令她身上散发出强烈的光芒"。尽管在自己的沙龙里"扮演一个傲慢的贵妇"，但她通常"很幽默，面带微笑，即使听到糟糕的笑话也会开怀大笑，喝很多酒（不抽烟），总是滔滔不绝"，虽然这对约瑟夫而言，"并非什么特别有趣的事，毕竟她的表达更接近于典型的维也纳人，喜欢泛泛而谈，并不拘泥于细节"。

即便如此，约瑟夫十分认可她在音乐领域的专长。有一回，阿尔玛与他聊起马勒的一场音乐会，她"几乎即刻切中要害，毫不留情地一把抓住问题的核心，以专家般的热情以及渊博的智识侃侃而谈……我先前在收音机上听了那场音乐会，但阿尔玛的解说把我的认识提升到了一个更高的层次。我感觉自己仿佛在精神风暴中旋转"。[8]阿尔玛有一种能力，可以"在瞬间以火箭般的速度……脱离尘世生活的日常，在更高的心灵境界里长时间徘徊，那里似乎是属于她的自然之境"。[9]

自搬进新居以来，阿尔玛承受着巨大压力。"从圣灵降临节（Whitsun）起，我总是躺在床上，累得几乎说不出话来。我假装自己不在家，终于得到安宁。"[10]尽管在威尼斯，她与韦费尔从纷繁的社交活动中抽离而出，得到短暂的喘息。但就在这当口，朋友阿尔伯特·冯·特伦蒂尼罹患癌症，阿尔玛抛下一切前去照顾。特伦蒂尼最终死于癌症。回到维也纳上瓦特得以暂歇的阿尔玛再次感到与外界隔绝的寂寥："这种远离城镇的宁静很单调，我不知道能忍受多久……单调乏味会使我再度生病。我的生活需要被大量活动所环绕，需要有促进精神交流的机会！"可家中无事可做，她不想"过这种无聊的生活"。[11]

夏日里，络绎不绝的宾客往来于布赖滕斯泰因，阿尔玛想要的"刺激"又回来了。阿图尔·施尼茨勒"重又现出快乐而风趣的样子"，[12]尽管康复期十分短暂。两个月后，他死于突发脑溢血。9月，阿尔玛前往帕多瓦（Padua）附近的温泉胜地疗养。其间，她读了自己喜欢的罗曼·罗兰（Romain Rolland）与安德烈·纪德（André Gide）；还读了伊利亚·埃伦伯格（Ilya Ehrenberg），她并不喜欢此人。阿尔玛抛出又一个宏大理论，这次是关于意大利歌剧的：

大自然与意大利人并不亲近。总有欢笑，却无冲突。没有神秘的雾，没有
灰色与黑色的云……威尔第只对发生于人类内在世界的事感兴趣。关于灵
魂的每一个境遇、每一种情况，他都描摹得丝丝入扣，却丝毫不见侵入人
间的自然，好比，瓦格纳的创作中永远存在着这般的自然……意大利人只
受到他们自我激情的折磨，却从不因大自然的恶魔而困扰。[13]

　　韦费尔的小说《那不勒斯姐妹》于 10 月出版，如同上一部小说，一出版
就大获成功。如今，他已成为最畅销的德语作家之一。整个 11 月，阿尔玛都
陪着韦费尔在德国进行演讲，举行巡回朗诵会。中途，来自维也纳的一通称
安娜抱恙的电话打断了原有计划；紧接着，又追加一封电报称：安娜身体健
康，但"深受精神疾病之苦"。保罗的母亲安迪（Andy）不久来电话说明了缘
由：安娜与保罗正在办理离婚。接到消息后不到一个小时，阿尔玛就跳上了
返程的火车，韦费尔独自一人继续前行。回到维也纳的阿尔玛发现安娜正与
作家勒内·富洛普－米勒（René Fülöp Miller）[真名为菲利普·雅各布·穆勒
（Philipp Jakob Müller）]暧昧不清。在阿尔玛看来，米勒是"所有文人中最令
人厌恶的"一款。[14] 眼见情事败露，两人曾试图自杀殉情。
　　冲回维也纳的阿尔玛看到的"只有丑陋、粗俗和诽谤"，双方互相指责。整
整一个月，她"大胆直面这令人讨厌的家伙，挣扎着把安娜从[他的]毒牙下解
救出来"。[15] 为了报复，米勒对着保罗·若尔瑙伊的父亲嚼舌根，称阿尔玛认
可安娜与若尔瑙伊在一起，不过是看上了他的遗产。阿尔玛陷入了绝望："自
打与 O.K. 交往以来，还从未经历过这么多丑事，一股脑儿地往我脸上泼。"她
对安娜感到失望，甚至怀疑安娜是所有诽谤、流言的根源。"我的孩子以最丑
陋的方式羞辱我，诽谤我。接连几日，我躺在床上。流下的泪水一半是因为愤

289　怒，另一半则是阴郁忧愁。我已经不在乎他们俩会怎样了！"[16]

尽管如此，这出闹剧平息后，安娜还是在母亲那里躲了一阵。发现自己怀有身孕的安娜并不确定孩子的父亲是谁，最终选择人工流产。事情闹到最后，若尔瑙伊将安娜带回维也纳附近的一处秘密居所安置。在那里，安娜挖掘出自己在雕塑方面的巨大天赋，终成就其毕生的事业。同年晚些时候，安娜选择回归婚姻，回到两岁的女儿阿尔玛（Alma，生于 1930 年 8 月）身边，一家人复又在美丽的玛利亚·特蕾莎豪宅团圆。女儿 28 岁生日当天，阿尔玛重新燃起了对女儿的信心。尽管安娜不得不为"谎言与背叛"向若尔瑙伊一家做出补偿，但阿尔玛心里知道，这个"美丽有天赋的年轻女孩"应付这些"小人物"绰绰有余，终会赢得胜利。[17]

阿尔玛重新审度自己的人生。1932 年 3 月的一天，翻看昔日创作的阿尔玛"完全被专注于自我才华的全盛时代所吸引，沉浸其中，以至于醒来时，我整个人悲痛不已，不得不哭起来。为什么我要让自己偏离原来的道路如此之远？我应行的道路，与如今所行之路如此不同"。[18] 每当这个时候，她就用再熟悉不过的"悔恨"折磨自己：为什么从此再无以收获伟大的爱情，亲密的灵肉合一，那种她与科柯施卡在一起时所感受到的合二为一？"身边围绕着众多男人，而我则喝得酩酊大醉，只为了让备受折磨的灵魂安静下来"，在这样的思绪里，她感到安慰。从这一刻开始，她将创作出更多的音乐——"音乐令我快乐"。[19] 韦费尔帮她恢复了对爱情的信心，"弗朗茨今天说：'如果我喜欢上除你以外的别的女人，那么，我想，那个人会是《化装舞会》（Der Maskenball）里的女英雄，去啊，去找来蓝色草药治愈我的爱。'这些话深深地打动了我"。[20]

290　然而，两人的政治分歧悬而未决，恰如风雨飘摇中的奥地利，原有的稳定开始走向分崩离析。1932 年 5 月，联合政府陷入危机，经济前景恶化，39 岁的基督教社会党领袖恩格尔伯特·多尔富斯（Engelbert Dollfuss）接任联邦总理（Federal Chancellor）一职，领导由右翼保卫团议会派主导的保守派联盟。该任命直接导致奥地利在一年内建立起以基督教独裁为基础的社会各阶层组合阵线——即社团主义国家（the Ständestaat）——1934 年，奥地利的议会民主制彻底终结。

最初，政治格局上的风云变幻对阿尔玛几无影响。"生活依然在继续……没有什么值得知晓，或者令我感到重要的事。人只是随波逐流吧。"[21] 她在日记中写道。阿尔玛当时最迫切的担忧是自己的信仰问题。几番深思熟虑后，阿尔玛于 1932 年 6 月决定重新皈依天主教会，她曾在 1900 年 8 月公开脱离该教派。"近来倍感自己被圣徒群体排斥"，这几乎成了越来越折磨人的心病。虽然这个决定是关乎精神性灵的全心全意的表达，但或许其中也体现了阿尔玛的挣扎，在一个极端的经济、政治动荡时期，她要重申自己作为保守基督徒的明确身份。同一时期的韦费尔则越来越回归自己的根与土地。他的一生都可被视作被同化的犹太人，鲜少参与宗教仪式，有时甚至与自己的信仰脱节。但在 20 世纪 30 年代，他愈发坚定地认同自己的犹太身份，"再也不能脱离犹太性；基督徒，甚至犹太人都无权将他驱逐"。[22]

那年夏天，在布赖滕斯泰因，眼见着韦费尔把时间都花在了修改诗歌上，丝毫不见任何重要的写作计划，阿尔玛开始担心起来，唯恐韦费尔在创作中迷失了方向。某日，韦费尔与阿尔玛就"英雄的本质"进行了激烈的争论。这场争论直接激发了创作的灵感，为下一部小说找到了另一种类型的英雄形象。自从在大马士革织毯厂看到那些瘦弱的亚美尼亚孤儿，韦费尔一直在调查 1915—1916 年土耳其屠杀亚美尼亚事件的诸多可怕细节。新小说《穆萨达的四十天》

（*The Forty Days of Musa Dagh*）中的英雄是一小群受压迫的人，他们抵抗来自民族主义势力的毁灭性打击。韦费尔在书里塑造了"一个英雄，通过他的眼睛，他如何看待他……［并］试图揭示土耳其民族主义"。阿尔玛记述道，真高兴啊，"我又一次成为他创作的灵感来源"。[23]

随着宾客纷纷抵达布赖滕斯泰因，阿尔玛再一次被推回政治辩论的主流话题中，德国事件越来越成为舆论的热点。自 1930 年以来，阿道夫·希特勒（Adolf Hitler）与纳粹党——国家社会主义德国工人党（NSDAP）在德国的选举中取得了稳定的胜利。随着经济衰退的加剧，失业率攀升，民众普遍对魏玛政府失去了信心。希特勒呼吁群众拥护强有力的领导，团结一致、复兴德国；清除一切"人民的敌人"（enemies of the Volk）——社会主义者、马克思主义者，尤其是犹太人。

纳粹党在 1930 年的选举中，从一个微不足道的少数派变成了仅次于社会民主党（Social Democratic Party）的第二大政党，拥有近 650 万张选票与 107 个国会席位。他们在国家选举中取得了进一步的进展。1932 年 2 月，希特勒参与竞选总统，但未能将老将军保罗·冯·兴登堡（Paul von Hindenburg）赶下台。1932 年夏天，纳粹党武装冲锋队（SA 和 SS）在德国街头横冲直撞，制造挑衅和恐怖袭击，洗劫犹太人商店，并与左翼的准军事保卫同盟展开武装巷战。在 7 月的国会选举中，纳粹赢得超过三分之一的席位。总统兴登堡历来蔑视希特勒，认为他不过是个"放荡的波西米亚下士"；通过联合总理弗朗茨·冯·帕彭（Franz von Papen），兴登堡得以限制纳粹势力，成功阻止希特勒成为国家总理并一举夺得对政府的控制。

阿尔玛、韦费尔以及他们的座上宾对德国发生的事情感到不安。阿尔玛在 8 月的日记里略显含混地写着："当话题转向他们不再信任的希特勒时，每个人都冷了下来……当然，他们尊重他的反犹主义。他们都是犹太人，他们一定心知肚明！"²⁴ 阿尔玛自己也颇为保守、持反犹言论，常常令人困惑地得出自相矛盾的结论：

> 在德国，一切都乱了套。这场战争越来越不是南北之争——也不是新教与天主教之争——而仅仅是犹太人与基督徒之间的交锋。夹带着共产主义，犹太主义在世界上的统治地位之所以大起大落，是因为他们倚仗激进的无产阶级，在无产阶级的帮助下夺取世界……几乎所有国家的掌舵者都是野蛮的犹太人……到头来，各个国家与民族无法忍受这一点是可以理解的。只是，在世界被净化之前必会有血腥屠杀。

日记中还出现了一句话——"因此，我支持希特勒"，事后被阿尔玛划掉了。²⁵

尽管当时盛行于奥地利与德国的偏见或多或少会影响身在其中的人的判断，但阿尔玛心里明白，"我不是他们口中所说的反犹分子。我爱犹太人，也爱他们杰出的性格"。但"他们不应该统治世界。这会带来混乱。因为他们不知道如何治理……犹太人主要的性格特点是冲动。这绝对不利于管理，无法令政府保持冷静"。1942 年，时隔十年后重读这些记述时，阿尔玛在一旁用紫色粗体字添补道："接下来发生的一切如此可怕、糟糕，甚至愚蠢，我不得不将先前说过的一切全部收回！"²⁶

面对步步紧逼的危机，韦费尔回馈以一场慷慨激昂的演讲："我们能不信上帝而活吗？"他向丧失神之信仰的世人发出明确的警告，基督教的式微无疑是在为共产主义开路，共产主义口中所承诺的图景令无产阶级劳苦大众重新拥有了天堂的希望。而所谓的民族主义（Nationalism）——"这只愤怒的怪兽"，"黑暗原始之力"的先驱，像"神谕般开口说话，［但是］……吐露的不是真理，而是魔法咒语"。[27]韦费尔认出了这只愤怒的怪兽，然而，他并未意识到前方巨大的危险。

尽管时局日益紧张，阿尔玛的沙龙还是吸引了各路不同政治派别的人。9月，阿尔玛与16岁的曼侬在沃尔特湖的费尔登古堡（Schloss Velden）度假，其间见到了新上任的教育部长安东·林特伦。此人曾任地方长官，是右翼基督教社会党的领袖人物，与保卫团的极端激进分子和反犹分子有密切联系。林特伦朝阿尔玛猛献殷勤。"他无可救药地爱着我，尾随我进了卧室，把我拉到阳台上，热情地追求我，像个鲁莽的年轻人。在他脑子里，爱……就该即刻投降！穆琪和我因为这个愚蠢的老家伙笑了大半个晚上。"[28]回到维也纳的林特伦很快便融入社会群体中。除了多尔富斯，她曾在别处见过此人，"几乎所有政府的成员都前来拜访"[29]，阿尔玛言语间透露着骄傲，但之后又毫不留情地写道："一开始相当有趣，但也不过如此。"[30]那年秋天，阿尔玛戒酒戒了数个月，陡然发现"原本极喜欢的东西瞬间就再也不想要了"[31]——这不啻为一个回声，几乎是她与爱人关系的写照。

阿尔玛于12月陪同韦费尔在德国进行为期三周的巡回演讲。其间，她结识了不少政客，包括去年5月从德国总理位置上被赶下台的海因里希·布吕宁（Heinrich Brüning）——一个"天使般的存在……非常谦虚，喜欢倾听"。他预言，尽管国家社会主义德国工人党在11月的选举中失去了支持和国会席位，但仍是最强大的政党。现任总理库尔特·冯·施莱歇（Kurt von Schleicher）的日子"很快就要到头了，'希特勒终将获胜'。他说一个能等待这么长时间的人势必要赢"，她记录道。[32]

12 月 10 日，阿尔玛在布雷斯劳（Breslau）亲眼目睹阿道夫·希特勒在一场大型政治集会上的演讲。

整个城市一片混乱。我等了几个小时才看到他的脸。我没有去听韦费尔的演讲，而是独自一人坐在餐厅里，喝了一瓶香槟。充分准备之后，我与众人站在一起等他登场。一张征服了一千三百万人口的脸，一定是一张了不起的脸。事实证明，的确如此！那是一张很有特点的脸！善良、温柔，一双将一切尽收眼底的眼睛，一张年轻的、写着惊恐的脸，并非王者！更像是永不成熟，也寻不到智慧的少年人。[33]

韦费尔演讲归来时瞥见了希特勒。"只见希特勒迈着大步穿过顶层一扇开着的门，攀上楼梯。我问韦费尔印象如何，韦费尔说：'并非没有吸引力。'"[34]

295

1933 年 1 月 30 日，正如布吕宁所预告的，弗朗茨·冯·巴本设计将施莱歇将军赶下台后，希特勒被任命为德国总理，并迫使兴登堡总统妥协。阿尔玛的日记中并未提到希特勒即位之事，也没有提到胜利的冲锋队从勃兰登堡门下列队而过并穿越整个柏林，狂喜的人群在路旁夹道欢呼着。

新年之际，阿尔玛的生活被又一段新的爱恋搅得天翻地覆。信仰令她与天主教保守势力的关联愈发紧密。去年秋天，阿尔玛参加了在圣斯蒂芬大教堂（St Stephen's Cathedral）举行的红衣主教西奥多·因尼策（Theodor Innitzer）荣登维也纳大主教的即位大典。她邀请了许多高僧大德来到别墅，其中包括圣斯蒂芬教堂的风琴师，还有神学教授约翰内斯·霍尔斯坦纳（Johannes Hollnsteiner），她很快便觉得与他"一见如故"。到了 2 月，阿尔玛的内心"陷入了某种困惑"。"一个不起眼的牧师就能打破我的平静？以怎样的神力？"在日记本的边缘赫然写着："JOHANNES HOLLNSTEINER！"霍尔斯坦纳第三次来访时，阿尔玛"生出一种感觉"："围绕在我们周围的其他人都只是灰色的轮廓……我不知道自己身处何方！天堂里的上帝啊！冬日里的漫漫长夜已经让位给春天的苏醒，温和的芬芳。这一切令人难以忍受！"[35] 之后，他日日都来。

约翰内斯·霍尔斯坦纳是个牧师，时年 38 岁，有野心，有影响力。他19 岁进入林茨（Linz）附近的圣弗洛里安奥古斯丁修道院（St Florian's Augustinian Abbey），五年后被授予神职。在维也纳大学学习后，他成了教会法规（Canon Law）教授。到 1933 年，霍尔斯坦纳已在神职圈累积了足够的力量，被视为红衣主教因尼策的继任者；善于在政治上斡旋的他还兼任未来国家总理库尔特·冯·舒施尼格的忏悔师与精神顾问。霍尔斯坦纳的人脉使他成为政治舞台上发挥影响力的中间人。

2 月底，阿尔玛与韦费尔在圣玛格丽塔短暂地待了十天。在那里，她兴致十足地听了韦费尔新小说《穆萨达的四十天》的前三分之二。"我祈祷这将是我们都梦想的伟大工作。"她写道。[36] 回到维也纳后，阿尔玛

再次感到与天主教领袖间深刻的共同体意识。这是我的归属之地——实在是肺腑之言。与犹太人单独一起生活令我越来越远离自我，如果可能的话。现在，我重又回到家中，自在地，自己的。

她视霍尔斯坦纳为向导与导师。"我想从霍尔斯坦纳那里获益。他有渊博的知识和智慧，以一种高尚的、非侵略性的方式传递智识，仿佛予人一份礼物。"[37] 他在弥撒及其他圣经问题上给了阿尔玛不少启发。"他吐露的每一个词皆

是歌唱，永恒的上帝就居住在他的记忆里！"她兴奋地叫着。他们探讨了赎罪券与路德的改革。霍尔斯坦纳"认为希特勒对他而言是另一种路德，尽管他们之间有很大的差距"。[38]

阿尔玛恋爱了。她很确信"我们各有牵绊。他与他的教会，我与我深爱的 297 韦费尔……他如此贴近我的性灵"。但诱惑是强烈的。"他是如此自由……从未吐露'罪'这个字眼。他并没有别样的情愫……而我……我必须比教皇更信奉天主教吗？"阿尔玛感到困惑：

> J.H. 年已 38，直到现在才结交一个女人。他想成为牧师，只不过是个牧师而已。他对我的看法与我不同，为此我感到庆幸。他说："我从未接近过一个女人。你是头一个，也将是最后一个。"我尊重这个人，以至于在他面前跪下。我内心的一切都渴望服从，但我总是不得不违背自己的意愿去支配。这是第一个征服我的人。[39]

霍尔斯坦纳是上瓦特的常客。据安娜的说法，有一段时间，阿尔玛租了一套公寓，他们会在那里见面。[40]韦费尔则待在圣玛格丽塔工作，他在信中以一种鼓励的姿态对阿尔玛说："我很高兴霍尔斯坦纳能陪着你。请向他转达我衷心的问候。他是个了不起的人。我非常喜爱真才实学且严肃的牧师。"[41]但他的耐心很快就到了极限；5 月时，阿尔玛抱怨起来，称韦费尔

> 总是在犯错误，一个接着一个……今天他禁止我去教堂，这是不公平的。全都是因为嫉妒。在教堂那种地方，我从不曾对他不忠！又或者，这么说吧，尤其是那样的地方——他永不可及。[42]

298 　　即便如此，她确信"实际上，他从来不相信我会背叛——当然，也确实没有"。[43] 许久以后，阿尔玛认定与韦费尔间总是能很好地彼此理解，"尽管时有洪流欲把我卷走；但不消数日，惊涛骇浪总会回归平静的溪流，那水映照出自我的影像。[韦费尔]对此很清楚。他从不真的嫉妒哪一个人"。[44]

　　到了 7 月，最初对霍尔斯坦纳的那份炽热迷恋开始消退。"无论这个小小的神父能教给我什么，总之，他已经完成了。我已经重新获得独立性，我必将保有它。当你在精神上把自己献给某人的时候，你必要付出额外的代价。"[45] 夹杂着一丝幻灭，阿尔玛断言："霍尔斯坦纳要么是个天使，要么是个恶棍。出于自我保护的本能，我决定视他为天使。"[46] 似乎霍尔斯坦纳对上帝的承诺比他对她的关注更重要。她对这种奉献感到厌恶，但更感到钦佩。"每每我审视霍尔斯坦纳艰苦、无形的事功与侍奉，从不在乎是否睡觉、什么时候吃饭，他的使命是两眼紧盯着上帝，我看到了种族与哲学上的巨大差异。"她将他坚忍不拔的热情与希特勒相较："他[希特勒]在黑暗中生活了 14 年，总是不断努力向上，一次又一次地后退，因为他的时代尚未到来……一个真正的日耳曼狂热者的彰显——这在犹太人中几乎不可想象。不幸的是，他[希特勒]很愚蠢！"[47]

　　拥抱天主教信仰令阿尔玛的生活进一步朝两极分化。尽管阿尔玛有反犹主义倾向，但她崇拜、需要犹太人，而且几乎只与犹太人生活在一起。她前后有

299 两任丈夫是犹太人，与之亲近的艺术家、富有创新精神的灵魂以及革新者也皆是犹太人。"我真的可以写一本书，关于'我在犹太圈的生活'——好比其他人描述与野蛮人生活的日子。因为这些犹太人，他们是沙漠中的蛮人。"一天晚上，她和韦费尔与几位老友相聚，在场的有朱利叶斯·坦德勒、布鲁诺·瓦尔特、恩斯特·波拉克。席间，阿尔玛感觉自己"格格不入，被一道不可逾越的

屏障隔开。我心知肚明，这障碍原本就存在，如今它越叠越高"。⁴⁸

德国不断演化的政治局势侵扰着他们的生活。纳粹霸权的巩固进展迅速。2月发布的一项紧急法令暂停了言论、结社自由以及新闻自由。到了3月，授权法案（Enabling Acts）废除了作为民主机构的国会，建立了纳粹独裁政权。阿尔玛立即嗅到希特勒扩张主义野心对奥地利的威胁。"我们奥地利命悬一线——跌落蜘蛛网中，德国的利爪已经伸了过来！"她写道，"舒施尼格是个软弱、文雅的小个子男人。我对我们现任领导人的能力没有信心。"除非"出现奇迹"，对阿尔玛而言，最理想的是恢复哈布斯堡王朝君主制。此外，她看不到"任何出路"。⁴⁹

阿尔玛指出，奥地利的反犹主义主张"甚至比德国更阴险"，建议"犹太人应该通过自己的尊严和成就来证明其他人是不公正的"；那些"耽溺于幻想的犹太人在奥地利地界四处奔跑，只知道哭喊……如此行径正在摧毁人们留给他们的、仅剩的最后一点尊严"——这种观点近乎将犹太人的命运归咎于犹太人自身，但当时许多被同化的犹太人也持这种观点。她在日记中吐露："恐怕一切都太迟了！"⁵⁰ 面对1933年11月的政治局势，她含糊其辞地表示："希特勒不过是个软弱的小个子——并不算特别有脑子。4 000万人跟着他的步调……不，似有更响亮的声音在高唱……最强音！"⁵¹

笼罩于头顶之上的网越收越紧。5月10日，纳粹党突击队员于柏林国家歌剧院外公开焚烧韦费尔的著作，连同其他25 000名犹太宗教作家、社会主义或共产主义写手的作品；很快，焚书运动遍布整个德国的大学城。宣传部长约瑟夫·戈培尔（Joseph Goebbels）一声令下，施尼茨勒、马克斯·布洛德、阿尔弗雷德·德布林（Alfred Döblin）、利昂·福伊希特万格（Lion Feuchtwänger）、欧登·冯·霍尔瓦特、卡夫卡、罗伯特·穆齐尔、海因里希·曼、托马斯·曼、茨威格、卡尔·马克思（Karl Marx）、西格蒙德·弗洛伊德、阿尔伯特·爱因斯坦（Albert Einstein）——以及众多他们的朋友、文学偶像等在内的作品皆遭到付之一炬的厄运。柏林的普鲁士艺术学院文学分部发来倡议，要求各成员拒绝参加"针对政府的政治活动"，并忠诚地承担起"民族主义文化义务"，韦费尔在倡议书上签了名；文学部共计 27 名成员，有 9 名成员拒绝署名。

韦费尔陷入极度沮丧之中。"从出生到四十多岁，他一直是个幸运的孩子！对他而言，父母、姐妹、财富、持续累积的名声都没有出过任何问题，而现在，一夜之间，犹太人在德国遭受迫害。"阿尔玛写道，"他的书被烧了，不再受到追捧，他是一个矮小、厚脸皮的犹太人，也具备足够的才华可以出人头地。这一刻，我更要支持他。"[52] 阿尔玛决定"永不离开韦费尔，他受到的待遇越差，我就越不可能离开他！你不能将自己十五年的生活一笔勾销，更不用说像他这样的人，对我而言，他如此良善、纯洁且高贵"[53]。

韦费尔于 10 月出版了《穆萨达的四十天》的最终版，讲述受迫害的亚美尼亚少数民族直面恐怖、奋力抵抗的悲惨故事，他们被驱逐、遭屠杀，犯下这一切罪行的是一众狂热的土耳其民族主义者。正如阿尔玛所知，这本书在当时引发了强烈的共鸣，"对于一个犹太人来说，在这个关头写出这样的作品是巨大的成就"。[54] 尽管这本书在 11 月获得了几乎所有人的称赞，但很快它在德国被没收，并因危害公共秩序和安全而被禁。"在所谓人生最美好的岁月里，在不知疲惫地工作后，眼下，我站在自己的废墟上，"韦费尔于 1934 年 2 月给安娜·莫尔去信道，"在德国境内，我的名字已经从书中被剔除了，有些书尚且能活着，毕竟我是一个德语作家，如今被悬吊在真空地带。"[55]

与此同时，安娜传来消息称，"她又恋爱了——与往常一样，与错误的人在一起，一个十足的伪君子。这回是个半跛的、崇尚虚无主义的犹太人，此男一旦得手是绝不会轻易放手的。我只能尽一切可能在各个方面帮助她。不过一介才华平平的诗人埃利亚斯·卡内蒂（Elias Canetti）"。阿尔玛于1933年6月的日记中气急败坏地写道："她总是把自己与那些心灵匮乏的人联系在一起，真是可悲，都是些彻底的智识破坏者……我认为，她大可以离开这座房子，离开家——也可以离开我！" [56] 熟悉的模式重复上演。事后，获得诺贝尔文学奖的埃利亚斯·卡内蒂也以同样的恶言恶语回应了阿尔玛令人难堪的刻薄。甚至在他遇见她之前，就已经对她心生反感。卡内蒂以自己的才华把对阿尔玛的印象付诸笔端，诙谐生动，时有调笑之语——此人的文笔极富戏剧性，喜用夸张的描画，言语间带着残酷。两人头一回见面时，卡内蒂发现"这是一个炽热得快要熔化的老佛爷……一位身材魁梧的女性，似乎肉身从四面八方满溢了出来，脸上挂着倒人胃口的微笑，还有一双明亮的、睁得大大的、呆滞的玻璃眼珠"。并且，"眼前这个醉醺醺的人看起来比她实际年龄老得多"，生命中的"战利品"包围着她，包括马勒的乐谱，科柯施卡为她绘制的肖像——在画中，卡内蒂看到了一个"弑作曲家的女杀手"。还有她的女儿，十六岁的曼侬，"没过一会儿，便蹦蹦跳跳地进来，长着浅棕色头发，装扮成年轻女孩的模样"。[57]

在对霍尔斯坦纳的持续迷恋与对韦费尔的承诺之间举棋不定的阿尔玛再次陷入了混乱。

今天，韦费尔平静了许多，离我更近了。马勒总说："在一个闭合的环里，什么都不能进来。"这只是一道小缝隙，而小小的菲尔齐乌斯神父（Pater Filucius）已经走了进来。他现在坐在外面，我希望永远如此。

她决定从闯入者霍尔斯坦纳身边走开，

我将调动所有的力量与善意，沿着我自己的道路生活，而不是受神职人员的影响过一种贫瘠、屈从的生活。事实上，我尚未平静下来，也许永远也不会平静下来，因为那双炯炯有神的棕色眼睛对我的影响如此之巨。上帝啊！把覆在我眼睛上的眼罩彻底揭掉吧，这样我就可以永远看着我过去的样子，永远。阿门。[58]

但问题并未得到解决，11月27日，她在日记本里书写苦闷：

303

……就一个念头，应该割脉还是从五楼跳下去。我深感不快——前所未有地……我寻求快乐，想要将自己从目前的心境中摆脱出来……为什么这件事对我影响如此之深，我不懂……[59]

平安夜里，阿尔玛审视近来"艰难残酷的非常时期"：

我炽热的爱在爱人的光之腰带面前败下阵来，它断了。在我身体里，泪水早已流成汪洋，无以言语的所在，一条河穿身而过。不可阻挡……我必须学会知足……否则我将失去他，连同我的新支持者。在他紧张的工作生活中，他不需要女人那种歇斯底里的情绪。

终究敌不过情人崇高的目标，这令阿尔玛感到很不自在——几乎是一种宿命，因为不得不承认，这是她极其敬佩的一个目标。"原本这段'伟大'经历的平静被打破了。但那个春天是我一生中最快乐的时光。"[60]

奥地利的政治气氛依旧不稳定。1933 年 3 月，议会解散。多尔富斯建立了一党专政，民族主义者与保守主义分子联手组成的保卫团势力逐渐扩张，构筑起祖国阵线（Fatherland Front）。共产党被禁，国家社会主义党遭解散，其成员被驱逐出境。为达成两国的共同利益，多尔富斯与意大利独裁者贝尼托·墨索里尼结盟。墨索里尼支持日益独裁的政权，并同意确保奥地利的独立，反对任何将奥地利与希特勒的德国合一的企图。然而，这位总理的措施并没有解决奥地利社会深层次的分歧。

阿尔玛经常与曼侬去镇上的咖啡馆坐坐，在那儿翻阅报纸。近来这些消息令阿尔玛对"工人不断煽动内战的做法感到愤怒"。[61]但另一方面，身为保守的天主教徒，阿尔玛对社会民主党犯下的"巨大错误"亦感到不可饶恕。比如她的朋友朱利叶斯·坦德勒，身为社会福利部大臣，却禁止医院悬挂基督受难十字架像，并且只允许牧师人员在可探视时间内进入医院，这极大地挑战了国家内部神职人员的影响力。后来，阿尔玛指责社会民主党在奥地利为纳粹主义铺路："他们解除了农民与牧师之间原本互为依存的关系。没有了教会的束缚，如此一来，他们那该死的脑壳里空空如也，很容易沦为纳粹思想杆菌的猎物。"[62]

1934 年 2 月 12 日，保卫团以调查藏匿武器为由，突袭了位于林茨的社会民主党总部，酝酿已久的冲突爆发为内战。社会民主党领导层发起抵抗号召，下令举行大罢工，并动员了被取缔但仍在秘密活动的保卫同盟。接连几天，暴力武装与巷战不断。

阿尔玛在朋友家听闻要举行总罢工的消息，起身离开，买了蜡烛，冲回家中。"当时电话无法使用，也没有电灯，我们在上瓦特完全孤立无援。"阿尔玛家的常客——司法部长库尔特·冯·舒施尼格致信阿尔玛，敦促她带曼侬过来与他待在一处，阿尔玛拒绝了。"激烈的枪击（我们正好身处射击区）强烈地感染着我的神经，几乎让我兴奋。"[63] 她写道。窗外，一场激战正在上演，已持续了两日。"房子所在的巷子里，人群好似惊涛骇浪上上下下地涌来。工人试图从后方夺过政府的枪。子弹接二连三从工人的房子里射出来，但凡保卫团有一枪射偏，这帮歹徒就尖叫着杀人。"[64] 军队对工人房屋的攻击遭到激烈抵抗；工人之家成了一座座堡垒。

直到 2 月 16 日，秩序才得以恢复。交战双方死亡人数超过三百，另有七百多人受伤。社会民主党领导人不是被捕就是被流放。若干人员被处死，社会民主党派及工会联盟被取缔。总理多尔富斯制定了新的宪法，有效地清除了所有民主党残余。据阿尔玛当时的判断，一连串的事件损害了多尔富斯政府，但真正的受益者是希特勒。"纳粹党——在工人以及这些失势的人中发起了声势浩大的运动，由于对 2 月所发生的事件不满，他们幸福地倒在了纳粹的怀里。"[65]

经历了一系列剧变的阿尔玛与韦费尔于 3 月撤退到了威尼斯。韦费尔"对我很好，很爱我"。如今的阿尔玛"几乎不再有任何欲念了……我必须将这一切踩在脚下。我再也不允许任何男人吞噬我，之后又将我吐掉"。她与霍尔斯坦纳的关系陷入了僵局："霍尔并不需要我，他不需要任何人。他有他自己的想法。对他而言，这一切更接近于我只是在他的生命中得以成长，好似一朵带刺的玫瑰。"[66] 当两人在米兰观看威尔第的《命运之力》（*La Forza del Destino*）时，阿尔玛的情绪得到了抚慰。"我们俩相处得很好，在一起的时光很是愉快，一起享受音乐，虽然他［韦费尔］更喜欢唱歌，而我喜欢纯粹的音乐。"但尚有一点，"在肉体上——我离他很远。这事该这么看——多年来，尽管彼此在身体上非常和谐，但一种差异业已形成，对我而言，此等不同是无法克服的"。[67] 她写得颇为暧昧。

17 岁的女儿曼侬已出落成身材高挑、长发及腰、举止自然优雅的年轻女子，周遭的朋友皆羡慕不已。有一回，布鲁诺·瓦尔特前来做客，旋即"被这位简直不属于尘世的精灵所击中。当时，我们正坐着吃早午餐，我的面前出现了一位天使般的美丽女孩……身旁站着一只鹿"。[68] 在威尼斯，新上任的驻罗马大使，57 岁的安东·林特伦前来拜访，对曼侬一见倾心，爱慕之情溢于言表。这并没有使阿尔玛感到过分不安，曼侬总能巧妙地与这些人保持距离。"她与我一样，对他免疫。"阿尔玛写道。[69]

林特伦野心勃勃，无奈职业生涯过于短暂。1934 年 7 月 25 日，恩格尔伯特·多尔富斯总理在一场失败的政变中被一群奥地利纳粹分子暗杀。身着警察和军队制服的纳粹分子对广播电台、中央政府办公室及联邦总理府发起猛攻。多尔富斯背部中枪身亡。林特伦被认为与纳粹阴谋有重大牵连。当时他已经回到维也纳，在帝国酒店等待担任总理、接管政府的指令。但事与愿违，他于 1935 年被捕受审。政变前夜，林特伦曾邀约阿尔玛到维也纳某著名酒馆喝啤酒，这令阿尔玛处于潜在的不利位置。阿尔玛因此被视为同谋以及潜在从犯，在审判过程中被传唤问询；由于证词"清白无害"，阿尔玛并未被传唤到主审法庭。最终，林特伦因叛国罪被判终身监禁。

原本拒绝履任的库尔特·冯·舒施尼格于五日后正式接任总理一职。据阿尔玛回忆："他曾对我坦言：'我只是一个一流中的二流，而非一流中的一流。'接下来，舒施尼格及其追随者与更为庞大的邻国敌手战斗了五年，可敌人早已将瘟疫传遍。"[70] 舒施尼格始终保持独裁的社团主义国家政权，未有改变。

1934 年 4 月，悲剧降临他们的生活。4 月 6 日，阿尔玛与韦费尔从米兰回来，阿尔玛发现曼侬脸色苍白，但其他方面都尚好。在菲尼斯餐厅就餐时，曼侬显得没什么胃口。当时与他们一起的还有作家恩斯特·洛塔尔（Ernst Lothar），他的女儿八个月前死于小儿麻痹症。当"身材苗条、性情温和"的曼侬来到圣马克广场与他们会合时，阿尔玛注意到洛塔尔眼中浮现出痛苦的阴影，这令她深感不安，似有一股电流的冲击穿过身体。不久，阿尔玛吃惊地发现霍尔斯坦纳送给自己的礼物——一枚贵重的翡翠十字架突然不见了。他们搜遍整个广场、小巷，毫无所获。可怕的恐惧袭上心头，据她回忆："我坐立难安，嗅到一种不详。"[71]

一周后，4 月 13 日这天，曼侬不顾身体不适，与阿尔玛、韦费尔以及她的法国家庭女教师前往车站。阿尔玛与韦费尔将搭乘清晨 5 点的火车前往维也纳，"她挥动纤细、优美的手与我们道别"。"那是我最后一次看她完好健康地站着、走着，笼罩着难以置信的美。"阿尔玛回忆道。当天晚上，阿尔玛以贵宾的身份出席了布鲁诺·瓦尔特执棒的马勒《大地之歌》的演出。隔日，她给曼侬发去电报，得到回复称"胃部不适差不多好了，希望星期四能前往团聚"。但阿尔玛很着急："以她的情况，我们本该带着她一起去维也纳……但她这个人一旦认定了就一定要按着自己的意思办。旅行途中，整整一天，我都在想这件事，真应该带着她一同前往。"[72]

演出结束后，两人与舒施尼格、瓦尔特一起在大饭店用餐。席间接到紧急电话，称曼侬身体不适——"她脑子里有东西"。家庭女教师一直在电话另一端掉眼泪，念叨着"Camphor–Camphor"（樟脑）。[73] 撂下电话的阿尔玛随即预订了返程的机票。当抵达威尼斯时，"我不知道自己是怎么走进那所房子的，我不知道。我们按了门铃，女仆在楼上的窗前高兴得尖叫起来。曼侬抱着我，哭着说：'现在一切都好了，妈妈来了。'"[74]

医生诊断为脊髓灰质炎（poliomyelitis，即小儿麻痹症），并要求立即进行腰椎穿刺。阿尔玛在房间里来回踱步，无法集中精力做任何事情。两日后，曼侬的双腿开始瘫痪。不出几天，病患全身瘫痪。从维也纳赶来的神经学家弗里德曼博士（Dr. Friedmann）给曼侬注射了 21 针镇痛剂，以缓解疾病传播时的剧痛。紧接着，呼吸麻痹开始。韦费尔回忆说："那是死前的彻底死亡，难以置信的恐怖时刻。"[75]在韦费尔、若尔瑙伊的陪同下，安娜冲到威尼斯，令人钦佩地找到了一个氧气装置与气瓶，这救了曼侬的命。与此同时，他们的朋友、艺术品经销商阿道夫·洛伊（Adolph Loewi）一直把自己的摩托艇放在阿尔玛住处，以备不时之需。

众人决定在 5 月的第一周把曼侬送回维也纳，舒施尼格为他们申请了一辆专用汽车——早年供弗朗茨·约瑟夫皇帝使用的铁路救护车，配备有手术室及氧气帐篷。沃尔特·格罗皮乌斯在前往英国演讲的途中听闻女儿病发，但由于当时旅行限制十分严格并且价格昂贵，他不可能立即抵达维也纳，只能与曼侬保持联络，定期写信，鼓励女儿撑下去。最终在 6 月，格罗皮乌斯得以亲眼看到曼侬，共度了一周的时光，他发现她情绪很好。与周遭的人一样，尽管诊断表明不容乐观，但格罗皮乌斯对曼侬最终的康复抱持着坚定的信念。由于当时的政权导向乃至整个大环境对现代主义充满敌意，包豪斯也不例外，格罗皮乌斯在柏林的地位是否稳固也变得愈发不确定。

309

情况趋于稳定，曼侬逐渐恢复了上半身及手臂的运动。被限制在轮椅上的曼侬逐渐挖掘出当演员的才能，打定主意要把表演作为自己的事业。他们的朋友弗朗茨·霍希（Franz Horch）是个戏剧教练，并且常年为马克斯·莱因哈特阅读手稿，于是，他肩负起了指导曼侬表演的工作。霍希邀请了因出演电影

《卡里加里博士的小屋》而一举成名的演员沃纳·克劳斯（Werner Krauss）[此人后来因电影《犹太人苏斯》(*Jud Süss*)而臭名昭著]与曼侬一起排练。曼侬的艺术天赋给克劳斯留下了深刻的印象，"我真的很沮丧，"他对阿尔玛说，"我已经把这段独白读了四遍了，曼侬还是不满意！"[76] 剧作家卡尔·楚克迈尔因自己的戏剧遭纳粹封杀而流亡至萨尔茨堡，他立刻被曼侬迷住了。曼侬与他一样喜欢卡尔·梅（Karl May）的小说——还有蛇。楚克迈尔便将书与蛇作为礼物送予曼侬。

霍尔斯坦纳几乎每天都来探视。在他们的生活中，霍尔斯坦纳始终是平静的存在，若是他无法前往，便会给曼侬寄去写满鼓励与诙谐之语的明信片。就读于戏剧学校的苏西·柯特兹（Susi Kertész）是曼侬最要好的朋友，她请曼侬帮忙为台词润笔。彼时，曼侬的身边还有一个追求者——颇有抱负的年轻政客埃里希·西哈尔（Erich Cylhar）。此人在联邦总理府担任顾问，有望成为社会行政部长的私人秘书。那年年底，埃里希·西哈尔向曼侬求婚。继 2 月的社会民主党清洗事件之后，朱利叶斯·坦德勒曾被囚禁在牢狱中，他从中国寄来书信，鼓励曼侬画画、写作。他称，自己每日都会于维也纳当地时间下午三点这个时刻，在远方思念着她，以示对她的爱。不久，阿尔玛发现美国出版商哈里·谢尔曼（Harry Sherman）的女儿凯瑟琳（Katherine）简直是曼侬的分身——不仅在外貌上惊人地相似，甚至"她的矜持，对待他人的严肃态度，以及她的年龄"，都像是同一个模子刻出来的。阿尔玛邀请凯瑟琳于七、八月住在他们家中，与自己的女儿做伴。到了 8 月，曼侬的恢复状况非常不错，已经可以亲自给父亲写信了："我现在好多了，我的背儿乎可以完全独立支撑起来。生活不再那么乏味了。我已经开始在餐桌上吃饭了，时常有人来拜访我。我跟你提过的那个朋友，跟我在一起四个星期了，是不是很甜？昨天，我第一次在楼下用餐。"[77]

4 月 14 日，身体状态良好的曼侬在观众面前表演了莎士比亚《第十二夜》（*Twelfth Night*）以及席勒《圣女贞德》（*Joan of Arc*）中的独白。韦费尔认为，曼侬的表演"难以形容，是无人可媲美的艺术成就"。[78] 这一刻，甚至连曼侬自己也开始编织起希望，想着有一天能重新坐起来，甚至行走。然而，珀茨尔医生（Dr. Pötzl）给出的专业诊断直言不讳："下肢已完全僵死。经验表明，即使我们遍试所有的现代疗法，任何改善都是虚幻的。"[79] 曼侬再也不能走路了，但她恢复了胳膊和手的功能，这实属安慰。

1935 年 4 月 20 日星期六，复活节，新一轮的恶心与痉挛开始了，这标志着疾病的最后阶段。星期天，曼侬要求见霍尔斯坦纳。霍尔斯坦纳为了就近探望曼侬，一段时间以来一直住在邻近的上奥地利区修道院。他闻讯疾驰而来。医生亦守在边上。复活节后的星期一，"最可怕的事情发生了……我最美丽、最可爱的孩子被带走了，在我们为她的康复奋斗了整整一年之后"。曼侬对阿尔玛留下最后的话语：

311

> "让我安静地死去吧。我不可能康复，也不可能继续表演了，你只是出于同情而尝试说服我。你终有一天会走出来，就像你曾经克服一切阴霾。"说到这儿，似乎是为了纠正自己言语中的某些不恰当，曼侬又添了一句，"世间每一个人都终将克服一切"。[80]

阿尔玛悲痛欲绝。"上帝的旨意让人无法理解。"她哭号着，"任何认识她的人都不会忘记她。我们这些被留下的，简直一贫如洗。"[81] 霍尔斯坦纳帮助安顿后事，"让死后的丑陋变得美丽，确保她像一位女王般被埋葬，仿佛她还活着"。[82] 4 月 24 日，人们聚集在格林津公墓为曼侬送行。葬礼上，霍尔斯坦纳发表悼词："她如一朵灿烂的花儿般盛放。一位纯洁的天使，走过这个世界……她并没有死去，她心安理得地回家了，她的眼里没有痛苦。她的嘴角流露出一种独特的微笑，所有靠近她的人都知晓。"[83]

继去年 10 月关闭柏林办公室后，沃尔特·格罗皮乌斯搬到了伦敦，穷困潦倒。他于 4 月 22 日接到曼侬病重的消息，立即准备启程飞往维也纳。翌日又来了一封电报，宣布了她的死讯。由于亲属中有病患，格罗皮乌斯不能绕开官僚主义的规定在短时间内获得签证，他与妻子伊萨（Isa）在柏林等待签证时，得知葬礼已经举行了。他们回到了伦敦，悲痛欲绝。格罗皮乌斯的传记里写道："这痛深深地扎了根。每当想起曼侬，原本敏锐的细胞仿佛一下子全都惊醒了过来。"[84]

312　　阿尔玛并未出席葬礼。自从父亲去世，那场葬礼成了永久创伤；之后，她既没有参加马勒的葬礼，也未曾在死去的两个孩子的葬礼上现身。阿尔玛不在现场的事实丝毫不妨碍埃利亚斯·卡内蒂用文字描绘出阿尔玛在墓旁的生动形象。日后，这段描述被一再引用，共构了阿尔玛永恒的传奇，她肤浅、沉迷于自我的形象成了抹不去的印记。在形容阿尔玛的泪水时，卡内蒂的想象力可谓自由澎湃，他称，阿尔玛的眼泪"不多，但她很懂得如何哭泣，能让泪珠儿不断汇聚，越来越多，直到泪如泉涌，她能让泪水看上去比实际的要多；况且，那些眼泪是前所未见的，似巨大的珍珠，珍贵的珠宝；看着她，你不能不被那母爱所震撼，心生敬畏"。[85] 当阿尔玛在文人圈中树敌时，他们在笔墨上对她的反击也毫不吝啬。

人们纷纷向曼侬致敬，这个孩子"分明就是个天使，无法在这人间生活"[86]，布鲁诺·瓦尔特写道。"某种不可替代的东西从我的生命中消失了，"卡

尔·楚克迈尔唯有叹息，"今年春天新长出的一草一花一木都不可能不让我想
起穆琪。"[87]对于阿尔玛的闺蜜海伦·贝尔格而言，曼侬"不仅是你的孩子，也
是我的孩子。不过，我们不必为上帝选择她而感到悲伤，因为她现在已经是个
天使了"。[88]海伦的丈夫阿尔班·贝尔格恳请阿尔玛允许自己为曼侬写首安魂
曲——小提琴协奏曲《纪念一位天使》(In Memory of an Angel)[89]。

失去了曼侬的阿尔玛感到荒凉。"我渴望着穆琪"，7月时，她在日记本中
写道：

> 没有她我活不下去。她最贴近我的心，比我所爱过的所有人都要亲近。我
> 唯一能想到的是自己的死。我想去威尼斯——在她那可怜的床上躺下，打
> 开煤气开关。[90]

霍尔斯坦纳安慰了阿尔玛的心绪。他与韦费尔试图让她回到现实生活中
来，"但这都没能让我摆脱对死亡的痴迷"。[91]

> 我已习惯日日夜夜都看到穆琪——她对于我而言意味着某种当下的
> 存在——如此亲密——如此难以忘怀，她就住在我的身体里，与我在一
> 起——我爱她——她是我最最珍视、最特别的那一个，正如霍尔斯坦纳所
> 说，属于我生命里的意义已经消失了。[92]

再也无法忍受继续待在马勒之家的阿尔玛于8月动身前往威尼斯，随行的
有安娜以及艾达·格鲍尔。临了，她打包收拾，离开带给她十一年快乐时光的
房子。"只是如今，这里写满伤痛。刚刚发生过的一切硬生生地立在眼前，我

常常泪流满面，情不自禁。"愤怒不时从悲痛的深渊里爆发而出："上帝是如此可怕——如果他真的存在，多么卑鄙啊！以最纯粹的方式毁灭我的后代！她是我的，一个更好的我，融合了另一半的美好与精华。——然而这个孩子——她知晓我的每一个想法，是的，她期盼着——这么美好的孩子从我身边生生被夺走，我却像一个乞丐般站在这里。"[93]

　　为了转移注意力，阿尔玛与安娜、韦费尔前往意大利旅行，先后抵达罗马与佛罗伦萨。在维亚雷乔（Viareggio），他们与库尔特·冯·舒施尼格住在一起。彼时，担保奥地利能从德国独立出来的贝尼托·墨索里尼一直是舒施尼格重要的盟友。他们一行人因此得到了墨索里尼的照顾，他提供了一辆豪华轿车供他们游览诸多名胜，其中包括贾科莫·普契尼位于托斯卡纳湖畔（Tuscan Lake）的豪宅。[94]

　　9月，回到布赖滕斯泰因的阿尔玛"对周遭一切漠不关心，无论是我的生活还是别人的生活。当死亡用它不合逻辑的无情朝你谄笑时，这一切又何必劳神"？[95]回想起其他几个孩子的死——玛利亚、马丁以及现在的曼侬——阿尔玛只觉生之仓皇。"每当我看见一个孩子，我立即能从他们的容貌上分辨出生命迅速成熟、成长、消逝，以及死亡的临近。当我看到动物死亡，看到植物枯竭，死亡透过它们盯着我。这很可怕。"[96]

　　11月，阿尔玛和韦费尔一起前往纽约。马克斯·莱因哈特斥巨资将韦费尔关于旧约的戏剧——《永恒之路》（The Eternal Road）搬上舞台——当时正在纽约上演，一部让每个人都深感精疲力竭的戏。这次旅行对于阿尔玛而言似曾相识，"仿佛当年我跟随古斯塔夫·马勒开始新的攀登"，而现在她所爱过的一切都被"埋葬了，腐烂了"。[97]直到美国出版了《穆萨达的四十天》一书，阿尔玛才恢复了平静。阿尔玛与韦费尔赢得了纽约当地亚美尼亚社区所有人的尊敬与爱戴。平安夜，他们去了一家亚美尼亚教堂的地下墓穴参加宴会。"我们是一个民族，而弗朗茨·韦费尔给了我们灵魂。"[98] 牧师在布道中如此说道。就在同一天，阿尔玛从报纸上得知老友阿尔班·贝尔格突然逝世的消息，深感震惊。阿尔班·贝尔格年仅五十，死于虫咬引起的血液中毒。"静静地，我独自为阿尔班哭泣，他最后的作品是为我孩子谱写的安魂曲。如今，这曲子也成了他自己的悼歌。"[99]

接连失去亲人、友人的打击，连同这些日子以来孤独的折磨，阿尔玛把所有的痛苦转嫁到韦费尔身上：

我的婚姻早已不再是婚姻……我生活在深切的悲伤中，身边的韦费尔，他激情的独白没完没了。他的观点，他的话，他的，他的，他的……我的自信从来都不是很强，现在完全消失了。唯有他不在时我才能拥有自由……突然，我很想离开他。去我想去的地方，我想住的地方。[100]

1936 年 2 月，阿尔玛与韦费尔返回欧洲。还要再等上些时日，阿尔玛才能重获平静——或者说，唯有直面生活时，她才会重获那巨大的能量场。时至今日，她这么做并非为了享乐或满足，而是为了生存。

292

13. 迁徙 1936—1941

317   1936 年 4 月，曼侬逝世后一年，阿尔玛与韦费尔在洛迦诺（Locarno）待了两个星期。"过去一整年"，韦费尔"饱受恐怖的折磨"[1]，无法正常工作。霍尔斯坦纳在苏黎世与他们会合，三人约托马斯·曼喝茶小聚。托马斯·曼因公开反对德国政府而处于流亡状态，面临失去德国国籍的危险。席间，众人"聊了许多关于希特勒、维也纳以及舒施尼格的话题。我们给后者寄去一张卡片以示问候"。[2] 4 月 22 日，曼侬逝世周年纪念这一天，霍尔斯坦纳为曼侬颂念了一篇弥撒，但这并不能安慰阿尔玛。"全部的痛苦与不理解，与第一天毫无二致。我每时每刻都能感觉到她在我身旁。"[3]

为了构思关于先知耶利米（Prophet Jeremiah）的新小说，韦费尔继续前往巴特伊施尔，终日沉浸于圣经经文、犹太经典及埃及作品中。留在维也纳的阿尔玛参与了马勒逝世 25 周年祭的筹备工作。布鲁诺·瓦尔特组织策划了一系列音乐会。舒施尼格认为这不啻为一个机会，可向世人展示奥地利仍然在颂扬其杰出的犹太文化人物，于是他全力支持相关纪念活动。

318   然而，6 月里发生的一件事令阿尔玛与瓦尔特的融洽关系遭受严峻考验。

瓦尔特某篇关于马勒的专题论文手稿令阿尔玛大为不快。这些说法"极其无情冷漠……只是一大堆既有看法的罗列……马勒因而显得平庸"。最糟糕的是，"这里面根本没有我的存在。它刺伤了我的自尊，毁了今晚"。感到被排挤的阿尔玛暴跳如雷，她对马勒的影响无人知晓。与此同时，她感到庆幸，幸好有马勒写在第十交响曲乐谱上的那些题词，这些手书无疑将马勒对她的情感昭告天下。"想想吧——'为你而活，为你而死——爱喜！'，这些老跟我作对的家伙肯定要心口发堵！"

阿尔玛起而反击，朝"对手们"发动令人担忧的、言过其实的抨击："他们还在憎恨我内心里那个清白、美丽的基督徒。犹太人无法原谅我们比他们更为光明的天然本性……灵魂之黑，毫无同情心。瓦尔特先生与他的朋友们毒害我的青春还不够——还想在我老了的时候拿我当靶子。"[4]这一事件只会加深阿尔玛的绝望感。"我不再爱任何人。我的心已干透。我最多只爱我生命中的一小块角落。与亲近的人一起工作似乎不再是最重要的。他们也不再需要我了。"[5]

1936年，西班牙内战爆发，阿尔玛与韦费尔因各自支持对立的双方而吵得不可开交。"我一次又一次地试图接近韦费尔，毕竟在情感上他与我亲近……[但]这些日子以来，一切都被政治化了，我们很快会成为敌人，在这个世界上难以和平地生活。"[6]她笔露悲戚。频繁的争吵令婚姻岌岌可危。"韦费尔不断地尝试新的论点。他试图说服她，简直愚蠢"，据女儿安娜回忆：

接连几个小时的痛苦喊叫之后，他失去了耐心，冲出房子。空气中的火药味依旧沸腾，此时的阿尔玛则以极其镇定的态度处理着完全不同的事情，对争吵毫不在意。他会回来，依旧心烦意乱，一点也没有松弛下来，紧接着又开始咆哮。精神抖擞、心情愉快的阿尔玛亲切地待他，仿佛她是那个赢得争论的人。这就是她的强项：她从未认真对待过政治分歧，而韦费尔恨不得将自己的鲜血倾洒在政治上。[7]

安娜表面上热情地支持韦费尔的共和党事业，私下里对他表示同情。"他每次都告诉我，他不能再忍受和阿尔玛住在一起了，想要分居……但他没有勇气这么做，每次他都回到她身边。"[8]

孤立无援的阿尔玛将情绪转而朝安娜发泄，指责她的背叛。诚然，这也并非是第一次了。"带头反对我的总是安娜，生下一个150%的犹太人对我而言是一件多么悲伤的事。"[9]她向自己的牧师寻求安慰。"昨日，霍尔［斯坦纳］与我很亲近，他简直就是大天使！此时此刻，热闹欢愉的酒筵并不会带来任何快乐。"[10]在马里昂巴德（Marienbad）水疗中心接受治疗的阿尔玛未能驱散内心的黑暗，阴郁的思绪不断地飘回曼侬身上。"她生得如此美丽、如此纯洁，根本不可能是存于这世上的生灵。"[11]

阿尔玛决意搬离位于上瓦特的"殇宅"。"买下它是一个错误，为此付出了曼侬的生命……在我的生命中，铭刻着或内疚或清白的屋与家：无论在何处，只要有一个所爱的人死去，那里就有内疚……"[12]事实上，面对这所房子的奢华宏伟，韦费尔始终感觉不适，常常逃离到其他地方写作。两人最终决定把它租出去。将一万本书以及五千张乐谱，连同收入的画作与家具一起打包后——"事实上，不过是些永恒的垃圾，日常的包袱而已"[13]——阿尔玛于1937年6月11日举办了最后的派对，从晚上8点一直持续到第二日下午2点。一支乐队为到场的贵族名流演奏维也纳民谣。维也纳城堡剧院的明星，出版商，作曲家与指挥家——包括布鲁诺·瓦尔特与亚历山大·冯·泽姆林斯基，作家，画家，外交官以及政治家悉数到场。据阿尔玛记录，称当日韦费尔跌落池塘，而卡尔·楚克迈尔"为了亲近大自然"在狗窝里就寝。"我们可爱的客人睡在家里的每一张沙发上，直到精神抖擞地回来继续参加庆祝活动。"帝国大使弗朗茨·冯·帕彭"与一位奥地利君主主义领袖交谈。'假使我们活在三百年前,'他说,'我会把希特勒和他的追随者烧死在火刑柱上。既然现在还不能这么做，我们就等着他自焚吧。'"[14]

　　阿尔玛与安娜在柏林待了三日，目睹了这个城市在纳粹统治下的变化。"举国备战，其他国家的人却在喝酒、大吃大喝、颠鸾倒凤、睡觉……睡觉……沉睡着。他国在国防问题方面的投入显然是不够的，也太吝啬了些。"[15]阿尔玛写道。她于7月独自回到布赖滕斯泰因。韦费尔不在的时候，阿尔玛的思绪又飘回科柯施卡身上。对科柯施卡的迷恋已然成为一种习惯，每当感到孤独或疏远韦费尔时，她就用这种方式来考验自己对韦费尔的爱。那日，阿尔玛站在阳台上，"一道令人难以置信的彩虹横跨山谷，越过高山，直飞向无穷无尽"。她把这视为某种征兆。"'奥斯卡，你已经原谅我了。'我咕哝着，张开双臂，被他和他的宽恕所包围……这是我一生中最奇特、最美妙的经历。"[16]但不出几日，她又"决定全心全意地待韦费尔"。[17]尽管夫妇俩时常给对方施加紧张与折磨，但最后，阿尔玛总是选择重返韦费尔身边。

　　1937年巴黎世界博览会上，雕塑家安娜凭一尊令人印象深刻的7英尺高女性造型赢得了一等奖，获得了职业生涯的首个重大成功。她与若尔瑙伊的婚姻终究未能长久，两人于1934年离婚。若尔瑙伊获得7岁女儿（也叫阿尔玛）的唯一监护权。愈发感到未来日子充满变数的阿尔玛选择在11月咨询了一位手相专家。这位专家洞察到阿尔玛"令人印象深刻的艺术天赋"，她的宗教信仰乃至强大的内在力量，以不可思议的准确性预测了阿尔玛将于59岁离开维也纳，与丈夫在异国他乡——可能是另一个大洲——过着平静、和睦的生活。[18]

1937年的圣诞节用一个词形容便是"阴郁可怖"。韦费尔染上支气管炎，他与安娜两人"跟我不对付"，节日只会让阿尔玛想起曼侬。"没有她我无法过节。她总是围绕着我，在这样的日子里，我因痛苦而窒息。"[19] 与霍尔斯坦纳的圣餐和午夜弥撒也不能宽慰丝毫。阿尔玛和韦费尔在威尔第曾经下榻的米兰大饭店的客房度过了新年前夜。之后几乎每个夜晚，阿尔玛都沉浸在斯卡拉剧院的演出中，心绪得以平复。他们又到了卡普里（Capri），入住当地最好的酒店，一个位于角落的、带阳台的房间。韦费尔"重新提笔作诗，这是这么多年来的头一遭"。[20] 他们去那不勒斯看歌剧，漫步，游览罗马废墟，一切重归平静。

晦暗的阴云依然笼罩着。1934年以来，尽管舒施尼格采取了遏制奥地利纳粹的政策，抵制希特勒将奥地利并入德意志帝国的野心，德国的威胁与日俱增，只有少数人觉察到了危险。1934年希特勒上台后不久，移民国外的斯蒂芬·茨威格敦促包括卡尔·楚克迈尔以及韦费尔在内的其他人尽快撤离，但警告并未得到理会。[21] 不久，舒施尼格第一次向希特勒做出让步，这一重要信号再次被错过，并没有在人们心中敲响警钟：1936年7月双方签署的协议中，德国宣称确保奥地利的独立，前提条件是释放被囚禁的七月政变领导人，并确保"国家反对党"的代表——即纳粹支持者加入舒施尼格的内阁。

韦费尔、阿尔玛及大部分圈内同事、好友皆对舒施尼格的能力深信不疑，认定有墨索里尼的支持，奥地利必能保住主权。1936年，随着墨索里尼与希特勒结盟，罗马—柏林轴心国建立，原本意大利对奥地利的承诺与支持随之严重削弱。一直到1938年1月，应希特勒要求，德方威胁称将诉诸武力解决争端。一场危机正在蓄势酝酿，对于奥地利的未来将是灾难性的打击。

2月12日，身处卡普里的阿尔玛与韦费尔收到消息，"蛰伏已久的炸弹终于引爆，韦费尔拿着报纸冲进我的房间。舒施尼格已前往贝希特斯加登（Berchtesgaden）"。[22] 阿尔玛立刻意识到这意味着奥地利的独立即将终结，韦费尔的生命处于危险之中。她"起身开始收拾行李"，[23] 于2月28日启程前往维也纳，她在那里行踪隐秘地逗留了两日——"看看我的维也纳，它正用完全陌生的眼神盯着我"。[24]

事实上，舒施尼格收到了希特勒的最后通牒，一时间，纳粹掀起暴力之战，几座地方城镇伤痕累累：鉴于武力入侵威胁，政府必须立即释放所有纳粹因犯，任命奥地利纳粹分子亚瑟·赛斯-因夸特（Arthur Seyss-Inquart）为内政部长，负责警察及公共秩序，敦促奥地利的政策更紧密地与德国保持一致。针对纳粹党的禁令被解除，纳粹敬礼以及悬挂纳粹旗得以合法化。然而，当阿尔玛联系霍尔斯坦纳时，他"流露出乐观情绪"。在他看来，阿尔玛只是"因为外媒的报道而过于紧张了"。[25] 刚刚获得奥地利国籍的卡尔·楚克迈尔正满怀喜悦地欢庆着，对阿尔玛的预感表示不屑。莫尔夫妇更是雀跃鼓舞：卡尔·莫尔、他的女儿玛利亚及女婿——律师理查德·埃伯斯托勒都已加入纳粹党。

阿尔玛前往国家银行清理账务，把账户上的余额兑换成50先令的纸币，并把这些钱交托给虔诚的修女艾达·格鲍尔。艾达将它们逢进自己的腰带，偷运到瑞士。爱德华·蒙克的画作《海滩的夏夜》（*Summer Night by the Beach*）是格罗皮乌斯在曼侬出生时送给阿尔玛的礼物，自1937年以来，这幅画一直借放于美景宫画廊。阿尔玛请求莫尔帮忙寻找机会出售此画，但画廊无法筹到她想要的一万先令，只得作罢。阿尔玛将这幅画、布赖滕斯泰因的房子以及上瓦特的别墅都留给莫尔照管，两处房产很快便被挂上了纳粹旗。

身在卡普里的韦费尔焦急地等待着，心急如焚。

请立即给我写信；我的忧郁与悲伤还将继续吗，我应该离开卡普里吗？写信告诉我该怎么做……尽快告诉我维也纳的真相……我渴望得到一个答案，这绝非轻描淡写。我的Almerl，我真的不知道我有多爱你。

324 　　没有她在身旁，韦费尔"真切地感觉自己像是一个仅剩一条胳膊和一条腿的人"。[26]阿尔玛与楚克迈尔夫妇、欧登·冯·霍尔瓦特及弗朗茨·西奥多·彻克尔在维也纳一家犹太餐厅度过了她"最后的快乐之夜"。这家昔日很受欢迎的餐厅如今几遭遗弃。德国旅游局门前竖立着一幅希特勒肖像，阿尔玛每日都能看到街上有一群妇女跪着，将成堆的鲜花摆放在肖像前。她在市中心的一家酒吧里遇见了卡尔·楚克迈尔，卡尔已经与文化历史学家埃贡·弗里德尔喝上了。十天后，弗里德尔在家中看见两名军官走进他所住的公寓大楼，心生恐惧，害怕他们是冲自己来的。为了不被逮捕，弗里德尔径直从公寓窗户跳下，自杀身亡。

　　1938年3月13日，意图挽救奥地利命运、夺回控制权的舒施尼格从贝希特斯加登回国后，坚持要举行关于奥地利独立的全民公投。安娜积极为之奔走；阿尔玛看到大街上散布的传单，上面尽是些无可救药的乐观口号，"没有人拾起那些东西；唯有风在玩弄它们，毫不留情"。[27]就在全民公投的前两日，希特勒要求取消公投，并威胁称，如果全民公投继续进行就发动侵略战争。德国军队开始在边境集结，3月11日晚7点15分，舒施尼格请辞，发表全国通告称，"我们正在让位于野蛮的武力……我们已经对我们的武装部队下达了指令，一旦入侵发生，要毫不抵抗地撤退"。[28]共和国总统威廉·米克拉斯（Wilhelm Miklas）应希特勒指示全面投降，并任命亚瑟·赛斯 – 因夸特为总理。

　　阿尔玛收拾了两个箱子，预备离开。"我们所有人都知道——奥地利陷落了。"[29]第二天，3月12日，德国国防军（Wehrmacht）进驻奥地利，沿途受到群众的欢迎，人们雀跃欢呼。当阿尔玛坚持开着一辆没有纳粹标志的车与自己的母亲告别时，人们向她挥舞着拳头。"离开时，我向她保证自己八日后就回来"，但阿尔玛心里明白这是诀别，自己再也不会见到母亲了。[30]在卡普里岛的韦费尔绝望地说："我的心几乎碎了，虽然奥地利不是我的祖国。"[31]安娜拒绝离开，经过反复劝说，才颇为勉强地收拾出一个小行李箱。3月12日，阿尔玛在旅馆的房间与霍尔斯坦纳、安娜彻夜交谈。窗外的天空"飞机密布，嗡嗡地叫嚣，宣告希特勒的到来"。[32]

阿尔玛警告霍尔斯坦纳应销毁对他或可构成政治犯罪的不利文件时，尚未意识到危险的霍尔斯坦纳回答称："为什么要这么做，我不曾做过什么。"[33]当时，很多人都有这样的误解，包括楚克迈尔。楚克迈尔亦不想离开，正如他在回忆录里所写："我并没有'犯'下什么……我从未'犯过任何罪行'，何来定罪之说。然而，正义已经从德国消失，在所谓'秩序与纪律'的掩护下，迫害正在盲目地、野蛮地肆虐着。面对暴君，放弃一切抵抗并不能带来安全感；不与众人为伍也已然是犯罪了。"[34]

阿尔玛于德军入侵那日上午离开，与安娜一起搭乘火车前往米兰。卡尔·莫尔到车站送行，"显得异常有感触，他看着我们，眼里闪烁着忧伤，如小狗般楚楚可怜"。阿尔玛压根不相信这个男人会有真诚，她写道："他始终是宿敌。"[35]为了避开"希特勒不断扩张的领土"，她们不得不多走些弯路。经过边境时，她们遭到搜身，光着身子只穿长筒袜，并被要求出示受洗证明。所有犹太人都被拒之门外。两人在布拉格偶遇韦费尔的妹妹，之后便搭乘拥挤不堪的火车前往布达佩斯。布达佩斯的奥地利领事提前为他们预订了房间，里面摆满玫瑰。恐生事端的领事先行离开，"街上到处都是穿白袜子的年轻人［纳粹支持者]"。[36] 之后，两人取道萨格勒布（Zagreb）的的里雅斯特（Trieste）辗转抵达米兰，在那里与从卡普里岛而来的韦费尔会合。

3月12日，德军入侵当日，仍在维也纳的卡尔·楚克迈尔亲历了一切。"那夜，天崩地裂。地狱之门敞开大嘴，吐出了所有的，包含最低级、最肮脏、最可怕的恶魔……空气中，男人、女人喉咙里发出的尖叫此起彼伏，恐怖、刺耳、歇斯底里的叫声，"他写道，"在我的一生中，我看到过一些不受控的人类本能，或恐惧或恐慌……维也纳爆发了一股充斥着妒忌、猜忌、苦痛、盲目、恶毒的洪流，裹挟着最邪恶的、对复仇的深切欲念。所有体面的本能皆沉默不语……这是女巫的安息日，暴徒的聚会。有助于人类尊严的一切通通被埋葬。"[37] 逮捕与迫害开始了：

> 犹太人，还有贵族……他们被驱赶着穿过街道，被迫将人行道上的竞选口号清洗干净……我看见一个孱弱的老绅士拿着水桶和一把过小的刷子跪在肮脏的路上，一名执勤的警卫正在监工，老人的周围站着一群流氓……人们一个接着一个被带走；之后，有些被带走的人出现在医院里，他们遭到可怕的殴打，甚至致残。其他人则永远消失了。[38]

几个小时后，楚克迈尔、彻克尔、霍尔瓦特以及他们圈子里的大多数人都离开了维也纳。霍尔斯坦纳于3月30日在圣弗洛里安奥古斯丁修道院被两名盖世太保逮捕，罪名是"舒施尼格的狂热支持者"。八周后的1938年5月23日，霍尔斯坦纳被驱逐至达豪集中营（Dachau concentration camp），在那里干了11个月的苦役。舒施尼格即刻被逮捕，单独囚禁于盖世太保总部；之后，他被送往萨克森豪森集中营（Sachsenhausen concentration camp），直到战争结束。维也纳境内的犹太人遭到官兵的野蛮袭击与公开羞辱，这是一场暴行的狂欢。

离开米兰后，阿尔玛与韦费尔待在苏黎世，与韦费尔的妹妹玛丽安娜·莱泽（Marianne Rieser）同住。真是"一段可怕的时光，是我们这些移民从未有过的艰难时刻"，阿尔玛回忆道。"究竟是他们的错还是我们的错，我不得而知！"在那里，"在属于我们自己的家中"，阿尔玛"有生以来头一回了解了移民意味着什么"。[39]韦费尔认为阿尔玛的反犹言论，无疑是"点燃的苦艾酒"，泼在玛丽安娜的"伤口"上。玛丽安娜生性"热情、爱纠结，情绪亢奋饱满"，阿尔玛的言论成了导致兄妹俩决裂的主要原因。[40]

由于苏黎世移民名额未满，在这里，人们依然可以获得美国签证。但韦费尔始终认为留在欧洲才是安全的，欧洲可以抵御德国国防军。他们的朋友弗朗茨·霍希强烈建议韦费尔与楚克迈尔立即申请签证，并安排美国领事面谈。尽管阿尔玛举双手赞成，但韦费尔与楚克迈尔都拒绝了。"一次飞行足矣。我们是欧洲人，我们留在欧洲。"楚克迈尔很是坚持，"在一个人们把番茄酱倒在牛肉上，我们最伟大的语言成就要在英语面前卑躬屈膝的国度里，我们可怎么活，'我甚至不能表达自我。'"[41]

尽管有严格的旅行限制，阿尔玛和韦费尔还是选择前往巴黎。他们用韦费尔的捷克护照获得必要的文书证件，然后搭乘火车前往边境。在那里，阿尔玛称"自从飞离维也纳后，我终于吸进第一口快乐的气息"。[42]两人在巴黎的皇家玛德琳酒店（Royal Madeleine Hotel）住了下来，与此同时，安娜则去了伦敦。不久，他们前往阿姆斯特丹参加威廉·门格尔贝格指挥的马勒第八交响曲音乐会，阿尔玛被奉为贵宾。当阿姆斯特丹阿勒特·德·兰格（Allert de Lange）出版社提出将阿尔玛于1924年弃置的《古斯塔夫·马勒：回忆与书信》付梓

328

时，她高兴极了。

之后，两人前往伦敦陪安娜待了三个星期，这段日子真是难熬。"精神垮了……没有书……没有钢琴……谁也不了解奥地利的命运。难以忍受。"[43] 阿尔玛写道。相比之下，伦敦之行让韦费尔收获颇丰。与阿尔玛不同，他会说一些英语；时常与出版商交谈，参加晚宴，这座城市令他感到有趣。事后，阿尔玛将精神崩溃归因于情感崩溃，她意识到自己已经变成一个侨民，被迫放弃她的过去以及她的安全感，面对一个不确定的未来。

回到巴黎后，阿尔玛将韦费尔安置于巴黎郊区圣日耳曼昂莱（Saint-Germain-en-Laye）的巴维农亨利四世（Pavillon Henri Ⅳ）酒店的一个大房间里，自己则待在小旅馆。6 月 1 日，就在他们回来的那天，发生了一场离奇的悲剧。欧登·冯·霍尔瓦特，阿尔玛最喜欢的年轻作家之一，在香榭丽舍大道被暴风雨中落下的树枝击中，当场毙命。韦费尔和约瑟夫·罗斯（Joseph Roth）、卡尔·楚克迈尔、沃尔特·梅林（Walter Mehring）以及其他流亡者一起参加了葬礼——"在这陌生土地上，毫无希望的人们啊……所有人的脸上都刻着如此多的痛苦，如此多的失魂落魄与支离破碎"。[44]

阿尔玛于 6 月离开巴黎前往法国南部，希望觅得一处适合两人居住的、较安定的住所。马赛附近的滨海萨纳里（Sanary-sur-Mer）自 1933 年起便是作家、画家、作曲家出走德国后的首选避难所。贝尔托·布莱希特（Berthold Brecht）、海因里希·曼、托马斯·曼、利昂与玛尔塔·福伊希特万格（Marta Feuchtwanger）、恩斯特·布洛赫、阿瑟·库斯勒（Arthur Koestler）以及美术史学家朱利斯·迈耶－格拉斐（Julius Meier-Graefe）皆躲避至此。阿尔玛很快找到了一座高耸的撒拉森（Saracen）古塔，俯瞰着海湾。古塔的二楼——"灰磨坊"（Le Moulin Gris）有一个开阔的圆形房间，十二扇窗户在风中咿呀作响。在这里，可以看到壮观的海景。日后，它将成为韦费尔的书房。

忽而，从巴黎传来紧急消息称韦费尔病重。"我觉得脑袋里好像装满了水。由于内部压力，它随时有爆炸的危险。"[45] 他对阿尔玛说。阿尔玛旋即搭乘最近的一班火车前往巴黎。韦费尔曾犯过一次心脏病，身体虚弱，且患有严重的高血压，近几个月来持续的躁动不安极有可能令情况更加糟糕。阿尔玛悲痛欲绝。"弗朗茨现在病得很重。但凡我把目光从他身上移开哪怕一小会儿，眼前的一切似乎就会从心底被一把抹去。我只为他而活，只为他而感受，他是我唯一的挚爱。我日夜守着他。"

血压被强制降低，医生严禁韦费尔吸烟。阿尔玛就睡在他旁边的沙发上，"如此，他便不再害怕……我觉得与他的内在合为一体，即便我们两人是如此截然相反的存在。他死了我也活不下去"。[46]

韦费尔进展缓慢，"他花了很长时间才克服对死亡的恐惧。"[47] 阿尔玛回忆道。四个星期后，他的身体状况恢复得不错，已经有体力搬到滨海萨纳里，并重新开始写作。他告知父母，称他们已经申请了美国的签证，但唯有当"政治需要、迫在眉睫之时"，才会选择移民。[48]59 岁生日那天，阿尔玛心中只有颓丧："我们会怎么样呢？……这一刻，我只弹巴赫，他是唯一一个能把我从思想的牢笼中解放出来的人。"[49]第二天，她感叹道："天上的父啊，没有希望，人是不能这样活着的。"[50]

当希特勒威胁要入侵德语区的苏台德区时，阿尔玛的恐惧与日俱增，这意味着韦费尔的故乡捷克斯洛伐克将面临危机。"世界笼罩着一片灰色，令人恐惧。三个星期以来，我们一直处于战争与和平之间。我们在这里，背井离乡……不会说当地的语言……彻底的陌生，彻底的异化！我经常想家！想维也纳。"更令阿尔玛感到焦虑的是，韦费尔"加入了政治新闻记者"的行列，撰写论战檄文声讨希特勒在德国的行动及一系列事件。"他的确很擅长这项工作，可我宁愿他写诗。"[51]

经过漫长的谈判，英、法、意、德四大国于慕尼黑同意希特勒吞并苏台德地区，听到这个消息的阿尔玛吓坏了：

和平终于露出了苗头——可这是怎样的代价啊！！……这给希特勒带来了新的声望，德国大众如牛蛙一样膨胀。什么时候这个成吉思汗的力量会被削弱，他会在哪里摔折自己的脖子……？当然，他现在一定为自己的伟大而陶醉。[52]

一周后，阿尔玛开始反思整件事：

世界正在经历着重大事件，屏息凝神。一个天才[后被改写成"一个人"]，一个凌驾于所有伟人之上的总舵手。它始于列宁，继而在墨索里尼身上得到延续，但希特勒终结了它。虽然我与别人的命运相互捆绑、不可分离，但我并没有失去公正、客观的看法。我确信他没有对手——现在在他面前的，只不过是用蜡做成的木偶[后被改写为"由污泥团成的"]——或者更加不堪的东西。[53]

如今他们私下里"可以松一口气了，因为暂时不会有战争。我们不知道该去哪里。接连几日背负着可怕的压力，所有人都不曾阖眼。——我们感到脚下的土地被人生生夺走"。[54] 摆在她眼前的命运……只能是与陌生的异族人一起流浪到世界的尽头（即使我失去了我的家，失去了精神上与物质上的财富，失去了我的爱人——我的母亲，我可能再也见不到的母亲），可我什么也做不了，只能带着十分的震惊看着这个披挂着英雄之皮的愚笨家伙，他正踩着胜利的步伐战胜全人类。还有哪里可以去？唯有上帝知道。[55]

整个秋天，"毫无意义的生活"在继续——"当下，我所在的圈子是个犹太共产主义者小团体。可我并不属于他们的世界"。[56]尽管可能在政治上不同意他们的观点，但阿尔玛清楚："当我看到纳粹正在犯下的恶行——能说我属于他们吗？不，从不，决不。"[57]

11月，阿尔玛得知母亲死于肺水肿。心烦意乱的卡尔·莫尔不得不克制自己，以免自杀。"他们为什么不让他去呢。他是绝对正确的。"[58]阿尔玛恶声恶气地说。原以为血缘关系对她而言无足轻重，但现在"它却在耳边大声喊叫"。[59]她打定主意去趟伦敦看望安娜，"那里又冷又湿，我们几乎被冻死了"。[60]韦费尔则前往瑞士参加家庭聚会。80岁的父亲鲁道夫指责他没有早点移民，并拿出 5 000 美元预备帮助他们渡过在美国的难关。尽管已经申请了签证，但韦费尔尚不打算离开。

332

韦费尔到巴黎与阿尔玛会合，两人决定暂且在此过冬。令阿尔玛高兴的是，布鲁克纳第三交响曲的乐谱手稿又找回来了。艾达·格鲍尔将它装在某维也纳音乐评论家妻子的包裹里，偷偷运了出来。显然，那位太太毫无戒备。希特勒是个布鲁克纳迷，听闻手稿曾在上瓦特展出，便想据为己有。他命令理查德·埃伯斯托勒去取，但彼时手稿已被带出国境，回到阿尔玛手中。阿尔玛一度考虑以高价卖予德国人，也确实向对方提过报价，终是未果。

1940 年 1 月，阿尔玛在巴黎的酒店套房重新开设了旅居侨民沙龙，往来其中的有乔治·迪阿梅尔（Georges Duhamel）、前大使克洛泽尔伯爵（Count Clauzel）、作曲家弗朗茨·雷哈尔（Franz Lehár）、导演埃尔温·皮斯卡托（Erwin Piscator）以及布鲁诺·瓦尔特。她与记者玛格丽塔·萨尔法蒂再次重逢——昔日意大利的无冕女王、墨索里尼从前的情妇，如今是"头顶皇冠的流亡乞丐……一如既往的勇敢、机智，饱含辛酸"[61]——一个活泼泼又活生生的存在。

1939 年 3 月 15 日，希特勒入侵捷克斯洛伐克。"又一场地狱般的暴行……布拉格被德国佬占领了！"韦费尔暴跳如雷，他的家人处境危急。阿尔玛事先从一位外交官那里听闻入侵计划，即刻把这个消息告诉了韦费尔的妹妹："伯父将于第二日到达。"但一切都太晚了。所幸他们一家于 4 月份逃了出来，韦费尔的父母选择在法国维希（Vichy）定居。阿尔玛敦促韦费尔尽快离法前往美国。对她而言，生活不仅岌岌可危，且空洞无味。

为什么睡，为什么醒？什么都不重要了……很久以前，我与韦费尔的情爱关系就已经变成了枯燥乏味的婚姻。为什么我要起床，为什么我要梳头，又为谁而穿衣打扮？我们周围有很多人，都变成了他们自己从前的影子。[62]

唯有埋头写作时，阿尔玛心绪才稍稍好些。她开始整理《古斯塔夫·马勒：回忆与书信》。这本书依计划将于 1940 年 5 月发表德文版，并于 1946 年出版英文版。

9月1日，希特勒入侵波兰。英国与法国于9月3日对德国宣战。"不过隔了一日，我们的生活发生了彻底的变化。"[63] 阿尔玛写道。现在他们成了在法的外国敌对分子，当地警察每日都来住所任意盘查，搜查房屋，定期检查有关文件。有一回，韦费尔在黑暗中用手电筒寻找手稿时被警方看到，警方立即以间谍罪向上级报告。另一次，他被带到附近的拉塞纳（La Seyne）受审，以为自己就要吓晕过去。结果证明警察搞错了，但韦费尔早已吓破了胆。为证清白，阿尔玛找来一本刊有韦费尔照片的著名杂志，照片附有描述——"当代最伟大的作家之一"。从此，他们到哪儿都带着这本杂志。

韦费尔的父亲在维希不幸中风，他们在巴黎、土伦（Toulon）两地来回奔波，花费数日以获得必要的文件——一张安全通行证——唯有拿到这张通行证，才能前往维希探视父亲。那日，两人正坐在里昂车站附近的一家餐馆里，一名便衣军官走了过来，命令韦费尔跟他走。阿尔玛"坐在那儿，惊惧不止：当时，人们在街上无缘无故被捕可是家常便饭"。[64] 经过又一轮的文件审查，韦费尔安然无恙地回来了。到了维希，这里"一片荒凉，连灯光都没有"，他们发现鲁道夫·韦费尔躺在床上，已不能清楚地说话。尽管之后鲁道夫又挨过了一年，但当时他们心里总是惴惴不安，担心再也见不到他了。

334

1940年1月，两人回到巴黎，决定多待上一阵时日。韦费尔于圣日耳曼昂莱的酒店埋头创作——一部反映奥地利以及德奥合并悲剧的新小说。与此同时，阿尔玛在皇家玛德琳酒店的一个小套房里继续自己的沙龙生活，老友贝尔塔·祖卡坎德尔（后移民阿尔及利亚）与一众流民齐聚：达律斯·米约、小说家安妮特·科尔布（Annette Kolb）、传记作家埃米尔·路德维希（Emil Ludwig）、奎多·泽纳托（Guido Zernatto），另有几名成功脱逃的德国、奥地利前国务大臣，以及觊觎奥地利王位的奥托·冯·哈布斯堡（Otto von

Habsburg），还有布鲁诺·瓦尔特、弗里茨·冯·翁鲁与弗朗茨·雷哈尔。父母南下前往马赛前，韦费尔设法又去了一趟维希探望二老。回到滨海萨纳里，韦费尔在楼上工作，阿尔玛陷入沉思：

> 时间慢慢流逝……连同这条命。除了等待，什么也做不了。还有那个最臭名昭著的人。希特勒毁了我的余生。身在塔中的生活是全然的孤独，如果不是被逼无奈，人们仿佛可以高唱这生活有多美了。个体的人永远活在牢狱中，一辈子皆然——只是现在比以往更甚。[65]

1940 年 4 月，希特勒的军队占领了丹麦和挪威；5 月进军比利时、荷兰及卢森堡。现在，全德，包括奥地利在内的所有侨民皆必须向当局登记。身边的几位朋友，包括利昂·福伊希特万格、弗雷德里希·沃尔夫（Friedrich Wolf）及沃尔特·哈森克勒费尔（Walter Hasenclever）已经被送往集中营。6 月，哈森克勒费尔服用过量安眠药亲手了结了自己的生命。近来，对于房子的搜查愈发频繁，文件的日常检查亦有所升级。

335　　终于意识到威胁的阿尔玛和韦费尔回到萨纳里收拾行李。两人于 6 月 2 日离开"灰磨坊"，前往马赛。抵达后，两人"疲惫不堪，病痛缠身，眼前看不到一点希望"，[66] 为了获得法国出境文件及美国签证，他们前前后后纠缠了两周。6 月初，希特勒挺进法国版图，几乎未遭遇抵抗。法国政府于 6 月 13 日宣布投降。当法国总理保罗·雷纳尔（Paul Reynard）通过广播发表最后演讲时，阿尔玛、韦费尔与众人站在马赛的酒店里，惶惶欲泪。

　　6 月 14 日，巴黎落入纳粹之手。"现在我们是困在捕鼠器里的老鼠，在洞里寻找出路。但不再有一个出口是有希望的，我们被逮住，无助地。"[67] 阿尔玛写道。6月18日，当听说德国人正在朝阿维尼翁（Avignon）逼近，而法军正在南下时，他们决定朝波尔多（Bordeaux）进发，那里是贝当元帅（Marshal Pétain）主持的维希政府新总部所在地。他们计划从那里前往比亚里茨（Biarritz），之后逃往西班牙。

奥德赛之旅才刚刚开始。他们找到一辆车，司机坚持要先开到阿维尼翁，之后，以蜗牛般的速度在荒凉的乡间道路上前行，前往图卢兹（Toulouse）。途中，"所有的乡村因恐惧而僵死"。[68] 每隔一刻钟的路程就设有路障，由于拐错道，车子一直在兜圈子。天黑后，几个人发现又一次回到纳博讷（Narbonne）。由于没有一家酒店愿意收留他们，最后几人只好睡在一个卫生情况糟糕的前医务室里。第二日，他们加紧赶路前往卡尔卡索纳（Carcassonne）。出于无奈，抵达卡尔卡索纳后，他们不得不将汽车弃置在路障旁（当时，阿尔玛与韦费尔已花销八千法郎）。由于没有火车，一行人在城里被困了两日——"明信片上昔时美丽的风光，现在成了一个肮脏的破洞"。[69]

他们终于跳上开往波尔多的最后一班火车。火车原定于凌晨2点出发，但由于抵达晚点，车上挤满了撤退的法国士兵以及惊恐的难民。晚上6点，他们身陷波尔多的混乱之中。最近一次轰炸毁了一半城镇。站台上堆满了行李箱，人们互相冲撞着拼命朝相反方向逃命。阿尔玛正在瓢泼大雨中等待韦费尔来取行李，一名年轻女子向她走来，称自己能为他们找到过夜的住所，条件是需要支付一大笔钱。阿尔玛出高价（1 000法郎）让女子帮忙安排，结果发现那是一家妓院；在散发着甜蜜气味的房间里，他们匆忙舍弃行李箱以及一些"必要的用来交换所需的餐具"。阿尔玛与韦费尔在一家小酒馆吃了24小时以来的第一顿饭，心怀敌意的顾客"朝我们冷眼相看"。[70]

隔天，他们把行李——衣服、书籍以及所有财物，包括马勒的手稿与布鲁克纳第三交响曲总谱，一一封存，寄放在波尔多的特米努斯酒店（Terminus Hotel）。韦费尔设法弄到一辆出租车带众人前往比亚里茨，后入住于当地一家"可怕的"旅馆。韦费尔自己每天都会去巴约讷（Bayonne），在领事馆门口排队等候数小时，等来等去只是一场空。列队中还有来自布拉格的老友维克多·冯·卡勒（Viktor von Kahler）和他的妻子。传言称，德国人在巴约讷紧追不舍。几人决定一起前往西班牙边境的昂代（Hendaye），据悉，那里的葡萄牙领事可以提供签证。当他们终于抵达昂达伊时，却发现领事早已失去理智，把他保管的所有护照都扔进了海里。

所有的选择都已用尽。德国人正在昂代站登陆的消息不胫而走，韦费尔"倒在床上，抽抽搭搭地哭了起来"。阿尔玛"非常担心……他每时每刻都在死去"。[71] 卡勒找到一辆出租车将大家带到圣-让-德-吕茨（Saint-Jean-de-Luz），之后又换了一辆车前往奥尔泰兹（Orthez）——车在倾盆大雨中赶路，眼前毫无灯光，经历无数次警方检查。由于找不到住宿，他们集体挤在车里睡觉——这一回真是走运，因为当晚德国人占领了奥尔泰兹。到了波城（Pau），他们获悉唯一有旅馆可住的地方是卢尔德（Lourdes），这个被视作圣地的小镇至今未被纳粹占领。

1940 年 6 月 27 日，一行人抵达卢尔德，全身上下既冷又僵，几乎一无所有。他们不得不在途中把手提箱丢弃路旁。当他们被第二家旅馆老板拒之门外时，"我不想这样，眼泪顺着脸颊就落了下来。"阿尔玛回忆道。旅馆老板的妻子可怜他们，"给安排了一个唯有壁橱大小的房间，眼前是堆满臭垃圾的院子"。[72]

他们在卢尔德待了五个星期，仿佛坐牢一般，没有换洗的衣物，等待前往马赛的安全通行证，希望能在马赛取得前往美国的文件与签证。韦费尔给美国的德国文化自由协会（American Guild for German Cultural Freedom）发去电报，恳求协会的帮助。其间，村里磨坊主年仅14岁的女儿伯纳黛特·苏比鲁（Bernadette Soubirous）极大地引发了阿尔玛的兴趣，据称圣母玛利亚曾多次向这位姑娘显灵。阿尔玛每日两次前往玛色比尔（Massabielle），到伯纳黛特见证圣灵所在的山洞里参加早弥撒与晚布道：身处此地，"它对于我们的灵魂有治愈作用。当我离开它时，治愈能力就会减弱。"[73] 阿尔玛写道。有一回，阿尔玛"忽然情绪失控地哭了起来，我盖住了我的脸。不知为何，它确实深深地触动了我"。[74]

众人经常饮用神圣的泉水，希望"运气能帮我们出城"。[75] 两周后，他们搬进了梵蒂冈酒店（Hotel Vatican）的一个较大的房间，里面有两张单人床，两人终于不用再挤在一张小床上了。韦费尔复又提笔写作。他最后一次前往圣灵山洞时曾许下一个诺言：若他与阿尔玛有机会去往美国，他一定写一本书献给曼侬，以纪念圣女伯纳黛特。[76]

8月3日，他们终于拿到了安全通行证，两人与卡勒夫妇一起搭乘火车前往马赛。他们在马赛加纳比耶尔大街上（Canebière）的卢浮与和平酒店（Hotel Louvre et Paix）外，看见六辆闪闪发光的汽车排成一列。虽然这座城市没有被占领，但随处可见嚣张、招摇的德国特工及军官。一直等到德国人离开，阿尔玛与韦费尔才从后门走进酒店。接下来的几个星期"难以忍受"：食物匮乏，出台的新规要求德国难民立即返回德国，无疑令他们时刻处在惶惶不安之中。幸有梵蒂冈酒店的老板，利用自己在波尔多的人脉，找到了装有马勒及布鲁克纳手稿的手提箱，这真是一个令人欣喜的时刻。连同他们丢弃在路边的行李箱也奇迹般地找了回来。

韦费尔每日都要冒着酷热在领事馆排队等候美国签证、过境签证以及法国出境文件。有酒店经理的通风报信，他们成功避开了住在同一家酒店的盖世太保。韦费尔不排队时，他们就去海边，"看海鸥在水上呼啸而过，水面上的雾气在远处隐约散发出气味……幸福的时光，仿佛世界上没有邪恶或可怕的东西在等着我们"。[77] 得益于美国领事亨利·宾汉（Henry Bingham）的干预，玛尔塔和利昂·福伊希特万格从尼姆（Nîmes）附近的集中营获释；首屈一指的自由主义知识分子、作家海因里希·曼因撰写反对"纳粹威胁"的文章而被剥夺公民权；他的妻子奈莉（Nelly）及他的儿子，亦是托马斯·曼的侄子戈洛·曼（Golo Mann）最近才从维希集中营逃了出来。戈洛是韦费尔的铁杆粉丝，熟记他的每一首诗；后来戈洛如此称赞韦费尔，说他"良善、甜美，绝对温厚的好性子，交友能力出众……这个人身上找不出一丝嫉妒"。[78] 玛尔塔与利昂·福伊希特万格，奈莉与戈洛·曼四人加入他们的逃亡之旅。

8月中旬，一位32岁的美国哈佛大学毕业生——古典学家瓦里安·弗莱（Varian Fry）前来拜访。他是美国公民自主成立的紧急救援委员会（Emergency Rescue Committee）的代表。在第一夫人埃莉诺·罗斯福（Eleanor Roosevelt）的支持下，该组织帮助1 000多名受到纳粹威胁的艺术家、音乐家、学者、作家、科学家、知识分子及政治家逃脱险境。每一位难民经由总统制下的政治庇护咨询委员会（Advisory Commission on Political Refugees）挑选而出，并由司法部及国务院批准放行。与韦费尔一起列入名单的还有安德烈·布勒东（André Breton）、马克·夏加尔、马塞尔·杜尚（Marcel Duchamp）、马克斯·恩斯特（Max Ernst）、阿尔弗雷德·德布林、赫塔·葆利（Hertha Pauli）及利昂·福伊希特万格。

在美国国务卿科德尔·赫尔（Cordell Hull）的调停下，阿尔玛和韦费尔终于拿到了美国签证。为了获得前往葡萄牙与西班牙的过境签证，两人在闷热的天气里排了好几个小时的队，韦费尔几度差点昏厥，即便如此，法国的出境签证承诺也没能兑现。与弗莱商讨过后，他们同意选择非法渠道尽快离开这个国家，而非坐等出境签证，毕竟留给他们时间越来越少了。原本搭乘小船前往北非的计划不得不放弃。弗莱预备带着阿尔玛和韦费尔，海因里希和奈莉·曼、戈洛·曼，以及玛尔塔和利昂·福伊希特万格从赛贝尔（Cerbère）乘火车穿越西班牙边境，踏上一段危险的旅程。

340

9月12日凌晨五点，韦费尔在酒店壁炉焚烧反纳粹论文之后，他们到火车站与瓦里安·弗莱及其同事迪克·鲍尔（Dick Ball）会合。阿尔玛身后拖着12件行李。利昂与玛尔塔临时改变主意选择留下来，因为他们发现，根据新的海关条例，无国籍人士被禁止越境。已经被剥夺德国国籍的利昂不想因为自己危及其他成员的出逃机会。弗莱向利昂与玛尔塔保证，事后会另外安排他们逃离。

新的一段旅程开始了，恐怕比先前还要艰苦些。一行人途经佩尔皮尼昂（Perpignan），于夜晚抵达赛贝尔。然而，海关官员拒绝他们在没有出境签证的情况下继续前往西班牙。他们找到一处诡异的废弃旅店，一直待到第二日早上，先前的说法并没有丝毫改变：持有美国签证不足以放行。此外，新规逼迫海关官员立即拘留每一名难民。他们唯一的选择是徒步翻过高山。有出境签证的弗莱负责将他们的17件行李带上火车越过边境，而鲍尔则负责带领众人走山路越境。

大家冒着酷热出发，踏上穿越比利牛斯山（Pyrenees）的危险路线。当时阿尔玛已61岁高龄，海因里希·曼则将近70岁，身体虚弱；而韦费尔患有严重的心脏病。当韦费尔发现计划出行的那一天是13号星期五，当即就慌了，坚持要等上一天再走，幸而有阿尔玛让他平静了下来。"那些都是胡扯。"她说，他听后陷入沉默。[79] 卡尔·楚克迈尔后来认为，"若没有她，弗朗茨恐怕会一直躺在那里，那将是他的末日"。[80] 当时阿尔玛的表现"惊人地出色"，[81] 据戈洛·曼的回忆称，"她总是走在我们前面"。[82] 他们悄悄地离开村子，鲍尔拐上一上坡路，径直走上陡峭上升的石道，很快便消失了。"我们爬上陡峭且容易打滑的山路，四周都是悬崖峭壁。即便是善走山路的山羊都几乎无法在玻璃般的石板上站稳脚跟。如果你脚下打滑踩空，就只能靠荆棘支撑了。"[83] 阿尔玛回忆道。攀爬了两个小时后，鲍尔才离开，返回去接应曼一家。

341

独自站在 700 米高的伦皮萨（Rumpissa）山顶，他们看见远方的西班牙边防哨所。白色石头垒成的小屋，在耀眼的阳光下闪闪发光。两人决定不等其他人，因为独自尝试过境似乎更不招摇、更明智些。"我们吃力地翻下山，战战兢兢地敲了敲门，开门的是一个面无表情的士兵。"尽管阿尔玛给士兵塞了一包香烟，但这个白痴还是把他们扭送回了法国边防所。在那里，他们被带到一个军官面前。"我穿着最旧的凉鞋，身后拖着一个袋子，里面装着剩下的钱［这场逃亡大迁徙已耗费了将近十万法郎］，以及我的珠宝和布鲁克纳第三交响曲的乐谱手稿。我们看上去一定相当可笑，怕是要比《卡门》里的走私者还要狼狈。由于在烈日下长时间徒步，我们感到痛苦不堪。"那位长官忽然心中生出好意，挥了挥手示意让他们通过。"浑身大汗淋漓、疲惫不堪的我们折回原来的路线，翻过把法国和西班牙隔开的铁链，继续往下走。"[84]

阿尔玛在途中发现半个马蹄铁，把它视作幸运符收了起来。波尔沃（Port Bou）的海关哨所里看不到官兵，搬运工给他们带来了葡萄酒。这些反法西斯的加泰罗尼亚人痛骂墨索里尼拿走了属于他们的粮食与肥肉，并且怒斥弗朗哥将军（General Franco）。得到慷慨的小费后，这些加泰罗尼亚人愈发乐于助人了。与阿尔玛、韦费尔同行的曼夫妇赶了上来，所有人在护照检查处坐着，等

342

待查验证件，惊惧写在脸上，"好似长凳上可怜的罪人"。奈莉·曼几乎是将老海因里希半抬着翻过荆棘丛生的山腰；她脚上的袜子被撕成碎片，挂在淌血的小腿上。

漫长的等待之后，护照被盖章归还。他们来到镇上的一家酒店，那房子因内战被子弹打得千疮百孔，如同这整个国家，"像一个流血的伤口"。[85] 在渐浓的暮色中，他们找到了瓦里安·弗莱，他已经把行李成功运过了边境。凌晨4点，他们登上了前往巴塞罗那的火车。"这座城被战争摧毁了，荒凉、饥饿、贫困，但它曾经一定很美。"阿尔玛回忆道，"我们坐在一家咖啡馆外面，可怜的孩子们舔着我们盘子里剩下的冰淇淋……一切都是破败而荒凉的。"[86]

两日后，他们坐上了前往马德里的拥挤的夜车，随后于9月18日飞往里斯本。长达六个月的艰苦岁月，阿尔玛表现出非凡的冷静、坚忍与智慧，其间毫无令人衰弱的内省与踌躇。他们在里斯本这"自由的土地上迈出的第一步令人难忘"——"天国才有的宁静"。[87] 在埃斯托里尔（Estoril）的意大利大饭店（Grand Hotel d'Italia）住了两星期后，他们同海因里希、奈莉及戈洛·曼一起登上了一艘价格昂贵却又拥挤不堪的希腊船"尼亚·赫拉斯号"（Nea Hellas）——希腊参战前最后一艘定期开往纽约的船只。旅途中，他们大部分时间都待在船舱里。

1940年10月13日，他们终于看到了自由女神像。"如今，美国展现在眼前，一个新大陆。我希望它能对我友好一些。"[88] 韦费尔在给父母的信中写道。他们抵达纽约的场面"一如既往的恢宏盛大。一大群朋友在码头等着我们：所有的人都在落泪，我们也是……我们终于踏上了真正自由的土地"，[89] 阿尔玛回忆道。亲朋好友和记者纷纷涌向码头，欢迎新来的流亡者。

阿尔玛与韦费尔于中央公园的圣莫里茨酒店（St Moritz Hotel）的一间套

房住下。那年秋天，他们的社交生活围绕着支持他们的维也纳老友，其中难免有叫人深感悲戚的缺席。利昂与玛尔塔·福伊希特万格，卡尔·楚克迈尔夫妻，安东·库恩、弗朗茨·布莱、阿尔弗雷德·德布林、赫尔曼·布洛赫、理查德·库登诺韦－卡莱吉伯爵（Count Richard Coudenove-Kalergi）以及奥托·冯·哈布斯堡皆逃过了纳粹的追杀。如今，他们都流亡到陌生之地。

阿尔玛与韦费尔在纽约一直待到了 1940 年的圣诞节。"那地方有点太忙了，但在那里度过的时光美好而充实。许多的爱，许多的欢乐，丰富多样的活动。" [90] 阿尔玛写道。韦费尔在筹款晚宴上发表演讲，平日里撰写论文和文章。《我们的道路仍在继续》（Unser Weg geht weiter）一文是对犹太人发出的充满激情的警告：第二次世界大战是以色列史上"最伟大、最危险的时刻"。敌人的目标是"在这个星球上彻底消灭犹太人的灵魂"。他们必须动员民主国家的势力去拯救犹太人，因为随着以色列的崩溃，基督教将被摧毁，所有文明都将堕落回野蛮状态。[91]

韦费尔的小说《盗用天堂》（Embezzled Heaven）美国版由维京出版社发行，立即成为畅销书。作为"每月读书会俱乐部"（Month Club）的精选书，《盗用天堂》在第一周就售出 15 万册。"我们在这里过得极好，尽管是拿着一颗坏良心为我们的幸福买单。"他在给父母的信中忏悔道，"我最新出版的书……相当成功。到目前为止，这一好运使我们摆脱了一切烦恼。" [92] 受困于贝尔热拉克（Bergerac）的父母始终让韦费尔悬心。尽管想尽了办法，也没能把他们接出来，韦费尔只好定期给二老寄去食物包裹。韦费尔的两个姐妹都随各自的丈夫成功出逃——玛丽安娜逃到了纽约，汉娜（Hanna）去了伦敦。

1940 年 12 月 29 日，阿尔玛与韦费尔从纽约搬到洛杉矶。曼侬生病期间，一直陪伴在侧的古董商阿道夫·洛伊及其妻子为他们找到一处配有精美家具的"小巧且温馨的房子"[93]，位于好莱坞山 93 号，好莱坞圆形剧场（Hollywood Bowl）上方。

1941 年新年，阿尔玛与韦费尔开始以侨民的身份定居下来，眼前是极不确定的未来。那一年，阿尔玛 62 岁。他们如此幸运，毫发无损地从危险的、被战争蹂躏的欧洲走了出来，开始了全新的生活。韦费尔开始努力履行自己对过去的承诺，完成了《伯纳黛特之歌》(*The Song of Bernadette*)。这部小说确立了韦费尔在美国的声名，亦稳固了他们在美国的未来。

14. 流亡 1941—1946

345　　历经两年的颠沛流离，1941 年 1 月初，韦费尔开始提笔创作新小说，这让阿尔玛松了口气："感谢上帝！他又能全神贯注地进行创作，真是个奇迹。"[1]于新家安顿后，阿尔玛旋即开始续写自己在西海岸的社交传奇，这里聚集了大量的欧洲移民，亦是阿尔玛社交圈成员的核心所在。海因里希·曼、奈莉与戈洛·曼带来了托马斯·曼及妻子卡蒂亚（Katia）；此外，阿诺德·勋伯格、阿尔弗雷德·德布林与埃里希·沃尔夫冈·科恩戈尔德（Erich Wolfgang Korngold）等人皆是韦费尔家的常客。

　　由于小说《盗用天堂》的成功，今时今日的韦费尔已有了稳固的财务基础。然而，他对父母说："我认为自己并配不上这样的'功成名就'，这一切并非我应得的；其他大多数人的状况都很糟糕，不得不为生计而努力奋斗，几乎毫无希望。"[2]"移民"造成了极大的损失，在阿尔玛口中，它无异于"一场病痛"。只有极少数人的生活水平高于最低生存标准。20 世纪 30 年代柏林极具开创性的戏剧导演马克斯·莱因哈特正在苦苦挣扎。"他已经老了，但看起来依然很漂亮。已经被边缘化的老人伤心但并不痛苦，一个坚不可摧的天才。"[3]

阿尔玛写道。她前往奥托·克伦佩勒（Otto Klemperer）家中拜访，"一段令人不快的记忆，我感到一颗破碎的心灵住在那里，在那里工作……四面的墙隐隐啜泣"。[4]

相比之下，阿尔玛的生活轻松愉悦许多，"我们在此安居，看着蓝色花儿日复一日地绽放，赞美主"。[5]这栋房子位于洛斯提洛斯路（Los Tilos Road）6900 号，周围环绕着散发着橙花与夹竹桃香气的花园。以阿尔玛的标准，它并不大，但也算合适。前门直通客厅，阿尔玛在那里放了一架三角钢琴；沿着狭窄的、被称为"鸡梯"的楼道往下，便是韦费尔的书房与卧室。古董商阿道夫·洛伊为他们寻来一位管家——奥古斯特·赫斯（August Hess）。赫斯开着辆奥兹莫比尔牌（Oldsmobile）汽车，兼任一家人的司机，同时还是韦费尔的贴身男仆与阿尔玛的酒友。一个"瘦小、中等身材的中年男子，一头灰金色的卷发，一双水汪汪的眼睛，活脱脱一个快乐的酒鬼"，[6]据同时代人的描述，此人生于海德堡（Heidelberg），曾在一家省级剧团担任歌剧男高音，直到剧团在美国巡演时破产，才被迫离开。

1941 年 5 月，韦费尔完成了《伯纳黛特之歌》的初稿，一家人如"过节般"欢腾庆贺。在接下来的草稿修订过程中，韦费尔聘请了 40 岁的阿尔布雷希特·约瑟夫担任秘书。约瑟夫曾是一名戏剧导演和编剧，1933 年因犹太人身份被迫离开德国前往维也纳，在维也纳遇见了阿尔玛。1938 年，阿尔布雷希特·约瑟夫不得已再次踏上逃亡之旅。约瑟夫每天开着他的老帕卡德（Packard）汽车，有时会在外面驻足聆听阿尔玛弹奏钢琴，"她的巴赫弹得极为出色，充满情感与能量。当她最终停了下来，我不得不按门铃时，心里总是感到非常抱歉"。[7]他与韦费尔在楼下的书房里工作——一间粉刷过的小房间，里面粗简地摆放着一张窄床、衣柜、书桌及两把椅子。一天结束时，阿尔玛会邀

347 请约瑟夫喝上一杯。"别像犹太人那样，来，坐下来，喝一小杯杜松子酒！"她总是这么对他说。[8]通常，说这话的当口，阿尔玛自己早已将一大瓶最爱的本笃甜酒吞下肚。

约瑟夫细心观察着雇主们。约瑟夫很钦佩"圆乎乎的"韦费尔，"大大的脑袋、漂亮的前额以及明亮的蓝眼睛……深刻敏锐的洞察力，观察细致入微"，他"说起话来很是好听，几乎像个演员……一种有力的、年轻人的嗓音"。[9]而阿尔玛"可能是最接近完美的理想伴侣……她可以给他想要的一切，他想要的，从来无须用语言表达出来"。约瑟夫坚信，尽管阿尔玛确乎时常"显得强硬，甚至冷酷无情，但韦费尔之所以能成为小说家，无疑要归功于她的影响"。[10]她喜欢争论，在谈话中真刀真枪地互斗，"无论正当不正当，只要它可以拿来用作攻击的武器"。韦费尔会礼貌地回应，或者假装认同，"以摆脱尴尬不适的处境"。[11]有一回，从欧洲传来一些特别糟糕的消息，阿尔玛表示，"这绝无可能，因为——作为同盟国的美国尚未参战——美国是软弱、堕落的，而德国人，包括希特勒在内都是超人"。韦费尔反驳了她的观点。经过十分钟毫无意义的争论后，"韦费尔拍了拍我的肩膀说：'我们下楼工作吧。'"行至楼梯间，他定住了，转向约瑟夫，"带着一种真正的悲哀，说：'跟这样一个女人可怎么办呢？'他摇了摇头：'你只需要记住她是一个上了年纪的女人。'"[12]安娜回忆起韦费尔曾说过的话："我不知道亲爱的阿尔玛是我最大的快乐还是最大的灾难。"[13]

很快，欧洲传来了新的消息。1941 年 4 月，阿尔玛听闻霍尔斯坦纳的命运，深感震惊。他并未如传闻所说加入纳粹党，从达豪集中营释放后不久，他所在的修道院——圣弗洛里安奥古斯丁修道院被关闭。1941 年 5 月 5 日，霍

348 尔斯坦纳辞去牧师职务，与一名叫阿尔穆特·舍宁（Almut Schöningh）的女人

生活在一起，两人于同年9月结婚。

在阿尔玛看来，离开教会是对使命与理想不可原谅的背叛。昔日，正是使命与理想牵引着她走向自己心目中的这位牧师。霍尔斯坦纳在阿尔玛眼中立刻缩小为一个"曾经对我有影响的人"，但由于此人"大大背叛了"对他们两人而言至为神圣的一切，于是，一切都归了零。那堵似乎无法逾越的"信仰之墙"轰然倒地。权力的光环被褫夺，他只剩下朴素的生活日常，她的牧师也成了"一个无趣的公民，与凡夫俗子没什么区别"。更糟糕的是，霍尔斯坦纳的背叛令"我内心深处"开始质疑天主教信仰；她开始思考："或许这个上帝从来就没有存在过，一切都是为了逃脱现实生活而做出的幻象！"如此一想，她便"永远也无法原谅他"。[14]

7月传来了韦费尔的父亲鲁道夫·韦费尔去世的消息，享年82岁。在此之前，他一直待在马赛，由瓦里安·弗莱负责照看，等待前往美国的签证。韦费尔的母亲阿尔比娜顺利逃脱，于9月抵美。韦费尔与阿尔玛前往纽约接母亲下船。他们在圣莫里茨酒店的套房内住了4个月。韦费尔为母亲安排了一间公寓，阿尔玛则沉浸于城市的音乐和文化中。"那时，我就像现在这样身在天堂。自然与音乐——其他一切都毫无价值……一有机会，我就去剧院听音乐。"[15] 她写道。

回到加州，阿尔玛结交了些新朋友，大多数来自讲德语的侨民聚集区。她最亲密的朋友之一是年轻作家弗雷德里希·托尔伯格（Friedrich Torberg）。他算是韦费尔昔日在维也纳赫伦多夫咖啡馆混迹时有过几面之缘的旧相识。后来他们又在飞行途中，于葡萄牙的埃斯托里尔有过短暂的交集。阿尔玛只是略微施了些魔法，托尔伯格对她的赞赏近乎偶像崇拜。因为她，"他才不致崩溃，不致彻底垮掉"；她对他既夸赞又斥责，照托尔伯格自己的说法，常会说一些

"唯有你才能对我说的话"。[16] 面对消失了的维也纳文化生活,托尔伯格与韦费尔常有感慨,那是一种彼此相知相熟的怀旧情愫。两人计划合作写一部电影剧本,但一直未有进展。阿尔玛和韦费尔总是游说将托尔伯格的作品出版。[17]

到了年底,阿尔玛对家里的经济状况愈发担忧。韦费尔的小说《伯纳黛特之歌》一直等到1942年5月才得以出版。此书并未入选每月读书会,俱乐部"忧惧其中的天主教信仰话题过于敏感……这完全是一种误解,他只想展示信仰的力量与效力,无论是哪一种信仰",[18] 阿尔玛愤愤然。此外,没有哪一家电影制片厂对作品表示出任何兴趣。自1941年12月7日日本轰炸珍珠港后,美国参战,德国与奥地利作家作品的需求量也随之急剧下滑。一夜间,他们成了这个爱国主义盛行的国家的敌人。"一切都出了问题,"阿尔玛抱怨道,"我们选择过着极为舒适体面的生活……几乎没有钱……没有资产。"[19]

尽管如此,她承认,他们还是比大多数挣扎中的同胞活得更好。去年秋天,流亡巴西的茨威格精神崩溃。1942年2月,茨威格与妻子双双自尽。韦费尔大为震动,自己也胆战心惊起来。他在洛杉矶犹太教堂举行的茨威格的追悼会上说了这样的话:"那些被驱逐出自己语言世界的诗人与作家的悲剧,自会有后世之人加以评判,亚哈随鲁王(译注:亚哈随鲁,Ahasuerus,基督教《圣经》中的波斯国王,意指有能力的人,王者)般的人物啊,宛如乞丐,在一个陌生的语法和文化的门槛前畏缩。"[20] 另一头,德国媒体正在庆祝茨威格之死,好似庆贺"一艘英国巡洋舰的沉没"。[21]

挨到3月,《伯纳黛特之歌》终于被每月读书会俱乐部选中,阿尔玛的担忧总算解除了。维京出版社在1942年5月11日发行第一版印刷了20万册。三周后,这本书在畅销书排行榜上位列第四,维京出版社又加印了10万册。同年7

月，这本书击败了约翰·斯坦贝克（John Steinbeck）登上榜首并停留了数月。采访、推文、媒体见面会的请求铺天盖地而来。截止到 7 月，这本书已经售出 40 万册；最终成为美国出版史上最畅销的书之一。当时，二十世纪福克斯电影公司出人意料地以 12.5 万美元的价格买下了这部小说的电影版权。

由于小说事关一位天主教圣徒，"韦费尔改信天主教"的流言四起。"我斗胆唱起了圣女伯纳黛特之歌，虽然我不是天主教徒，但我是犹太人。"韦费尔解释道，他的目的"从来都是为了宣扬人类神圣的奥秘与神性，这在我的写作中无处不在"。[22] 属灵世界的神圣奥秘并不局限于任何一个特定教会的追随者，尽管他相信天主教信仰是"最纯粹的力量与情感，它是上帝送给人间大地的礼物，以对抗唯物主义与无神论的邪恶"。而他坚称，从出生的那一刻起，直到今时今日，自己仍是一个犹太人。尤其在这个关头，他不会否认自己属于"一个不幸的、受到残酷迫害的少数群体"，也不会加入一个在迫害犹太人活动中发挥积极作用的天主教会——永远不要否认所犯下的一切。[23] 即便如此，还是有人希望他改信天主教。在圣巴巴拉的圣方济会修道院，韦费尔经常就宗教问题向西里尔·费希尔神父（Father Cyrill Fischer）请教。费希尔坚信韦费尔的皈依是他的责任，并试图说服阿尔玛加入他的使命："也许你应该做那个指引他通往基督之子的天使。圣伯纳黛特会指引你完成这项任务的。"[24] 当时的阿尔玛在多大程度上接受了这一使命如今已不得而知。

351

两人于 6 月前往纽约，接受为期一周的采访，并参加相关宣传活动。然而，这趟纽约之行因阿尔玛与韦费尔家庭成员的不睦而尽毁。阿尔玛对韦费尔的母亲阿尔比娜愈发反感——"那可怜的小羔羊……竟是个毫无主意的。她的脸丑得出奇，布满褶子"[25]——更主要的压力来自韦费尔的妹妹玛丽安娜·莱泽。玛丽安娜不断指责韦费尔没有利用影响力让她的戏剧《尤金尼娅》

（*Eugenia*）登上百老汇舞台；而妹夫费迪南德（Ferdinand）也不是个省油的灯，他向来厌恶阿尔玛，轻蔑地称她作"死马勒"（Die Mahler），令韦费尔大为光火。"那家伙简直瞎扯个没完，哇哇叫嚷，只知八卦闲聊，真是闻所未闻。"阿尔玛写道，并嘲讽地把她的小姑子说成是"一只骄傲的孔雀，如此笃定地相信自己是天才，其实非也"，她"嫉妒任何人，在她看来，但凡比她好过的人，都要拿来乱吃一通飞醋"。[26]

1942 年 8 月 31 日，阿尔玛忐忑不安地迎来了 63 岁的生日。"又一个污浊的生日，离死亡更近一步。为什么搞出这么多麻烦？…… 快乐变得愈发平淡……之后，贫瘠和混乱就会滋长。"[27] 她决定搬到贝弗利山庄（Beverly Hills）的一套小房子里住，这房子是阿尔玛与其他潜在买家进行激烈竞价后好不容易拿下的：位于北贝德福德街（North Bedford Drive）610 号，近圣莫尼卡大道（Santa Monica Boulevard），一座带有大花园的"迷人"别墅。建筑原是为澳大利亚女演员梅·罗布森（May Robson）而建，照阿尔布雷希特·约瑟夫颇为尖酸的话形容，便是"那种典型的中上阶层的庸俗房子，外表看起来可爱，里面光线昏暗，装修品位糟糕透顶"。[28] 韦费尔一开始抱怨自己的空间过于局促，但终是搬了进来。阿尔玛在屋内给自己配备了一架全新的斯坦威钢琴，另送给韦费尔一台极好的新收音机。"一切都很恰切，适合我们，且只适合我们两个人。"[29] 阿尔玛心满意足地写道。陈年旧事仍会时不时地打破她的平静。随着生活的改变，失去曼侬的悲伤渐渐愈合，但阿尔玛依旧脆弱。当他们的暹罗小猫突然被杀时，那小东西"再一次将我从里到外地撕裂，悲恸与伤口……眼之所见皆是我垂死的孩子……噩梦重被点燃"。[30]

阿尔玛细加挑选，将自己在贝弗利山庄的"核心社交圈"[31] 缩减为 31 人，包括：隔壁邻居布鲁诺·瓦尔特及其女儿洛蒂（Lotte），埃里希·科恩戈尔德及妻子，阿尔弗雷德·德布林，演员恩斯特·多伊奇及其妻子阿努什卡（Anushka），"心思敏感且温文尔雅"的作家布鲁诺·法兰克（Bruno Frank），以及利昂和马尔塔·福伊希特万格。阿诺德·勋伯格亦住在附近，自从1933年逃离欧洲以来，他始终与阿尔玛保持联络，带着他"亲爱的、有天分的、美丽的、过于紧张的、总是自我牺牲的"[32]第二任妻子格特鲁德（Gertrud）前来拜访。新近结识的德国友人古斯塔夫·欧·阿尔特（Gustave O. Arlt）令阿尔玛尤为感到亲近，此人是德国文学及语言领域的教授，于加州大学洛杉矶分校任德语系主任。他与他的妻子古斯蒂（Gusti）"比贝尔格夫妇更像是我的兄弟姐妹"。[33]托马斯·曼在极其简洁的日记中，记录了他们时常相伴度过的夜晚。1942年10月，他写道："丰盛的一餐，加州勃艮第气泡酒，本笃甜酒配咖啡。"[34]曾经有人问托马斯·曼何以能容忍阿尔玛，毕竟"阿尔玛所代表的那种德国人早已成为托马斯·曼眼中的禁忌"，曼听罢，"先是陷入长达数分钟的困惑……之后，微笑着说：'因为她请我吃山鹑，很好吃，我很喜欢。'"阿尔布雷希特·约瑟夫在日记中如此记道。他甚至承认："大体上，阿尔玛身上有某种维也纳女性特有的温柔，即便是在她显得最可怖的时刻，也叫人很难真正讨厌她。"[35]

　　圈子以外，阿尔玛所到之处常常引发热议，她总能翻搅起他人心中异常复杂的，且往往是极为强烈的反应。1941，为韦费尔的诗歌谱曲的作曲家兼音乐学家迪卡·纽林（Dika Newlin）在一次演出中结识了阿尔玛。她惊讶地发现阿尔玛"相当丰满，一头卷曲的长发闪着金光，如此造型似乎很大程度上需借助美容院之手……当她第一次走进音乐厅坐在我身边时，我心里犯嘀咕：'为什么这人看起来像个过气的富丽秀女王！'可是与她交谈了几分钟后，这种印象完全改变了；她是一个迷人的人"。[36]当然，并非每个人都这么慷慨；总有些人要嘲笑阿尔玛。作家克莱尔·戈尔（Claire Goll）把她比作"膨胀的日耳曼尼亚（Germania）……为了弥补日渐衰老的美丽，戴着一顶饰有鸵鸟羽毛的巨大帽子。真不知她是在假扮一匹拖灵柩的丧葬马还是一个新的阿达尼昂夫人。除此之外，她还被涂上了颜料，揩了粉，喷上香水，总是一副醉醺醺的模样。这位浮肿的女武神喝起东西来像极了一条鱼"。[37]

　　因公开反对纳粹而成为政治难民的女演员玛琳娜·黛德丽（Marlene Dietrich）曾是阿尔玛的粉丝，与丈夫鲁道夫·西贝尔（Rudolf Sieber）一起加入了阿尔玛的圈子。流亡的无国籍德裔作家、《西线无战事》(*All Quiet on the Western Front*)的作者埃里希·玛利亚·雷马克（Erich Maria Remarque）曾是黛德丽的情人，后来成了阿尔玛的伙伴与酒友。阿尔玛认为他"煞是好看，又高又瘦（年轻时曾是一名赛车手），他的表情总是那么富有表现力，喜欢挑起又黑又浓密的左眉，这令他的微笑或大笑添了些鬼魅。话不多，但总有优美的手势"。[38] 阿尔玛向卡尔·楚克迈尔坦言："他是继曼、路德维希和福伊希特万格后，又一个极大的安慰，一个多么好的人啊。"[39] 1942 年 8 月 12 日，他们在演员奥斯卡·霍穆尔卡（Oskar Homolka）的家中遇见雷马克，"我们一起喝酒聊天，仿佛已经认识许久，无需多言便能理解彼此。第二瓶伏特加下肚后，我们不再使用敬语，他开始以'你'相称，把韦费尔唤做兄弟"。[40]

　　关于"伏特加与朗姆酒的风暴狂欢"，雷马克有一个更为劲爆的版本，他称阿尔玛是：

　　……一个狂野的金发姑娘，暴力，嗜酒。她早已把马勒埋在地下。想想当年她与格罗皮乌斯和科柯施卡在一起时的光景，这俩男人简直就是从她的魔爪下逃出来的。韦费尔却不会离去。我们干了酒瓶子。她向韦费尔吹了一声口哨，仿佛那是一条狗，当他真的走上前来，阿尔玛一脸自豪。这真叫人发疯发狂，我喝着伏特加，把她狠狠训了一顿。[41]

第二日，他给阿尔玛写了一封煞是迷人的信，称愿意向她奉上"自己一生的友谊，或者真诚的敌意"。[42]此外，还有一大束捧花，里面放着一瓶俄罗斯伏特加，意表他对她的尊重——好似"狼面对母狮时"[43]的那种敬慕。自然，阿尔玛原谅了他，两人的友谊开花结果。

虽然亲朋好友皆十分欣赏阿尔玛更为高贵的一面，但也无法忽视她的偏见。阿尔玛在政治上历来不十分精明，口中常有反犹的谩骂，发表令人反感的言论。事实上，她既不支持那些"如细菌般毒害人的"纳粹主义，也不支持希特勒或意识形态上的反犹主义。但据阿尔布雷希特·约瑟夫的观察，阿尔玛喜欢激怒别人，经常用一些十足无知且直率的意见加以挑衅，甚至对亲密的朋友也不例外。阿尔布雷希特回忆起在战争结束前，某侨民圈内茶话会的一场口舌之争。当有人说"没有什么能让这个世界忘记纳粹犯下的恐怖罪行时，阿尔玛……提出异议，称人们不能一概而论，毕竟纳粹做了很多值得称赞的事情"。后又有人回应称，只要略想一想集中营，就足以让人病上好几天。阿尔玛断言，"那些恐怖故事都是难民捏造的"。她称自己从一位担任高职的注册护士朋友那里得知，"难民营有极好的医疗保健，红十字会正在认真地监管囚徒的福利"。

355

空气瞬时陷入僵死的沉默，无言之后，弗朗茨·韦费尔"跳了起来，尖叫着，脸色发紫，一双眼珠子鼓了出来……就像《旧约》里先知发出的雷鸣。他失去了理智，完全失控……可阿尔玛似乎无动于衷"。[44]然而，不久后，阿尔玛又收回了自己的话，承认这个消息并不准确。这个消息可能来自以前的护工艾达·格鲍尔。（事实上，艾达在整个战争期间都接受了纳粹在维也纳的洗脑宣传。）[45]

已有五年未与女儿碰面的阿尔玛于 10 月听闻安娜嫁给了乌克兰指挥家阿纳托利·菲斯托拉里（Anatole Fistoulari）的消息——正满怀"爱与希望"等待着腹中胎儿的降临。菲斯托穆拉里 1907 年生于基辅，第二次世界大战前曾在巴黎的俄罗斯芭蕾舞团工作，1940 年逃到伦敦，成为伦敦爱乐乐团的首席指挥。"还真奇怪，她兜兜转转，最后又找回音乐圈，尽管他只是一个指挥，"阿尔玛思忖着，言语间流露出傲慢，"希望这一回这个男人不会那么快让她感到厌倦，迄今为止，这一直是她所有恋爱关系的模式。"[46]

356　　　阿尔玛一直待在贝弗利山庄，韦费尔则在圣巴巴拉（Santa Barbara）豪华的比尔特摩尔酒店（Biltmore Hotel）租了一独栋平房别墅，潜心创作戏剧《雅各宾斯基与上校》（Jacobinsky and the Colonel），将亲历的逃亡写成一出关于某军官与一位波兰犹太人的悲惨闹剧。尽管他很快就完成了初稿，但从那时起，这个写作计划就演变成一个无休止的负担，百老汇戏剧制作变幻莫测的潮流令韦费尔有些吃不消。戏剧制作人要求重写剧本，编剧 S.N. 贝尔曼（S. N. Behrman）与克利福德·奥德斯（Clifford Odets）先后被征调至《美国化》（Americanise）剧组——这出与奥德斯合作的、专为百老汇量身打造的舞台剧被韦费尔描述为"试图通过手语向一个美国聋哑人传达欧洲人在法国的痛苦"。雪上加霜的是，曾在卢尔德的梵蒂冈酒店避难的斯图加特银行家斯特凡·S. 雅克布维茨（Stefan S. Jacobowicz）向韦费尔提起诉讼，声称韦费尔在剧中使用了他的一两篇故事，并要求索赔他在创作过程中间接提供的帮助。"歌德多么幸运啊！如果他不被允许从生活、生命中汲取创造，他的维特会在哪里！！"[47]
阿尔玛气急败坏，显然对眼前的一切感到厌烦。"我过了一段可怕的日子，只
有逃到病床上躲着。"[48]那年夏天，韦费尔待在圣巴巴拉对作品进行第四次的改
写。"'我无法将洋葱变成玫瑰。'他在给我的电话中抱怨道。我回答说：'你只
要把洋葱料理得尽可能香就行了。'"[49]来来回回地谈判、协商、修改。最终，作
品一直拖到 1944 年春天才开始排演。

　　8 月适逢阿尔玛的生日，她来到圣巴巴拉与韦费尔会合。当时韦费尔正在
创作一本反乌托邦的旅行小说——《未出生之星》(*Star of the Unborn*)，故事
发生于 101943 年。这真是一个"天堂"，来到圣巴巴拉的阿尔玛兴奋不已。"韦
费尔今日待我极好，我将铭记在心。"[50]他们乘坐漂亮的车子，参观了"充满文
化气息、昂贵却简素的，显出某种无聊的豪宅，这些都符合富人的口味"。[51]但
日渐逼近的生日再次引发了阿尔玛对衰老与死亡的恐惧。"死亡是一种传染病。
我不会把活人的照片放在死人的照片旁边。我绝不会把自己摆在那里。"[52]

　　1943 年 9 月 13 日晚，一场突变改换了两人原有的生活轨迹。韦费尔刚
过完 53 岁的生日，不出三日便心脏病发作。托尔伯格来访时，韦费尔正抽着
"一根炭黑的、口味浓烈的哈瓦那雪茄"。医生曾嘱咐韦费尔禁烟，阿尔玛见状
要求韦费尔把烟扔掉；但不久，不顾她的迫切恳求，韦费尔又另外点了一根。
"当时天色已晚，我回到自己的房间休息，仅仅半个小时后，他就来找我，脸
色大变，我甚至没有办法把人挪回他的房间。"[53]阿尔玛回忆道。韦费尔不停地
抱怨死亡的恐惧以及肉体上的剧痛。阿尔玛打电话叫来医生，医生注射了洋地
黄，诊断出尼古丁中毒。韦费尔因反复发作的肺栓塞在床上躺了数个星期，由
于伴有高烧及窒息的症状，房内不得不安置氧气瓶以备不时之需。托尔伯格时
常坐在韦费尔的床边，与阿尔玛一起照顾韦费尔。一阵阵地大冒冷汗时，阿尔

玛会"站在他身旁……忍受着致命的痛苦……却一点忙也帮不上"。[54] 她焦急万分，"我能感觉到我的力量在衰退"。[55]

几日来，他依然是病歪歪的，心脏虚弱，呼吸沉重，每天都要背数小时的氧气罐。"但愿……但愿我们能帮助他度过最糟糕的时刻……这一次，他当真是怕了。"他于梦境与现实间徘徊，耳边时有音乐幻听，梦见宫廷里的舞会，光彩耀人的军官，豪门望族，骏马奔跑着穿越草原。[56] 熬到了 10 月 18 日，阿尔玛似乎看见了更多的希望："弗朗茨的耐心令人感动。渴望回归原本生活中的他，对于任何要求皆无条件地服从……他凌驾于一切之上。一句怨言也没有……如此美好!"[57]

三日后，即 10 月 21 日，韦费尔再犯严重的心脏病。医生怀疑是肠肿胀，当试图给韦费尔拍 X 光片时，他再次昏厥倒下。阿尔玛心急如焚，"他的心脏非常虚弱。没有他我不想活下去。他是我存在的全部意义"。[58] 她号啕大哭起来：

> 我恳求上帝让我爱的弗朗茨活着！我不能没有他，没有他的智慧——他的慷慨！……眼下一切被毁了个干净——所以我活着，只是为了给他虚弱的肉体以力量和希望……希望。[59]

韦费尔又一次倒在病床上：

> 弗朗茨今天只是简单地说："或许它将过去，或许我将过去。"他说话时语气异常平静，立于一切之上……然而他害怕死与上帝。我试图让他相信他从未有过任何邪念，更不用说做过坏事了，但一切都是徒劳！

他所经历的这些精神折磨在阿尔玛看来，"所有一切的核心不过是他不愿向自己或他人承认灵魂深处所认同的天主教信仰"。[60]

流亡者们被死神盯上了。10 月 31 日，阿尔玛听闻马克斯·莱因哈特死于心脏病发作，紧随其后的是音乐历史学家保罗·斯特凡——"一个随时准备为我们而战的朋友"。[61] 韦费尔亦没有脱离险境。12 月 14 日，他心脏病又一次发作。"他更像是活在另一个世界里，但依然是顶天立地的、伟大的人，一如既往。"[62] 阿尔玛写道。韦费尔因病无法参加于 12 月举行的电影《伯纳黛特之歌》首映礼，但一家人围坐在收音机前，同样感受到了现场传来的兴奋之情。当时，这本小说已经售出一百多万册。美国政府购买了 5 万本分发给军队。这部电影的歌曲成为广播里的热门金曲。画师兼插画家诺曼·洛克威尔（Norman Rockwell）为饰演女主角伯纳黛特的詹妮弗·琼斯（Jennifer Jones）所绘的巨幅肖像画获得巨大成功。与此同时，贝尔曼将他的剧本《雅各宾斯基与上校》改编为"美国化版本"，计划由年轻的伊利亚·卡赞（Elia Kazan）执导，此事遭到韦费尔的强烈反对。1944 年 3 月，这出关于一个"悲剧"的喜剧在百老汇大获成功。

韦费尔的身体一直处于十分脆弱的状态。1944 年春的大部分时间，阿尔玛都在照料他。"我不知道自己在如此焦虑的阴云之下还能忍受多久。过度劳累正在耗损我仅存的最后一点青春。"她在日记中写道。今时今日的韦费尔总是"脾气暴躁、神经紧张、捉摸不定。他看不出我有多痛苦"。[63] "长达数月的无尽折磨。我日日夜夜地哭泣。"到了晚上，"托尔伯格会过来与我一起看护。他每天晚上都来……手里拿着一大壶浓黑的咖啡，里面掺了些白兰地"。[64] 渐渐地，阿尔玛开始振作起来。"我意识到，无论发生什么，我都必须活下去。"[65]

一如既往，音乐是良药。当"一门心思认真地研习巴赫的《半音阶幻想曲》

（*Chromatic Fantasy*）时"，[66] 她重又感受到快乐。韦费尔继续写他的反乌托邦"旅行故事"。这时，万分喜爱阿尔玛与韦费尔的玛琳娜·黛德丽出了个主意，请美国最著名的占星师卡罗尔·莱特（Carroll Righter）根据韦费尔的出生日及出生地进行占卜。玛琳娜来信告知占卜的结果，称：3 月 12 日以前，他必须严格控制饮食；3 月 20 日之前他都会感觉紧张，4 月之前，以逆反情绪为主。此人是"一个天才，这点人尽皆知……此外，星盘上还说你的月亮星座落在我金星所在的位置，这听起来棒极了；这意味着你喜欢我，真叫人高兴。请允许我将全部的爱都献予你二人，玛琳娜"。[67] 2 月，在为美国军队所举办的巡回演出途中，玛琳娜·黛德丽再次写信道："我只想让你们知道，我一直在思念着你们！"[68]

到了 7 月，韦费尔恢复得不错，已经可以在私人医生伯纳德·斯皮纳克（Bernard Spinak）的陪同下搬到圣巴巴拉，阿尔玛则留在贝弗利山庄。她从电报中得知安娜于 8 月诞下一名女婴，取名玛丽娜。阿尔玛经常给在伦敦的安娜寄钱与食物，但也忧心"安娜再也见不到我们了"，[69] 战争总有代价。"我感到残败，衰老，很衰老，"安娜对母亲说，"很遗憾，您并未将永恒的青春传予我。"[70]

1944 年春天，弗雷德里希·托尔伯格离开贝弗利山庄到纽约的《时代》（*Time*）杂志工作。他送给阿尔玛的离别礼物十分诡异，是一张奥斯卡·科柯施卡的照片。这张照片令她对这个扰人的男子产生了新的、更残酷的印象。"他眼里的天分已经让位给了狡猾的算计，这也证明了，他是一个彻头彻尾的亲俄者。"她写道，"总之，我不后悔离开他。尽管后来我偶尔还会为他叹息。毕竟，他是一个'侍女的儿子'——工人阶层的态度于我终究是陌生的。"[71] 她内心对韦费尔涌起的爱意，终于令她与科柯施卡达成了和解。有了韦费尔，"我在世上的一切愿望都实现了"，[72] 阿尔玛如是说。

病痛拉近了阿尔玛与韦费尔的距离。阿尔玛的日记中透露，尽管身体虚
弱，韦费尔的性欲重被点燃：

> 由于多年来他在享受性爱的喜悦过后总要遭受可怕的痛苦，我试图分散他
> 的注意力，这反而更令他心烦意乱……接连两日，他一直在说："我要到
> 妓院去解解馋！"他的眼睛紧盯着女人，与女人相关的一切都叫他念念不
> 忘，欲壑难填。他向来如此，诚然，他的艺术、他的活力与想象力均来自
> 同样的源泉！[73]

到了 8 月，他的整体健康状况皆有所改善。很快，韦费尔又恢复了日常
写作，每天花好几个小时创作《未出生之星》。在书中，他设想美国的未来是
"一首幽默的——关于宇宙这一神秘世界的诗歌"，[74] 或者，如他对马克斯·布
洛德所说，"是将哲学与娱乐相杂糅而生出的怪物"。[75] 阿尔玛认为这是韦费尔
所有作品中"最奇特、最强烈的作品……在我看来，这似乎是我们这个时代的
一部神曲"。[76] 平时，韦费尔在圣巴巴拉工作，周末则在北贝德福德街与阿尔
玛一起度过。1944 年 8 月 31 日，阿尔玛庆祝了自己 65 岁的生日。"弗朗茨与
一众艺术家在客厅里候着，带着不可思议的各色礼物，房间里点着蜡烛，美得
叫人窒息。"[77] 她对托尔伯格说道。但她一整天都无法摆脱对弗朗茨的焦虑，"在
他的眼中，我看到了可怕的东西，看到了一切，我哽咽，但我不能让自己哭
出来。"[78]

欧洲战场的局势开始逆转。1945 年 3 月初，盟军渡过了莱茵河。4 月中
旬，红军在长时间的包围之后占领维也纳。有消息称，墨索里尼于 4 月 28 日

在米兰附近被游击队员射杀，随后被丢弃在一个城镇广场上，连同情妇克拉蕾塔·佩塔奇（Claretta Petacci）一起被倒挂在钢梁上，路过的人无不鞭打、唾弃。"这并非英雄之死。"阿尔玛评论道，"这些人何以能在生命最后的时刻还坚持怀抱希望呢？对他而言，想必对希特勒亦然，一切早已失去。他还想从生活中得到什么呢？一个年迈的、贫穷的、病态的、被全世界取缔的人。"[79]两天后，希特勒与他的情妇艾娃·布劳恩（Eva Braun）在柏林地堡自杀。随着盟军在欧洲的推进，人们终于亲眼见证了纳粹集中营难以想象的恐怖。

自 1940 年以来，阿尔玛几乎与卡尔·莫尔，以及她同母异父的妹妹玛利亚与妹夫理查德·埃伯斯托勒没有任何联系，他们都是纳粹党早期的支持者。埃伯斯托勒不时地给阿尔玛提供法律建议。1938 年 10 月，当帝国宣传部试图购买布鲁克纳的第三交响曲手稿时，埃伯斯托勒充当了中间人，这是希特勒特别喜欢的作品。6 月中旬，阿尔玛写信给驻奥地利的美国随军牧师，询问上瓦特和布赖滕斯泰因的房屋情况，并请他帮忙打探继父与同母异父的妹妹的境况。但一切都太迟了。阿尔玛直到很久以后才知道，就在 1945 年 4 月 12 日，红军进入维也纳当天，三人服毒自尽。第二天早上，房客发现他们时，莫尔已死，玛利亚尚有呼吸，埃伯斯托勒的喉咙嘎嘎作响。不久，他们就都死了。

1945 年年初，韦费尔的身体已经复原，回到圣巴巴拉继续写作。就在这个当口，阿尔玛患上一种无法解释的、久治不愈的疾病，她认为这都是因担忧韦费尔而起。直到 1945 年 5 月欧洲战事结束，阿尔玛都会定期前往圣巴巴拉探望韦费尔。8 月 2 日，阿尔玛"怀揣着深情"将韦费尔完成后的手稿通读了一遍，韦费尔站在一旁，显得神采奕奕。回到北贝德福德大街后，一首迷人的诗翩然而至——《致阿尔玛》："我有多爱你，我尚不知晓。／在这些简短的道别开始之前。"韦费尔用特快专递将小诗送到阿尔玛手中。

8 月 17 日，韦费尔完成了《未出生之星》的第三部分，也是全书的最后一个部分。他"兴高采烈地给阿尔玛打了电话"，称此时此刻，自己只想尽快回家。阿尔玛建议待到晚上气温较为凉爽时动身，但韦费尔坚持让管家奥古斯特·赫斯第二日上午来接他。翌日下午三点，阿尔玛与韦费尔在房子里重逢，"正午烈日炎炎，由于高温及舟车劳顿，韦费尔疲惫不堪、面色惨白，几乎是挣扎着下车，沿着小路挪蹭到屋中"。[80]他立刻上床休息，阿尔玛给医生打了电话，医生开了心脏病药与吗啡。

当晚，严重的心脏病再次发作。"他的手冰冷刺骨，最终，连手脚都失去了知觉。他的身体越来越虚弱，接近崩溃的状态。"[81]阿尔玛招来医生，一直挨到凌晨，危险似已过去。接下来的三天，韦费尔遵医嘱卧床休息。他注意到窗外的一棵树上坐着一只猫头鹰，似乎日夜紧盯着他。据传记作者所述，"韦费尔认为它的存在是死亡的预兆"。[82]这些日子里，韦费尔重写了一些诗。七日后，也就是 8 月 25 日，他已经恢复了健康，可以与阿尔玛、布鲁诺·瓦尔特及其女儿洛蒂一起前往罗曼诺夫餐厅用餐了。瓦尔特早早来到阿尔玛与韦费尔的家中，等候时，他在钢琴上弹起了斯美塔那的《被出卖的新嫁娘》(*Bartered Bride*)。韦费尔冲出房间，加入音乐中，唱着他最喜欢的曲子，甚至跳起了舞。那是一个欢乐的夜晚。

第二天，1945 年 8 月 26 日，星期天的早晨，韦费尔满怀信心地醒来。他与阿尔玛讨论自己未来十年想做的事，并聊起两人前往欧洲旅行时该乘船还是坐飞机。他们还打趣说，既然韦费尔的牙已细细检查过，这回他的牙医收入要缩水了。那日天气晴好，他与阿尔玛一起在花园里散步。下午，韦费尔午睡了一会儿，随后起身穿衣，开始修改诗文。阿尔玛与古斯蒂及古斯塔夫·欧·阿尔特待在客厅。

当她再次推开他书房的门往里探时，房间里没有一点声音：

我喊了他的名字……没有回应！我冲上前——弗朗茨躺在书桌前的地板上。我的弗朗茨，我的弗朗茨……脸上带着安静的微笑，放松柔软的双手。我惊声尖叫！[83]

奥古斯特·赫斯跑了进来，看到了眼前的一切。阿尔玛拒绝相信这是真的。弗朗茨的身体仍旧温热。她"把氧气罩扣在他的嘴上，按摩他的心脏、手脚"，然后与赫斯一起把他抬到床上。"但我们心里明白，一切都太晚了。"[84] 她猜想：

当他从转椅上滑落下来时，一切就已经结束了。他对诗所做的最后的更改是以坚定、清晰的笔迹写就的，没有激动，没有痛苦，没有预感！肉体慢慢地变成了石头，他那美丽的面庞变得越来越崇高，越来越不朽……[85]

那天晚上，当他的遗体被带走时，阿尔玛"觉得我的生命已然结束"。[86] 医生给她开了镇静剂。阿尔玛躺在韦费尔的床上，认定这是自己唯一的休憩地。阿尔特一家过来陪夜。隔日，托马斯与卡蒂亚·曼、布鲁诺和洛蒂·瓦尔特，及其他几位来探望阿尔玛。"痛苦，且难以忍受。"[87] 托马斯·曼在日记中写道。两天后，阿尔玛开始根据手稿口述韦费尔的小说。"大部分手稿几乎无法辨认，葬礼的几个小时里，我借着泪水，费力解读着那些文字。"[88] 她写道。

葬礼于 8 月 29 日在贝弗利山庄举行。"棺椁摆放在一个摆满鲜花的小教堂里。"阿尔玛写道。遵照韦费尔的嘱咐，人们为他穿上"一件新的丝绸衬衫以及一件晚宴西装外套，他的眼镜放在胸前的口袋里，棺木里另放有一件备用的丝绸衬衫与几条手帕"。[89]阿尔布雷希特·约瑟夫开车去接阿尔玛时，发现她身着居家便服，坐在韦费尔的书桌前写作：

> "我不过去了"——"你的意思是?"——她用责备的眼神看着我，说："我从不到场。"那口吻好似有人要求她打破一个神圣的传统，仿佛埋葬自己的丈夫是一件习以为常的事。[90]

上百名哀悼者聚集在殡仪馆——"流亡至加利福尼亚的整个德意志文学圈济济一堂"，[91]约瑟夫写道，包括曼一家、勋伯格夫妇、奥托·克伦佩勒、伊戈尔·斯特拉文斯基（Igor Stravinsky）。仪式由格奥尔格·莫伊纽斯主教（Monsignor Georg Moenius）主持。当管风琴司琴开始演奏默祷音乐时，莫伊纽斯主教与阿尔玛皆未现身。随后，布鲁诺·瓦尔特演奏了几首舒伯特的钢琴小品，弹毕现场一片寂静，依旧不见主教与阿尔玛的身影。无奈之下，布鲁诺只能将这些曲子又弹了一遍。一个小时之后，莫伊纽斯主教姗姗来迟，仪式正式开始——阿尔玛始终未现身。

仪式开始前，究竟在北贝德福德街发生了什么至今仍是个谜，但之所以延迟似乎是因为阿尔玛要求莫伊纽斯变更悼词的某些说法。现场，当莫伊纽斯在陈述中强调韦费尔作品中的天主教倾向，并就天主教洗礼的三种类型做了长篇大论的阐释时，会众颇感惊讶：一则可借由水受洗；再则，在紧急的情况下，若无时间找到合适的牧师主持，可由任何一位虔诚的基督徒代为执行；此外，亦可通过"受洗之热望"实现，在生命的最后时刻，那些热切渴望皈依的人可借由热切渴望的力量为教会所接纳，无须另作仪式。

莫伊纽斯的悼词引发了人们的猜测，或许他与阿尔玛在韦费尔死后为其施行了洗礼。阿道夫·克拉曼教授（Pro. Adolf Klarmann）是韦费尔作品的研究专家兼韦费尔的生前好友。据他的说法，阿尔玛曾于 1945 年 10 月告诉他，称韦费尔死后，遵循"受洗之热望"的原则，由莫伊纽斯为其施行了洗礼——然而，这是一个"秘密"（原稿中，"秘密"画有两道下划线加以突出），他必须对此保密。阿尔玛矢口否认。当托尔伯格直截了当向阿尔玛询问此事时，她回答道：

> 韦费尔当然没有受洗。我本可以在发现他不好时安排紧急洗礼——但我从来不敢这么做……韦费尔对所有真正的神秘主义都持开放态度，若真有这个意愿，他必定会告知我。他对我说……他希望以这种方式安葬，介于教派之间的方式。没有特定的符号，没有塔木德，也没有十字架。[92]

葬礼后第二天，古斯塔夫与古斯蒂·阿尔特开车送阿尔玛前往墓地。在那里，莫伊纽斯"得到大主教的特许，祝福了未受洗的犹太人弗朗茨·韦费尔的遗体"。[93]

韦费尔的死留下了一道无法愈合的缺口。"为什么我还活着？一星期以前，我失去了我可爱甜美的小孩。我依旧不明白。我一直在想他一定还会从圣巴巴拉回来的。但是他再没有回来。"[94] 阿尔玛写道。她将永远为自己在最后一刻没有帮助他而烦恼，她向托尔伯格吐露："这样一个甜美、纯洁、神圣的人，世间再也见不到了。他所给予的唯有善良与爱，我们沐浴在爱里的伙伴关系比以往任何时候都更美好。"[95]

接下来的"七个星期"，阿尔玛都在"痛苦的煎熬"中度过：她住在他的房间里，睡在他的床上，并向韦费尔的新秘书威廉·梅尔尼茨（William Melnitz）口述《未出生之星》的余下手稿。"这样我便还可以继续活下去。"她对托尔伯格说。布鲁诺·瓦尔特与洛蒂总是陪伴左右，他们"真的很棒"。[96]阿尔特一家日夜都待在阿尔玛的住处，他们的言行令阿尔布雷希特·约瑟夫大为错愕。约瑟夫发现这家人一再干涉别人的生活并试图影响阿尔玛，不禁对他们的动机产生了怀疑。

阿尔玛于 10 月完成了口述韦费尔手稿的工作，之后，便动身前往纽约。但"弗朗茨不在，一切都变了"。来到又一个新的人生阶段，她打定主意："我必须重建整个生命，使自己恢复到他出现以前的样子。"[97]孤独成了新的负担，在写给利昂与玛尔塔·福伊希特万格的信中，她称，"我身边总有许多人，但夜晚回到家中，这种永远的、绝无可能回头的孤独是可怕的"。[98]现在的她，孑然一身，活在过去里。[99]

阿尔玛从圣莫里茨酒店搬到了第 64 街的公寓套房，一直住到 1946 年 2 月。如今，她稍稍平复了些，觉得能够坦然面对过往，也是时候重拾过去的线索了。她与艾达·格鲍尔修女恢复了联络。彼时的格鲍尔已经结婚，战争期间一直待在维也纳。11 月，阿尔玛从格鲍尔处得知，位于上瓦特的房子在盟军的轰炸中经受了四次直接的正面袭击，存放韦费尔与马勒书桌的顶楼被毁。阿尔玛担心韦费尔所有的手稿和信件都已被烧毁，她决定将自己对这位"众神之宠"的回忆写下来，他曾与我携手并行，走过一段旅程"。[100]

阿尔玛经常与弗雷德里希·托尔伯格及其女友、未来的妻子玛丽埃塔·贝拉克（Marietta Bellak）见面；与玛琳娜·黛德丽、埃里希·玛利亚·雷马克、阿尔弗雷德·波尔加及卡尔·楚克迈尔共进晚餐；并拜访老友弗里茨·冯·翁

368

鲁，昔日的诗人，如今放弃了诗歌，开始作画。日常生活则被音乐会、歌剧和展览所填满，这些文娱活动令阿尔玛重振精神。

1946 年 2 月，带着一丝不安的阿尔玛回到贝弗利山庄的家中。自韦费尔逝世后，这里一切都没有动过。"我感觉不太好，这所房子——那些可怕的经历近在眼前，它们如此鲜活，仿佛与我亲密无间、如影随形。我每天都幻想着与弗朗茨在一起，梦醒之时，真叫人难以忍受，"阿尔玛对托尔伯格坦言，"只是，我不想让自己远离他，那是世界上我最爱的一个。我尝试着，一天一天地挨下去。我哭红了双眼。"[101]

不久，传来了老友的消息——格哈特·豪普特曼于 1946 年 6 月去世。战争期间，两人疏远了许多。后来豪普特曼的妻子玛格丽特给阿尔玛写了一封热情洋溢的信，"结束了我们彼此间多年来的误解"。[102]1945 年夏天，约翰内斯·霍尔斯坦纳写信联络阿尔玛。阿尔玛隔了许久（直到 1946 年 6 月）才回复，以轻蔑的口吻道："身为一个普通公民，请好好照顾自己吧！"[103]待到 1955 年，阿尔玛复又与霍尔斯坦纳恢复通信；阿尔玛在信中询问他的近况，而霍尔斯坦纳亦在回复中肯定了他对她的"爱与感激，那些难忘的、美丽的维也纳岁月，是你带我走出自我的孤立，扩大我的视野，给予我难以忘怀的经历"。[104]1955 年 7 月，两人在纽约见面；阿尔玛表示"能再次重逢，是一辈子都会感到快乐的幸事"。[105]

与此同时，韦费尔死后，阿尔玛一直打算把自己的生平故事写下来，并整理好韦费尔的文件。67 岁的她因年龄而烦恼："我越来越老了。我可得放松些，不要走过多的路，也不该弹琴弹得太久才是。"阿尔玛"每日都与一名秘书一起整理韦费尔的作品，这项工作给了我极大的满足……工作很艰苦，但却能让我更接近他。不幸的是，总有一天，连这个源泉也会干涸"。[106]

转眼便是韦费尔逝世周年祭，这又带来了新的悲伤。"如同最初的第一天，我今天觉得自己不能没有他……他没有被宠坏……一个天使与他的过度行为，只有我知道，那是过分的敏感与热情所致。"她唯有对着托尔伯格诉说。[107] 有时，他会出现在她的梦中：

我看见他站在我的窗外，兴高采烈，面带微笑，容光焕发。"你为什么不让我进去？"他叫着，"我想回家。"他看上去还和多年前一般年轻，还是那么帅气。他在永生中必定有过一段美妙的经历，所以想说与我听。[108]

另有些梦叫阿尔玛饱受折磨，当他从她身边经过时，她看都没看一眼，随后便在啜泣中醒来。

阿尔玛不得不离开这个保存了太多回忆的房子，计划在纽约待上一段时间。此外，她心中还在筹划着另一个更困难的冒险——前往维也纳。阿尔玛并不打算住在那里——"现在这个维也纳，这个可怜的维也纳看上去一定很糟，很可怕！"[109] 她只想去确认自己的房子、画作、手稿、书籍及其他财产的状况，了解它们的经历——所有在 1938 年 3 月的那一天，战火降临前她不得不抛弃的、构成了过去的全部，她想知道，它们现在怎么样了。

370

15. "绝世遗孀" 1946—1964

371　　差不多又过了一年，阿尔玛才回到维也纳。1946 年 9 月，为了不让韦费尔的家人知晓，她"隐姓埋名地"来到纽约。韦费尔生前将阿尔玛列为自己的唯一继承人；他去世后，母亲阿尔比娜与妹妹汉娜对该遗嘱提出了异议：身为直系亲属，她们要求享有韦费尔作品的部分权利。阿尔玛与她们的关系因而持续恶化。"很遗憾，这恰恰清楚地说明了一件事，他年轻时选择将父母留在家中是极正确的。"阿尔玛在给科柯施卡的信中倾吐不快。这些时日，她与科柯施卡又恢复了通信，时断时续。"我不想和他们对话！有什么意义？！……韦费尔的家人，连韦费尔都永远无法接近，如今这一切却报复在我的身上，或者这么说，企图将一切都推到我身上，毕竟他崇拜了我这么多年。"[1] 阿尔玛选择诉诸法律。最终，由若尔瑙伊出版社出面将韦费尔作品所有权利移交阿尔玛，争端得以解决，但阿尔玛与韦费尔家人的关系仍十分紧张。"弗朗茨·韦费尔可多幸运啊，他都不知道自己出身一个黑帮家庭。"[2] 阿尔玛轻蔑地说，充满不悦。

　　试图梳理、追踪并收回自己财产的阿尔玛聘请艾达·格鲍尔为代理人。与372　处于混乱中的、顽固且冷漠的官僚机构远距离地协谈沟通，无疑是令人沮丧的拉锯战。"这里的人都说有一帮歹徒偷了我的东西。"[3] 阿尔玛对格鲍尔说。她另聘请了一位维也纳律师奥托·海因博士（Dr. Otto Hein）来处理复杂的法律问题，包括归还画作，以及申辩布赖滕斯泰因房子所有权等问题。阿尔玛同母异父的妹妹玛利亚声称对该房子拥有所有权，阿尔玛对此提出抗议。"玛利亚永远无权继承，她的继承权必须排在我、我的女儿安娜及安娜的子女之后，如此行径纯粹是盗窃。"[4] 阿尔玛对格鲍尔说。此外，阿尔玛还让妹妹格蕾特的儿子威利·莱格勒（Willy Legler）帮她寻回下落不明的珠宝与家具。

1947 年 9 月，终于拿到签证的阿尔玛即刻出发，中途在伦敦作短暂停留。这是八年来她头一回见到安娜。英国战时的经济紧缩令安娜饱受困苦。"我的女儿看上去伤心欲绝，面容憔悴，脸色灰白，好似刚从地狱里走出来。"[5] 阿尔玛回忆道。两人约定隔年春天安娜前往加利福尼亚与阿尔玛会合。第二日，阿尔玛抵达维也纳，疲惫不堪，双脚肿胀。当她从机舱走出来时，发现一个电影摄制组正在等候她的到来。"我振作起精神，准备体面地走下飞机；他们非叫我在台阶上跳上跳下，多达数十次，直到他们满意为止。"[6]

自 9 月 17 日起，阿尔玛住在克兰兹旅馆（Hotel Kranz），靠从加州送来的罐头食品为生。"每日晚上与老鼠们同眠共枕。旅馆遭受炸弹的袭击，毁得差不多了，害虫贼鼠兴高采烈地在我的房间与房外的大洞间窜来窜去。"[7] 维也纳对我来说"就是个地狱。歌剧院、城堡剧院、圣斯蒂芬大教堂——一切都成了废墟"。[8] 位于上瓦特的房子也已经"住不得了，整个屋顶不翼而飞，顶楼坍塌，内部一片灰烬，供热设备及水电皆已被毁。大理石镶板也被拆除，据悉，部队拿它给住在附近别墅的军官搭建浴室"。[9] 马勒与韦费尔的书桌，连同里面存放的贵重物品都化作灰烬；阿尔玛最终只找到马勒的几本小笔记本。她所有歌曲的手稿，"多年来的欢乐与悲伤"一并"被火焰吞噬了个干净"。[10]

　　处理私人事务的全过程"并不愉快",她面对的是"一个深受纳粹影响的奥地利官僚政府"[11],他们似乎决意要刁难。"你,我们伟大的辛德勒的女儿,怎么可以下嫁古斯塔夫·马勒,还有那个叫弗朗茨·韦费尔的家伙?"[12]司法部的一位老法官怒斥道。父亲陈列于美景宫美术馆的画对她而言根本就是遥不可及。1937年,阿尔玛把辛德勒的三幅画作借给美术馆展出,当时约定的借期是两年。后来,卡尔·莫尔接管辛德勒的遗产,在未告知阿尔玛的情况下,擅自将画无限期地借给美术馆。如今美术馆拒绝归还。此外,莫尔于1940年以7 000德国马克的价格将爱德华·蒙克的《海滩的夏夜》卖予美景宫美术馆。虽然早些时候,阿尔玛曾请莫尔寻找这幅画的买家,但当时画廊的出价尚未达到她的心理价位。尽管莫尔声称,这幅画被出售事出紧急,款项将用于修复布赖滕斯泰因受损的屋顶;但在无数次听证会及法庭申辩上,阿尔玛一直坚称,莫尔并未被授权处理她的任何财产,而那幅画作理应归还予她。

　　阿尔玛于9月23日离开维也纳,其中牵扯的众多大问题尚未解决,但通过艾达·格鲍尔与侄子威利·莱格勒两名中间人,她不断向当局施压。这段经历令阿尔玛十分痛苦,发誓永不再踏上故土。"在那里,我永远都不会快乐。"在给格鲍尔的信中,她写道,"处处看不到法律、公正。所有找寻都是徒劳。我只想平静地活在我的旧梦里。等房子看起来像点样时,我就卖了它。我无法接受维也纳那些心胸狭窄之辈。"[13]不久,她又抗议道:"那些想夺走我一切的卑劣的家伙,我绝不接受。"[14]至于爱德华·蒙克的那幅画,她对格鲍尔说,一想到"美术馆有可能最终胜诉,便愤恨不已——我必须要回我的画,无论什么代价"[15]。与此同时,阿尔玛一直试图说服艾达与她一起前往美国,但没有成功。1946年4月,曼侬逝世纪念日那天,阿尔玛在给格鲍尔的信中写道:"我迫不及待地希望你能与我在一起。我坚信我们可以因此找到一些幸福,属于我们的回忆与现在。这里真的很美好。"[16]

　　1948 年 3 月，安娜抵达加州，依计划将在此逗留一个月。母女共处一室，为此，两人需要付出"相当大的努力"。阿尔玛对弗雷德里希·托尔伯格说："她很聪明且温暖，但我已习惯独处，这些不得不做出的调整令人神经紧张。"[17] 阿尔玛所不满的是"那个愚蠢的、一无是处的废物"——意指安娜的丈夫，指挥阿纳托利·菲斯托拉里[18]。据阿尔布雷希特·约瑟夫回忆，阿尔玛生安娜的气，"主要是因为她（安娜）嫁给了一个犹太指挥家，她（阿尔玛）认为他是低等生物，对此，阿尔玛耸了耸肩说：'你还能指望什么？异族通婚。'"[19]

　　对于母亲随意诋毁他人的能力，安娜太熟悉了——阿尔玛甚至多次称安娜是"讨厌鬼"。她的敌意源于嫉妒。"阿尔玛的嫉妒心是如此疯狂，占有欲极强，"安娜对自己与菲斯托拉里的女儿玛丽娜如是说，"她需要处于中心，当她不在中心时，便气急败坏、猛烈攻击。"[20] 母女间复杂的关系总是让安娜焦虑，一颗心悬在半空。她在信中对母亲说："每次看到你的手书，便仿佛有要命的拳头朝我肚子上重重一击，我总是害怕，害怕你的信会让我感到厌恶。当信读完，发现自己毫发无损时，我不禁松了一口气。"[21]

　　1948 年 5 月，安娜离开加利福尼亚后，阿尔玛陷入怠惰，无法决定是否该回维也纳继续处理未完成的事务，亦不知自己在美国的生活方向究竟该朝哪里去。"弗朗茨夺走了我仅有的一点能量，"她对托尔伯格说，"继续生活下去的意愿不再。"[22] 她想要逃脱。"留在这里，只能继续单调的生活。"托尔伯格很坚定地说："我认为你应该搬走……必须找到一个地方，在那里你可以成为阿尔玛，而不是永远怀念韦费尔……必须放弃在贝弗利山庄的房子，在纽约找到属于你的地方，在那里，你将更接近欧洲以及欧洲生活的氛围。"[23]

　　如今，阿尔玛已年近七旬，她的不可预见性、她偶尔的顽固不化，以及对自己被低估或被忽视时的敏感，所有这一切势必导致交往过程中人际关系的裂痕。尽管她与布鲁诺·瓦尔特保持着友好关系，但马勒死后，紧张关系偶有爆发。韦费尔去世后，有谣言称阿尔玛将与鳏居的隔壁邻居（瓦尔特）结婚。当时，阿尔玛迅速站出来粉碎了谣言。但 1948 年，两人因安排战后马勒作品在维也纳的演出而发生争执。阿尔玛认为，作为马勒半身塑像的捐赠者，她的贡献没有得到瓦尔特的足够承认。"B.W. 的态度，对捐赠人毫无提及、全然的缄默，这些已经叫我看得透透的了！" [24] 她怒气冲冲地对艾达·格鲍尔说。双方皆指责对方行为不端，最终瓦尔特得出结论，虽相当残忍，但可能透露出一些事实："如果这些事情让你痛苦到流泪，那只能说明你喜欢痛苦，并非我的错。" [25]

她与托马斯·曼及勋伯格的交往也出了状况，起因是曼在小说《浮士德博士》（*Doctor Faustus*）中刻画了一位与勋伯格十分相似的、发明了十二音技法的作曲家。阿尔玛提醒勋伯格，称曼极有可能侵犯了他的知识产权，继而引发了一场持续两年的纠纷。过程中，阿尔玛与两位皆闹到了翻脸的地步。她甚至与托尔伯格就电影剧本的版权有过争执。但无论如何，最终，阿尔玛还是与二人言归于好。

8 月 31 日是阿尔玛的 69 岁生日，庆祝活动安排得颇具特色——60 位客人组成一个室内管弦乐队，现场演奏了马勒主题的赋格曲及其第五交响曲中的慢板。埃里希·科恩戈尔德为她献上一首小提琴奏鸣曲。当然，托马斯·曼也已经与她冰释前嫌。他在自己最新的小说中题辞道："致阿尔玛，致敬她的品格，来自一位老友兼仰慕者，于 1948 年 8 月 31 日阿尔玛生日当天。"这真是"奇怪的感觉"，阿尔玛写道，或许其中透露了些许不真诚，"我一辈子都躲在那些杰出的丈夫身后，而看到题辞的这一刻，我终于可以为自己而庆贺"！[26]

1949 年 6 月，从烧毁的房屋中寻回的所有韦费尔的信件从维也纳寄至阿

376

尔玛手中，她欣喜若狂。"当你读到它们时，内心充满狂喜。他曾是一个多么甜美的灵魂，对我而言，他依然是！透过那二十七年的时光，我重又活了过来，就像今天一样。"阿尔玛旋即坐到打字机前将它们整理出来，她对托尔伯格说："已经整理好了100封信，但这仅仅是个开始！"[27]阿尔玛一直忙到了9月。她考虑将这些信件发表，并向托尔伯格保证："我不会改动任何一个字、任何一个逗号，除非是一些看上去显得重复的信件，会略去较弱的部分。"[28]在被毁的房子里还找到了阿尔玛的几首歌曲。有时，阿尔玛会坐在钢琴前"弹奏最后几首打印出来的歌曲……遥想当年，我的世界是多么美丽啊！现在它空荡荡的。然而，韦费尔的信又为它注入了欢乐与目的"。[29]

1949年5月，她"挚爱的、钦佩的又有些叫人忌惮的朋友"汉斯·普菲茨纳在萨尔茨堡去世。"渐渐地，我的爱无情地变成了灰色的阴影"，阿尔玛悲伤地陷入沉思，以一种近乎异教的神秘主义，将她的爱与永恒相比：

> 如果他们足够强大，他们身后的影子也会跟着越长越大。迄今为止，古斯塔夫·马勒的身影已经完全吞噬了他真实瘦小的人形，依然没有停止增长。弗朗茨·韦费尔的影子尚未有如此规模；但他也在快速成长。他们庄严地朝前迈进，犹如史诗。[30]

她回想起所有爱过的人："古斯塔夫·马勒与弗朗茨·韦费尔书写了我生命的本质与存在。其余都是流云，时而有些霹雳，更有些只不过是地平线上的一缕微不足道的弧。"[31]

寡居的阿尔玛更多地依赖女性朋友的陪伴。海伦·贝尔格经常从奥地利寄来书信。格特鲁德·勋伯格是阿尔玛的闺蜜，据格特鲁德的女儿努丽娅·勋伯格·诺诺回忆："我们一直与他家保持着联系。母亲与阿尔玛是非常要好的朋友，我想她是为数不多的、不嫉妒她的女人之一……因为她的成功与智慧都叫母亲倾慕……她真的很喜欢她。"阿尔玛对我们"热情、友好、慷慨"。有一回努丽娅过生日，父母身在芝加哥无法为她庆生。阿尔玛邀请她到罗曼诺夫（Romanoff）吃饭，那是当时"最时髦、最昂贵的餐厅"。阿尔玛派司机去接努丽娅，"每上一道菜，她都会给我一份礼物，结束后让司机送我回家。多么可爱的行事做派啊"，努丽娅回忆着这位"非凡的人物"，如此不可思议，"只要她走进房间，你一定能感受到她的存在"。然而，当与托马斯·曼、布鲁诺·瓦尔特或努丽娅的父亲勋伯格在一起时，"大多数时候，男人们在说话，阿尔玛在倾听"。[32]

安内利斯·埃利希·戈特利布（Annelies Ehrlich Gottlieb）是阿尔玛的另一位密友。她嫁给了德国出生的摄影师恩斯特·戈特利布（Ernst Gottlieb），此人是太平洋出版社（Pacific Press）的联合创始人，这家出版社聚焦并展示自 20 世纪 30 年代以来在欧洲被禁的移民作家的作品，包括韦费尔与托马斯·曼。安内利斯的女儿艾琳·哈泽尔回忆称："阿尔玛当时很孤独。她想念她的心上人，想念弗朗茨·韦费尔。"但阿尔玛很少一个人独处，鉴于"她的身份、她的个性，她永远是人群中的焦点……她热爱自然，热爱艺术，但最重要的是她爱各式各样的人"。十几岁的艾琳被阿尔玛迷住了，"她很迷人，很机智，有一双闪闪发亮的蓝眼睛……她有一种气质，一种内在的美与内在的光彩，这是大多数人所没有的"。

艾琳认为，阿尔玛非常感性，也极具洞察力，是一个"很有见地的思想者，能立即理解别人，而且她有非常明确的想法……她绝不会说人们想听到的话"。在各个方面，她都"异乎寻常地领先于世，一位思想独立的女性，一位超越了她所处的时代的现代女性"。[33] 作为两人友谊的象征，阿尔玛把马勒第十交响曲的一段手稿送给安内利斯，并附言：

我最最亲爱的，

你不应该总是放弃自己所爱的，今天，我将给你我的所爱，我请求你尊重它……

永远爱你的阿尔玛[34]

1949 年 8 月 31 日，阿尔玛 70 岁生日之际，古斯塔夫与古斯蒂·阿尔特送给阿尔玛一本皮封套的纪念册，邀请各路朋友在其中写下感谢与祝福之语。共有 77 名同伴好友回应，他们是阿尔玛各个人生阶段的见证者，包括：流亡至圣路易斯（St Louis）的库尔特·冯·舒施尼格、作家卡尔·楚克迈尔、弗朗茨·西奥多·彻克尔、利昂·福伊希特万格、海因里希·曼、弗里茨·冯·翁鲁；作曲家本杰明·布里顿（Benjamin Britten）、恩斯特·克热内克、达律斯·米约、伊戈尔·斯特拉文斯基；指挥家埃里希·克莱伯（Erich Kleiber）、尤金·奥曼迪（Eugene Ormandy）、利奥波德·斯托克夫斯基（Leopold Stokowski）与布鲁诺·瓦尔特。韦费尔少年时代的朋友威利·哈斯向这位"永恒的女人"致敬，称"她敏锐的头脑、永不言弃的乐于助人的性情"，连同她的魅力，"美化了每一个曾经爱慕过你、尊敬过你的人的生活"。沃尔特·格罗皮乌斯则从英国剑桥写来贺词："过往与现在于此相汇！我的心声！"[35]

并不在场的勋伯格根据以下文字创作了一首生日卡农："你有属于自己的太阳系，身处中心的你被光芒四射的卫星所环绕，这便是仰慕者眼中，你的生活。"在一封生日贺信里，勋伯格解释道："若叫我搬到别人的太阳系里去，于我没有任何好处。这就是为什么即使到了今天，我也不会出现在祝贺你的名人之列。"[36] 托马斯·曼奉上了异乎寻常的、充满热情的赞扬："你的个性，身为女性所特有的人性，一个伟大的女子所展现的光芒，这一切都带给我们无限的快乐……此外，你还是两位了不起的人，我们这个时代伟大的同行者的遗孀，这使我更加尊崇你，容我向你致以诚挚的祝贺。"[37] 托马斯·曼向阿尔玛献上"绝世遗孀"（La Grande Veuve）的称号——自此，她一直乐于顶着这个名号行走。

科柯施卡在一封热情洋溢的长信中唤起了昔日爱欲的恢弘与激荡：

> 你依然是那头野性十足的兽，就像你的心第一次被《特里斯坦与伊索尔德》卷起带走，你用羽毛笔在日记本中潦草地写下对尼采的评论，字迹飞扬，无以辨认；因为我知道你的节奏，所以我才看得懂……自中世纪以来，没有任何事可以与一对相爱的伴侣如此热情地彼此呼吸相比……
>
> 你的奥斯卡[38]

1949 年夏天，安娜的到访令母女二人重又找到新的和谐——"这是上天给我的礼物，我希望永远不要失去。"[39] 阿尔玛说。

1950 年 11 月，离开菲斯托拉里的安娜在加州大学洛杉矶分校找到了一份教授雕塑的工作。她与 7 岁的玛丽娜一起搬到了加州，玛丽娜还记得对祖母的第一印象：

> 我只是觉得她很漂亮。她拥有最特别的肌肤——如此通透，还有她身上所散发的耀眼的光芒——她蓝色的眼眸如梦似幻……她似乎拥有婴儿般的皮肤、婴儿般的眼睛，还有堆砌在头顶的金发……她身着黑衣，胸部极为丰

满……层层叠叠的项链，有些是真的，有些不是，她非常高贵，拥有真正的风度。

与玛丽娜同住一条街上的朋友曾绝望地对她说："比起来，我的祖母就只是个老奶奶。"[40]

最初的造访并不顺利。玛丽娜来时身穿灰色的校服，阿尔玛对此很是反感，几乎不曾注意到这个沉默的、全神贯注的孩子。当时，玛丽娜并不知晓自己的双亲已决定分开，只是本能地感觉到父母关系破裂，不会再回头了。让阿尔玛感到困惑的是，接连好几个月，玛丽娜都拒绝吃她特意准备的异国菠萝与橘子（这些东西在英国是吃不到的）。一段时间内，祖母与外孙女的相处还算亲近，但很快，内植于阿尔玛本能的嫉妒之心重又扮演起挑衅者的角色。玛丽娜意识到："她并不想与我分享母亲……母亲对我的爱令她醋意十足。我的母亲一直非常爱我，比爱她的母亲更甚，因此其中的嫉妒不可避免。"[41]有一回，阿尔玛给古斯蒂·阿尔特去信道："你能不能对她（安娜）施加一些影响，不要纵容这个顽固不化的小家伙一直欺压她！？"[42]

尽管多年来，安娜一直"叛逆地逃离"阿尔玛，但她从未真正征服过这位"虎妈"（她如此称呼自己的母亲）。"我的母亲总是说，阿尔玛想被崇拜，而我母亲不是那种喜欢崇拜他人的人。她做不到。"玛丽娜称。即便如此，就内心而言，安娜还是很崇拜她的，"就像一位希腊女神，人们总是愿意向她敬献礼物与祭品。每一个人皆然"。据玛丽娜的说法，阿尔玛去世后，安娜完全失去了野心。在玛丽娜眼中，自己的母亲安娜"是一头受伤的狮子与维京人的混合体。这太痛苦了，你无能为力。她有一张受伤的脸，一切都是赤裸裸的，就在那里，令人难以忍受。她很有深度。她的沉默是如此响亮"[43]。

382　　阿尔玛在大学附近的贝弗利格伦（Beverly Glen）为安娜与玛丽娜买下一栋小房子。安娜在那里教授雕塑并进行创作。"那些作品充满力与美，"阿尔玛激赏不已，"我那任性的、总是一股脑儿往前冲的女儿终究成了艺术大师，她成功了。"[44] 但安娜并未注意到母亲的赞同，相反，她"认为自己的能力是如此之糟糕，差到叫人难以置信"，[45] 她对皮特·斯蒂芬·容克说：

　　妈妈过去常说，"我一眼就能看透每个人"。可是，她甚至从不曾了解我。很久以后，她向我坦言，"如果当初我像现在这样了解你，我就不会如此糟糕地待你"。这告白令我震惊——因为这表明，这么多年来，她是有意为之的。[46]

　　安娜搬到加州后不久，就与阿尔布雷希特·约瑟夫开始了一段长达 35 年的恋情；他最终成了她的第五任丈夫。

　　1951 年，阿尔玛离开洛杉矶来到纽约，在东 73 街 120 号一栋房子的上两层安顿下来，离中央公园只有几个街区。这里紧邻大都会歌剧院与卡内基音乐厅，阿尔玛大部分时间都在这些场所度过。奥古斯特·赫斯在纽约待了一段时间，帮阿尔玛打杂、料理家务，直到他厌倦了纽约返回洛杉矶。赫斯的离去，并没有让阿尔玛特别难过，她觉得此人脾气不好——甚至开玩笑称他是"谋杀我的人"。[47]

　　阿尔玛找到了一个安全的避风港。"我的公寓终于完工了！有很多工作要做。但现在，它是独一无二的……今天我的三角钢琴送到了——我又可以弹琴了！！它来得适逢其时。"她对安内利斯·埃利希·戈特利布说，并嘱咐道，"请帮忙照看一下安娜！"[48] 阿尔玛将公寓三楼的功能做了分配：一部分空间专为

"致敬文字的力量而造，另一部分则献给音乐"，她写道。客厅的墙面从地上一 **383** 直到天花板都内嵌书架，摆满书籍，从少女时代马克斯·布尔克哈德送予她的 德文经典到韦费尔各种语言版本的作品集、朋友们的书，连同"几个世纪以来 我一直崇拜的所有智性灵魂——从柏拉图到萧伯纳"。中间悬挂着剩下的六把 科柯施卡所绘制的扇子（第七把已经被妒火中烧的格罗皮乌斯烧毁），他为她 画的肖像及几幅画作。第二间是音乐室，里面摆放着大钢琴，琴上方悬着一幅 古斯塔夫·马勒的巨幅画像。桌旁的保险柜里收藏有布鲁克纳、马勒等人的珍 贵手稿。墙上另挂有她父亲以达尔马提亚海岸、奥地利山脉及维也纳森林为题 材的一系列画作，都是她辛苦从维也纳找回来的。

　　虽然生活清简了些，阿尔玛仍旧会招待宾客。"每当有事情需要庆祝时， 我就会为朋友们准备香槟酒——生活中总有事要庆祝，因为我相信欢乐是治疗 疾病的灵丹妙药，是青春的唯一保鲜剂。"尽管有心脏方面的问题，但她对任 何过分看重健康的做法不屑一顾。"我的身体怎么样？我不知道。有时我会得 到一些小小的警告，但我并不在意——这些警示太过微不足道，不足以去咨询 医生。这似乎才是最健康的策略。"[49]她对托尔伯格说。

　　她时常去听音乐会，看歌剧，看展览，了解时下的文化八卦。家中也常有 朋友拜访。自1951年勋伯格去世后，格特鲁德·勋伯格便时常带着女儿努丽 娅来阿尔玛家中与她做伴。在努丽娅的记忆中，早晨的阿尔玛总是很朴素，不 佩戴珠宝、长耳环或珍珠。努丽娅把阿尔玛比作"一幅优美的画，她的美不是 电影明星的那种美，即便年岁已老，但魅力依旧"。[50]玛丽娜也曾在祖母家中 逗留，她觉得自己置身于一个不同的世界："从地板到天花板都是书，抽屉里、 **384** 柜子里放满了东西……目之所及堆满了照片、绘画，还有那架钢琴——所有的 一切存活在空间里，这里让我着迷。"[51]这与自己母亲的"清冷简朴"形成了鲜明的对比，折射出阿尔玛与安娜"完全不同的性格"。玛丽娜喜欢在餐馆里观察阿尔玛，那里每个人都认识她，她会用专横的手势招呼服务员。

1952 年，阿尔玛在古斯蒂·阿尔特的陪同下回到欧洲，但这一次不是回维也纳而是前往巴黎——协商关于画作归还的问题。维也纳官僚机构始终采取不妥协的态度，一而再再而三地激怒阿尔玛，令她十分不快。阿尔玛在熟悉的皇家玛德琳酒店住了两个月，之后前往罗马，再次沉浸于意大利文化之中。"好生奇怪，在旅途中，我总能遇见一些大人物。"她在日记中写道。原来，在回纽约的路上，当阿尔玛独自一人坐在甲板上读书时，"一位高大的、阿波罗式的男人"突然立于面前。"我是桑顿·怀尔德（Thornton Wilder）。"他自我介绍道，随后两人攀谈起来。富于智识的天才灵魂永远对阿尔玛有着致命的吸引力，与这位写出了普利策奖获奖小说《圣路易斯雷之桥》（*The Bridge of San Luis Rey*）的杰出作家相处数日后，阿尔玛不禁感叹日子不经过，"仿佛只过去了短短几分钟"。"我们似乎一直在交谈，直到船于纽约靠岸。他的每句话都令人愉快——后来，他的每一封信亦然。自韦费尔去世后，我最珍惜的莫过于怀尔德的友谊。"[52]

1954 年，她又去了一趟罗马，但开始抱怨长途跋涉的疲累以及心脏病的困扰，此后，再也没有冒险出国。当阿尔玛取消了前往维也纳拜访海伦·贝尔格的计划时，失望的海伦写来一封信，言语间充满感伤："我和你一样，生活着，带着只能揣在心里的爱活着。"[53]

自 1956 年起，阿尔玛又开始推进始于 1944 年的自传计划。1947 年，包括韦费尔的出版商保罗·若尔瑙伊在内的几位读者建议，由于书中"频繁提及种族议题"——即反犹主义，需进行大面积修改；另考虑到阿尔玛对同时代一些人直言不讳的评论在法律层面或构成诽谤，当时的阿尔玛只能将初稿《闪光之路》搁置。1956 年 8 月，哈钦森出版社（Hutchinson Publishers）聘请编辑 E. B. 阿什顿［E. B. Ashton，同为移民的作家兼翻译家恩斯特·巴什（Ernst Basch）的笔名］与阿尔玛合作出版英文版。

鉴于阿尔玛对于批评的敏感、她的个性以及她在这个项目中的地位，代笔作家与作家之间的关系令人担忧。当时阿尔玛患有心脏病，有过几次轻微中风。"自从弗朗茨·韦费尔离开我之后……我总是拖着沉重的脚步努力往前，直到一年前，我因过于兴奋得了冠状动脉血栓。"[54] 1958 年 6 月，她在给利昂·福伊希特万格的信中如是说。总体而言，阿尔玛认同阿什顿的修改。她让阿什顿对一些问题作出自己的判断，比如删除"可能使当事人感到不快的言论……我可不希望有任何诽谤、诋毁名誉的诉讼"！[55]

最终完成的版本《爱是桥梁》于 1958 年春天出版，反响不一。毕竟书中依然保留了大量错误的、苛刻的判断，另有许多因删减省略导致的错误陈述。对于阿尔玛准备公开婚姻及私人关系的私密细节一事，连最亲密的朋友都对其坦率程度表示不快，甚至是彻底的厌恶。有些人觉得这本书过于自私，旨在为自己增光添彩，时而还以牺牲丈夫为代价。从那以后，若干朋友开始与阿尔玛保持距离。

沃尔特·格罗皮乌斯尤为受伤。"你口中那些贴有我名字的爱情故事并不属于我们。关于穆琪的回忆本该阻止你透露我们所经历的这一切……剩下的，唯有沉默。"[56] 他冷冷地写道。关于两人爱情的描写确实经过编辑，并做了大篇幅的删减，但阿尔玛辩解称自己是无辜的。当时，她病了整整一年，不可能"如过去般投入与关注"，[57] 她解释道，况且自己曾真心诚意地要求出版社把"与你相关的部分都寄到你手中，便于审查。直到收到你上一封来信，我才意识到这件事根本没有发生过"！[58] 格罗皮乌斯没有因此平息怒火，两人的友谊就此决裂。

  阿尔玛将这本书引起的轩然大波归咎于阿什顿，这可能有失公允。"我要求阿什顿'先生'温和地对待我朋友中的重要人物——但他把所有积极的方面都挑出来，用消极的方式来发展一切！"她对韦费尔的老朋友，作家兼编辑威利·哈斯抱怨道。事后，哈斯同意与阿尔玛合作出版德语版。她警告他说"我们必须对仍在世的人以及在这段历史中起主导作用的名流秉持宽容的姿态"，此外，"请删除所有涉及犹太问题的内容"。[59]《我的一生》（Mein Leben）于1960年出版，文笔坦率直白，长期以来一直是人们关注热议的对象。"人们认为这书太过劲爆，以至于在柜台底下流转贩卖，就像色情作品一样。"阿尔布雷希特·约瑟夫回忆称，"这本书巩固并增强了阿尔玛的神话。她成为这个时代的伟大情人，文艺复兴风格的女超人，一个近乎神的女性。"[60]

  1959年8月，阿尔玛80岁生日之际，安娜从加州来到纽约，与她在圣莫里茨酒店共进午餐，以示庆祝。生日祝福源源不断地从四面八方涌来。艾达·格鲍尔终于答应离开维也纳，来纽约照顾阿尔玛。男人们依然环绕在侧，献上他们的祝福。本杰明·布里顿将他的"为男高音与小型管弦乐队而作的夜曲……八首关于睡眠与梦境的歌曲"题献给阿尔玛。

  阿尔玛与科柯施卡又恢复了通信。韦费尔死后，她又一次懊悔自己与奥斯卡曾经分开，但心如明镜，知他二人的一切"都已结束——你过着一种对我来说很陌生的生活——我对你而言亦然，只能说我是一个可怜的魂灵"！[61]当时，科柯施卡已与奥尔达·帕尔科夫斯卡（Olda Palkovská）结婚，住在伦敦，后于1953年定居瑞士。1949年，科柯施卡以自己独特的方式向这位第一个将自己奉献予他的女神致敬，让情感的熊熊烈火持续燃烧，"如此，我才能学到一切——幸福、苦痛、疼痛、快乐、愤怒，然后在疯狂中死去"。[62]两年后，对木偶依然保有执念的科柯施卡提出要为阿尔玛复刻一个自己——一个真人大小的木雕，让她每天晚上都能带着它上床睡觉，如此，"有个伴儿……你能更好地记住我，通过练习，你就能再次获得对真实事物的渴望。在某个时候，我们将重逢。为它而活吧，我不忠的爱"。[63] 虽然彼此有很多次见面的机会，但阿尔玛总是选择放弃，似乎她更希望把科柯施卡留在自己的想象之中。

随着心脏病的持续发作以及听觉的退化，阿尔玛不得不更长时间地待在自己的公寓里。患有糖尿病的阿尔玛放弃了最喜欢的利口酒，但"在床头摆了一瓶本笃甜酒，宣称'这是留给我死那天喝的'"[64]，玛丽娜·马勒回忆道。1960年，伦纳德·伯恩斯坦（Leonard Bernstein）为纪念马勒百年诞辰，举办了马勒音乐节，这场轰轰烈烈的庆典令马勒的作品与声誉得以复兴。阿尔玛顶着"绝世遗孀"的光环参加了排练，接受众人的祝贺。在写给古斯蒂·阿尔特的信中，她称赞伯恩斯坦"是一位才华横溢的指挥家……因为他同样也是一位非常有意思的作曲家"。[65]

多年来，总有记者登门采访阿尔玛。她常常会坚定地劝诫他们，但同时又用魅力叫他们窒息。在她生命的最后几天，来自德国广播电视网络电视一台（ARD）的资深记者蒂洛·科赫（Thilo Koch）拜访了她。一位沉默的中年妇女（即艾达·格鲍尔）在门口迎接蒂洛·科赫，"他宛若走进了梦乡"：尽管午后阳光明媚，房间却很昏暗。屋内摆着几盏灯，"来者只能看到房间中间有个人，却又不怎么分明"。阿尔玛坐在扶手椅中，"珠光宝气的双手"靠在桌上，"馥郁的香气笼罩着她"。宽大的围巾包裹着她丰满的身躯，耳朵上悬着闪闪发光的长耳夹，身上佩着珍珠。"她向我投来期待的目光，眼睛闪闪发亮"，科赫写道。当谈及马勒与韦费尔时，科赫意识到她从来没有正面回答过问题，因为当时的阿尔玛已几乎丧失听力，"但她不想承认，以免叫客人失望。于是，她在我面前竭尽所能地表演，这是一场精彩的演出。她展现了强大的个性，她的坚定有力，她的活力与敏感，她性格中的过度与勇气，尽管装扮浮夸"。科赫"很乐意继续聆听下去，但她的句子时断时续。她的双手与眼睛总在桌子上漂移，意图寻找某个特定的参考点，但终究没有找到。我感觉喉咙中有什么被哽咽住了，郁结越变越大……她精心安排了眼前的一切，那些灯光，她的妆容"。[66]尽管能力变得越来越疲弱，但阿尔玛掌控周遭环境与自我形象的决心意念丝毫没有减损。

1964年秋天，一位美国朋友索玛·莫根施特恩（Soma Morgenstern）前来探访，他发现"死亡的阴影已经笼罩了她"。此前，阿尔玛曾多次中风。她向莫根施特恩询问起"死亡"：

> "最近怎么样？你经常会想到死吗？你害怕吗？""是的，"我说，"我经常想到死，而且已经有一段时间了。"

莫根施特恩离去时，"心有悲戚。我预感这将是最后的别离。悲痛的时刻即将到来"。[67]同年10月，她的朋友兼顾问阿道夫·克拉曼见到她：

> 那是在她最后一次中风后不久，没人注意到她身体有什么问题。只是那张脸，她第一次看上去像个老太太。她的小卷发不见了，她的眼睛望着我，想在我身上确认一切都没变……直到生命的最后，她都保持着清醒，顽强地为她不愿欣然放弃的生命而奋斗。[68]

她并不总是那么清醒。有时，她想象自己在山顶上遇见了注定要继承哈布斯堡王朝王位的鲁道夫王储，他向她表示，希望与她有个孩子。

1964 年 12 月 11 日，阿尔玛在纽约的公寓里去世，享年 85 岁。房间里摆满过往岁月的遗物，它们环绕在她的身边。她曾说，这些房间"珍藏着我的一生"。[69]两日后，葬礼在麦迪逊大街附近的弗兰克·E.坎贝尔葬礼礼拜堂（Frank E. Campbell Funeral Chapel）举行。克拉曼看着躺在棺椁里的阿尔玛，"她的脸……似乎带着一抹可疑而好奇的神情，似乎在试图搞清楚自己身处何处"。[70]阿尔玛最终如愿地被安葬于维也纳格林津公墓，女儿曼侬的旁边。

"我的一生是美丽的"，阿尔玛在自述中提及她生命中至为重要、视作珍宝的一切：

> 上帝令我与我们这个时代的天才神手们相遇，早在他们的双手创造出神作之前，令我预见一切。如果有一段时光，我抓住了那些光之骑士的马镫，那我的存在便是合理的、有福的。[71]

阿尔玛并未提及其他遗产，包括自己的音乐作品。虽然她生前罕有作品发表和演出，但随着社会对女性作曲家的兴趣与日俱增，阿尔玛充满热情的、优美的，且包含复杂技法的歌曲如今被认定为成熟完善之作，具备高超的音乐天赋。她对诗歌文本有十分敏锐的诠释与渲染，娴熟地运用色彩配以积极推进的和声，呈现出丰富的音乐织体。

自马勒逝世后，阿尔玛便不再作曲——除了一些抒情歌曲，如写于 1915 年的《雪亮》。个中缘由尚不清楚。诚然，女性作曲家的创作环境不容乐观。几十年来，人们对于女性作曲家的态度称不上正面，甚至不乏敌意，刻意贬低女性的才华。具体就阿尔玛而言，任何有质量的创作都会被归功于男性的影响，甚至直接说它们是男人代笔的结果——比如马勒或泽姆林斯基，这几乎已成为一种普遍看法。阿尔玛之所以保持沉默，或许是因为时隔十年之后，她没有机会练习、磨炼或发展自己的才能，也不再有底气去面对年轻时敢于挑战的、令人生畏的对手。亦或者，当她称自己带着那些"仿佛躺在棺材里"的歌曲走过这十年时，意味着某些东西在心中早已死去。尽管当马勒最终承认她是一位才华横溢的作曲家时，阿尔玛的创造力爆发了，但要重振创造力为时已晚，她的精力已不再燃烧，信心业已枯竭，创作精神早已消退。现实生活接管了她，在其他创造精神的滋养中，阿尔玛找到了另一个发挥自己创造力的出口，一个她从小在父亲的工作室里便熟悉的角色。

据估计，阿尔玛可能写有多达 100 首的抒情歌曲及各种器乐曲；其中相当一部分被认定已经遗失，或葬身于战时维也纳的废墟中，或散落于逃亡美国的途中，无迹可寻。她在 1898—1902 年的日记中提到大约 73 首歌曲，另创作有钢琴曲和室内乐，包括一首小提琴奏鸣曲及一首残缺的钢琴三重奏。[72] 其中部分作品已出版。1900 年阿尔玛 21 岁生日时，卡尔·莫尔私下为她编过一本作品集，包括三首抒情歌曲：《第一次悄然绽放》(Leise weht ein erstes Blühn)、《我的夜》(Meine Nächte) 以及《孤身的人啊》。在马勒的鼓动下，她有五首抒情歌曲于 1910 年出版，并由著名歌手在维也纳与纽约首演。这些歌曲都是基于文学巨匠里尔克、海因里希·海涅、理查德·德默尔、奥托·埃里希·哈特勒本 (Otto Erich Hartleben)、奥托·尤利乌斯·比尔鲍姆 (Otto Julius Bierbaum) 的诗歌文本而作。1915 年，阿尔玛在环球出版公司出版了四首写于 1901 到 1911 年间的抒情歌曲，之后在 1924 年，她又发表了另外五首。阿尔玛去世后，另有两首作品于 2000 年出版；而《孤身的人啊》于 2018 年正式发表。

　　阿尔玛历来对富有创造力的天才有着致命的吸引力，也因此闻名，但纵观她的一生，并非那些男人拯救了她。创作、演奏以及体验不同形式的音乐才是她生命的核心、精髓。当生活令她失望，可怕的悲剧笼罩着她时——第一任丈夫的死以及四个孩子中的三个先后被可怖的死神带走——音乐便是她内心可依靠的避难所。

　　借由音乐，阿尔玛表达自我之声，抒发炽烈、充满激情的魂魄与精神。她自己的音乐则是归属于她的，永恒且鲜活的遗产。

392

注 释

前言

1. 阿尔玛·马勒 – 韦费尔:《日记，1898—1902》(Alma Mahler-Werfel, *Diaries, 1898—1902*, ed. Antony Beaumont and Susanne Rode-Breymann, Cornell University Press, 2000)。

1. 维也纳童年

1. 阿尔玛·马勒 – 韦费尔:《爱是桥梁》(Alma Mahler-Werfel, *And the Bridge is Love*, Hutchinson, 1959)，第 14 页。

2. 阿尔布雷希特·约瑟夫:《韦费尔、阿尔玛、科柯施卡与演员乔治》(Albrecht Joseph, *Werfel, Alma, Kokoschka, the Actor George*, Mahler-Werfel Collection, Kislak Center for Special Collections, Rare Books and Manuscripts, University of Pennsylvania, PA)，第 35 页。

3. 同上，第 12 页。

4. 阿尔玛·马勒 – 韦费尔:《闪光之路》(Alma Mahler-Werfel, *Der schimmernde Weg*, Mahler-Werfel Collection, Kislak Center for Special Collections, Rare Books and Manuscripts, University of Pennyslvania, PA)，第 5 页。

5. 阿尔玛·马勒 – 韦费尔:《爱是桥梁》，第 12 页。

6. 阿尔玛·马勒 – 韦费尔:《闪光之路》，第 5—6 页。

7. 同上，第 6 页。

8. 阿尔玛·马勒 – 韦费尔:《日记，1898—1902》，1899 年 10 月 25 日，第 202 页。

9. 阿尔玛·马勒 – 韦费尔:《闪光之路》,第 5 页。

10. 同上,第 2 页。

11. 埃米尔·雅各布·辛德勒 1879 年 3 月 14 日与 3 月 20 日的日记,引自海因里希·富克斯:《埃米尔·雅各布·辛德勒》(Heinrich Fuchs, *Emil Jakob Schindler*, Selbst Verlag, 1970),第 15 页。

12. 阿尔玛·马勒 – 韦费尔:《日记,1898—1902》,1900 年 7 月 27 日,第 307 页。

13. 埃米尔·雅各布·辛德勒:1879 年 4 月 21 日,1879 年 4 月 2 日的日记,引自海因里希·富克斯:《埃米尔·雅各布·辛德勒》,第 16 页。

14. 埃米尔·雅各布·辛德勒:1879 年 10 月 15 日的日记,出处同上,第 19 页。

15. 同上。

16. 埃米尔·雅各布·辛德勒:1879 年 8 月 31 日的日记,引自海因里希·富克斯:《埃米尔·雅各布·辛德勒》,第 19 页。

17. 阿尔玛·马勒 – 韦费尔:《日记,1898—1902》,1900 年 7 月 27 日,第 307 页。

18. 卡尔·莫尔:《肖像研究》(Carl Moll, *Eine Bildnisstudie*, 1930),第 40 页,引自《诗意现实主义》展览图录(*Poetic Realism*, 2012)。

19. 阿尔玛·马勒 – 韦费尔:《闪光之路》,第 8 页。

20. 卡尔·莫尔:《肖像研究》,第 40 页,引自《诗意现实主义》展览图录。

21. 阿尔玛·马勒 – 韦费尔:《闪光之路》,第 4 页,引自卡尔·莫尔:《普兰肯堡的回忆》(Carl Moll, *Memory of Plankenberg*, Mahler–Werfel Collection)。

22. 阿尔玛·马勒 – 韦费尔:《爱是桥梁》,第 10 页。

23. 同上。

24. 同上。

25. 引自海因里希·富克斯:《埃米尔·雅各布·辛德勒》,第 7、8 页。

26. 阿尔玛·马勒 – 韦费尔:《闪光之路》,第 6 页。

27. 阿尔玛·马勒 – 韦费尔:《日记,1898—1902》,1899 年 9 月 5 日,第 190-191 页。

28. 阿尔玛·马勒 – 韦费尔:《闪光之路》,第 7 页。

29. 同上,第 8 页。

30. 卡尔·莫尔:《我的一生》(Carl Moll, *Mein Leben*, Belvedere, Vienna),第 96 页(打字稿)。

31. 阿尔玛·马勒 – 韦费尔:《闪光之路》,第 8 页。

32. 阿尔玛·马勒－韦费尔：《闪光之路》，第 9 页。

33. 同上。

34. 阿尔玛·马勒－韦费尔：《日记，1898—1902》，1899 年 9 月 5 日，第 190 页。

35. 阿尔玛·马勒－韦费尔：《闪光之路》，第 10 页。

36. 同上。

37. 同上，第 11 页。

38. 同上，第 3 页。

39. 阿尔玛·马勒－韦费尔：《爱是桥梁》，第 17 页。

40. 阿尔玛·马勒－韦费尔：《闪光之路》，第 10 页。

41. 同上，第 11 页。

42. 卡尔·E. 休斯克：《世纪末的维也纳》(Carl E. Schorske, *Fin de Siècle Vienna*, Vintage, 1981)，第 215 页。

43. 阿尔玛·马勒－韦费尔：《爱是桥梁》，第 17 页。

44. 弗朗茨·马奇：《回忆录》(Franz Matsch, *Memoir*)，引用自弗兰克·惠特福德：《古斯塔夫·克里姆特：文化语境中的艺术家》(Frank Whitford, *Gustav Klimt: Artists in Context*, Collins and Brown, 1993)，第 32 页。

45. 引自卡尔·E. 休斯克：《世纪末的维也纳》，第 215 页。

46. 斯蒂芬·茨威格：《昨日世界》(Stefan Zweig, *The World of Yesterday*, Cassell and Co, 1943)，第 44 页。

47. 阿尔玛·马勒－韦费尔：《日记，1898—1902》，1898 年 3 月 25、26 日，第 17 页。

48. 引自弗兰克·惠特福德：《古斯塔夫·克里姆特：文化语境中的艺术家》，第 43 页。

49. 同上。

50. J. M. 奥尔布里希：《分离之家》(J. M. Olbrich, *Das Haus der Sezession*)，引自《建筑师》杂志 [卷 V](*Der Architekt*, vol. V)，1899 年 1 月，第 5 页。

51. 阿尔玛·马勒－韦费尔：《日记，1898—1902》，1898 年 10 月 12 日，第 64 页。

52. 同上，1898 年 5 月 7 日，第 30 页。

53. 同上，1898 年 5 月 18 日，第 32、31 页。

54. 同上，1898 年 5 月 22 日，第 32 页。

55. 阿尔玛·马勒－韦费尔：《日记，1898—1902》，1899 年 10 月 24 日，第 201 页。

56. 同上，1898 年 2 月 9 日，第 5 页。

57. 阿尔玛·马勒 – 韦费尔：《日记，1898—1902》，1900 年 4 月 23 日，第 279 页。

58. 同上，1898 年 12 月 16 日，第 217 页。

59. 同上，1898 年 1 月 27 日，第 3 页。

60. 同上，1898 年 11 月 29 日，第 74 页。

61. 同上，1898 年 11 月 22 日，第 72 页。

62. 同上，1898 年 12 月 20 日，第 82 页。

63. 同上，1899 年 3 月 14 日，第 104 页。

64. 同上，1899 年 1 月 5 日，第 85 页。

65. 同上，1899 年 1 月 7 日，第 85 页。

66. 同上，1898 年 2 月 9 日，第 5 页。

67. 同上，1899 年 1 月 6 日，第 85 页。

68. 同上，1898 年 2 月 9 日，第 5 页。

69. 同上，1899 年 1 月 17 日，第 88 页。

70. 同上，1899 年 2 月 28 日，第 99 页。

71. 同上，1899 年 2 月 7 日，第 93 页。

72. 同上，1899 年 1 月 13 日，第 87 页。

73. 同上。

74. 同上，1899 年 1 月 24 日，第 89 页。

75. 同上，1898 年 7 月 6 日，第 40 页。

76. 同上，1898 年 7 月 23 日，第 41 页。

77. 同上，1898 年 10 月 19 日，第 66 页。

78. 同上，1898 年 8 月 9 日，第 50 页。

79. 同上，1899 年 5 月 17 日，第 137—138 页。

80. 同上，1898 年 12 月 1 日，第 75 页。

81. 同上，1899 年 2 月 13 日，第 94 页。

82. 同上，1899 年 3 月 12 日，第 103 页。

83. 同上，1899 年 5 月 20 日，第 141 页。

84. 同上，1899 年 7 月 20 日，第 169 页。

85. 同上，1899 年 8 月 16 日，第 180 页。

86. 同上，1899 年 9 月 6 日，第 191—192 页。

2. 觉醒 1898—1899

1. 阿尔玛·马勒-韦费尔:《日记,1898—1902》,1899年11月24日,第73页。

2. 同上,1898年2月9日,第5页。

3. 斯蒂芬·茨威格:《昨日世界》,第22—23页。

4. 同上,第28页。

5. 同上,第28—29页。

6. 阿尔玛·马勒-韦费尔:《日记,1898—1902》,1900年4月14日,第275页。

7. 同上,1901年6月28日—7月4日,第414—415页。

8. 同上,1898年4月28日,第27—28页。

9. 同上,1898年3月10日,第12—13页。

10. 同上,1898年3月27日,第17—18页。

11. 同上,第18页。

12. 同上,1898年4月17日,第24页。

13. 同上,1898年12月31日,第84页。

14. 同上,1898年4月26日,第27页。

15. 同上,1898年4月24日,第26页。

16. 同上,1898年8月4日,第49页。

17. 同上,1898年10月5日,第64页。

18. 同上,1898年11月12日,第68页。

19. 同上,1899年1月30日,第90页。

20. 同上。

21. 同上,1899年1月14日,第87页。

22. 同上,1899年2月14日,第95页。

23. 同上。

24. 同上,1899年2月15日,第95页。

25. 同上,1899年3月2日,第99页。

26. 同上,1899年3月15日,第104—105页。

27. 同上,1899年3月18日,第105页。

28. 同上,1899年4月16日,第120页。

29. 同上,1899年4月20日,第121页。

30. 阿尔玛·马勒－韦费尔：《日记，1898—1902》，1899 年 5 月 20 日，第 141 页。

31. 同上，1899 年 4 月 29 日，第 124 页。

32. 同上，1899 年 5 月 18 日，第 139 页。

33. 同上，1899 年 5 月 1 日，第 125—126 页。

34. 同上，1899 年 5 月 18 日，第 139 页。

35. 同上，1899 年 5 月 24 日，第 143—144 页。

36. 阿尔玛·马勒－韦费尔：《爱是桥梁》，第 17 页。

37. 阿尔玛·马勒－韦费尔：《日记，1898—1902》，1899 年 5 月 4 日，第 130 页。

38. 同上，1899 年 5 月 5 日，第 131 页。

39. 同上，第 131—132 页。

40. 同上，1899 年 5 月 6 日，第 132—133 页。

41. 同上，1899 年 5 月 8 日，第 133 页。

42. 同上，1899 年 5 月 13 日，第 135 页。

43. 同上，第 135—136 页。

44. 古斯塔夫·克里姆特写给卡尔·莫尔的信，1899 年 5 月 19 日，引自亨利－路易·德·拉·格兰奇：《古斯塔夫·马勒（卷 2）：维也纳：挑战之年，1897—1904》(Henry-Louis de la Grange, *Gustav Mahler, vol. 2*, *Vienna: The Years of Challenge*, 1897—1904, Oxford University Press, 1995)，第 695—697 页。

45. 阿尔玛·马勒－韦费尔：《日记，1898—1902》，1899 年 5 月 15 日，第 136 页。

46. 同上，第 137 页。

47. 同上，1899 年 5 月 17 日，第 137 页。

48. 同上，1899 年 5 月 20 日，第 141 页。

49. 同上，1899 年 7 月 22 日，第 171 页。

50. 同上，1899 年 5 月 12 日，第 135 页。

51. 同上，1899 年 6 月 6 日，第 151—152 页。

52. 同上，1899 年 6 月 9 日，第 153 页。

53. 同上，1899 年 6 月 30 日，第 159 页。

54. 同上，1899 年 8 月 4 日，第 178 页。

55. 同上。

56. 同上，1899 年 8 月 31 日，第 186 页。

57. 阿尔玛·马勒－韦费尔:《日记，1898—1902》，1900 年 1 月 21 日，第 230 页。

3. 爱与音乐　1899—1901

1. 阿尔玛·马勒－韦费尔:《日记，1898—1902》，1899 年 9 月 9 日，第 194 页。

2. 同上，1899 年 7 月 17 日，第 164 页。

3. 同上，1899 年 7 月 18 日，第 164 页。

4. 同上，1899 年 8 月 1 日，第 176 页。

5. 同上，1899 年 8 月 9 日，第 180 页。

6. 同上，1899 年 8 月 10 日，第 180 页。

7. 同上，1899 年 10 月 3 日，第 198—199 页。

8. 同上，1899 年 5 月 20 日，第 142—143 页。

9. 同上，1899 年 10 月 12 日，第 64 页。

10. 同上，1899 年 9 月 8 日，第 193 页。

11. 同上，1899 年 8 月 10 日，第 180 页。

12. 同上，1899 年 11 月 29 日，第 210—211 页。

13. 同上，1899 年 12 月 1 日，第 212 页。

14. 同上，1900 年 1 月 4 日，第 221 页。

15. 同上，1900 年 9 月 20 日，第 323 页。

16. 同上，1899 年 12 月 14 日，第 216—217 页。

17. 同上，1900 年 10 月 23 日，第 334 页。

18. 同上，1899 年 3 月 3 日，第 100 页。

19. 同上，1899 年 12 月 3 日，第 213 页。

20. 同上，1900 年 2 月 2 日，第 242 页。

21. 同上，1900 年 4 月 24 日，第 280 页。

22. 同上，1899 年 11 月 16 日，第 71 页。

23. 同上，1900 年 3 月 10 日，第 258 页。

24. 同上，1900 年 3 月 16 日，第 263 页。

25. 同上，1900 年 2 月 7 日，第 244 页。

26. 同上，1900 年 6 月 14 日，第 293—294 页。

27. 同上，1900 年 1 月 4 日，第 222 页。

28. 阿尔玛·马勒 – 韦费尔:《日记，1898—1902》，1900 年 3 月 19 日，第 256 页。

29. 贝尔塔·祖卡坎德尔:《奥地利私密记忆：回忆录，1892—1942》(Berta Zuckerkandl, *Österreich intim: Erinnerungen 1892–1942*, Amalthea Signum Verlag, 2013)，第 52 页。

30. 阿尔玛·马勒 – 韦费尔:《日记，1898—1902》，1900 年 2 月 11 日，第 245 页。

31. 同上，1900 年 2 月 26 日，第 253—254 页。

32. 同上，1900 年 3 月 10 日，第 258 页。

33. 同上，1900 年 3 月 29 日，第 271 页。

34. 同上，1900 年 4 月 23 日，第 278—279 页。

35. 同上，1900 年 5 月 12 日，第 283 页。

36. 同上。

37. 同上，1900 年 10 月 19 日，第 332 页。

38. 同上，1900 年 6 月 23 日，第 296 页；1900 年 7 月 11 日，第 299 页。

39. 同上，1900 年 7 月 11 日，第 299 页。

40. 同上，1900 年 7 月 23 日，第 305 页。

41. 同上，1900 年 7 月 24 日，第 305 页。

42. 同上，1900 年 8 月 2 日，第 308 页。

43. 同上，1900 年 9 月 4 日，第 319 页。

44. 亚历山大·冯·泽姆林斯基给阿尔玛·辛德勒的信，1900 年 8 月 9 日，引自阿尔玛·马勒 – 韦费尔:《日记，1898—1902》，1900 年 8 月 10 日，第 312 页（注释 25）。

45. 同上，1900 年 10 月 15 日，第 331 页。

46. 同上，1900 年 10 月 18 日，第 332 页。

47. 同上，1900 年 11 月 13 日，第 343—344 页。

48. 同上，1901 年 12 月 27 日，第 361 页。

49. 同上，1900 年 9 月 27 日，第 326 页。

50. 同上，1900 年 11 月 12 日，第 342—343 页。

51. 同上，1900 年 12 月 11 日，第 355 页。

52. 同上，1900 年 12 月 14 日，第 356 页。

53. 同上，1900 年 12 月 17 日，第 357 页。

54. 同上，1900 年 12 月 24 日，第 360 页。

55. 亚历山大·冯·泽姆林斯基给阿尔玛·辛德勒的信，1900 年 8 月 9 日，引自阿尔玛·马勒－韦费尔：《日记，1898—1902》，1901 年 2 月 24 日，第 377 页。

56. 同上，1900 年 9 月 22 日，第 324 页。

57. 同上，1900 年 10 月 21 日，第 333 页。

58. 同上，1901 年 1 月 31 日，第 370 页。

59. 同上，1901 年 2 月 28 日，第 378 页。

60. 同上，1901 年 3 月 2 日，第 379 页。

61. 同上，1901 年 2 月 24 日，第 377 页。

62. 亚历山大·冯·泽姆林斯基给阿尔玛·辛德勒的信，1901 年（具体日期不详），宾夕法尼亚大学基斯拉克特别收藏中心，马勒－韦费尔收藏部善本与手稿组（以下简称马勒－韦费尔收藏部）。

63. 阿尔玛·马勒－韦费尔：《日记，1898—1902》，1901 年 1 月 7 日，第 366 页。

64. 同上，1901 年 3 月 4 日，第 380 页。

65. 同上，1901 年 3 月 13 日，第 384 页。

66. 亚历山大·冯·泽姆林斯基给阿尔玛·辛德勒的信，1901 年 3 月 20 日，马勒－韦费尔收藏部。

67. 阿尔玛·马勒－韦费尔：《日记，1898—1902》，1901 年 3 月 28 日，第 393 页。

68. 同上，1901 年 3 月 25 日，第 392 页。

69. 同上，1901 年 3 月 23 日，第 391 页。

70. 同上，1901 年 3 月 28 日，第 393 页。

71. 亚历山大·冯·泽姆林斯基给阿尔玛·辛德勒的信，1901 年 4 月 3 日，马勒－韦费尔收藏部。

72. 阿尔玛·马勒－韦费尔：《日记，1898—1902》，1901 年 4 月 10 日，第 395 页。

73. 同上，1901 年 4 月 11 日，第 396 页。

74. 亚历山大·冯·泽姆林斯基给阿尔玛·辛德勒的信，未标注具体时间，约写于 1901 年 4 月 11 日，马勒－韦费尔收藏部。

75. 阿尔玛·马勒－韦费尔：《日记，1898—1902》，1901 年 4 月 18 日，第 398 页。

76. 亚历山大·冯·泽姆林斯基给阿尔玛·辛德勒的信，约写于 1901 年 4 月 19 日，马勒－韦费尔收藏部。

77. 阿尔玛·马勒－韦费尔：《日记，1898—1902》，1901 年 4 月 19 日，第 398 页。

78. 同上，1901 年 4 月 19 日，第 398—399 页。

79. 阿尔玛·马勒 – 韦费尔：《日记，1898—1902》，1901 年 4 月 21 日，第 399 页。

80. 同上，1901 年 4 月 22 日，第 400 页。

81. 同上，1901 年 4 月 23 日，第 400—401 页。

82. 同上，1900 年 2 月 27 日，第 251 页。

83. 同上，1901 年 5 月 2 日，第 403 页。

84. 同上，1901 年 5 月 17 日，第 404 页。

85. 同上，1901 年 5 月 19 日，第 405 页。

86. 同上，1901 年 5 月 21 日，第 405 页。

87. 亚历山大·冯·泽姆林斯基给阿尔玛·辛德勒的信，1901 年 5 月 22 日，马勒 – 韦费尔收藏部。

88. 阿尔玛·马勒 – 韦费尔：《日记，1898—1902》，1901 年 5 月 23 日，第 409 页。

89. 同上，1901 年 5 月 25 日，第 409 页。

90. 亚历山大·冯·泽姆林斯基给阿尔玛·辛德勒的信，1901 年 5 月 27 日，马勒 – 韦费尔收藏部。

91. 阿尔玛·马勒 – 韦费尔：《日记，1898—1902》，1901 年 5 月 18 日，第 404—405 页。

92. 同上，1901 年 5 月 4 日，第 404 页。

93. 同上，1901 年 5 月 30 日，第 409—410 页。

94. 同上，1901 年 5 月 30 日，第 410 页。

95. 同上，1901 年 6 月 21 日，第 413 页。

96. 同上。

97. 同上，1901 年 7 月 29 日，第 422 页。

98. 同上，1901 年 7 月 14 日，第 418 页。

99. 同上，1901 年 7 月 22 日，第 419 页。

100. 同上，1901 年 7 月 23 日，第 419—420 页。

101. 同上，1901 年 7 月 28 日，第 421 页。

102. 同上，1901 年 7 月 24 日，第 421 页。

103. 同上，1901 年 10 月 5 日，第 435 页。

104. 同上，1901 年 10 月 7 日，第 436 页。

105. 同上。

106. 同上，1901 年 10 月 27 日，第 439 页。

107. 阿尔玛·马勒－韦费尔：《日记，1898—1902》，1901 年 10 月 18 日，第 439 页。

108. 同上，1901 年 11 月 9 日，第 444 页。

4. 神圣的渴望　1901—1902

1. 阿尔玛·马勒：《古斯塔夫·马勒：回忆与书信》（Alma Mahler, *Gustav Mahler: Memories and Letters*, ed. Donald Mitchell, University of Washington Press, 1975），第 3 页。

2. 阿尔玛·马勒－韦费尔：《日记，1898—1902》，1898 年 12 月 4 日，第 76 页。

3. 同上，1899 年 2 月 19 日，第 96 页。

4. 同上，1900 年 11 月 18 日，第 345 页。

5. 同上，1899 年 7 月 11 日，第 163 页。

6. 同上，1899 年 3 月 3 日，第 101 页。

7. 同上，1900 年 2 月 26 日，第 254 页。

8. 同上，1900 年 4 月 3 日，第 272 页。

9. 同上，1900 年 8 月 2 日，第 308 页。

10. 伯特·布劳科普夫、赫塔·布劳科普夫：《马勒：他的人生、创作与世界》（Bert Blaukopf、Herta Blaukopf, *Mahler: His Life, Work and World*, Thames and Hudson, 1976），第 17 页；纳塔莉·鲍尔－莱希纳：《回忆古斯塔夫·马勒》（Natalie Bauer–Lechner, *Recollections of Gustav Mahler*, Faber Music, 1980），第 62—63 页。

11. 贝尔塔·祖卡坎德尔：《奥地利私密记忆：回忆录，1892—1942》，第 48 页。

12. 同上，第 52—53 页。

13. 阿尔玛·马勒：《古斯塔夫·马勒：回忆与书信》，第 4 页。

14. 贝尔塔·祖卡坎德尔写给索菲·克列孟梭的信，1901 年 11 月 30 日，引自贝尔塔·祖卡坎德尔：《奥地利私密记忆：回忆录，1892—1942》，第 53 页。

15. 同上，第 53—54 页。

16. 同上，第 54 页。

17. 《古斯塔夫·马勒：给妻子的信》（*Gustav Mahler: Letters to His Wife*, ed. Henry–Louis de la Grange、Günther Weiss, in collaboration with Knud Martner），第 34—35 页。

18. 阿尔玛·马勒－韦费尔：《日记，1898—1902》，1901 年 11 月 7 日，第 443 页。

19. 同上。

20. 贝尔塔·祖卡坎德尔：《奥地利私密记忆：回忆录，1892—1942》，第 54 页。

21. 贝尔塔·祖卡坎德尔：《奥地利私密记忆：回忆录，1892—1942》，第 54 页。

22. 阿尔玛·马勒：《古斯塔夫·马勒：回忆与书信》，第 5 页。

23. 阿尔玛·马勒 – 韦费尔：《日记，1898—1902》，1901 年 11 月 8 日，第 444 页。

24. 古斯塔夫·马勒给阿尔玛·辛德勒的信，柏林，1901 年 12 月 14 日，引自《古斯塔夫·马勒：给妻子的信》，第 67 页。

25. 阿尔玛·马勒：《古斯塔夫·马勒：回忆与书信》，第 15 页。

26. 同上，第 16 页。

27. 阿尔玛·马勒 – 韦费尔：《日记，1898—1902》，1901 年 11 月 19 日，第 446 页。

28. 阿尔玛·马勒：《古斯塔夫·马勒：回忆与书信》，第 17 页。

29. 同上，第 18 页。

30. 阿尔玛·马勒 – 韦费尔：《日记，1898—1902》，1901 年 11 月 19 日，第 446 页。

31. 同上，1901 年 11 月 19 日，第 446 页。

32. 阿尔玛·马勒：《古斯塔夫·马勒：回忆与书信》，第 19 页。

33. 同上。

34. 卡尔·莫尔：《回忆录》(Erinnerungen)，未发表手稿，引自《古斯塔夫·马勒：给妻子的信》，第 41 页。

35. 阿尔玛·马勒：《古斯塔夫·马勒：回忆与书信》，第 19 页。

36. 同上，第 19—20 页。

37. 同上，第 20 页。

38. 古斯塔夫·马勒给阿尔玛·辛德勒的信，1901 年 11 月 29 日，引自《古斯塔夫·马勒：给妻子的信》，第 43 页。

39. 阿尔玛·辛德勒给古斯塔夫·马勒的信，出处同上，第 45 页。

40. 阿尔玛·马勒 – 韦费尔：《日记，1898—1902》，1901 年 11 月 29 日，第 447 页。

41. 同上，1901 年 11 月 30 日，第 448 页。

42. 同上，1901 年 12 月 1 日，第 448 页。

43. 同上，1901 年 12 月 8 日，第 455 页。

44. 同上，1901 年 12 月 3 日，第 449 页。

45. 古斯塔夫·马勒给阿尔玛·辛德勒的信，1901 年 12 月 9 日，引自《古斯塔夫·马勒：给妻子的信》，第 54 页。

46. 古斯塔夫·马勒给阿尔玛·辛德勒的信，1901 年 12 月 5 日，出处同上，第 49 页。

47. 古斯塔夫·马勒给阿尔玛·辛德勒的信，1901年12月8日，引自《古斯塔夫·马勒：给妻子的信》，第52页。

48. 阿尔玛·马勒－韦费尔：《日记，1898—1902》，1901年12月7日，第451页。

49. 古斯塔夫·马勒给阿尔玛·辛德勒的信，柏林，普拉斯特酒店（Palast Hotel），1901年12月11日，引自《古斯塔夫·马勒：给妻子的信》，第57页。

50. 古斯塔夫·马勒给贾斯汀·马勒的信，柏林，普拉斯特酒店，1901年12月12日，出处同上，第61页。

51. 古斯塔夫·马勒给贾斯汀·马勒的信，柏林，普拉斯特酒店，1901年12月14日，出处同上，第62页。

52. 古斯塔夫·马勒给阿尔玛·辛德勒的信，柏林，普拉斯特酒店，1901年12月16日，出处同上，第73页。

53. 古斯塔夫·马勒给阿尔玛·辛德勒的信，柏林，普拉斯特酒店，1901年12月12日，出处同上，第61页。

54. 古斯塔夫·马勒给贾斯汀·马勒的信，柏林，普拉斯特酒店，1901年12月15日，出处同上，第72页。

55. 古斯塔夫·马勒给阿尔玛·辛德勒的信，柏林，普拉斯特酒店，1901年12月14日，出处同上，第65—66页。

56. 阿尔玛·马勒－韦费尔：《日记，1898—1902》，1901年12月11日，第452页；1901年12月14日，第459页。

57. 同上，1901年12月15日，第459页。

58. 同上，1901年12月12日，第458页。

59. 同上，1901年12月13日，第458页。

60. 同上，1901年12月16日，第459—460页。

61. 同上，1901年12月9日，第455—456页。

62. 古斯塔夫·马勒给阿尔玛·辛德勒的信，柏林，1901年12月16日，引自《古斯塔夫·马勒：给妻子的信》，第74页。

63. 阿尔玛·马勒－韦费尔：《日记，1898—1902》，1901年12月18日，第460—461页。

64. 同上，1901年12月19日，第461页。

65. 阿尔玛·马勒：《古斯塔夫·马勒：回忆与书信》，第22页。

66. 《古斯塔夫·马勒：给妻子的信》，第78—84页。

67. 阿尔玛·马勒－韦费尔：《日记，1898—1902》，1901 年 12 月 20 日，第 462 页。

68. 阿尔玛·马勒：《古斯塔夫·马勒：回忆与书信》，第 22 页。

69. 阿尔玛·马勒－韦费尔：《日记，1898—1902》，1901 年 12 月 21 日，第 462 页。

70. 古斯塔夫·马勒给阿尔玛·辛德勒的信，1901 年 12 月 21 日，引自《古斯塔夫·马勒：给妻子的信》，第 86—87 页。

71. 阿尔玛·马勒－韦费尔：《日记，1898—1902》，1901 年 12 月 21 日，第 462 页。

72. 同上，1901 年 12 月 22 日，第 462—463 页。

73. 同上，1901 年 12 月 24 日，第 464 页。

74. 同上，1901 年 12 月 22、23 日，第 463—464 页。

75. 古斯塔夫·马勒给阿尔玛·辛德勒的信，1901 年 12 月 24 日，引自《古斯塔夫·马勒：给妻子的信》，第 89 页。

76. 阿尔玛·马勒给沃尔特·格罗皮乌斯的信，1910 年 8 月 17 日，引自亨利－路易·德·拉·格兰奇：《古斯塔夫·马勒（卷 4）：新生活的终结，1907—1911》（Henry-Louis de la Grange, *Gustav Mahler, vol. 4, A New Life Cut Short*, *1907–1911*, Oxford University Press, 2008），第 879 页。

77. 阿尔玛·马勒－韦费尔：《日记，1898—1902》，1901 年 12 月 21 日，第 463—464 页。

78. 阿尔玛·马勒：《古斯塔夫·马勒：回忆与书信》，第 23 页。

79. 阿尔玛·马勒－韦费尔：《日记，1898—1902》，1901 年 12 月 28 日，第 465 页。

80. 同上，1901 年 12 月 29 日，第 466 页。

81. 同上，1901 年新年前夜，第 467 页。

82. 同上，1901 年 12 月 30 日，第 466 页。

83. 同上，1902 年元旦，第 467 页。

84. 同上，1902 年 1 月 3 日，1902 年 1 月 4 日，第 467 页。

85. 古斯塔夫·马勒给阿尔玛·辛德勒的信，维也纳，1902 年 1 月 3 日，引自《古斯塔夫·马勒：给妻子的信》，第 95 页。

86. 布鲁诺·瓦尔特给父母的信，1901 年 12 月 30 日，出自《书信集，1894—1962》（Bruno Walter, *Briefe, 1894–1962*, Fischer Verlag, 1969），第 52—53 页，引自《古斯塔夫·马勒：给妻子的信》，第 92 页。

87. 阿尔玛·马勒－韦费尔：《日记，1898—1902》，1902 年 1 月 5 日，第 467 页。

88. 阿尔玛·马勒：《古斯塔夫·马勒：回忆与书信》，第 25—26 页。

89. 引自亨利－路易·德·拉·格兰奇：《古斯塔夫·马勒（卷2）：维也纳：挑战之年，1897—1904》，第463页。

90. 阿尔玛·马勒：《古斯塔夫·马勒：回忆与书信》，第27页。

91. 同上，第31—32页。

92. 阿尔玛·马勒－韦费尔：《日记，1898—1902》，1902年1月6日，第468页。

93. 阿尔玛·马勒：《古斯塔夫·马勒：回忆与书信》，第29—30页。

94. 阿尔玛·马勒－韦费尔：《日记，1898—1902》，1902年1月16日，第468页。

95. 阿尔玛·马勒：《古斯塔夫·马勒：回忆与书信》，第14页。

96. 古斯塔夫·马勒给阿尔玛·辛德勒的信，1902年2月1日，引自《古斯塔夫·马勒：给妻子的信》，第101页。

97. 阿尔玛·马勒：《古斯塔夫·马勒：回忆与书信》，第33页。

98. 同上。

99. 同上，第34页。

5. 更高的召唤 1902—1907

1. 阿尔玛·马勒：《古斯塔夫·马勒：回忆与书信》，第34页。

2. 阿尔玛·马勒－韦费尔：《爱是桥梁》，第27页。

3. 阿尔玛·马勒：《古斯塔夫·马勒：回忆与书信》，第34页。

4. 阿尔玛·马勒－韦费尔：《爱是桥梁》，第27页。

5. 阿尔玛·马勒：《古斯塔夫·马勒：回忆与书信》，第36页。

6. 古斯塔夫·马勒给阿尔玛·辛德勒的信，1901年12月1日，引自《古斯塔夫·马勒：给妻子的信》，第73页。

7. 布鲁诺·瓦尔特给父母的信，1901年9月29日，引自《书信集，1894—1962》，第44页。

8. 阿尔玛·马勒：《古斯塔夫·马勒：回忆与书信》，第39页。

9. 同上，第41页。

10. 引自亨利－路易·德·拉·格兰奇：《古斯塔夫·马勒（卷2）：维也纳：挑战之年1897—1904》，第528页。

11. 阿尔玛·马勒：《古斯塔夫·马勒：回忆与书信》，第41页。

12. 同上，第42页。

13. 纳塔莉·鲍尔–莱希纳：《回忆古斯塔夫·马勒》，第 133 页。

14. 阿尔玛·马勒：《古斯塔夫·马勒：回忆与书信》，第 47 页。

15. 阿尔玛·马勒–韦费尔：《爱是桥梁》，第 30—31 页。

16. 同上，第 30—31 页。

17. 阿尔玛·马勒：《古斯塔夫·马勒：回忆与书信》，第 45 页。

18. 同上。

19. 阿尔玛·马勒：《日记》(Alma Mahler, *Tagebuch*, Mahler–Werfel Collection, Kislak Center for Special Collections, Rare Books and Manuscripts, University of Pennsylvania, PA)，1902 年 7 月 10 日，第 2—3 页。

20. 同上，1902 年 7 月 12 日，第 2—3 页。

21. 同上，1902 年 7 月 13 日，第 4；阿尔玛·马勒–韦费尔：《闪光之路》，第 21 页，马勒–韦费尔收藏部。

22. 阿尔玛·马勒：《日记》，1902 年 8 月 10 日，第 4 页。

23. 引自《古斯塔夫·马勒：给妻子的信》，第 638 页。

24. 阿尔玛·马勒：《日记》，1902 年 11 月 25 日，第 5 页。

25. 阿尔玛·马勒：《古斯塔夫·马勒：回忆与书信》，第 49 页。

26. 阿尔玛·马勒：《日记》，1902 年 12 月 13 日，第 5 页。

27. 同上，1902 年 12 月 15 日，第 6 页。

28. 同上，1902 年 12 月 15 日，第 5—6 页。

29. 同上，1902 年 12 月 13 日，第 5 页。

30. 古斯塔夫·马勒给阿尔玛·马勒的信，威斯巴登（Wiesbaden），1903 年 1 月 21 日，引自《古斯塔夫·马勒：给妻子的信》，第 111 页。

31. 阿尔玛·马勒：《日记》，1902 年 12 月 16 日，第 6 页。

32. 同上，1903 年 1 月 8 日，第 6—7 页。

33. 同上，1903 年 1 月 20 日，第 7—8 页。

34. 同上，1903 年 3 月 17 日，第 8 页。

35. 阿尔玛·马勒：《古斯塔夫·马勒：回忆与书信》，第 76 页。

36. 同上，第 55 页。

37. 同上，第 57 页。

38. 同上，第 58 页。

39. 古斯塔夫·马勒给阿尔玛·马勒的信，1903 年 4 月 2 日，引自《古斯塔夫·马勒：给妻子的信》，第 117—118 页。

40. 阿尔玛·马勒：《日记》，1903 年 3 月 17 日，第 8 页。

41. 同上，1903 年 5 月 29 日，第 9—10 页。

42. 阿尔玛·马勒：《古斯塔夫·马勒：回忆与书信》，第 60 页。

43. 阿尔玛·马勒：《日记》，1903 年 6 月 15 日，第 10 页。

44. 古斯塔夫·马勒给阿尔玛·马勒的信，维也纳，1903 年 8 月 30 日，引自《古斯塔夫·马勒：给妻子的信》，第 125 页。

45. 阿尔玛·马勒：《日记》，1904 年 2 月 25 日，第 10—11 页。

46. 阿尔玛·马勒－韦费尔：《我的一生》，第 37 页，引自亨利－路易·德·拉·格兰奇：《古斯塔夫·马勒（卷 2）：维也纳：挑战之年，1897—1962》，第 694 页。

47. 阿尔玛·马勒：《古斯塔夫·马勒：回忆与书信》，第 66 页。

48. 同上，第 83 页。

49. 格哈特·豪普特曼给古斯塔夫·马勒的信，未标注具体日期，引自亨利－路易·德·拉·格兰奇：《古斯塔夫·马勒（卷 2）：维也纳：挑战之年，1897—1962》，第 701 页。

50. 阿尔玛·马勒：《古斯塔夫·马勒：回忆与书信》，第 71 页。

51. 同上，第 68 页。

52. 同上。

53. 同上，第 70 页。

54. 同上，第 71 页。

55. 同上，第 70 页。

56. 艾丽卡·蒂策（Erica Tietze）给艾达·康拉特的信，1904 年 8 月，引自亨利－路易·德·拉·格兰奇：《古斯塔夫·马勒（卷 2）：维也纳：挑战之年，1897—1962》，第 716 页。

57.《古斯塔夫·马勒：给妻子的信》，第 176 页。

58. 阿尔玛·马勒：《古斯塔夫·马勒：回忆与书信》，第 75 页。

59. 古斯塔夫·马勒给阿尔玛·马勒的信，科隆，1904 年 10 月 15 日，引自《古斯塔夫·马勒：给妻子的信》，第 180—181 页。

60. 阿尔玛·马勒：《古斯塔夫·马勒：回忆与书信》，第 72 页。

61. 阿尔玛·马勒：《日记》，1905 年 1 月 1 日，第 12 页。

62. 阿尔玛·马勒:《日记》，1905 年 1 月 5 日，第 12 页。

63. 同上，1905 年 1 月 5 日，第 13 页。

64. 阿尔玛·马勒:《古斯塔夫·马勒: 回忆与书信》，第 77 页。

65. 同上。

66. 同上，第 81 页。

67. 阿尔玛·马勒:《日记》，1905 年 1 月 23 日，第 15 页。

68. 阿尔玛·马勒:《古斯塔夫·马勒: 回忆与书信》，第 82 页。

69. 阿尔玛·马勒:《日记》，1905 年 6 月 5 日，第 16 页。

70. 同上，1905 年 7 月 6 日，第 16 页。

71. 古斯塔夫·马勒给阿尔玛·马勒的信，1910 年 6 月 8 日，引自《古斯塔夫·马勒: 给妻子的信》，第 357 页。

72. 阿尔玛·马勒:《古斯塔夫·马勒: 回忆与书信》，第 100 页。

73. 理查·施佩希特:《关于马勒的第八交响曲》，刊登于格拉兹的《每日邮报》(Richard Specht, Zu Mahlers Achte Symphonie, *Tagespost*, Graz)，1914 年 6 月 14 日，第 150 期；引自亨利 – 路易·德·拉·格兰奇:《古斯塔夫·马勒 (卷 3): 维也纳: 胜利与幻灭，1904—1907》(Henry–Louis de la Grange, *Mahler, vol. 3, Vienna: Triumph and Disillusion, 1904–1907*, Oxford University Press, 1999)，第 429—430 页。

74.《布鲁诺·瓦尔特谈马勒》(Bruno Walter erzählt von Mahler)，刊登于《新自由报》(*Neue Freie Presse*)，1935 年 11 月 16 日，引自亨利–路易·德·拉·格兰奇:《古斯塔夫·马勒 (卷 3): 维也纳: 胜利与幻灭，1904—1907》，第 429 页。

75. 阿尔玛·马勒:《古斯塔夫·马勒: 回忆与书信》，第 101 页。

76. 奥斯卡·弗里德:《回忆马勒》(Erinnerungen an Mahler)，刊于奥地利期刊《黎明的乐章》(*Musikblätter des Anbruch*, vol. 1, 1919)，第 116 页，引自亨利 – 路易·德·拉·格兰奇:《古斯塔夫·马勒 (卷 4): 新生活的终结，1907—1911》，第 470 页。

77. 阿尔弗雷德·罗勒:《古斯塔夫·马勒的肖像》(*Die Bildnisse von Gustav Mahler*, Tal, Leipzig, 1922)，引自亨利 – 路易·德·拉·格兰奇:《古斯塔夫·马勒 (卷 3): 维也纳: 胜利与幻灭，1904—1907》，第 456 页。

78. 阿尔玛·马勒:《古斯塔夫·马勒: 回忆与书信》，第 87 页。

79. 同上，第 101 页。

80. 同上，第 109 页。

81. 阿尔玛·马勒：《古斯塔夫·马勒：回忆与书信》，第 104 页。

82. 同上，第 105 页。

83. 古斯塔夫·马勒给阿尔玛·马勒的信，1907 年 1 月 17 日，引自《古斯塔夫·马勒：给妻子的信》，第 262 页。

84. 古斯塔夫·马勒给阿尔玛·马勒的信，1907 年 1 月 16 日，出处同上。

85. 阿尔玛·马勒：《古斯塔夫·马勒：回忆与书信》，第 106 页。

6. 悲恸与新生　1907—1910

1. 阿尔玛·马勒：《古斯塔夫·马勒：回忆与书信》，第 117—118 页。

2. 贝尔塔·祖卡坎德尔：《奥地利私密记忆：回忆录，1892—1942》，第 86 页。

3.《古斯塔夫·马勒：给妻子的信》，第 268 页。

4. 古斯塔夫·马勒给阿诺德·伯利纳的信，1907 年 7 月 17 日，引自《古斯塔夫·马勒：书信集，1879—1911》（*Gustav Mahler: Briefe, 1879–1911*, ed. Alma Maria Mahler, Paul Zsolnay Verlag, 1924），第 365 页。

5. 阿尔玛·马勒：《古斯塔夫·马勒：回忆与书信》，第 121 页。

6. 同上，第 121—122 页。

7. 同上，第 122 页。

8. 同上。

9. 阿尔玛·马勒给阿尔弗雷德·罗勒的信，引自《古斯塔夫·马勒：给妻子的信》，第 274 页。

10. 布鲁诺·瓦尔特给古斯塔夫·马勒的信，赖希纳，维也纳，第 42 页，引自亨利－路易·德·拉·格兰奇：《古斯塔夫·马勒（卷 3）：维也纳：胜利与幻灭，1904—1907》，第 722 页。

11. 布鲁诺·瓦尔特给父母的信，1907 年 9 月 13 日，引自《书信集，1894—1962》，第 95 页。

12. 古斯塔夫·马勒给阿尔玛·马勒的信，圣彼得堡，1907 年 10 月 24 日，引自《古斯塔夫·马勒：给妻子的信》，第 287—288 页。

13. 贝尔塔·祖卡坎德尔：《奥地利私密记忆：回忆录，1892—1942》，第 48 页。

14.《新自由报》，1907 年 11 月 25 日，引自《古斯塔夫·马勒：给妻子的信》，第 296 页。

15. 贝尔塔·祖卡坎德尔，未标注具体日期的日记摘录，引自阿尔玛·马勒：《古斯塔夫·马勒：回忆与书信》，第 303 页。

16. 贝尔塔·祖卡坎德尔：《奥地利私密记忆：回忆录，1892—1942》，第 84 页。

17. 阿尔玛·马勒：《古斯塔夫·马勒：回忆与书信》，第 116 页。

18. 同上，第 126 页。

19. 保罗·斯特凡：《维也纳的坟墓》(*Das Grab in Wien*, Reiss, 1913)，第 92 页，引自亨利–路易·德·拉·格兰奇：《古斯塔夫·马勒（卷 3）：维也纳：胜利与幻灭，1904—1907》，第 792 页。

20. 阿尔玛·马勒：《古斯塔夫·马勒：回忆与书信》，第 126 页。

21. 同上，第 127 页。

22. 同上，第 303 页。

23. 同上，第 127 页。

24. 同上，第 128 页。

25. 引自亨利–路易·德·拉·格兰奇：《古斯塔夫·马勒（卷 4）：新生活的终结，1907—1911》，第 41 页。

26. 阿尔玛·马勒：《古斯塔夫·马勒：回忆与书信》，第 129 页。

27. 古斯塔夫·马勒给卡尔·莫尔的信，1908 年 2 月 16 日，引自亨利–路易·德·拉·格兰奇：《古斯塔夫·马勒（卷 4）：新生活的终结，1907—1911》，第 92 页。

28. 古斯塔夫·马勒给亚历山大·冯·泽姆林斯基，具体日期不详，费城，1907，引自亨利–路易·德·拉·格兰奇：《古斯塔夫·马勒（卷 4）：新生活的终结，1907—1911》，第 92 页。

29. 阿尔玛·马勒：《古斯塔夫·马勒：回忆与书信》，第 129 页。

30. 同上，第 130 页。

31. 同上。

32. 同上，第 132 页。

33. 同上。

34. 同上，第 131 页。

35. 同上，第 134 页。

36. 同上，第 136 页。

37. 同上，第 137 页。

38. 同上，第 135 页。

39. 阿尔玛·马勒：《古斯塔夫·马勒：回忆与书信》，第 135 页。

40. 古斯塔夫·马勒给维登布鲁克伯爵夫人的信，1908 年 4 月 17 日，引自《古斯塔夫·马勒：书信集，1879—1911》，第 428 页。

41. 阿尔玛·马勒：《古斯塔夫·马勒：回忆与书信》，第 137 页。

42. 同上，第 139 页。

43. 古斯塔夫·马勒给卡尔·莫尔的信，未标注具体时间，1908 年夏天，引自《古斯塔夫·马勒：书信集，1879—1911》，第 382—382 页。

44. 阿尔玛·马勒 – 韦费尔：《闪光之路》，第 35 页。

45. 阿尔玛·马勒 – 韦费尔：《我的一生》，第 44 页，引自亨利 – 路易·德·拉·格兰奇：《古斯塔夫·马勒（卷 4）：新生活的终结，1907—1911》，第 209 页。

46. 威廉·里特尔：《回忆古斯塔夫·马勒》[Souvenirs sur Gustave (sic) Mahler]，《瑞士音乐报》(Schweitzerische Musikzeitung, Zurich, 1961)，第 34—37 页，引自《古斯塔夫·马勒：给妻子的信》，第 3 页。

47. 阿尔玛·马勒给圭多·阿德勒的信，未标注具体日期（1909 年 7 月），引自亨利 – 路易·德·拉·格兰奇：《古斯塔夫·马勒（卷 4）：新生活的终结，1907—1911》，第 439 页。

48. 古斯塔夫·马勒给圭多·阿德勒的信，1910 年 1 月 1 日，引自《古斯塔夫·马勒：书信集》，第 461—463 页。

49. 阿尔玛·马勒：《古斯塔夫·马勒：回忆与书信》，第 144 页。

50. 同上，第 146 页。

51. 同上，第 147 页。

52. 古斯塔夫·马勒给卡尔·莫尔的信，邮戳日期为 1909 年 3 月 10 日，引自《古斯塔夫·马勒：书信集，1879—1911》，第 381 页。

53. 阿尔玛·马勒：《古斯塔夫·马勒：回忆与书信》，第 148—149 页。

54. 同上，第 151 页。

55. 古斯塔夫·马勒给安娜·莫尔的电报，1909 年 6 月 12 日，引自亨利 – 路易·德·拉·格兰奇：《古斯塔夫·马勒（卷 4）：新生活的终结，1907—1911》，第 457 页。

56. 古斯塔夫·马勒给阿尔玛·马勒的信，托布拉赫，未标注具体日期，约为 1909 年（6 月 22 日），引自《古斯塔夫·马勒：给妻子的信》，第 326 页。

57. 古斯塔夫·马勒给阿尔玛·马勒的信，1909 年 6 月 20 日，出处同上，第 324 页。

58. 阿尔玛·马勒：《古斯塔夫·马勒：回忆与书信》，第 142 页。

59. 阿尔弗雷德·罗勒给妻子的信，1909 年 8 月 31 日，引自奥斯卡·保施：《阿尔弗雷德·罗勒和拉迪尼亚》(Oskar Pausch, *Alfred Roller und Ladinien*, Institut Ladin, San Martin de Tor, 2005)，第 76 页，引自亨利 – 路易·德·拉·格兰奇：《古斯塔夫·马勒（卷 4）：新生活的终结，1907—1911》，第 502—503 页。

60. 阿尔玛·马勒：《古斯塔夫·马勒：回忆与书信》，第 152 页。

61. 同上，第 153 页。

62. 阿尔玛·马勒给西奥博尔德·波拉克的信，明信片，1909 年 10 月 19 日，引自亨利 – 路易·德·拉·格兰奇：《古斯塔夫·马勒（卷 4）：新生活的终结，1907—1911》，第 552 页。

63. 阿尔玛·马勒：《古斯塔夫·马勒：回忆与书信》，第 148 页。

64. 阿尔玛·马勒 – 韦费尔：《爱是桥梁》，第 46 页。

65. 阿尔玛·马勒：《古斯塔夫·马勒：回忆与书信》，第 168 页。

66. 同上，第 160—161 页。

67. 同上，第 158—159 页。

68. 同上，第 160 页。

69. 同上，第 161—162 页。

70. 古斯塔夫·马勒给安娜·莫尔的信，未标注具体日期（1910），引自《古斯塔夫·马勒：书信集》，第 379 页。

71. 古斯塔夫·马勒给圭多·阿德勒的信，1910 年 1 月 1 日，出处同上，第 461 页。

72. 古斯塔夫·马勒给阿尔弗雷德·罗勒的信，未标注具体日期，邮戳日期为 1910 年 1 月 6 日，出处同上，第 443 页。

7. "为你而活！为你而死！" 1910—1911

1. 阿尔玛·马勒：《古斯塔夫·马勒：回忆与书信》，第 170 页。

2. 阿尔玛·马勒 – 韦费尔：《爱是桥梁》，第 52 页。

3. 阿尔玛·马勒给沃尔特·格罗皮乌斯的信，未标注具体日期（星期三），邮戳日期为 1910 年 8 月 17 日，包豪斯档案，引自亨利 – 路易·德·拉·格兰奇：《古斯塔夫·马勒（卷 4）：新生活的终结，1907—1911》，第 875 页。

4. 古斯塔夫·马勒给阿尔玛·马勒的信，慕尼黑，1909 年 6 月 21 日，引自《古斯塔夫·马勒：给妻子的信》，第 364 页。

5. 古斯塔夫·马勒给安娜·莫尔的信，未标注具体日期，1910 年（6 月），引自《古斯塔夫·马勒：书信集，1879—1911》，第 398 页。

6. 古斯塔夫·马勒给安娜·莫尔的明信片，未标注具体日期，邮戳日期为 1910 年 7 月 2 日，引自《古斯塔夫·马勒：书信集，1879—1911》，第 399 页。

7. 安娜·莫尔给沃尔特·格罗皮乌斯的信，邮戳日期为 1910 年 7 月 22 日，包豪斯档案，引自亨利 – 路易·德·拉·格兰奇：《古斯塔夫·马勒（卷 4）：新生活的终结，1907—1911》，第 840 页。

8. 阿尔玛·马勒：《古斯塔夫·马勒：回忆与书信》，第 172 页。

9. 阿尔玛·马勒给沃尔特·格罗皮乌斯的信，1910 年 7 月 31 日，包豪斯档案，引自雷金纳德·艾萨克斯：《沃尔特·格罗皮乌斯：他与他的创作（卷 1）》（Reginald Isaacs, *Walter Gropius: Der Mensch und sein Werk, vol. 1*, Gebr. Mann Verlag, 1983），第 108 页。

10. 沃尔特·格罗皮乌斯给阿尔玛·马勒的信，未标注具体日期的信件草稿（推测写于 1910 年 8 月 1 日或 2 日），包豪斯档案，出处同上，第 99 页。

11. 阿尔玛·马勒给沃尔特·格罗皮乌斯的信，未标注具体日期（星期四），推测写于 1910 年 8 月 3 日，包豪斯档案，出处同上，第 100 页。

12. 同上。

13. 沃尔特·格罗皮乌斯给阿尔玛·马勒的信，1911 年 9 月 18 日，包豪斯档案，出处同上，第 113 页。

14. 雷金纳德·艾萨克斯：《沃尔特·格罗皮乌斯：他与他的创作（卷 1）》，第 447，注释 118。

15. 阿尔玛·马勒：《古斯塔夫·马勒：回忆与书信》，第 173 页。

16. 同上。

17. 阿尔玛·马勒给沃尔特·格罗皮乌斯的信，未标注具体日期（星期三），邮戳日期为 1910 年 8 月 17 日，包豪斯档案，引自亨利 – 路易·德·拉·格兰奇：《古斯塔夫·马勒（卷 4）：新生活的终结，1907—1911》，第 875 页。

18. 阿尔玛·马勒：《古斯塔夫·马勒：回忆与书信》，第 174—175 页。

19. 阿尔玛·马勒给沃尔特·格罗皮乌斯的信，1911 年 8 月 9 日，包豪斯档案，引自亨利 – 路易·德·拉·格兰奇：《古斯塔夫·马勒（卷 4）：新生活的终结，1907—1911》，第 871 页。

20. 阿尔玛·马勒：《古斯塔夫·马勒：回忆与书信》，第 174 页。

21. 沃尔特·格罗皮乌斯给古斯塔夫·马勒的信，未标注具体日期的信件草稿，约为

1910年8月5日或6日，包豪斯档案，引自亨利－路易·德·拉·格兰奇：《古斯塔夫·马勒（卷4）：新生活的终结，1907—1911》，第871页。

22. 阿尔玛·马勒给沃尔特·格罗皮乌斯的信，1910年8月7日，包豪斯档案，第872页。

23. 阿尔玛·马勒给沃尔特·格罗皮乌斯的信，1910年8月8日，包豪斯档案，出处同上。

24. 阿尔玛·马勒给沃尔特·格罗皮乌斯的信，未标注具体日期（星期三），1910年8月10日，包豪斯档案，出处同上。

25. 阿尔玛·马勒给沃尔特·格罗皮乌斯的信，未标注具体日期（星期四），推测为1910年8月11日，包豪斯档案，出处同上，第872—873页。

26. 阿尔玛·马勒给沃尔特·格罗皮乌斯的信，未标注具体日期（星期四），推测为1910年8月11日，包豪斯档案，出处同上，第872页。

27. 沃尔特·格罗皮乌斯给阿尔玛·马勒的信，草稿，1910年8月12日，包豪斯档案，出处同上，第873页。

28. 安娜·莫尔给沃尔特·格罗皮乌斯的信，托布拉赫，1910年8月18日，包豪斯档案，出处同上，第875页。

29. 古斯塔夫·马勒给阿尔玛·马勒的信，未标注具体日期，1910年8月，引自《古斯塔夫·马勒：给妻子的信》，第377页。

30. 古斯塔夫·马勒给阿尔玛·马勒的信，未标注具体日期，托布拉赫，1910年8月，出处同上，第375页。

31. 斯图亚特·费德：《马勒，正在死去》（Mahler, Dying），刊于《国际精神分析评论》（*The International Review of Psycho-Analysis*, London, 1978），第125页，引自《古斯塔夫·马勒：给妻子的信》，第381页。

32. 阿尔玛·马勒：《古斯塔夫·马勒：回忆与书信》，第173页。

33. 德语原文：Der Teufel tanzt es mit mir,

　　　　　　 Wahnsinn, fass mich an, Verfluchten!

　　　　　　 Vernichte mich

　　　　　　 Dass ich vergesse, dass ich bin!

　　　　　　 Dass ich aufhöre, zu sein

　　　　　　 Dass ich ver ...

34. 引自亨利－路易·德·拉·格兰奇：《古斯塔夫·马勒（卷4）：新生活的终结，

1907—1911》，第 849 页。

35. 阿尔玛·马勒：《古斯塔夫·马勒：回忆与书信》，第 176 页；亨利-路易·德·拉·格兰奇：《古斯塔夫·马勒（卷 4）：新生活的终结，1907——1911》，第 878 页。

36. 阿尔玛·马勒给沃尔特·格罗皮乌斯的信，未标注具体日期，1910 年（8 月），引自亨利-路易·德·拉·格兰奇：《古斯塔夫·马勒（卷 4）：新生活的终结，1907—1911》，第 878 页。

37. 阿尔玛·马勒给沃尔特·格罗皮乌斯的信，1910 年 8 月 17 日，包豪斯档案，出处同上，第 878—879 页。

38. 古斯塔夫·马勒给阿尔玛·马勒的信，托布拉赫，1910 年 8 月，引自《古斯塔夫·马勒：给妻子的信》，第 376 页。

39. 阿尔玛·马勒给沃尔特·格罗皮乌斯的信，未标注具体日期，邮戳日期 1910 年 8 月 17 日，包豪斯档案，引自亨利-路易·德·拉·格兰奇：《古斯塔夫·马勒（卷 4）：新生活的终结，1907—1911》，第 879 页。

40. 阿尔玛·马勒：《古斯塔夫·马勒：回忆与书信》，第 178 页。

41. 阿尔玛·马勒给沃尔特·格罗皮乌斯的信，未标注具体日期，1910 年 8 月 27 日，包豪斯档案，引自亨利-路易·德·拉·格兰奇：《古斯塔夫·马勒（卷 4）：新生活的终结，1907—1911》，第 926 页。

42. 阿尔玛·马勒给沃尔特·格罗皮乌斯的信，未标注具体日期，邮戳日期 1910 年 7 月 21 日，包豪斯档案，出处同上，第 875 页。

43. 阿尔玛·马勒给沃尔特·格罗皮乌斯的信，1910 年 9 月 19 日，引自雷金纳德·艾萨克斯：《沃尔特·格罗皮乌斯：他与他的生活》，第 103 页。

44. 阿尔玛·马勒：《古斯塔夫·马勒：回忆与书信》，第 174 页。

45. 阿尔玛·马勒给沃尔特·格罗皮乌斯的信，未标注具体日期（推测为 1910 年 8 月 23 日，星期二），包豪斯档案，引自亨利-路易·德·拉·格兰奇：《古斯塔夫·马勒（卷 4）：新生活的终结，1907—1911》，第 883 页。

46. 古斯塔夫·马勒给阿尔玛·马勒的电报，1910 年 8 月 27 日，引自《古斯塔夫·马勒：给妻子的信》，第 380 页。

47. 阿尔玛·马勒：《古斯塔夫·马勒：回忆与书信》，第 175 页。

48. 玛丽·波拿巴，未发表的日记手稿，引自斯图亚特·费德：《古斯塔夫·马勒：危机中的人生》（Stuart Feder, *Gustav Mahler: A Life in Crisis*, Yale University Press, 2004），第

229 页。

49. 古斯塔夫·马勒给阿尔玛·马勒的信，慕尼黑，1910 年 9 月 4 日或 5 日，引自阿尔玛·马勒：《古斯塔夫·马勒：回忆与书信》，第 335 页。

50. 阿尔玛·马勒给沃尔特·格罗皮乌斯的信，未标注具体日期，柏林，邮戳日期为 1910 年 8 月 27 日，包豪斯档案，引自亨利－路易·德·拉·格兰奇：《古斯塔夫·马勒（卷 4）：新生活的终结，1907—1911》，第 879 页。

51. 阿尔玛·马勒给沃尔特·格罗皮乌斯的信，1910 年 9 月 3 日，包豪斯档案，出处同上，第 931 页。

52. 阿尔玛·马勒给沃尔特·格罗皮乌斯的信，未标注具体日期，约为 1910 年 8 月 26 日，包豪斯档案，出处同上，第 925 页。

53. 古斯塔夫·马勒给阿尔玛·马勒的信，慕尼黑，1910 年 9 月 5 日，引自《古斯塔夫·马勒：给妻子的信》，第 389 页。

54. 古斯塔夫·马勒给阿尔玛·马勒的信，慕尼黑，1910 年 9 月 5 日，出处同上，第 388 页。

55. 古斯塔夫·马勒给阿尔玛·马勒的信，1910 年 9 月 4 日星期天，引自亨利－路易·德·拉·格兰奇：《古斯塔夫·马勒（卷 4）：新生活的终结，1907—1911》，第 935 页。

56. 出自威廉·里特尔日记，1910 年 9 月 10 日，威廉·里特尔：《威廉·里特尔的骑士古斯塔夫·马勒：札记、信件与档案》(William Ritter, *William Ritter Chevalier de Gustav Mahler: Ecrits, correspondence, documents*, Claude Meylan, Peter Lang, 2000)，引自亨利－路易·德·拉·格兰奇：《古斯塔夫·马勒（卷 4）：新生活的终结，1907—1911》，第 957 页。

57. 阿尔玛·马勒：《古斯塔夫·马勒：回忆与书信》，第 180 页。

58. 同上。

59. 沃尔特·格罗皮乌斯给阿尔玛·马勒的信，草稿，未标注具体日期，推测约为 1910 年 9 月，引自亨利－路易·德·拉·格兰奇：《古斯塔夫·马勒（卷 4）：新生活的终结，1907—1911》，第 1027 页。

60. 沃尔特·格罗皮乌斯给阿尔玛·马勒的信，草稿，1911 年 1 月 23 日，包豪斯档案，出处同上，第 1099 页。

61. 沃尔特·格罗皮乌斯给阿尔玛·马勒的信，草稿，未标注具体日期，推测约为 1910 年 9 月，出处同上，第 1028 页。

62. 沃尔特·格罗皮乌斯给阿尔玛·马勒的信，草稿，1910 年 9 月 21 日，出处同上，第

1030 页。

　　63. 阿尔玛·马勒给沃尔特·格罗皮乌斯的信，1910 年 10 月 11（或 12）日，星期五，邮戳时间为 10 月 12 日，包豪斯档案，出处同上，第 1032 页。

　　64. 阿尔玛·马勒给沃尔特·格罗皮乌斯的信，1910 年 11 月 8 日，包豪斯档案，出处同上，第 1032 页。

　　65. 密件，1911 年 12 月 7 日，出处同上，第 1193 页。委员会成员包括玛丽·谢尔登、露丝·德雷伯（Ruth Draper），哈丽雅特·C. 切尼（Harriet C. Cheney）以及尼尔森·S. 斯宾塞（Nelson S. Spencer），通知机构担保人收入总额从 63 323 美元增加到 91 640 美元，平均单场音乐会票房收入从 1 376 美元提高到 1 409 美元。总赤字从 118 566 美元下降至 98 006 美元；平均单场音乐会歉收数额从 2 577 美元降至 1 507 美元。他的巡回演出为第二个乐季带来 15 891 美元的盈余，第一乐季为 4 044 美元。

　　66. 阿尔玛·马勒，1911 年 5 月 5 日，于 1911 年 5 月 6 日在美国接受乐评人查尔斯·梅尔策（Charles Meltzer）的采访，该采访后刊发于《音乐美国》（Musical America），1911 年 5 月 13 日（并在其他出版物上转载），引自亨利 – 路易·德·拉·格兰奇：《古斯塔夫·马勒（卷 4）：新生活的终结，1907—1911》，第 1194 页。

　　67. 阿尔玛·马勒：《古斯塔夫·马勒：回忆与书信》，第 183 页。

　　68. 古斯塔夫·马勒给阿尔玛·马勒的电报，锡拉丘兹，1910 年 12 月 9 日，引自《古斯塔夫·马勒：给妻子的信》，第 393 页。

　　69. 阿尔玛·马勒：《古斯塔夫·马勒：回忆与书信》，第 184 页。

　　70. 同上，第 188 页。

　　71. 莫里斯·鲍姆菲尔德：《关于古斯塔夫·马勒的回忆》（'Erinnerungen an Gustav Mahler', New Yorker, Staats–Zeitung, 1911 年 5 月 21 日），引自亨利–路易·德·拉·格兰奇：《古斯塔夫·马勒（卷 4）：新生活的终结，1907—1911》，第 1222 页。

　　72. 阿尔玛·马勒：《古斯塔夫·马勒：回忆与书信》，第 186 页。

　　73. 同上，第 187 页。

　　74. 阿尔玛·马勒给沃尔特·格罗皮乌斯的信，1911 年 6 月 8 日，包豪斯档案，引自亨利–路易·德·拉·格兰奇：《古斯塔夫·马勒（卷 4）：新生活的终结，1907—1911》，第 1224 页。

　　75. 古斯塔夫·马勒给安娜·莫尔的信，未标注具体日期（1910 年 1 月／2 月），引自《古斯塔夫：书信集》，第 396 页。

76. 阿尔玛·马勒：《古斯塔夫·马勒：回忆与书信》，第 188 页。

77. 同上，第 187 页。

78. 同上，第 188 页。

79. 同上，第 191—192 页。

80. 同上，第 190 页。

81. 同上，第 191 页。

82. 阿尔玛·马勒给沃尔特·格罗皮乌斯的信，1911 年 3 月 11 日，包豪斯档案，引自亨利 – 路易·德·拉·格兰奇：《古斯塔夫·马勒（卷 4）：新生活的终结，1907—1911》，第 1254 页。

83. 阿尔玛·马勒给沃尔特·格罗皮乌斯的信，1911 年 3 月 25 日，包豪斯档案，引自亨利 – 路易·德·拉·格兰奇：《古斯塔夫·马勒（卷 4）：新生活的终结，1907—1911》，第 1255 页。

84. 阿尔玛·马勒：《古斯塔夫·马勒：回忆与书信》，第 194 页。

85. 同上，第 195 页。

86. 同上，第 196 页。

87. 同上，第 197 页。

88. 阿尔玛·马勒给沃尔特·格罗皮乌斯的信，爱丽舍宫酒店，1911 年 4 月 28 日，包豪斯档案，引自亨利 – 路易·德·拉·格兰奇：《古斯塔夫·马勒（卷 4）：新生活的终结，1907—1911》，第 1255 页。

89. 阿尔玛·马勒：《古斯塔夫·马勒：回忆与书信》，第 199 页。

90. 同上，第 199 页。

91. 同上，第 200 页。

92. 同上，第 201 页。

93. 同上。

94. 引自亨利 – 路易·德·拉·格兰奇：《古斯塔夫·马勒（卷 4）：新生活的终结，1907—1911》，第 1276 页。

8. 暴风雨　1911—1914

1. 阿尔玛·马勒给沃尔特·格罗皮乌斯的信，1911 年 6 月 8 日，包豪斯档案，引自亨利 – 路易·德·拉·格兰奇：《古斯塔夫·马勒（卷 4）：新生活的终结，1907—1911》，第 1224 页。

2. 阿尔玛·马勒 – 韦费尔：《爱是桥梁》，第 6 页。

3. 阿尔玛·马勒 – 韦费尔：《闪光之路》，第 41 页。

4. 阿尔玛·马勒 – 韦费尔：《爱是桥梁》，第 66 页。

5. 阿尔玛·马勒给沃尔特·格罗皮乌斯的信，1911 年 6 月 8 日，包豪斯档案，引自亨利 – 路易·德·拉·格兰奇：《古斯塔夫·马勒（卷 4）：新生活的终结，1907—1911》，第 1224 页。

6. 阿尔玛·马勒给沃尔特·格罗皮乌斯的信，1911 年 7 月 15 日，包豪斯档案，出处同上。

7. 沃尔特·格罗皮乌斯给阿尔玛·马勒的信，蒂门多弗·施特兰（Timmendorfer Strand），1911 年 6 月 4 日，引自雷金纳德·艾萨克斯：《沃尔特·格罗皮乌斯：他与他的创作（卷 1）》，第 111 页。

8. 阿尔玛·马勒给沃尔特·格罗皮乌斯的信，推测写于 1911 年 8 月 15 日，出处同上，第 113 页。

9. 沃尔特·格罗皮乌斯给阿尔玛·马勒的信，1911 年 9 月 18 日，出处同上。

10. 沃尔特·格罗皮乌斯给阿尔玛·马勒的信，1911 年 12 月 1 日，出处同上。

11. 阿尔玛·马勒给沃尔特·格罗皮乌斯的信，1912 年 1 月 15 日，出处同上，第 114 页。

12. 阿尔玛·马勒给沃尔特·格罗皮乌斯的信，1912 年 11 月 21 日，出处同上。

13. 沃尔特·格罗皮乌斯给阿尔玛·马勒的信，1912 年 12 月 3 日，出处同上，第 114—115 页。

14. 阿尔玛·马勒 – 韦费尔：《爱是桥梁》，第 68 页。

15. 阿尔玛·马勒 – 韦费尔：《闪光之路》，第 42 页。

16. 阿尔玛·马勒给沃尔特·格罗皮乌斯的信，1910 年 11 月 23 日，包豪斯档案，引自亨利 – 路易·德·拉·格兰奇：《古斯塔夫·马勒（卷 4）：新生活的终结，1907—1911》，第 1050 页。

17. 阿尔玛·马勒 – 韦费尔：《爱是桥梁》，第 67 页。

18. 阿尔玛·马勒 – 韦费尔：《闪光之路》，第 39 页。

19. 阿尔玛·马勒 – 韦费尔：《爱是桥梁》，第 68 页。

20. 阿尔玛·马勒，《日记》（资料来源不确切），1914 年 9 月，第 53 页。

21. 阿尔玛·马勒 – 韦费尔：《爱是桥梁》，第 70 页。

22. 保尔·卡摩勒博士给阿尔玛·马勒的信，1911 年 10 月 31 日，马勒 – 韦费尔收藏部。

23. 阿尔玛·马勒 – 韦费尔：《爱是桥梁》，第 70—71 页。

24. 阿尔玛·马勒 – 韦费尔：《闪光之路》，第 46 页。

25. 同上。

26. 同上。

27. 同上，第 48 页。

28. 语出布拉萨伊：《我生命中的艺术家》(Brassaï, *The Artists of My Life*, trans. Richard Miller，Viking Press, 1982)，第 73 页，引自阿尔弗雷德·魏丁格尔：《科柯施卡与阿尔玛·马勒》(Alfred Weidinger, *Kokoschka and Alma Mahler*, Prestel, 1996)，第 7 页。

29. 奥斯卡·科柯施卡给阿尔玛·马勒的信，1912 年 4 月 15 日，引自《书信集（卷 1），1905—1919》(Oskar Kokoschka, *Briefe, vol. 1, 1905–1919*, Claassen, 1984)，第 29—30 页。

30. 阿尔玛·马勒 – 韦费尔：《闪光之路》，第 51 页。

31. 引自苏珊·基冈：《风中新娘》(Susanne Keegan, *The Bride of the Wind*, Viking, 1991)，第 178 页。

32. 奥斯卡·科柯施卡，引自阿尔弗雷德·魏丁格尔：《科柯施卡与阿尔玛·马勒》，第 66 页。

33. 引自基冈：《风中新娘》，第 181 页。

34. 同上，第 182 页。

35. 奥斯卡·科柯施卡给洛特·弗兰佐斯（Lotte Franzos）的信，柏林，1910 年 12 月 24 日，引自《书信集（卷 1），1905—1919》，第 15 页。

36. 阿尔玛·马勒 – 韦费尔：《闪光之路》，第 53 页。

37. 同上，第 55 页。

38. 同上，第 50 页。

39. 奥斯卡·科柯施卡给阿尔玛·马勒的信，未标注具体日期（约为 5 月底 6 月初），引自《书信集（卷 1），1905—1919》，第 115—116 页。

40. 奥斯卡·科柯施卡给阿尔玛·马勒的信，1912 年 5 月 8 日，出处同上，第 39—40 页。

41. 奥斯卡·科柯施卡给阿尔玛·马勒的信，1912 年 5 月 7 日，出处同上，第 37—38 页。

42. 阿尔玛·马勒 – 韦费尔：《闪光之路》，第 53 页。

43. 奥斯卡·科柯施卡给阿尔玛·马勒的信，1912 年（5 月），未标注具体日期，引自《书信集（卷 1），1905—1919》，第 41 页。

44. 阿尔玛·马勒 – 韦费尔：《闪光之路》，第 51 页。

45. 奥斯卡·科柯施卡给阿尔玛·马勒的信，维也纳，1912 年 7 月 9 日，引自《书信集

（卷 1），1905—1919》，第 44 页。

46. 阿尔玛·马勒 – 韦费尔：《闪光之路》，第 54 页。

47. 阿尔玛·马勒：《日记》，1920 年 6 月 4 日，第 168—169 页。

48. 阿尔玛·马勒 – 韦费尔：《爱是桥梁》，第 75 页。

49. 引自阿尔弗雷德·魏丁格尔：《科柯施卡与阿尔玛·马勒》，第 42 页。

50. 阿尔玛·马勒 – 韦费尔：《闪光之路》，第 55 页。

51. 奥斯卡·科柯施卡给阿尔玛·马勒的信，维也纳，1912 年 7 月 29 日，引自《书信集（卷 1），1905—1919》，第 59 页。

52. 阿尔玛·马勒 – 韦费尔：《爱是桥梁》，第 75 页。

53. 引自布拉萨伊：《我生命中的艺术家》，第 74 页；引自阿尔弗雷德·魏丁格尔：《科柯施卡与阿尔玛·马勒》，第 20 页。

54. 奥斯卡·科柯施卡给阿尔玛·马勒的信，维也纳，1912 年 6 月，引自《书信集（卷 1），1905—1919》，第 42 页。

55. 阿尔玛·马勒 – 韦费尔：《闪光之路》，第 58 页。

56. 罗曼娜·科柯施卡给某家庭成员的信，引自奥斯卡·科柯施卡：《回忆：阿尔伯特·昆德勒的电影》(*Erinnerungen: Ein Film von Albert Quendler*)，引自阿尔弗雷德·魏丁格尔：《科柯施卡与阿尔玛·马勒》，第 10 页。

57. 奥斯卡·科柯施卡：《我的一生》(Oskar Kokoschka, *My Life*, Macmillan, 1974)，第 75 页。

58. 阿尔玛·马勒：《日记》，1930 年 8 月 31 日，第 243 页。

59. 同上。

60. 阿尔玛·马勒 – 韦费尔，1913，《从我爱奥斯卡·科柯施卡和他爱我的日子开始》(*Aus der Zeit meiner Liebe zu Oskar Kokoschka und sein mit mir*)，1919，部分由科柯施卡口述，部分由阿尔玛·马勒记录，《奥斯卡·科柯施卡文档》(*Oskar Kokoschka Papers*, Zentralbibliothek, Zürich)；引自阿尔弗雷德·魏丁格尔：《科柯施卡与阿尔玛·马勒》，第 21 页。

61. 阿尔玛·马勒 – 韦费尔：《闪光之路》，第 55 页。

62. 阿尔玛·马勒 – 韦费尔，1913，《从我爱奥斯卡·科柯施卡和他爱我的日子开始》，引自阿尔弗雷德·魏丁格尔：《科柯施卡与阿尔玛·马勒》，第 21 页。

63. 奥斯卡·科柯施卡：《我的一生》，第 77 页。

64. 阿尔玛·马勒 – 韦费尔：《闪光之路》，第 56 页。

65. 奥斯卡·科柯施卡给阿尔玛·马勒的信，约1912年（12月），未标注具体日期，引自《书信集（卷1），1905—1919》，第67页。

66. 奥斯卡·科柯施卡给阿尔玛·马勒的信，1913年5月17日，出处同上，第105页。

67. 奥斯卡·科柯施卡给阿尔玛·马勒的信，1913年5月20日，出处同上，第110页。

68. 奥斯卡·科柯施卡给阿尔玛·马勒的信，1914年7月16日，出处同上，第171页。

69. 奥斯卡·科柯施卡给阿尔玛·马勒的信，1913年7月，出处同上，第128页。

70. 阿尔玛·马勒－韦费尔，《爱是桥梁》，第77页。

71. 同上，第76页。

72. 引自阿尔弗雷德·魏丁格尔：《科柯施卡与阿尔玛·马勒》，第36页。

73. 阿尔玛·马勒－韦费尔，《爱是桥梁》，第77页。

74. 同上。

75. 阿尔玛·马勒－韦费尔：《闪光之路》，第71页。

76. 奥斯卡·科柯施卡给阿尔玛·马勒的信，1914年5月10日，引自《书信集（卷1），1905—1919》，第159页。

77. 奥斯卡·科柯施卡给阿尔玛·马勒的信，1914年5月10日，出处同上，第158页。

78. 奥斯卡·科柯施卡给阿尔玛·马勒的信，1914年5月10日，出处同上，第160页。

79. 阿尔玛·马勒：《日记》，1914年5月17日，第45页。

80. 同上，约1914年（5月），未标注具体日期，第45页。

81. 奥斯卡·科柯施卡给阿尔玛·马勒的信，1914，未标注具体日期，马勒－韦费尔收藏部。

82. 阿尔玛·马勒：《日记》，1914（约7月），未标注具体日期，第50页。

83. 奥斯卡·科柯施卡给阿尔玛·马勒的信，1914年7月底，引自《书信集（卷1），1905—1919》，第174页。

84. 阿尔玛·马勒给沃尔特·格罗皮乌斯的信，1914年（约5月6日），未标注具体日期，引自雷金纳德·艾萨克斯：《沃尔特·格罗皮乌斯：他和他的创作》，第115页。

85. 阿尔玛·马勒：《日记》，1914年（8月），未标注具体日期，第50页。

9. 战争与婚姻　1914—1917

1. 斯蒂芬·茨威格：《昨日世界》，第173页。

2. 阿尔班·贝尔格给阿诺德·勋伯格的信，1915年1月1日，引自莫斯科·加纳：《阿尔班·贝尔格》（Mosco Garner, *Alban Berg*, Duckworth, 1975），第 40 页。

3. 阿尔玛·马勒：《日记》，1914 年 9 月，第 51 页。

4. 同上，1914 年（9 月），未标注具体日期，第 52 页。

5. 同上。

6. 同上，1914 年（9 月），未标注具体日期，第 51—52 页。

7. 同上，1914 年 10 月底，第 54 页。

8. 奥斯卡·科柯施卡给阿尔玛·马勒的信，1914 年 7 月底，引自《书信集（卷 1），1905—1919》，第 177—178 页。

9. 奥斯卡·科柯施卡给库尔特·沃尔夫的信，约为 1914 年 9 月底，出处同上，第 182—183 页。

10. 对安娜·马勒的采访，由皮特·斯蒂芬·容克记录，引自《弗朗茨·韦费尔：一生，从布拉格、维也纳到好莱坞》（Peter Stephan Jungk, *Franz Werfel: A Life in Prague, Vienna and Hollywood*, Fromm International Publishing Corporation, 1991），第 69 页。

11. 奥斯卡·科柯施卡：《我的一生》，第 84 页。

12. 奥斯卡·科柯施卡给阿尔玛·马勒的信，1914 年 12 月 5 日，引自《书信集（卷 1），1905—1919》，第 185 页。

13. 阿尔玛·马勒：《日记》，1914 年 10 月 6 日，第 53 页。

14. 同上，1914 年 10 月 6 日，第 54 页。

15. 同上，（1914 年 11 月），未标注具体日期，第 56 页。

16. 同上，（1914 年 11 月），未标注具体日期，第 58—59 页。

17. 奥斯卡·科柯施卡给阿尔玛·马勒的信，1915 年 1 月 2 日，引自《书信集（卷 1），1905—1919》，第 188 页。

18. 奥斯卡·科柯施卡给阿尔玛·马勒的信，未标注具体日期（约 1915 年 4 月 1 日），引自《书信集（卷 1），1905—1919》，第 216 页。

19. 奥斯卡·科柯施卡给阿尔玛·马勒的信，1915 年（6 月底），未标注具体日期，引自《书信集（卷 1），1905—1919》，第 222 页。

20. 奥斯卡·科柯施卡：《我的一生》，第 74 页。

21. 阿尔玛·马勒：《日记》，1916 年 10 月 5 日，第 88 页。

22. 奥斯卡·科柯施卡：《我的一生》，第 96—97 页。

23. 阿尔玛·马勒给沃尔特·格罗皮乌斯的信，1914 年 12 月 31 日，引自雷金纳德·艾萨克斯：《沃尔特·格罗皮乌斯：他和他的创作》，第 140 页。

24. 阿尔玛·马勒：《日记》，1915 年 1 月 15 日，第 62 页。

25. 同上，1915 年 2 月 22 日，第 62 页。

26. 同上，1915 年 2 月 22 日，第 62—63 页。

27. 同上，1916 年 9 月 29 日，第 95 页。

28. 同上，1915 年 2 月 22 日，第 64 页。

29. 阿尔玛·马勒给沃尔特·格罗皮乌斯的信，未标注具体日期，1915 年（2 月或 3 月），包豪斯档案，引自奥利弗·西尔麦斯：《邪恶缪斯：阿尔玛·马勒的一生》(Oliver Hilmes, *Malevolent Muse: The Life of Alma Mahler*, Northeastern University Press, 2015)，第 104 页。

30. 阿尔玛·马勒：《日记》，1915 年 2 月 22 日，第 63—64 页。

31. 同上，1915 年（4 月），未标注具体日期，第 72 页。

32. 同上，1915 年 4 月 1 日，第 73 页。

33. 同上，1915 年 3 月 5 日，第 68 页。

34. 同上，1915 年 3 月底，第 69 页。

35. 同上，1915 年 3 月 5 日，第 67 页。

36. 同上，1915 年 4 月 1 日，第 73 页。

37. 同上，1915 年 4 月 6 日，第 73 页。

38. 沃尔特·格罗皮乌斯给曼侬·格罗皮乌斯的信，1915 年 3 月 15 日，引自雷金纳德·艾萨克斯：《沃尔特·格罗皮乌斯：他和他的创作》，第 140 页。

39. 阿尔玛·马勒：《日记》，1915 年 4 月 1 日，第 72 页。

40. 同上，1915 年 4 月 8 日，第 74 页。

41. 同上，1915 年（4 月），未标注具体日期，第 74 页。

42. 同上，1915 年 4 月 9 日，第 75 页。

43. 同上，1915 年 4 月 13 日，第 75 页。

44. 同上，1915 年 6 月 8 日，第 76 页。

45. 阿尔玛·马勒给沃尔特·格罗皮乌斯的信，1915 年（5 月或 6 月），未标注具体日期，引自雷金纳德·艾萨克斯：《沃尔特·格罗皮乌斯：他和他的创作》，第 142 页。

46. 同上。

47. 阿尔玛·马勒：《日记》，1915 年 6 月 18 日，第 76 页。

48. 曼侬·格罗皮乌斯给沃尔特·格罗皮乌斯的信，1915 年 4 月底，引自雷金纳德·艾

396

萨克斯：《沃尔特·格罗皮乌斯：他和他的创作》，第141页。

49. 沃尔特·格罗皮乌斯给曼侬·格罗皮乌斯的信，1915年7月3日，出处同上，第143页。

50. 同上。

51. 曼侬·格罗皮乌斯给沃尔特·格罗皮乌斯的信，1915年6月7日，出处同上。

52. 阿尔玛·马勒：《日记》，1915年8月19日，第80页。

53. 沃尔特·格罗皮乌斯给曼侬·格罗皮乌斯的信，1915年9月13日，引自雷金纳德·艾萨克斯：《沃尔特·格罗皮乌斯：他和他的创作》，第156页。

54. 阿尔玛·马勒：《日记》，1915年8月19日，第80页。

55. 阿尔玛·马勒给沃尔特·格罗皮乌斯的信，1915年（约写于9月底），未标注具体日期，引自雷金纳德·艾萨克斯：《沃尔特·格罗皮乌斯：他和他的创作》，第156页。

56. 阿尔玛·马勒给沃尔特·格罗皮乌斯的信，1915年（约写于9月底），出处同上，第156—157页。

57. 阿尔玛·马勒给沃尔特·格罗皮乌斯的信，未标注具体日期，引自奥利弗·西尔麦斯：《邪恶缪斯：阿尔玛·马勒的一生》，第111页。

58. 阿尔玛·马勒给沃尔特·格罗皮乌斯的信，1915年（约写于9月底），未标注具体日期，引自雷金纳德·艾萨克斯：《沃尔特·格罗皮乌斯：他和他的创作》，第157页。

59. 阿尔玛·马勒给沃尔特·格罗皮乌斯的信，约于1916年夏天，未标注具体日期，出处同上，第161页。

60. 阿尔玛·马勒给沃尔特·格罗皮乌斯的信，未标注具体日期，包豪斯档案，引自奥利弗·西尔麦斯：《邪恶缪斯：阿尔玛·马勒的一生》，第112—113页。

61. 同上。

62. 阿尔玛·马勒给沃尔特·格罗皮乌斯的信，未标注具体日期，引自雷金纳德·艾萨克斯：《沃尔特·格罗皮乌斯：他和他的创作》，第163页。

63. 阿尔玛·马勒给沃尔特·格罗皮乌斯的信，1915年（推测写于9月1日或2日），未标注具体日期，出处同上，第147页。

64. 沃尔特·格罗皮乌斯给曼侬·格罗皮乌斯的信，1915年12月底，出处同上，第158页。

65. 阿尔玛·马勒：《日记》，1916年新年，第86页。

66. 同上。

67. 阿尔玛·马勒：《日记》，1916 年 3 月 4 日，第 86 页。

68. 同上，1916 年，未标注具体日期，第 87 页。

69. 阿尔玛·马勒给沃尔特·格罗皮乌斯的信，塞默林，未标注具体日期（约写于 1916 年 6 月 6 日），引自雷金纳德·艾萨克斯：《沃尔特·格罗皮乌斯：他和他的创作》，第 162 页。

70. 曼侬·格罗皮乌斯给沃尔特·格罗皮乌斯的信，1916 年 6 月 2 日，出处同上。

71. 阿尔玛·马勒：《日记》，1916 年（约于 9 月），未标注具体日期，第 93 页。

72. 同上，1916 年，未标注具体日期，第 93 页。

73. 阿尔玛·马勒给沃尔特·格罗皮乌斯的信，1916 年（约于 9 月），未标注具体日期，引自雷金纳德·艾萨克斯：《沃尔特·格罗皮乌斯：他和他的创作》，第 167 页。

74. 阿尔玛·马勒：《日记》，1916 年（10 月），未标注具体日期，第 89 页。

75. 同上，1916 年 9 月 19 日，第 87 页。

76. 沃尔特·格罗皮乌斯给曼侬·格罗皮乌斯的信，1916 年 9 月，引自雷金纳德·艾萨克斯：《沃尔特·格罗皮乌斯：他和他的创作》，第 169 页。

77. 阿尔玛·马勒：《日记》，1916 年 10 月 5 日，第 88 页。

78. 沃尔特·格罗皮乌斯给曼侬·格罗皮乌斯的信，1916 年 10 月 5/6 日，引自雷金纳德·艾萨克斯：《沃尔特·格罗皮乌斯：他和他的创作》，第 168 页。

79. 沃尔特·格罗皮乌斯给曼侬·格罗皮乌斯的信，1916 年，未标注具体日期，出处同上，第 170 页。

80. 阿尔玛·马勒：《爱是桥梁》，第 87 页。

81. 阿尔玛·马勒：《日记》，1916 年 10 月 5 日，第 88 页。

82. 阿尔玛·马勒给曼侬·格罗皮乌斯的信，1916 年新年前一天，引自雷金纳德·艾萨克斯：《沃尔特·格罗皮乌斯：他和他的创作》，第 170 页。

83. 阿尔玛·马勒：《日记》，1917 年（7 月），未标注具体日期，第 102 页。

84. 同上，1917 年 7 月，第 102 页。

85. 皮特·斯蒂芬·容克对安娜·马勒的采访，引自皮特·斯蒂芬·容克：《弗朗茨·韦费尔：一生，从布拉格、维也纳到好莱坞》，第 69 页。

86. 阿尔玛·马勒：《日记》，1917 年（9 月），未标注具体日期，第 97 页。

87. 同上，1917 年（11 月），未标注具体日期，第 97—98 页。

88. 同上，1917 年 11 月，第 97 页。

89. 同上，1917 年（冬），未标注具体日期，第 90 页。

90. 阿尔玛·马勒:《日记》,1917 年(冬),未标注具体日期,第 90 页。

91. 阿尔玛·马勒 – 韦费尔:《闪光之路》,第 166 页。

92. 阿尔玛·马勒:《日记》,1917 年(11 月),未标注具体日期,第 98 页。

93. 同上,1917 年(11 月),未标注具体日期,第 99 页。

10. 纠缠的魂灵　1917—1920

1. 马克斯·布洛德:《年轻的韦费尔与布拉格作家》(*The Young Werfel and the Prague Writers*),出自保罗·拉伯:《德国表现主义的时代》(Paul Raabe, *The Era of German Expressionism*, J. M. Ritchie, Calder & Boyars, 1974),第 73 页,引自苏珊·基冈:《风中新娘》,第 215 页。

2. 同上。

3. 弗朗茨·卡夫卡给费里斯·鲍尔(Felice Bauer)的信,1912 年 12 月 12 日,引自皮特·斯蒂芬·容克:《弗朗茨·韦费尔:一生,从布拉格、维也纳到好莱坞》,第 248 页,注释 32 页。

4. 皮特·斯蒂芬·容克:《弗朗茨·韦费尔:一生,从布拉格、维也纳到好莱坞》,第 31 页。

5. 弗朗茨·韦费尔给格特鲁德·施皮尔克的信,出处同上,第 49 页。

6. 同上,第 57 页。

7. 同上。

8. 同上,第 59 页。

9. 阿尔玛·马勒:《日记》,1917 年(12 月),未标注具体日期,第 105 页。

10. 同上。

11. 同上,1917 年(11 月 / 12 月),未标注具体日期,第 106 页。

12. 同上,第 107 页。

13. 同上。

14. 同上,1917 年(12 月),未标注具体日期,第 107 页。

15. 同上。

16. 同上。

17. 同上。

18. 同上,第 108 页。

19. 沃尔特·格罗皮乌斯给卡尔·恩斯特·奥斯特豪斯的信，1917 年 12 月 19 日，引自雷金纳德·艾萨克斯：《沃尔特·格罗皮乌斯：他和他的创作》，第 176 页。

20. 沃尔特·格罗皮乌斯给曼侬·格罗皮乌斯的信，1918 年 1 月 7 日，出处同上，第 175 页。

21. 沃尔特·格罗皮乌斯给曼侬·格罗皮乌斯的信，1918 年 1 月／2 月，出处同上，第 176 页。

22. 阿尔玛·马勒：《日记》，1918 年 1 月 1 日，第 109 页。

23. 同上，1918 年 1 月 5 日，第 109 页。

24. 同上，未标注具体日期，约于 1918 年 1 月，第 127 页。

25. 阿尔玛·马勒－韦费尔：《爱是桥梁》，第 93 页。

26. 弗朗茨·韦费尔给阿尔玛·马勒的信，1918 年 1 月 18 日。

27. 弗朗茨·韦费尔给阿尔玛·马勒的信，1918 年 2 月 12 日。

28. 弗朗茨·韦费尔给阿尔玛·马勒的信，1918 年 2 月 8 日。

29. 阿尔玛·马勒：《日记》，1918 年（约于 2 月），未标注具体日期，第 110—111 页。

30. 贝尔塔·祖卡坎德尔的瑞士日记，引自阿尔玛·马勒－韦费尔：《爱是桥梁》，第 96 页。

31. 阿尔玛·马勒：《日记》，未标注具体日期，第 119 页。

32. 沃尔特·格罗皮乌斯给曼侬·格罗皮乌斯的信，1918 年 2 月，引自雷金纳德·艾萨克斯：《沃尔特·格罗皮乌斯：他和他的创作》，第 176 页。

33. 阿尔玛·马勒给曼侬·格罗皮乌斯的信，1918 年 1 月，出处同上，第 177 页。

34. 同上。

35. 沃尔特·格罗皮乌斯给曼侬·格罗皮乌斯，1918 年 6 月 22 日，出处同上，第 179 页。

36. 阿尔玛·马勒：《日记》，未标注具体日期，第 119 页。

37. 同上，1918 年 7 月，第 111 页。

38. 同上，未标注具体日期，第 119 页。

39. 弗朗茨·韦费尔：1918 年 7 月 29 日日记，引自弗朗茨·韦费尔：《上下之间》(Franz Werfel, *Zwischen Oben und Unten*, Langen Müller Verlag, 1975)，第 634 页。

40. 阿尔玛·马勒：《日记》，未标注具体日期，第 119—120 页。

41. 弗朗茨·韦费尔：《秘密日记》(*Geheimes Tagebuch*)，1918 年 7 月 28／29 日，引自韦费尔：《上下之间》，第 636 页。

400

42. 阿尔玛·马勒：《日记》，未标注日期，第120—121页。

43. 沃尔特·格罗皮乌斯给曼侬·格罗皮乌斯的信，1918年8月17日，引自雷金纳德·艾萨克斯：《沃尔特·格罗皮乌斯：他和他的创作》，第182页。

44. 阿尔玛·马勒：《日记》，未标注日期，1918年，第121页。

45. 弗朗茨·韦费尔给阿尔玛·马勒的信，1918年8月2日，弗朗茨·韦费尔收藏部，加州大学查尔斯·E. 金研究图书馆（Charles E. King Research Library, University of California）。

46. 弗朗茨·韦费尔：《秘密日记》，1918年7月28 / 29日，引自韦费尔：《上下之间》，第636—637页。

47. 引自皮特·斯蒂芬·容克：《弗朗茨·韦费尔：一生，从布拉格、维也纳到好莱坞》，第66页。

48. 阿尔玛·马勒给弗朗茨·韦费尔的信，未标注具体日期。

49. 阿尔玛·马勒：《日记》，（1918年11月12日），未标注具体日期，第121页。

50. 同上。

51. 同上，未标注日期，1918年，第112页。

52. 弗朗茨·韦费尔：《秘密日记》，1918年8月26日，引自韦费尔：《上下之间》，第655页。

53. 沃尔特·格罗皮乌斯给弗朗茨·韦费尔的信，1918年9月10日，引自皮特·斯蒂芬·容克：《弗朗茨·韦费尔：一生，从布拉格、维也纳到好莱坞》，第258页。

54. 弗朗茨·韦费尔给阿尔玛·马勒的信，（1918年），未标注具体日期，引自皮特·斯蒂芬·容克：《弗朗茨·韦费尔：一生，从布拉格、维也纳到好莱坞》，第67页。

55. 沃尔特·格罗皮乌斯给曼侬·格罗皮乌斯的信，1918年8月8日，引自皮特·斯蒂芬·容克：《弗朗茨·韦费尔：一生，从布拉格、维也纳到好莱坞》，第182页。

56. 阿尔玛·马勒：《日记》，1918年8月2日，第112页。

57. 同上，1918年9月，第112页。

58. 同上，1918年9月26日，第113页。

59. 同上，1918年10月24日，第114页。

60. 同上，1918年11月4日，第114、115页。

61. 同上。

62. 同上。

63. 阿尔玛·马勒－韦费尔：《爱是桥梁》，第121页。

64. 阿尔玛·马勒：《日记》，1918 年 12 月 15 日，第 116 页。

65. 同上。

66. 同上，1919 年 2 月 1 日，第 135 页。

67. 同上，1919 年 2 月 14 日，第 136—137 页。

68. 同上，1919 年 2 月 14 日，第 137 页。

69. 同上，1919 年 3 月 9 日，第 137 页。

70. 同上，1919 年 10 月 17 日，第 152 页。

71. 同上，未标注日期，1919 年（1 月），第 128 页。

72. 同上，1919 年 2 月 14 日，第 136 页。

73. 同上，1919 年 3 月 10 日，第 137 页。

74. 弗朗茨·韦费尔：《秘密日记》，引自皮特·斯蒂芬·容克：《弗朗茨·韦费尔：一生，从布拉格、维也纳到好莱坞》，第 75 页。

75. 阿尔玛·马勒：《日记》，1919 年 4 月 3 日，第 142 页。

76. 古斯塔夫·克里姆特于 1918 年 2 月 3 日逝世。

77. 阿尔玛·马勒：《日记》，1918 年 2 月 6 日，第 111 页。

78. 同上，1919 年 3 月 10 日，第 138 页。

79. 同上，1919 年 3 月 26 日，第 140 页。

80. 同上。

81. 同上，1919 年 2 月 2 日，第 135—136 页。

82. 同上，1919 年（1 月），未标注具体日期，第 128—129 页。

83. 阿尔玛·马勒－韦费尔：《爱是桥梁》，第 125 页。

84. 阿尔玛·马勒：《日记》，1919 年 3 月 10 日，第 138 页。

85. 科柯施卡给赫米内·莫斯的信，1918 年 8 月 20 日，引自《书信集（卷 1），1905—1919》，第 294 页。

86. 布拉萨伊：《我生命中的艺术家》，第 74 页，引自阿尔弗雷德·魏丁格尔：《科柯施卡与阿尔玛·马勒》，第 92 页。

87. 奥斯卡·科柯施卡：《我的一生》，第 118 页。

88. 阿尔玛·马勒－韦费尔：《爱是桥梁》，第 126 页。

89. 同上，第 127 页。

90. 同上，第 126 页。

91. 阿尔玛·马勒:《日记》,1919 年(约于 6 月),未标注具体日期,第 144 页。

92. 同上,1919 年 7 月 12 日,第 146 页。

93. 同上,1919 年 7 月 3 日,第 146 页。

94. 阿尔玛·马勒给沃尔特·格罗皮乌斯,未标注日期,引自奥利弗·西尔麦斯:《邪恶缪斯:阿尔玛·马勒的一生》,第 128 页。

95. 阿尔玛·马勒:《日记》,1919 年 10 月 26 日,第 153 页。

96. 同上,1919 年 11 月 11 日,第 155 页。

97. 同上,1919 年 7 月 14 日,第 147 页。

98. 弗朗茨·韦费尔给阿尔玛·马勒的信,未标注具体日期,引自皮特·斯蒂芬·容克:《弗朗茨·韦费尔:一生,从布拉格、维也纳到好莱坞》,第 79 页。

99. 阿尔玛·马勒:《日记》,1919 年 8 月 31 日,第 148 页。

100. 同上,1919 年 5 月 1 日,第 144 页。

101. 同上,1919 年 9 月 16 日,第 149 页。

102. 同上,1919 年 11 月 11 日,第 154 页。

103. 阿尔玛·马勒 – 韦费尔:《爱是桥梁》,第 131 页。

104. 阿尔玛·马勒:《日记》,1920 年 3 月 5 日,第 160 页。

105. 同上,1920 年 3 月 7 日,第 161 页。

106. 同上,1920 年 3 月 16 日,第 163 页。

107. 同上,1920 年 3 月 21 日,第 163 页。

108. 同上,1920 年 4 月 3 日,第 164 页。

109. 同上,未标注日期,1920 年(5 月 9 日),第 165 页。

110. 阿尔玛·马勒 – 韦费尔:《闪光之路》,第 257 页。

111. 阿尔玛·马勒:《日记》,1920 年 8 月 22 日,第 174 页。

112. 同上,1920 年 6 月 4 日,第 169 页。

113. 同上,1920 年 6 月 4 日,第 168—169 页。

114. 同上,1920 年 7 月 27 日,第 173 页。

115. 同上,1920 年 7 月 27 日,第 170—171 页。

116. 同上,1920 年 7 月 27 日,第 171 页。

11. 冲突 1921—1931

1. 弗朗茨·韦费尔给阿尔玛·马勒的信，未标注具体日期，弗朗茨·韦费尔收藏部，加州大学查尔斯·E. 杨学术图书馆（Charles E. Young Research Library, University of California, Los Angeles），引自皮特·斯蒂芬·容克：《弗朗茨·韦费尔：一生，从布拉格、维也纳到好莱坞》，第 86 页。

2. 弗朗茨·韦费尔给阿尔玛·马勒的信，未标注具体日期，弗朗茨·韦费尔收藏部，引自奥利弗·西尔麦斯：《邪恶缪斯：阿尔玛·马勒的一生》，第 132 页。

3. 阿尔玛·马勒：《日记》，1921 年 9 月 24 日，第 177 页。

4. 同上，1922 年 2 月 21 日，第 180 页。

5. 同上。

6. 同上，1922 年（未标注具体日期），第 183 页。

7. 同上，1922 年（未标注具体日期），第 182 页。

8. 恩斯特·克热内克：《时间的气息：现代性的记忆》（Ernst Krenek, *Im Atem der Zeit: Erinnerungen an die Moderne*, Hoffmann und Kampe, 1998），第 395 页。

9. 同上。

10. 笔者对玛丽娜·马勒的采访，2018 年 4 月 30 日。

11. 恩斯特·克热内克：《时间的气息：现代性的记忆》，第 394 页。

12. 皮特·斯蒂芬·容克对安娜·马勒的采访，私人档案，引自奥利弗·西尔麦斯：《邪恶缪斯：阿尔玛·马勒的一生》，第 133 页。

13. 弗朗茨·韦费尔，引自皮特·斯蒂芬·容克：《弗朗茨·韦费尔：一生，从布拉格、维也纳到好莱坞》，第 98 页。

14. 阿尔玛·马勒：《日记》，1924 年 4 月 24 日，第 189 页。

15. 同上，1924 年 6 月 25 日，第 189 页。

16. 同上，1923 年 3 月 23 日，第 185—186 页。

17. 同上，新年前夜（1923 年），第 187 页。

18. 同上，1924 年 1 月 22 日，第 188 页。

19. 同上。

20. 同上，1924 年 7 月 30 日，第 190 页。

21. 同上，1924 年 8 月 2 日，第 191 页。

22. 笔者对皮特·斯蒂芬·容克的采访，2018 年 3 月 1 日。

23. 皮特·斯蒂芬·容克对安娜·马勒的采访，引自皮特·斯蒂芬·容克：《弗朗茨·韦费尔：一生，从布拉格、维也纳到好莱坞》，第 165 页。

24. 皮特·斯蒂芬·容克对安娜·马勒及阿尔布雷希特·约瑟夫的采访，未标注具体日期，出处同上，第 69、70 页。

25. 阿尔布雷希特·约瑟夫：《韦费尔、阿尔玛、科柯施卡与演员乔治》，第 12、13 页。

26. 皮特·斯蒂芬·容克对米兰·杜博若维克的采访，引自皮特·斯蒂芬·容克：《弗朗茨·韦费尔：一生，从布拉格、维也纳到好莱坞》，第 94—95 页。

27. 同上。

28. 阿尔玛·马勒 – 韦费尔：《闪光之路》，第 287 页。

29. 阿尔玛·马勒：《日记》，1925 年 11 月 9 日，第 193 页。

30. 弗朗茨·韦费尔：《埃及日记》(Ägyptisches Tagebuch)，出自《上下之间》，引自皮特·斯蒂芬·容克：《弗朗茨·韦费尔：一生，从布拉格、维也纳到好莱坞》，第 108 页。

31. 同上。

32. 韦费尔：《上下之间》，第 739 页。

33. 阿尔玛·马勒：《日记》，未标注具体日期（1925 年夏），第 192 页。

34. 同上，1925 年 11 月 9 日，第 193 页。

35. 出自《嘉文选》(Die schöne Literatur)，引自皮特·斯蒂芬·容克：《弗朗茨·韦费尔：一生，从布拉格、维也纳到好莱坞》，第 113 页。

36. 阿尔玛·马勒：《日记》，1926 年 7 月 14 日，第 194 页。

37. 同上，1927 年 7 月 15 日，第 196 页。

38. 同上，1927 年 7 月 15 日，第 196—197 页。

39. 同上，未标注具体日期（1927 年），第 201 页。

40. 同上，1927 年 7 月 15 日，第 197 页。

41. 同上，1927 年 9 月 7 日，第 202 页。

42. 同上，未标注具体日期（1927 年），第 196 页。

43. 同上，1927 年 2 月 21 日，第 199 页。

44. 阿尔玛·马勒 – 韦费尔：《爱是桥梁》，第 164 页。

45. 阿尔玛·马勒：《日记》，1924 年 4 月 19 日，第 188—189 页。

46. 同上，威尼斯，1927 年 10 月 6 日，第 205 页。

47. 阿尔玛·马勒:《日记》,"星期天",1927 年 10 月,第 205 页。

48. 同上,1927 年 10 月 10 日,第 206 页。

49. 同上,1927 年(10 月),未标注具体日期,同上,第 206 页。

50. 同上,维也纳,1927 年 11 月 5 日,第 207 页。

51. 同上,1927 年 12 月 8 日,第 207 页。

52. 同上,1927 年 12 月 8 日,第 208 页。

53. 同上,1927 年(12 月),第 209 页。

54. 同上,1928 年 1 月 4 日,第 211—212 页。

55. 同上,1928 年 1 月 4 日,第 213 页。

56. 阿尔玛·马勒 – 韦费尔:《爱是桥梁》,第 177 页。

57. 阿尔玛·马勒:《日记》,1928 年 3 月 31 日,第 221—222 页。

58. 同上,1928 年 3 月 31 日,第 222 页。

59. 阿尔玛·马勒 – 韦费尔:《闪光之路》,第 340 页。

60. 阿尔玛·马勒:《日记》,罗马,1928 年 4 月 15 日,第 222—223 页。

61. 阿尔玛·马勒 – 韦费尔:《闪光之路》,第 341 页。

62. 阿尔玛·马勒:《日记》,1928 年 5 月 3 日,第 225 页。

63. 同上,1928 年 8 月 1 日,第 226 页。

64. 同上,1928 年 8 月 25 日,第 227 页。

65. 同上,1928 年 8 月 13 日,第 227 页。

66. 同上,1928 年 9 月 6 日,第 228 页。

67. 同上,威尼斯,1928 年 10 月 7 日,第 228 页。

68. 同上,威尼斯,1928 年 10 月 7 日,第 229 页。

69. 阿尔玛·马勒 – 韦费尔:《爱是桥梁》,第 195 页。

70. 阿尔玛·马勒:《日记》,1929 年 7 月 5 日,第 231 页。

71. 同上,1929 年 8 月 13 日,第 236—237 页。

72. 同上,1929 年 7 月 5 日,第 231—232 页。

73. 同上,1929 年 8 月 14 日,第 237 页。

74. 同上,1929 年 8 月 24 日,第 239 页。

75. 同上,1929 年 8 月 15 日,第 237 页。

76. 弗朗茨·韦费尔给阿尔玛·马勒 – 韦费尔的信,布赖滕斯泰因,1930 年,未标注具体日期，马勒－韦费尔收藏部。

77. 阿尔玛·马勒：《日记》，1929 年 8 月 21 日，第 238 页。

78. 阿尔玛·马勒－韦费尔：《闪光之路》，第 368 页。

79. 阿尔玛·马勒－韦费尔：《爱是桥梁》，第 184 页。

80. 阿尔玛·马勒－韦费尔：《闪光之路》，第 369 页。

81. 阿尔玛·马勒：《日记》，1930 年 8 月 19 日，第 243 页。

82. 同上，1930 年 8 月 3 日，第 242 页。

83. 同上，1930 年 10 月 23 日，第 246 页。

84. 同上，1931 年 2 月 26 日，第 257 页。

85. 同上，1931 年 3 月 29 日，第 257 页。

12. 风暴前夕　1931—1936

1. 奥利弗·西尔麦斯对约翰内斯·特伦蒂尼（Johannes Trentini）的采访，引自奥利弗·西尔麦斯：《邪恶缪斯：阿尔玛·马勒的一生》，第 159 页。

2. 皮特·斯蒂芬·容克对安娜·马勒的采访，引自皮特·斯蒂芬·容克：《弗朗茨·韦费尔：一生，从布拉格、维也纳到好莱坞》，第 70 页。

3. 克劳斯·曼：《转折点：生命物语》（Klaus Mann, *Der Wendepunkt: Ein Lebensbericht*, Munich, 1989），第 370 页，引自奥利弗·西尔麦斯：《邪恶缪斯：阿尔玛·马勒的一生》，第 167 页。

4. 阿尔布雷希特·约瑟夫未出版手稿，《韦费尔、阿尔玛、科柯施卡与演员乔治》，第 2 页。

5. 同上，第 6 页。

6. 同上，第 2 页。

7. 同上，第 8 页。

8. 同上，第 13 页。

9. 同上，第 12—13 页。

10. 阿尔玛·马勒：《日记》，1931 年 5 月 26 日，第 259 页。马勒－韦费尔收藏部。

11. 同上，1931 年 5 月 26 日，第 259 页。

12. 同上，1931 年，未标注具体日期，第 262 页。

13. 同上，1931 年，未标注具体日期，第 263 页。

14. 阿尔玛·马勒:《日记》,1931 年（12 月）,未标注具体日期,第 263 页。

15. 同上。

16. 同上,1931 年,未标注具体日期,第 264 页。

17. 同上,1932 年 6 月 15 日,第 266 页。

18. 同上,1932 年 3 月 20 日,第 264a 页。

19. 同上。

20. 同上,1932 年 4 月 8 日,第 265 页。

21. 同上,1932 年 5 月 31 日,第 265 页。

22. 弗朗茨·韦费尔于纽约的演讲,未标注日期,出自《上下之间》,引自皮特·斯蒂芬·容克:《弗朗茨·韦费尔:一生,从布拉格、维也纳到好莱坞》,第 155 页。

23. 阿尔玛·马勒:《日记》,（1932 年夏天）,未标注具体日期,第 266 页。

24. 同上,1932 年 8 月 6 日,第 268 页。

25. 同上,1932 年 8 月 6 日,第 267 页。

26. 同上。

27. 弗朗茨·韦费尔:《若无神之信仰,我们可活吗?》(Can We Live Without Faith in God?),引自《天地间》(*Between Heaven and Earth*, Philosophical Library, New York, 1944),第 99—100 页。

28. 阿尔玛·马勒:《日记》,1932 年 9 月 23 日,第 268 页。

29. 同上,1933 年 7 月 27 日,第 284 页。

30. 同上。

31. 同上,1932 年 10 月 7 日,第 269 页。

32. 同上,1932 年 12 月 16 日,第 273 页。

33. 同上。

34. 同上,1932 年 12 月 16 日,第 273b 页。

35. 同上,1933 年 2 月 5 日,第 275 页。

36. 同上,1933 年 3 月 3 日,第 277 页。

37. 同上,1933 年 3 月 5 日,第 277 页。

38. 同上,1933 年 3 月 5 日,第 278 页。

39. 同上。

40. 引自奥利弗·西尔麦斯:《邪恶缪斯:阿尔玛·马勒的一生》,第 170 页。

41. 弗朗茨·韦费尔给阿尔玛·马勒的信，1933年，未标注具体日期，马勒–韦费尔收藏部。

42. 阿尔玛·马勒：《日记》，1933年5月1日，第280页。

43. 同上，1933年6月28日，第282页。

44. 阿尔玛·马勒–韦费尔：《爱是桥梁》，第278页。

45. 阿尔玛·马勒：《日记》，1933年7月27日，第282页。

46. 同上，1933年7月27日，第283页。

47. 同上，1933年7月27日，第282页。

48. 同上，1933年，未标注具体日期，第284页。

49. 同上。

50. 同上，1933年11月16日，第287页。

51. 同上，1933年11月16日，第288页。

52. 同上，1933年9月1日，第285页。

53. 同上，1933年10月8日，第286页。

54. 同上，1933年10月10日，第286页。

55. 弗朗茨·韦费尔给安娜·莫尔的信，未标注具体日期（约于1934年2月），弗朗茨·韦费尔收藏部（Charles E. Young Research Library, VCLA），引自皮特·斯蒂芬·容克：《弗朗茨·韦费尔：一生，从布拉格、维也纳到好莱坞》，第146页。

56. 阿尔玛·马勒：《日记》，1933年6月25日，第281页。

57. 埃利亚斯·卡内蒂：《眼睛游戏：生活故事，1931—1937》（Elias Canetti, *Das Augenspiel: Lebensgeschichte, 1931–1937*, Carl Hanser Verlag, 1985），第52—54页。

58. 阿尔玛·马勒：《日记》，1933年11月，未标注具体日期，第287页。

59. 同上，1933年11月27日，第288页。

60. 同上，1933年12月24日，第288页。

61. 同上，1933年（2月），未标注具体日期，第289页。

62. 同上，1941年3月3日，第327页。

63. 同上，1934年（2月），未标注具体日期，第289页。

64. 同上，第289—290页。

65. 同上，第290页。

66. 同上，1934年3月28日，第291页。

67. 同上，1934年4月12日，第291页。

68. 布鲁诺·瓦尔特:《主题与变奏:回忆与思考》(*Thema und Variationen: Erinnerungen und Gedanken*, Bermann Fischer, 1947),第 411 页,引自詹姆斯·莱德尔:《曼侬的世界》(James Reidel, *Manon's World*),打字稿,第 101 页。

69. 同上,1933 年 10 月 22 日,第 286 页。

70. 同上,未标注具体日期,第 290 页。

71. 同上,星期一,1935 年复活节,第 293 页。

72. 同上。

73. 同上,星期一,1935 年复活节,1935 年,第 294 页。

74. 同上。

75. 弗朗茨·韦费尔:《曼侬》,《来自两个世界的故事(卷 3)》(Manon, *Erzählungen aus zwei Welten, vol. 3*, S. Fischer Verlag, Franhfurt am Main, 1954),第 397 页,引自詹姆斯·莱德尔:《曼侬的世界》(打字稿),第 121 页。

76. 阿尔玛·马勒 – 韦费尔:《闪光之路》,第 443 页,马勒 – 韦费尔收藏部。

77. 曼侬·格罗皮乌斯给沃尔特·格罗皮乌斯的信,1934 年 8 月 10 日,包豪斯档案,引自奥利弗·西尔麦斯:《邪恶缪斯:阿尔玛·马勒的一生》,第 178 页。

78. 弗朗茨·韦费尔:《曼侬》,《来自两个世界的故事》,第 397 页,引自詹姆斯·莱德尔:《曼侬的世界》(打字稿),第 154 页。

79. 引自詹姆斯·莱德尔:《曼侬的世界》(打字稿),第 130 页。

80. 阿尔玛·马勒:《日记》,星期一,1935 年复活节,第 292 页。

81. 同上。

82. 同上。

83. 约翰内斯·霍尔斯坦纳,为"穆琪"所作的悼词,马勒 – 韦费尔收藏部。

84. 雷金纳德·艾萨克斯:《沃尔特·格罗皮乌斯:他与他的创作(卷 2)》,第 740 页。

85. 埃利亚斯·卡内蒂:《眼睛游戏:生活故事,1931—1937》,第 190 页。

86. 布鲁诺·瓦尔特给阿尔玛·马勒 – 韦费尔的信,1935 年 4 月 22 日,马勒 – 韦费尔收藏部。

87. 卡尔·楚克迈尔给阿尔玛·马勒 – 韦费尔的信,1935 年 4 月 28 日,马勒 – 韦费尔收藏部。

88. 海伦·贝尔格给阿尔玛·马勒 – 韦费尔的信,1935 年 4 月 23 日,引自乔治·佩尔《我珍爱的阿尔玛:阿尔班与海伦·贝尔格给阿尔玛·马勒 – 韦费尔的信》(George Perle,

Mein Geliebtes Almschi: Briefe von Alban und Helene Berg an Alma Mahler–Werfel, 1980, Österreichische Musikschrift），第 35 卷，第 7 页。

89. 阿尔玛·马勒 – 韦费尔：《爱是桥梁》，第 210 页。

90. 阿尔玛·马勒：《日记》，1935 年 7 月 7 日，第 296 页。

91. 同上。

92. 同上，1935 年 7 月 30 日，第 296 页。

93. 同上，1935 年 8 月，未标注具体日期，第 296 页。

94. 引自皮特·斯蒂芬·容克：《弗朗茨·韦费尔：一生，从布拉格、维也纳到好莱坞》，第 153 页。

95. 阿尔玛·马勒：《日记》，1935 年 9 月 11 日，第 297 页。

96. 同上，1935 年 5 月 28 日，第 295 页。

97. 阿尔玛·马勒 – 韦费尔：《闪光之路》，第 457 页。

98. 同上，第 453 页。

99. 阿尔玛·马勒 – 韦费尔：《爱是桥梁》，第 212 页。

100. 阿尔玛·马勒：《日记》，纽约，1935 年 2 月 5 日，第 297 页。

13. 迁徙　1936—1941

1. 阿尔玛·马勒：《日记》，1936 年 4 月 22 日，第 298 页，马勒 – 韦费尔收藏部。

2. 托马斯·曼：《日记，1918—1939》（Thomas Mann, *Diaries 1918—1939*, Robin Clark Ltd, 1984），1936 年 4 月 9 日，第 258 页。

3. 阿尔玛·马勒：《日记》，1936 年 4 月 22 日，第 298 页。

4. 同上，1936 年 6 月 4 日，第 299 页。

5. 同上，1936 年 6 月 2 日，第 298 页。

6. 同上，1936 年 9 月 19 日，第 300 页。

7. 采访，皮特·斯蒂芬·容克对话安娜·马勒，引自皮特·斯蒂芬·容克：《弗朗茨·韦费尔：一生，从布拉格、维也纳到好莱坞》，第 165 页。

8. 同上。

9. 阿尔玛·马勒：《日记》，1936 年 9 月 19 日，第 299 页。

10. 同上。

11. 同上，1936 年 9 月 24 日，第 300 页。

12. 阿尔玛·马勒－韦费尔:《爱是桥梁》,第 213 页。

13. 阿尔玛·马勒:《日记》,1937 年 6 月 15 日,第 302 页。

14. 阿尔玛·马勒－韦费尔:《爱是桥梁》,第 214 页。

15. 阿尔玛·马勒－韦费尔:《闪光之路》,马勒－韦费尔收藏部,第 519 页。

16. 阿尔玛·马勒:《日记》,1937 年 7 月 11 日,第 303 页。

17. 同上。

18. 同上,1937 年 11 月 26 日,第 307 页。

19. 同上,1938 年,未标注具体日期,第 309 页。

20. 阿尔玛·马勒－韦费尔:《闪光之路》,第 479 页。

21. 卡尔·楚克迈尔:《自我的一部分》(Carl Zuckmayer, *A Part of Myself*, Carroll & Graf Publishers, 1984),第 38 页。

22. 阿尔玛·马勒－韦费尔:《闪光之路》,第 480 页。

23. 阿尔玛·马勒－韦费尔:《爱是桥梁》,第 218 页。

24. 阿尔玛·马勒－韦费尔:《闪光之路》,第 481 页。

25. 同上。

26. 弗朗茨·韦费尔给阿尔玛·马勒－韦费尔的信,1938 年 2 月 26 日,马勒－韦费尔收藏部。

27. 阿尔玛·马勒:《日记》,未标注具体日期,第 332 页。

28. 引自苏珊·基冈:《风中新娘》,第 271 页。

29. 阿尔玛·马勒:《日记》,未标注具体日期,第 332 页。

30. 同上。

31. 弗朗茨·韦费尔:《日记》(*Tagebucheintragungen*),1938 年 3 月 13 日,出自弗朗茨·韦费尔:《上下之间》,第 743 页。

32. 阿尔玛·马勒:《日记》,未标注具体日期,第 332 页。

33. 同上。

34. 卡尔·楚克迈尔:《自我的一部分》,第 52 页。

35. 阿尔玛·马勒:《日记》,1938 年,未标注具体日期,第 333 页。

36. 同上。

37. 卡尔·楚克迈尔:《自我的一部分》,第 50—51 页。

38. 同上,第 55 页。

39. 阿尔玛·马勒:《日记》，1938 年，未标注具体日期，第 333 页。

40. 弗朗茨·韦费尔给汉娜·冯·福克斯－罗伯廷（Hanna von Fuchs–Robettin）的信，1942 年 8 月 22 日，引自皮特·斯蒂芬·容克:《弗朗茨·韦费尔：一生，从布拉格、维也纳到好莱坞》，第 297 页。

41. 卡尔·楚克迈尔:《自我的一部分》，第 78 页。

42. 阿尔玛·马勒:《日记》，未标注具体日期，第 333 页。

43. 同上，1938 年，未标注具体日期，第 334 页。

44. 弗朗茨·韦费尔:《日记》，引自皮特·斯蒂芬·容克:《弗朗茨·韦费尔：一生，从布拉格、维也纳到好莱坞》，第 172 页。

45. 弗朗茨·韦费尔:《日记》，1938 年 7 月 1 日，引自韦费尔:《上下之间》，第 743 页。

46. 阿尔玛·马勒:《日记》，1938 年 7 月 9 日，第 312 页。

47. 阿尔玛·马勒－韦费尔:《爱是桥梁》，第 227 页。

48. 弗朗茨·韦费尔给父母的信，1938 年 10 月 14 日，引自皮特·斯蒂芬·容克:《弗朗茨·韦费尔：一生，从布拉格、维也纳到好莱坞》，第 175 页。

49. 阿尔玛·马勒:《日记》，1938 年 8 月 31 日，第 313 页。

50. 同上，1938 年 9 月 1 日，第 313 页。

51. 同上，1938 年 9 月 27 日，第 313 页。

52. 同上，萨纳里，1938 年 10 月 1 日，第 314 页。

53. 同上，1938 年 10 月 9 日，第 314 页。

54. 同上，萨纳里，1938 年 10 月 1 日，第 314 页。

55. 同上，1938 年 10 月 9 日，第 314 页。

56. 同上，1938 年 10 月 16 日，第 314—315 页。

57. 同上，1938 年 10 月 16 日，第 315 页。

58. 同上，1938 年 11 月 28 日，第 315 页。

59. 同上，1938 年 11 月 29 日，第 316 页。

60. 阿尔玛·马勒－韦费尔:《闪光之路》，第 501 页。

61. 阿尔玛·马勒:《日记》，1939 年 1 月 24 日，第 316 页。

62. 同上，1939 年（4 月），未标注具体日期，第 319—320 页。

63. 同上，1939 年，未标注具体日期，第 337 页。

64. 同上，1939 年，未标注具体日期，第 338 页。

65. 阿尔玛·马勒:《日记》,1939 年 11 月 11 日,第 320 页。

66. 同上,1940 年 5 月 28 日,第 339 页。

67. 同上,1940 年 5 月 28 日,第 340 页。

68. 同上,1940 年,未标注具体日期,第 340 页。

69. 同上,1940 年,未标注具体日期,第 341 页。

70. 阿尔玛·马勒 – 韦费尔:《闪光之路》,第 524 页。

71. 阿尔玛·马勒:《日记》,1940 年,未标注具体日期,第 344 页。

72. 同上,1940 年,未标注具体日期,第 347a 页。

73. 同上,1940 年 7 月 2 日,第 347a 页。

74. 同上,1940 年 7 月 2 日,第 348 页。

75. 阿尔玛·马勒 – 韦费尔:《闪光之路》,第 528 页。

76. 同上,第 530 页。

77. 阿尔玛·马勒:《日记》,1940 年,未标注具体日期,第 350 页。

78. 皮特·斯蒂芬·容克对戈洛·曼的采访,引自皮特·斯蒂芬·容克:《弗朗茨·韦费尔:一生,从布拉格、维也纳到好莱坞》,第 192 页。

79. 瓦里安·弗莱:《引渡:营救马赛的德国移民,1940/1941》(Varian Fry, *Auslieferung auf Verlangen: Die Rettung deutscher Emigranten in Marseille, 1940/1941*, 1986),第 82 页。

80. 卡尔·楚克迈尔给阿尔布雷希特·约瑟夫的信,1940 年 10 月 16 日,引自奥利弗·西尔麦斯:《邪恶缪斯:阿尔玛·马勒的一生》,第 213 页。

81. 皮特·斯蒂芬·容克对戈洛·曼的采访,引自皮特·斯蒂芬·容克:《弗朗茨·韦费尔:一生,从布拉格、维也纳到好莱坞》,第 191 页。

82. 希拉·艾森伯格:《我们自己的英雄:瓦里安·弗莱的故事》(Sheila Eisenberg, *A Hero of our Own: The Story of Varian Fry*, BackinPrint.com, New York, 2005),第 78 页。

83. 阿尔玛·马勒:《日记》,未标注日期,第 352 页。

84. 同上,1940 年,未标注具体日期,第 352 页。

85. 同上,1940 年,未标注具体日期,第 353 页。

86. 同上,1940 年,未标注具体日期,第 353a 页。

87. 同上。

88. 弗朗茨·韦费尔给阿尔比娜及鲁道夫·韦费尔的信,1940 年 10 月 13 日,引自皮特·斯蒂芬·容克:《弗朗茨·韦费尔:一生,从布拉格、维也纳到好莱坞》,第 193 页。

89. 阿尔玛·马勒 – 韦费尔：《闪光之路》，第 542 页。

90. 阿尔玛·马勒：《日记》，未标注日期，1940 年，第 325 页。

91. 弗朗茨·韦费尔：《我们的道路仍在继续》，出自《上下之间》，第 333—337 页。

92. 弗朗茨·韦费尔给阿尔比娜及鲁道夫·韦费尔的信，1940 年 12 月 5 日，引自皮特·斯蒂芬·容克：《弗朗茨·韦费尔：一生，从布拉格、维也纳到好莱坞》，第 194 页。

93. 阿尔玛·马勒：《日记》，1940 年，未标注具体日期，第 325 页。

14. 流亡 1941—1946

1. 阿尔玛·马勒：《日记》，1941 年 1 月 3 日。马勒 – 韦费尔收藏部，第 325 页。

2. 弗朗茨·韦费尔给鲁道夫及阿尔比娜·韦费尔的信，1940 年 12 月 5 日，引自皮特·斯蒂芬·容克：《弗朗茨·韦费尔：一生，从布拉格、维也纳到好莱坞》，第 194 页。

3. 阿尔玛·马勒：《日记》，1941 年 1 月 11 日，第 325 页。

4. 同上。

5. 同上，1941 年 1 月 12 日，第 326 页。

6. 阿尔布雷希特·约瑟夫：《奥古斯特·赫斯》（August Hess, Weidle-Verlag, Bonn），引自奥利弗·西尔麦斯：《邪恶缪斯：阿尔玛·马勒的一生》，第 217 页。

7. 阿尔布雷希特·约瑟夫：《韦费尔、阿尔玛、科柯施卡与演员乔治》，第 39 页。

8. 皮特·斯蒂芬·容克对阿尔布雷希特·约瑟夫的采访，引自皮特·斯蒂芬·容克：《弗朗茨·韦费尔：一生，从布拉格、维也纳到好莱坞》，第 204 页。

9. 阿尔布雷希特·约瑟夫：《韦费尔、阿尔玛、科柯施卡与演员乔治》，第 21—22 页。

10. 同上，第 20—21 页。

11. 同上，第 22 页。

12. 同上，第 22—23 页。

13. 皮特·斯蒂芬·容克对安娜·马勒的采访，引自皮特·斯蒂芬·容克：《弗朗茨·韦费尔：一生，从布拉格、维也纳到好莱坞》，第 229 页。

14. 阿尔玛·马勒：《日记》，1941 年 7 月 20 日，第 354 页。

15. 阿尔玛·马勒 – 韦费尔给弗雷德里希·托尔伯格的信，1941 年 10 月 29 日，引自弗雷德里希·托尔伯格：《最亲爱的朋友与阿尔玛：与阿尔玛·马勒 – 韦费尔的通信集》（*Liebste Freundin und Alma: Briefwechsel mit Alma Mahler–Werfel*, Verlag Ullstein GmbH, 1990），第 32 页。

16. 弗雷德里希·托尔伯格给阿尔玛·马勒－韦费尔的信，1942年5月29日，出处同上，第57页。

17. 阿尔玛·马勒－韦费尔给弗雷德里希·托尔伯格的信，1941年12月20日，维也纳市立图书馆。

18. 阿尔玛·马勒－韦费尔：《爱是桥梁》，第250页。

19. 阿尔玛·马勒：《日记》，1942年2月16日，第356页。

20. 弗朗茨·韦费尔，追悼演讲《斯蒂芬·茨威格之死》(Stefan Zweig's Tod)，引自弗朗茨·韦费尔：《上下之间》，第459页。

21. 引自皮特·斯蒂芬·容克：《弗朗茨·韦费尔：一生，从布拉格、维也纳到好莱坞》，第200页。

22. 弗朗茨·韦费尔：《个人前言》，选自《伯纳黛特之歌》(A Personal Preface, *The Song of Bernadette*, Hamish Hamilton, 1942)，第5页。

23. 弗朗茨·韦费尔给弗朗西斯·J.鲁梅尔（Francis J. Rummel）的信，1942年10月27日，弗朗茨·韦费尔收藏部，加州大学查尔斯·E.扬学术图书馆，引自奥利弗·西尔麦斯：《邪恶缪斯：阿尔玛·马勒的一生》，第237页。

24. 西里尔·费希尔神父给阿尔玛·马勒－韦费尔的信，1943年12月15日，马勒－韦费尔收藏部。

25. 阿尔玛·马勒：《日记》，1942年6月23日，第357页。

26. 同上。

27. 同上，1942年8月31日，第359页。

28. 阿尔布雷希特·约瑟夫：《韦费尔、阿尔玛、科柯施卡与演员乔治》，第26页。

29. 阿尔玛·马勒：《日记》，1942年9月25日，第360页。

30. 同上，1942年10月，第360页。

31. 阿尔玛·马勒－韦费尔：《爱是桥梁》，第257页。

32. 阿尔玛·马勒－韦费尔：《闪光之路》，马勒－韦费尔收藏部，第601页。

33. 同上。

34. 托马斯·曼：《日记，1940—1943》(*Tagebücher, 1940—1943*, S.Fischer Verlag, 1982)，1942年10月11日，第484页。

35. 阿尔布雷希特·约瑟夫：《韦费尔、阿尔玛、科柯施卡与演员乔治》，第35页。

36. 迪卡·纽林：《记忆中的勋伯格：日记与回忆，1938—1976》(Dika Newlin,

Schoenberg Remembered: Diaries and Recollections 1938—1976, Pendragon Press, 1980），第 296 页；引自苏珊·基冈：《风中新娘：阿尔玛·马勒的一生》，第 306 页。

37. 克莱尔·戈尔：《我不原谅任何人：我们这个时代的文学丑闻》（Claire Goll, *Ich verzeihe keinem: Eine literarische chronique scandaleuse unserer Zeit*, Berlin, 1987），第 229 页。

38. 阿尔玛·马勒：《日记》，1942 年 8 月 25 日，第 359 页。

39. 阿尔玛·马勒 – 韦费尔给卡尔·楚克迈尔的信，1942 年 8 月 24 日，出自汉斯·瓦格纳编：《楚克迈尔年鉴》（第 6 卷），《爱丽丝与卡尔·楚克迈尔——阿尔玛与弗朗茨·韦费尔通信集》（Hans Wagner, ed., *Alice und Carl Zuckmayer-Alma und Franz Werfel Briefwechsel*, in *Zuckmayer Jahrbuch*, vol. 6, Gottingen, 2003），第 134 页，引自奥利弗·西尔麦斯：《邪恶缪斯：阿尔玛·马勒的一生》，第 226 页。

40. 阿尔玛·马勒：《日记》，1942 年 8 月 21 日，第 358 页。

41. 埃里希·玛利亚·雷马克：日记，1942 年 8 月 13 日，出自埃里希·玛利亚·雷马克：《未知之作：书信与日记（卷 5）》（Erich Maria Remarque, *Das unbekannte Werk: Briefe und Tagebücher*, vol. 5, Kiepenheuer & Witsch Gmbh, 1998），第 368 页。引自奥利弗·西尔麦斯：《邪恶缪斯：阿尔玛·马勒的一生》，第 226 页。

42. 阿尔玛·马勒：《日记》，1942 年 8 月 21 日，第 358 页。

43. 埃里希·玛利亚·雷马克给阿尔玛·马勒的信，未标注具体日期（1942 年），马勒 – 韦费尔收藏部。

44. 阿尔布雷希特·约瑟夫：《韦费尔、阿尔玛、科柯施卡与演员乔治》，第 26—27 页。

45. 同上，第 27 页。

46. 阿尔玛·马勒：《日记》，1942 年 10 月，第 359 页。

47. 同上，1943 年 5 月，第 363 页。

48. 同上。

49. 同上，1943 年 7 月 5 日，第 368 页。

50. 同上，1943 年 8 月 31 日，第 369 页。

51. 阿尔玛·马勒 – 韦费尔：《闪光之路》，第 572 页。

52. 阿尔玛·马勒：《日记》，1943 年 4 月，未标注具体日期，第 362 页。

53. 同上，1943 年（10 月），未标注具体日期，第 371 页。

54. 同上，1943 年（9 月），未标注具体日期，第 371 页。

55. 同上，1943 年 9 月 17 日，第 371 页。

56. 阿尔玛·马勒：《日记》，1943 年 10 月 3、5 日，第 372 页。

57. 同上，1943 年 10 月 18 日，第 372 页。

58. 同上，1943 年（10 月），未标注具体日期，第 371 页。

59. 同上，1943 年 11 月 23 日，第 374 页。

60. 同上，1943 年 11 月 3 日，第 373—374 页。

61. 同上，1943 年 11 月 12 日，第 374 页。

62. 同上，1943 年 11 月 14 日，第 375 页。

63. 同上，1944 年 1 月 21 日，第 377 页。

64. 阿尔玛·马勒 – 韦费尔：《闪光之路》，第 587 页。

65. 同上。

66. 同上。

67. 美国西联电报，玛琳娜·黛德丽致弗朗茨·韦费尔，1944 年 2 月 10 日，马勒 – 韦费尔收藏部。

68. 玛琳娜·黛德丽给阿尔玛·马勒、弗朗茨·韦费尔的信，1944 年 2 月 5 日，马勒 – 韦费尔收藏部。

69. 阿尔玛·马勒：《日记》，1944 年 1 月 1 日，第 376 页。

70. 安娜·马勒给阿尔玛·马勒 – 韦费尔的信，未标注具体日期，马勒 – 韦费尔收藏部。

71. 阿尔玛·马勒：《日记》，1944 年 7 月 24 日，第 587 页。

72. 阿尔玛·马勒 – 韦费尔：《闪光之路》，第 596 页。

73. 同上，第 600 页。

74. 弗朗茨·韦费尔给美国出版人本·许布施（Ben Huebsch）的信，未标注具体日期，马勒 – 韦费尔收藏部，引自皮特·斯蒂芬·容克：《弗朗茨·韦费尔：一生，从布拉格、维也纳到好莱坞》，第 224 页。

75. 弗朗茨·韦费尔给马克斯·布洛德的信，未标注具体日期，马勒 – 韦费尔收藏部，出处同上，第 225 页。

76. 阿尔玛·马勒 – 韦费尔：《闪光之路》，第 606 页。

77. 阿尔玛·马勒 – 韦费尔给弗雷德里希·托尔伯格的信，1944 年 8 月 31 日，引自弗雷德里希·托尔伯格：《最亲爱的朋友与阿尔玛：与阿尔玛·马勒 – 韦费尔的通信集》，第 133 页。

78. 同上。

79. 阿尔玛·马勒 – 韦费尔：《闪光之路》，1945 年 4 月 29 日，第 602 页。

80. 阿尔玛·马勒－韦费尔:《闪光之路》，未标注具体日期，第 608 页。

81. 同上，1945 年 8 月 19 日，第 608 页。

82. 引自皮特·斯蒂芬·容克:《弗朗茨·韦费尔:一生，从布拉格、维也纳到好莱坞》，第 227 页。

83. 阿尔玛·马勒－韦费尔:《闪光之路》，1945 年 8 月 2 日，第 611 页。

84. 同上。

85. 同上。

86. 阿尔玛·马勒－韦费尔:《闪光之路》，1945 年 8 月 2 日，第 613 页。

87. 托马斯·曼，1945 年 8 月 27 日，出自《日记，1944—1946》(*Tagebücher, 1944—1946*, Inge Jens ed., S. Fischer Verlag, 1986)，第 246 页。

88. 阿尔玛·马勒－韦费尔:《爱是桥梁》，第 270 页。

89. 同上。

90. 阿尔布雷希特·约瑟夫:《韦费尔、阿尔玛、科柯施卡与演员乔治》，第 35—36 页。

91. 同上，第 36 页。

92. 阿尔玛·马勒－韦费尔给弗雷德里希·托尔伯格的信，1955 年 9 月 16 日，市镇图书馆，维也纳，引自皮特·斯蒂芬·容克:《弗朗茨·韦费尔:一生，从布拉格、维也纳到好莱坞》，第 232 页。

93. 阿尔玛·马勒－韦费尔:《爱是桥梁》，第 270 页。

94. 同上，第 269 页。

95. 阿尔玛·马勒－韦费尔给弗雷德里希·托尔伯格的信，1945 年 9 月 4 日，维也纳市立图书馆。

96. 阿尔玛·马勒－韦费尔给弗雷德里希·托尔伯格的信，1945 年 9 月 1 日，引自弗雷德里希·托尔伯格:《最亲爱的朋友与阿尔玛:与阿尔玛·马勒－韦费尔的通信集》，第 243 页。

97. 阿尔玛·马勒－韦费尔:《爱是桥梁》，第 270 页。

98. 阿尔玛·马勒－韦费尔给利昂与玛尔塔·福伊希特万格的信，1945 年 11 月 14 日，南加州大学福伊希特万格纪念图书馆（Feuchtwanger Memorial Library），引自奥利弗·西尔麦斯:《邪恶缪斯:阿尔玛·马勒的一生》，第 243 页。

99. 阿尔玛·马勒－韦费尔:《爱是桥梁》，第 270 页。

100. 同上。

101. 阿尔玛·马勒－韦费尔给弗雷德里希·托尔伯格的信，1946 年 3 月 29 日，维也纳市立图书馆。

102. 阿尔玛·马勒－韦费尔：《爱是桥梁》，第 272 页。

103. 阿尔玛·马勒－韦费尔给约翰内斯·霍尔斯坦纳的信，1946 年 6 月 30 日，出自弗里德里希·布赫迈尔：《阿尔玛沙龙上的牧师：约翰内斯·霍尔斯坦纳的道路，从斯坦德斯塔特精英到纳粹图书管理员》(Friedrich Buchmayr, *Der Priester in Almas Salon: Johannes Hollnsteiners Weg von der Elite Ständestaats zum NS-Bibliothekar*, Verlag Bibliothetk der Provinz, 2003)，第 263 页；引自奥利弗·西尔麦斯：《邪恶缪斯：阿尔玛·马勒的一生》，第 233 页。

104. 约翰内斯·霍尔斯坦纳给阿尔玛·马勒－韦费尔的信，1955 年 5 月 23 日，马勒－韦费尔收藏部。

105. 阿尔玛·马勒－韦费尔给约翰内斯·霍尔斯坦纳的信，1955 年 7 月 29 日，引自弗里德里希·布赫迈尔：《阿尔玛沙龙上的牧师：约翰内斯·霍尔斯坦纳的道路，从斯坦德斯塔特精英到纳粹图书管理员》，第 13 页。

106. 阿尔玛·马勒－韦费尔：《爱是桥梁》，第 273 页。

107. 阿尔玛·马勒－韦费尔给弗雷德里希·托尔伯格的信，1946 年 9 月 11 日，维也纳市立图书馆。

108. 阿尔玛·马勒－韦费尔：《爱是桥梁》，第 273 页。

109. 阿尔玛·马勒－韦费尔给弗雷德里希·托尔伯格的信，1946 年 9 月 11 日，维也纳市立图书馆。

15. "绝世遗孀" 1946—1964

1. 阿尔玛·马勒－韦费尔给奥斯卡·科柯施卡的信，1946 年 11 月 20 日，苏黎世中央图书馆，奥斯卡·科柯施卡财产，引自奥利弗·西尔麦斯：《邪恶缪斯：阿尔玛·马勒的一生》，第 244 页。

2. 阿尔玛·马勒－韦费尔：《我的生活，何其丰盛》(*Meine vielen Leben*)，1946 年 10 月，第 674 页（私人所有），出处同上。

3. 阿尔玛·马勒－韦费尔给艾达·格鲍尔的信，1945 年 12 月 17 日，奥地利国家图书馆。

4. 阿尔玛·马勒－韦费尔给艾达·格鲍尔的信，1946 年 3 月 1 日，奥地利国家图书馆。

5. 阿尔玛·马勒－韦费尔：《爱是桥梁》，第 273 页。

6. 同上。

7. 阿尔玛·马勒－韦费尔：《我的生活，何其丰盛》，1947年秋天，第684页（私人所有），引自奥利弗·西尔麦斯：《邪恶缪斯：阿尔玛·马勒的一生》，第245页。

8. 阿尔玛·马勒－韦费尔：《爱是桥梁》，第274页。

9. 同上，第273页。

10. 同上，第274页。

11. 同上。

12. 同上。

13. 阿尔玛·马勒－韦费尔给艾达·格鲍尔的信，1948年4月29日，奥地利国家图书馆。

14. 阿尔玛·马勒－韦费尔给艾达·格鲍尔的信，1948年5月17日，奥地利国家图书馆。

15. 阿尔玛·马勒－韦费尔给艾达·格鲍尔的信，1947年11月26日，奥地利国家图书馆。

16. 阿尔玛·马勒－韦费尔给艾达·格鲍尔的信，1946年4月22日，奥地利国家图书馆。

17. 阿尔玛·马勒－韦费尔给弗雷德里希·托尔伯格的信，1948年5月13日，引自弗雷德里希·托尔伯格：《最亲爱的朋友与阿尔玛：与阿尔玛·马勒－韦费尔的通信集》，第265页。

18. 阿尔玛·马勒－韦费尔给艾达·格鲍尔的信，1948年（6月），未标注具体日期，奥地利国家图书馆。

19. 阿尔布雷希特·约瑟夫：《韦费尔、阿尔玛、科柯施卡与演员乔治》，第27页。

20. 笔者对玛丽娜·马勒的采访，2018年4月30日。

21. 安娜·马勒给阿尔玛·马勒－韦费尔的信，未标注具体日期，马勒－韦费尔收藏部。

22. 阿尔玛·马勒－韦费尔给弗雷德里希·托尔伯格的信，1948年5月13日，引自弗雷德里希·托尔伯格：《最亲爱的朋友与阿尔玛：与阿尔玛·马勒－韦费尔的通信集》，第265页。

23. 弗雷德里希·托尔伯格给阿尔玛·马勒－韦费尔的信，1948年5月30日，出处同上，第266页。

24. 阿尔玛·马勒－韦费尔给艾达·格鲍尔的信，1948年5月17日，奥地利国家图书馆。

25. 布鲁诺·瓦尔特给阿尔玛·马勒－韦费尔的信，1948年5月19日，马勒－韦费尔收藏部。

26. 阿尔玛·马勒－韦费尔：《爱是桥梁》，第277页。

27. 阿尔玛·马勒－韦费尔给弗雷德里希·托尔伯格的信，1949年6月23日，引自弗雷德里希·托尔伯格：《最亲爱的朋友与阿尔玛：与阿尔玛·马勒－韦费尔的通信集》，第269页。

28. 阿尔玛·马勒－韦费尔给弗雷德里希·托尔伯格的信，1950年5月14日，出处同上，第273页。

29. 阿尔玛·马勒 – 韦费尔：《爱是桥梁》，第 278 页。

30. 同上。

31. 同上，第 277 页。

32. 笔者对努丽娅·勋伯格·诺诺的采访，2018 年 4 月 13 日。

33. 笔者对艾琳·哈泽尔的采访，2018 年 4 月 13 日。

34. 阿尔玛·马勒 – 韦费尔给安内利斯·埃利希·戈特利布的信，未标注具体日期，出自艾琳·哈泽尔文档（私人所有）。

35. 沃尔特·格罗皮乌斯在给阿尔玛·马勒 – 韦费尔的生日书中的题辞，宾夕法尼亚大学图书馆，引自奥利弗·西尔麦斯：《邪恶缪斯：阿尔玛·马勒的一生》，第 260 页。

36. 阿诺德·勋伯格给阿尔玛·马勒 – 韦费尔的信，由维也纳阿诺德·勋伯格中心提供的信息，出处同上。

37. 托马斯·曼在给阿尔玛·马勒 – 韦费尔的生日书中的题辞，宾夕法尼亚大学图书馆，引自奥利弗·西尔麦斯：《邪恶缪斯：阿尔玛·马勒的一生》，第 259 页。

38. 引自阿尔弗雷德·魏丁格尔：《科柯施卡与阿尔玛·马勒》，第 95—96 页。

39. 阿尔玛·马勒 – 韦费尔：《爱是桥梁》，第 280 页。

40. 笔者对玛丽娜·马勒的采访，2018 年 4 月 30 日。

41. 同上。

42. 阿尔玛·马勒 – 韦费尔给古斯蒂·阿尔特的信，1951 年 3 月 14 日，引自奥利弗·西尔麦斯：《邪恶缪斯：阿尔玛·马勒的一生》，第 262 页。

43. 笔者对玛丽娜·马勒的采访，2018 年 4 月 30 日。

44. 阿尔玛·马勒 – 韦费尔：《爱是桥梁》，第 280 页。

45. 皮特·斯蒂芬·容克对安娜·马勒的采访，引自奥利弗·西尔麦斯：《邪恶缪斯：阿尔玛·马勒的一生》，第 262 页。

46. 皮特·斯蒂芬·容克：《弗朗茨·韦费尔：一生，从布拉格、维也纳到好莱坞》一书中的采访，第 166 页。

47. 阿尔布雷希特·约瑟夫：《奥古斯特·赫斯》(打字稿)，引自奥利弗·西尔麦斯：《邪恶缪斯：阿尔玛·马勒的一生》，第 273 页。

48. 阿尔玛·马勒 – 韦费尔给安内利斯·埃利希·戈特利布的信，1951 年，未标注具体日期，艾琳·哈泽尔档案（私人所有）。

49. 阿尔玛·马勒 – 韦费尔给弗雷德里希·托尔伯格的信，1949 年 6 月 23 日，引自弗雷德里希·托尔伯格：《最亲爱的朋友与阿尔玛：与阿尔玛·马勒-韦费尔的通信集》，第269—270页。

50. 笔者对努丽娅·勋伯格·诺诺的采访，2018年4月13日。

51. 笔者对玛丽娜·马勒的采访，2018年4月30日。

52. 阿尔玛·马勒-韦费尔：《爱是桥梁》，第281页。

53. 海伦·贝尔格给阿尔玛·马勒-韦费尔的信，1956年6月10日，马勒-韦费尔收藏部。

54. 阿尔玛·马勒-韦费尔给利昂·福伊希特万格的信，1958年6月5日，引自奥利弗·西尔麦斯：《邪恶的缪斯：阿尔玛·马勒的一生》，第269页。

55. 阿尔玛·马勒-韦费尔给赫莎·保利的信，未标注具体日期，收于马勒-韦费尔收藏部的副本。

56. 沃尔特·格罗皮乌斯给阿尔玛·马勒-韦费尔的信，1958年8月17日，马勒-韦费尔收藏部。

57. 阿尔玛·马勒-韦费尔给沃尔特·格罗皮乌斯的信，1958年8月20日，包豪斯档案，引自弗雷德里希·托尔伯格：《最亲爱的朋友与阿尔玛：与阿尔玛·马勒-韦费尔的通信集》，第269页。

58. 阿尔玛·马勒-韦费尔给沃尔特·格罗皮乌斯的信，1958年8月20日，包豪斯档案，出处同上，第269页。

59. 阿尔玛·马勒-韦费尔给威利·哈斯的信，1959年1月4日，马勒-韦费尔收藏部。

60. 阿尔布雷希特·约瑟夫：《韦费尔、阿尔玛、科柯施卡与演员乔治》，第10页。

61. 阿尔玛·马勒-韦费尔给奥斯卡·科柯施卡的信，1946年9月25日，奥斯卡·科柯施卡遗产，苏黎世中央图书馆。

62. 奥斯卡·科柯施卡给阿尔玛·马勒-韦费尔的信，（1949年）10月5日，奥斯卡·科柯施卡遗产，苏黎世中央图书馆。

63. 奥斯卡·科柯施卡给阿尔玛·马勒-韦费尔的信，1951年6月7日，奥斯卡·科柯施卡遗产，苏黎世中央图书馆。

64. 笔者对玛丽娜·马勒的采访。

65. 阿尔玛·马勒-韦费尔给古斯蒂·阿尔特的信，未标注具体日期，私人所有，引自奥利弗·西尔麦斯：《邪恶缪斯：阿尔玛·马勒的一生》，第274页。

66. 蒂洛·科赫：《依然活着的人》(Thilo Koch, *Ähnlichkeit mit lebenden Personen*, Rowohlt,

1975），第 208—210 页。

67. 索玛·莫根施特恩：《阿尔玛·马勒的讣告》，1964 年 12 月 13 日，打字稿，私人收藏，引自苏珊·基冈：《风中新娘：阿尔玛·马勒的一生》，第 309 页。

68. 阿道夫·克拉曼给弗雷德里希·托尔伯格的信，1964 年 12 月 24 日，弗雷德里希·托尔伯格遗产，维也纳市镇图书馆。

69. 阿尔玛·马勒 – 韦费尔：《爱是桥梁》，第 281 页。

70. 阿道夫·克拉曼给弗雷德里希·托尔伯格的信，1964 年 12 月 24 日，弗雷德里希·托尔伯格遗产，维也纳市镇图书馆。

71. 阿尔玛·马勒 – 韦费尔：《爱是桥梁》，第 282 页。

72. 黛博拉·卡兰德、巴里·米林顿：《孤独的行走：一首由阿尔玛·辛德勒 – 马勒所作的未发表的歌》（Deborah Calland、Barry Millington, *Lonely Walk: An Unpublished Song by Alma Schindler–Mahler*），出自《瓦格纳期刊》（*The Wagner Journal*），第十二卷第三篇，2018 年 11 月。

附录：阿尔玛·马勒 – 韦费尔发表的歌曲

阿尔玛是一位颇为多产的作曲家，然而只有 17 首歌曲得以正式出版。

1910 年出版的歌曲

《静夜》(Die stille Nacht)，词文：理查德·德默尔 (Richard Dehmel)

《在我父亲的花园里》(In meines Vaters Garten)，词文：奥托·埃里希·哈特勒本 (Otto Erich Hartleben)

《柔美的夏夜》(Laue Sommernacht)，词文：奥托·尤利乌斯·比尔鲍姆 (Otto Julius Bierbaum)

《与你，它是信任》(Bei dir ist es traut)，词文：勒内·马利亚·里尔克 (Rainer Maria Rilke)

《我在花丛中漫步》(Ich wandle unter Blumen)，词文：海因里希·海涅 (Heinrich Heine)

1915 年出版的歌曲集（封面插图：奥斯卡·科柯施卡）

《黑夜里的光》（Licht in der Nacht），词文：奥托·尤利乌斯·比尔鲍姆

《林中欢乐》（Waldseligkeit），词文：理查德·德默尔

《突击》（Ansturm），词文：理查德·德默尔

《丰收歌》（Erntelied），词文：古斯塔夫·法尔克（Gustav Falke）

1924 年出版的歌曲

《圣歌》（Hymne），词文：诺瓦利斯（Novalis）

《狂喜》（Ekstase），词文：奥托·尤利乌斯·比尔鲍姆

《雪亮》（Der Erkennende），词文：弗朗茨·韦费尔

《夜的赞美诗》（Hymne an die Nacht），词文：诺瓦利斯

《赞歌》（Lobgesang），词文：理查德·德默尔

2000 年出版的歌曲（由希尔德吉尔德出版公司发行）

《你可知我的夜？》（Kennst du meine Nächte?），词文：利奥·格赖纳（Leo Greiner）[编辑：苏珊·菲勒（Susan Filler）]

《第一次悄然绽放》（Leise weht ein erstes Blühn），词文：勒内·马利亚·里尔克（编辑：苏珊·菲勒）

2018 年出版的歌曲（由伦敦《瓦格纳期刊》发行）

《孤身的人啊》（Einsammer Gang），词文：利奥·格赖纳

参考文献

爱尔莎·巴里亚：《维也纳：传奇与现实》(Barea, Ilsa, *Vienna: Legend and Reality*, London, Pimlico, 1966)

纳塔莉·鲍尔－莱希纳：《回忆古斯塔夫·马勒》(Bauer-Lechner, Natalie, *Recollections of Gustav Mahler*, trans. Dika Newlin, London, Faber Music, 1980)

莫里斯·鲍姆菲尔德：《关于古斯塔夫·马勒的回忆》(Baumfeld, Maurice, 'Erinnerungen an Gustav Mahler', *New Yorker Staats-Zeitung*, 21 May 1911)

伯特·布劳科普夫、赫塔·布劳科普夫：《马勒：他的人生、创作与世界》(Bert Blankopf and Herta Blaukopf, *Mahler: His Life, Work and World*, London, Thames and Hudson, 1976)

布拉萨伊：《我生命中的艺术家》(Brassaï, *The Artists of My Life*, trans. Richard Miller, New York, Viking Press, 1982)

皮尔斯·布兰登：《黑暗谷：二十世纪三十年代全景图》(Brendon, Piers, *The Dark Valley: A Panorama of the 1930s*, London, Jonathan Cape, 2000)

马克斯·布洛德：《年轻的韦费尔与布拉格作家》，出自《德国表现主义

的 时 代》(Brod, Max, 'The Young Werfel and the Prague Writers' in *The Era of German Expressionism*, ed. Paul Raabe, trans. J. M. Ritchie, Calder & Boyars, 1974)

弗里德里希·布赫迈尔：《阿尔玛沙龙上的牧师：约翰内斯·霍尔斯坦纳的道路，从斯坦德斯塔特精英到纳粹图书管理员》(Buchmayr, Friedrich, *Der Priester in Almas Salon: Johannes Hollnsteiners Weg von der Elite Ständestaats zum NS-Bibliothekar*, Verlag Bibliothek der Provinz, 2003)

埃利亚斯·卡内蒂：《眼睛游戏：生活故事，1931—1937》(Canetti, Elias, *Das Augenspiel: Lebensgeschichte, 1931—1937*, Frankfurt, Carl Hanser Verlag, 1985)

希拉·艾森伯格：《我们自己的英雄：瓦里安·弗莱的故事》(Eisenberg, Sheila, *A Hero of Our Own: The Story of Varian Fry*, BackinPrint.com, New York, 2005)

斯图亚特·费德：《古斯塔夫·马勒：危机中的人生》(Feder, Stuart, *Gustav Mahler: A Life in Crisis*, New Haven, Yale University Press, 2004)

——《马勒，正在死去》，刊载于《国际精神分析评论》('Mahler, Dying', *The International Review of Psycho-Analysis*, London, 1978)

奥斯卡·弗里德：《回忆马勒》(Fried, Oskar, 'Erinnerungen an Mahler', *Musikblätter des Anbruch,* 1, 1919)

瓦里安·弗莱：《引渡：营救马赛的德国移民》(Fry, Varian, *Auslieferung auf Verlangen: Die Rettung deutscher Emigranten in Marseille*, Munich, Carl Hanser Verlag, 1986)

海因里希·富克斯：《埃米尔·雅各布·辛德勒》(Fuchs, Heinrich, *Emil*

428

Jacob Schindler, Vienna, Selbst Verlag, 1970）

　　莫斯科·加纳:《阿尔班·贝尔格》(Garner, Mosco, *Alban Berg, London,* Duckworth, 1975）

　　弗朗索瓦斯·吉鲁:《阿尔玛·马勒, 被爱的艺术》(Giroud, Françoise, *Alma Mahler, or the Art of Being Loved*, Oxford, Oxford University Press, 1991）

　　克莱尔·戈尔:《我不原谅任何人: 我们这个时代的文学丑闻》(Goll, Claire, *Ich verzeihe keinem: Eine literarische chronique scandaleuse unserer Zeit*, Berlin, S. Fischer Verlag, 1987）

　　亨利 – 路易·德·拉·格兰奇:《古斯塔夫·马勒 (卷 2): 维也纳: 挑战之年, 1897—1904》(Grange, Henry–Louis de la, *Gustav Mahler, vol. 2, Vienna: The Years of Challenge, 1897—1904*, Oxford, Oxford University Press, 1995）

　　——《古斯塔夫·马勒 (卷 3): 维也纳: 胜利与幻灭, 1904—1907》(*Gustav Mahler, vol. 3, Vienna: Triumph and Disillusion, 1904—1907*, Oxford, Oxford University Press, 1999）

　　——《古斯塔夫·马勒 (卷 4): 新生活的终结, 1907—1911》(*Gustav Mahler, vol. 4, A New Life Cut Short, 1907—1911*, Oxford, Oxford University Press, 2008）

　　亨利 – 路易·德·拉·格兰奇、冈瑟韦斯编, 与克努德·马特内尔合作:《古斯塔夫·马勒: 给妻子的信》(Grange, Henry–Louis de la and Günther Weiss (eds), in collaboration with Knud Martner, *Gustav Mahler: Letters to His Wife*, Ithaca, NY, Cornell University Press, 2004）

　　奥利弗·西尔麦斯:《邪恶缪斯: 阿尔玛·马勒的一生》(Hilmes, Oliver, *Malevolent Muse: The Life of Alma Mahler*, Boston, Northeastern University

Press, 2015）

雷金纳德·艾萨克斯：《沃尔特·格罗皮乌斯：他与他的创作（卷1）》（Isaacs, Reginald, *Walter Gropius: Der Mensch und sein Werk,* vol. 1, Berlin, Gebr. Mann Verlag, 1983）

——《沃尔特·格罗皮乌斯：他与他的创作（卷2）》（Walter Gropius, *Der Mensch und sein Werk*, vol. 2, Berlin, Gebr. Mann Verlag, 1984）

阿尔布雷希特·约瑟夫：《韦费尔、阿尔玛、科柯施卡与演员乔治》（未出版原稿）[Joseph, Albrecht, 'Werfel, Alma, Kokoschka, the Actor George'（unpublished manuscript）, Mahler–Werfel Collection, Kislak Center for Special Collections, Rare Books and Manuscripts, University of Pennsylvania, PA]

——《奥古斯特·赫斯》（未出版打字稿，未标注日期）（'August Hess' unpublished (typescript), Bonn, Weidle–Verlag, undated）

皮特·斯蒂芬·容克：《弗朗茨·韦费尔：一生，从布拉格、维也纳到好莱坞》（Jungk, Peter Stephan, *Franz Werfel: A Life in Prague, Vienna and Hollywood,* New York, Fromm International Publishing Corporation, 1991）

弗朗茨·卡夫卡：《给费里斯的信》，埃里希·埃莱尔与尤尔根·博恩编（Kafka, Franz, *Letters to Felice*, ed. Erich Heller and Jürgen Born, New York, Schocken, 1973）

苏珊·基冈：《风中新娘》（Keegan, Susanne, *The Bride of the Wind*, New York, Viking, 1991）

伊恩·克肖：《希特勒，1889—1936：狂妄》（Kershaw, Ian, *Hitler, 1889—1936: Hubris,* London, Allen Lane, 1998）

——《希特勒，1936—1945：宿敌》（*Hitler, 1936—1945: Nemesis,* London,

430

Allen Lane, 2000）

蒂洛·科赫:《依然活着的人》（Koch, Thilo, *Ähnlichkeit mit lebenden Personen*, Berlin, Rowohlt, 1975）

奥斯卡·科柯施卡:《书信集（卷1），1905—1919》（Kokoschka, Oskar, *Briefe, vol. 1, 1905—1919*, Düsseldorf, Claassen, 1984）

——《我的一生》（*My Life*, New York, Macmillan, 1974）

恩斯特·克热内克:《时间的气息：现代性的记忆》（Krenek, Ernst, *Im Atem der Zeit: Erinnerungen an die Moderne*, Hamburg, Hoffmann und Kampe, 1998）

诺曼·莱布雷希特:《为什么是马勒?》（Lebrecht, Norman, *Why Mahler? How One Man and Ten Symphonies Changed the World*, London, Faber & Faber, 2010）

阿尔玛·马勒:《古斯塔夫·马勒：回忆与书信》（唐纳德·米切尔编, Mahler, Alma, *Gustav Mahler: Memories and Letters*, ed. Donald Mitchell, Seattle, University of Washington Press, 1975）

阿尔玛·玛利亚·马勒:《古斯塔夫·马勒：书信集，1879—1911》（Mahler, Alma Maria, *Gustav Mahler: Briefe, 1879—1911*, Paul Zsolnay Verlag, Vienna, 1924）

阿尔玛·马勒-韦费尔:《日记，1898—1902》（Mahler-Werfel, Alma, *Diaries, 1898—1902*, ed. Antony Beaumont and Susanne Rode-Breymann, Ithaca, NY, Cornell University Press, 2000）

——《爱是桥梁》（*And the Bridge is Love*, London, Hutchinson, 1959）

——《我的一生》（*Mein Leben*, Frankfurt am Main, S. Fischer Verlag, 1960）

——《闪光之路》(未出版打字稿)['Der schimmernde Weg'(unpublished typescript), Mahler-Werfel Collection, Kislak Center for Special Collections, Rare Books and Manuscripts, University of Pennsylvania, PA]

卡蒂亚·曼:《不成文的记忆》(Mann, Katia, *Unwritten Memories*, New York, Alfred A. Knopf, 1975)

托马斯·曼:《日记，1944—1946》(Mann, Thomas, *Tagebücher, 1944—1946*, ed. Inge Jens, S. Fischer Verlag, Frankfurt am Main, 1986)

卡尔·莫尔:《肖像研究》，1930年美泉宫《诗意现实主义》展览图录，引自埃米尔·雅各布·辛德勒词条（Moll, Carl, *Eine Bildnisstudie*, exhibition catalogue 1930, cited in Emil Jakob Schindler, *Poetic Realism*, Vienna, Belvedere, 2012)

——《普兰肯堡的回忆》('Memory of Plankenberg', Mahler-Werfel Collections, Kislak Center for Special Collections, Rare Books and Manuscripts, University of Pennsylvania, PA)

——《我的一生》(打字稿)('Mein Leben', typescript, Belvedere Gallery Library, Vienna)

卡伦·蒙森:《阿尔玛·马勒：从缪斯到天才》(Monson, Karen, *Alma Mahler: Muse to Genius*, London, Collins, 1984)

吉勒·内莱;《古斯塔夫·克里姆特，1862—1918：女性形式的世界》(Nëret, Gilles, *Gustav Klimt, 1892—1918: The World in Female Form*, Köln, Taschen, 2007)

迪卡·纽林:《记忆中的勋伯格：日记与回忆，1938—1976》(Newlin, Dika, *Schoenberg Remembered: Diaries and Recollections 1938—1976*, New

432

York, Pendragon Press, 1980）

奥斯卡·保施:《阿尔弗雷德·罗勒和拉迪尼亚》（Pausch, Oskar, *Alfred Roller und Ladinien*, San Martin de Tor, Insitut Ladin, 2005）

海尔格·佩汉姆:《维也纳的沙龙与沙龙女主人》（Peham, Helga, *Die Salonièren und die Salons in Wien*, Vienna, Styria Premium, 2013）

乔治·佩尔:《我珍爱的阿尔玛: 阿尔班与海伦·贝尔格给阿尔玛·马勒－韦费尔的信》（Perle, George, 'Mein Geliebtes Almschi: Briefe von Alban und Helene Berg an Alma Mahler-Werfel', *Österreichische Musikschrift*, vol. 35, 1980）

罗伯特·B. 彬森特编:《颓废与创新》（Pynsent, Robert B.（ed.）, *Decadence and Innovation*, London, Weidenfeld and Nicolson, 1989）

埃里希·玛利亚·雷马克:《未知之作: 书信与日记》（卷 5）（Remarque, Erich Maria, *Das unbekannte Werk: Briefe und Tagebücher*, vol. 5, Cologne, Köln, Kiepenheuer & Witsch, 1998）

威廉·里特尔:《威廉·里特尔的骑士古斯塔夫·马勒: 札记、信件与档案》克洛德·梅朗编,（Ritter, William, *William Ritter Chevalier de Gustav Mahler: Ecrits, correspondence, documents*, ed. Claude Meylan, Bern, Berlin, Brussels, Frankfurt, New York, Oxford, Vienna, Peter Lang, 2000）

阿尔弗雷德·罗勒:《古斯塔夫·马勒的肖像》（Roller, *Alfred, Die Bildnisse von Gustav Mahler*, Leipzig, Tal, 1922）

卡尔·E. 休斯克:《世纪末的维也纳》（Schorske, Carl E., *Fin de Siècle Vienna*, London, Vintage, 1981）

迈克尔·舒尔特:《贝尔塔·祖卡坎德尔: 沙龙女主人, 女记者, 秘密外交官》(Schulte, Michael, Berta Zuckerkandl: *Saloniere, Journalistin,Geheimdiplomatin*, Zurich, Atrium Verlag, 2006)

理查·施佩希特:《关于马勒的第八交响曲》(Specht, Richard, 'Zu Mahlers Achte Symphonie', *Tagespost*, Graz, No. 150, 14 June 1914)

保罗·斯特凡:《维也纳的坟墓》(Stefan, Paul, *Das Grab in Wien*, Berlin, Reiss, 1913)

H. H. 施图肯施密特:《阿诺德·勋伯格：他的一生，世界与创作》(Stuckenschmidt, H. H., *Arnold Schoenberg: His Life, World and Work*, London, John Calder Publishers, 1977)

艾丽卡·蒂策:《迈尔尼希的信》(Tietze, Erica, *Maiernigg letters*, August 1904, Mahler–Werfel Collection, Kislak Center for Special Collections, Rare Books and Manuscripts, University of Pennsylvania, PA)

弗雷德里希·托尔伯格:《最亲爱的朋友与阿尔玛：与阿尔玛·马勒－韦费尔的通信集》(Torberg, Friedrich, *Liebste Freundin und Alma: Briefwechsel mit Alma Mahler Werfel*, Berlin, Ullstein Verlag, 1990)

埃德蒙·德瓦尔:《琥珀色眼睛的兔子：一份不为人知的遗产》(Waal, Edmund de, *The Hare with Amber Eyes: A Hidden Inheritance*, London, Vintage, 2011)

布鲁诺·瓦尔特:《书信集，1894—1962》(Walter, Bruno, *Briefe, 1894—1962*, Frankfurt, S. Fischer Verlag, 1969)

——《古斯塔夫·马勒》(*Gustav Mahler*, Vienna, Reichner, 1936)

——《主题与变奏：回忆与思考》(*Thema und Variationen: Erinnerungen und Gedanken*, Berlin, Bermann Fischer, 1947)

434

——《布鲁诺·瓦尔特谈马勒》('Bruno Walter erzählt von Mahler', *Neue Freie Presse*, Vienna, 16 November 1935)

弗朗茨·韦费尔:《曼侬》,选自《来自两个世界的故事（卷 2）》(Werfel, Franz, 'Manon', *Erzählungen aus zwei Welten, vol. 2*, Frankfurt an Main, S. Fischer Verlag, 1954)

——《个人前言》,选自《伯纳黛特之歌》('A Personal Preface', *The Song of Bernadette*, London, Hamish Hamilton, 1942)

——《上下之间》(*Zwischen Oben und Unten*, Munich, Langen Müller, 1975)

阿尔弗雷德·魏丁格尔:《科柯施卡与阿尔玛·马勒》(Weidinger, Alfred, *Kokoschka and Alma Mahler*, Munich, Prestel Verlag, 1996)

弗兰克·惠特福德:《古斯塔夫·克里姆特:语境中的艺术家》(Whitford, Frank, *Gustav Klimt: Artists in Context*, London, Collins and Brown, 1993)

贝尔塔·祖卡坎德尔:《奥地利私密记忆:回忆录,1892—1942》(Zuckerkandl, Berta, *Österreich intim: Erinnerungen 1892—1942*, Vienna, Amalthea Signum Verlag, 2013)

卡尔·楚克迈尔:《自我的一部分》(Zuckmayer, Carl, *A Part of Myself*, New York, Carroll & Graf, 1984 Zweig, Stefan, The World of Yesterday, London, Cassell, 1943)

资料来源

维也纳阿尔贝蒂娜博物馆（Albertina Museum, Vienna）

维也纳奥地利国家图书馆手稿文献部（Austrian National Library, Division of Handwritten Documents,Vienna）

柏林包豪斯档案（Bauh aus Archive, Berlin）

维也纳美景宫画廊图书馆（Belvedere Gallery Library, Vienna）

洛杉矶加州大学查尔斯·E. 杨学术图书馆，弗朗茨·韦费尔收藏部（Franz Werfel Collection, Charles E. Young Research Library, University of California, Los Angeles）

宾夕法尼亚大学基斯拉克特别收藏部善本与手稿组，马勒－韦费尔收藏部（Mahler–Werfel Collection, Kislak Center for Special Collections, Rare Books and Manuscripts, University of Pennsylvania, PA）

维也纳城镇图书馆（Municipal and Rural Library, Vienna）

苏黎世中央图书馆，奥斯卡·科柯施卡文档（Oskar Kokoschka Papers, Zentralbibliothek, Zürich）

维也纳市政厅图书馆［Wienbibliothek im Rathaus（Vienna City Library）］

索 引

索引页码参照原版书，本书中为边码。

458

著作权合同登记号桂图登字：20 - 2022 - 240 号

图书在版编目（CIP）数据

激情精神：阿尔玛·马勒的一生／（英）凯特·黑斯特著；
庄加逊译.—桂林：广西师范大学出版社，2023.3
书名原文：Passionate Spirit：The Life of Alma Mahler
ISBN 978 - 7 - 5598 - 5709 - 5

Ⅰ.①激…　Ⅱ.①凯…②庄…　Ⅲ.①阿尔玛·马勒-
传记　Ⅳ.①K835.215.76

中国国家版本馆 CIP 数据核字（2023）第 006003 号

激情精神：阿尔玛·马勒的一生
JIQING JINGSHEN：AERMA·MALE DE YISHENG

出 品 人：刘广汉　　　责任编辑：徐　妍
封面设计：李婷婷　　　营销编辑：姚春苗
广西师范大学出版社出版发行

（广西桂林市五里店路9号　　邮政编码：541004
网址：http://www.bbtpress.com ）
出版人：黄轩庄
全国新华书店经销
销售热线：021 - 65200318　021 - 31260822 - 898
山东韵杰文化科技有限公司印刷
（山东省淄博市桓台县桓台大道西首　邮政编码：256401）
开本：690 mm×960 mm　　1/16
印张：30　插页：8　　字数：370 千字
2023 年 3 月第 1 版　　2023 年 3 月第 1 次印刷
定价：88.00 元

如发现印装质量问题，影响阅读，请与出版社发行部门联系调换。